George L. Mosse

Aus grossem Hause

George L. Mosse

Aus großem Hause

Erinnerungen eines deutsch-jüdischen Historikers

Aus dem Amerikanischen von Karl-Heinz Siber
Mit einem Nachwort von Elisabeth Kraus

Ullstein

Inhalt

Auf heimischem Boden

Weshalb eine Autobiographie schreiben? Könnte es sein, dass ich, nachdem ich mein Leben der Auseinandersetzung mit der Geschichte anderer Leute gewidmet habe, mich endlich mit meiner eigenen auseinander setzen will? Die dem Schreiben einer Autobiographie üblicherweise zugrunde liegenden Motive sind in meinem Fall wohl kaum von Belang. Der häufigste Beweggrund ist der, dass jemand seine Geschichte für seine Nachkommen zu Papier bringen möchte; solche habe ich aber nicht. Dann gibt es diejenigen, die ein Leben im Licht der Öffentlichkeit geführt haben oder die sich selbst, zu Recht oder irrtümlich, als jemanden sehen, der Geschichte geschrieben hat – diesen Anspruch kann ich nicht erheben. Als Akademiker beschäftige ich mich mit Dokumenten, Ideen und Theorien, die durchaus ihre Wirkung auf diejenigen ausüben können, die die gegenwärtigen Staatsgeschäfte führen. Wenn mich das zum Schreiben einer Autobiographie qualifizieren sollte, dann allenfalls auf die denkbar indirekteste Weise, denn obwohl die historische Analyse immer von Belang ist, insbesondere die Analyse der jüngsten Geschichte, weiß man doch nie, welche gegenwärtig am öffentlichen Geschehen teilnehmenden Personen möglicherweise von den Vorträgen, die man gehalten, oder von den Büchern, die man geschrieben hat, beeinflusst worden sind. Gewiss würden wir jemandem, der einen aktiven Beitrag zum Fundus jener Ideen geleistet hat, die unsere Wahrnehmung und Interpretation der Welt prägen, das Recht auf Abfassung einer Autobiographie zusprechen – so wäre es sicher aufschlussreich gewesen, etwa die von Karl Marx zu lesen. In meinem Fall wird es freilich noch viele Jahre dauern, bis man abschätzen kann, ob einige der Ideen, die ich in meinen historischen Schriften oder Vorlesungen zum Ausdruck gebracht habe, Wirkung zeigen oder gezeigt haben. Ich war ja nie das, was man einen systematischen politischen Denker nennt.

Andererseits: Einige meiner Bücher haben unser Verständnis der Vergangenheit beeinflusst, und im Verlauf vieler Jahrzehnte haben sich Tausende von Studenten – sei es in den Hörsälen großer amerikanischer und anderer Universitäten, sei es in den Seminaren, die ich in Israel und Europa abgehalten habe – angehört, was ich zu sagen hatte. Es hat mir immer Freude bereitet, zu lehren und Vorlesungen zu halten, und ich habe wahrscheinlich mehr Lehrveranstaltungen und Vorträge an Hochschulen und öffentlichen Kultureinrichtungen absolviert, als die meisten meiner Kollegen. Die Wirkung einer solchen Lehr- und Vortragstätigkeit lässt sich nur schwer messen, obwohl mir viele meiner früheren Studenten versichert haben, ich hätte sie berührt und sogar ihr Leben verändert. Wirkungen, die man erzielt, schlagen sich auf eine meistens nicht greifbare Weise in der persönlichen Entwicklung des Einzelnen nieder.

Weshalb also dieses Buch? Weil eine Auseinandersetzung mit meiner eigenen Geschichte sich als lehrreich erweisen könnte, nicht nur für mich selbst, sondern auch für andere, indem sie einen sehr persönlichen Winkel der jüngsten Vergangenheit ausleuchtet. Wenn man wie ich der Überzeugung ist, dass nur die Geschichte verrät, was der Mensch ist, dann erscheint der Gedanke reizvoll, das eigene Leben in einen Bezug zu dieser Geschichte zu stellen – besonders wenn dieses Leben Diskontinuitäten und Erfahrungen beinhaltet, die durch den Verlauf der Geschichte herbeigeführt wurden, und wenn das, was das Subjekt als persönliche Herausforderungen erlebt hat, das große Geschehen widerspiegelt, das über Europa hereinbrach. Ein Ausdruck wie »sein Leben und seine Zeit« ist in den Biographien, die im 20. Jahrhundert erschienen sind, vielleicht allzu oft vorgekommen. Er erhält jedoch eine hohe Gültigkeit, wenn es um ein Leben geht, das im untergegangenen Milieu der wohlhabenden und etablierten jüdischen Mittelschicht Deutschlands begann und in seinem weiteren Verlauf eine jähe Flucht ins Exil, ein unsanftes politisches Erwachen und schließlich ein Eintauchen in die Lebenswelt – und bis zu einem gewissen Grad auch in die Politik – des amerikanischen Mittelwestens erfuhr.

In der Spanne meines Lebens hat sich ein zunehmend schnellerer Wandel der Zeiten vollzogen, der mir wie ein Spiegel der an mir selbst wahrgenommenen Veränderungen vorkommt. In meiner Teenagerzeit gab es zwar schon Automobile (und ich lernte das Autofahren auf einem Ford Model T), aber nur reiche Leute konnten sich welche leisten; sie waren noch kein Massenverkehrsmittel. Passagierflugzeuge waren ebenso unbekannt wie Fernsehapparate, Computer oder die automatische Telefonvermittlung. Stefan Zweig erzählt uns in seiner Autobiographie *Die Welt von gestern*, er habe bis zum Ersten Weltkrieg seinen Vater nie rennen, sondern immer nur gehen sehen. Ich sah meinen Vater hin und wieder rennen, aber sehr selten – es galt als unfein. Weitere Beispiele gefällig? Ich entwickelte mich von einem, der gewohnt war, die Reise nach Europa per Schiff zu machen – eine qualvolle Nervenprobe für jemanden, der ein Schiffsunglück überlebt hatte (worüber in diesem Buch noch berichtet wird) – zum Flugreisenden und tauschte meine zuverlässige mechanische Schreibmaschine irgendwann gegen eine Abfolge nicht ganz so zuverlässiger PCs ein. Die Entfernungen schrumpften, die Zeit zerrann.

Am stärksten jedoch verknüpfen sich mit dem raschen Verfliegen der Zeit in meiner Erinnerung die einander ablösenden politischen Krisen und Umwälzungen, die in die Zeit vor der Wahl Adolf Hitlers zum Reichskanzler zurückreichen. Der zunehmende

Einfluss der nationalistischen, rassistischen und antisemitischen politischen Rechten in der Weimarer Republik, die wachsende Unsicherheit der Juden und die wirtschaftlichen Verwerfungen – alles Dinge, die Eingang in die Geschichtsbücher gefunden haben – drückten meiner Welt allemal ihren Stempel auf. Mein Leben reflektiert die oft kataklysmischen Ereignisse unserer Zeit, auch wenn es kein öffentlich gelebtes Leben war.

Diese Ereignisse werden in dem Buch durch den Filter meiner persönlichen Wahrnehmungen und Erfahrungen hindurch sichtbar. Unter letzteren gab es solche, mit denen zu rechnen war, aber auch solche, die dem Schema des Gewohnten und Normalen zuwider liefen; das gilt insbesondere für die Art und Weise, wie ich das Exildasein erlebte. Ich kann nicht in Anspruch nehmen, ein typischer Vertreter von irgendjemand oder irgendetwas anderem als von mir selbst zu sein.

Nichtsdestoweniger glaube ich, dass ich als ein Mensch, der die Dinge mit den Augen des Historikers sieht und der der Politik nie die kalte Schulter gezeigt hat, dem Leser einen Eindruck von einer gewissen Zeitstimmung vermitteln kann, ein Gefühl dafür, wie ein geschichtsbewusster Mensch die erste Hälfte unseres Jahrhunderts erlebte. Die Wahrnehmungen und Erfahrungen, die in diesem Buch geschildert werden, mögen durchweg persönlicher Natur sein, sie sind deswegen aber nicht zwangsläufig einzigartig. So führte zum Beispiel der Spanische Bürgerkrieg der 1930er Jahre nicht nur zu meinem persönlichen politischen Erwachen, sondern zu dem einer ganzen Generation – ebenso wie der antifaschistische Kampf etwas war, das ich mit den meisten meiner Freunde und Zeitgenossen teilte. In jedem Leben gibt es private Teilbereiche, die durch und durch persönlicher Natur zu sein scheinen; auch sie sind jedoch in einem hohen Grad von dem weltgeschichtlichen Hintergrund geprägt, vor dem sich ein Leben entfaltet.

Der Ausgangspunkt ist in jedem Leben wichtig, und mein eigener war nicht gerade typisch oder alltäglich. Als einer, der sein Leben in Deutschland begonnen hat – im Elternhaus und danach in einem ziemlich berühmten Internat –, erinnere ich mich nicht nur an eine dahingegangene Welt. Meine Erinnerung umfasst vielmehr einen Lebensstil und eine Lebensphilosophie, die sich ganz unmittelbar auf alles auswirkte, was danach kam, auch wenn in meiner eigenen Wahrnehmung kaum Gemeinsamkeiten bestehen zwischen dem verwöhnten Kind, dem abgehärteten, konformistischen Schüler und dem politisch bewussten jungen Mann, der sich zu einem unkonventionellen Historiker entwickeln sollte. Ich bin in diesem Buch chronologisch vorgegangen, weil dies die einzige Möglichkeit ist, die Kontinuitäten und Diskontinuitäten meines Lebens ein Stück weit in einen Sinnzusammenhang zu bringen.

Als ausgebildeter Historiker verfüge ich über eine gewisse Übung in dem Versuch, in die Vergangenheit zurückzugehen und zu verstehen, wie die damals lebenden Menschen ihre Welt sahen. Ich bin seit jeher der Überzeugung, dass Einfühlungsvermögen die höchste Tugend ist, die ein Historiker kultivieren sollte, und ich hoffe, dass diese Überzeugung mir bei dem Unterfangen, auf mein eigenes langes Leben zurückzublicken, gute Dienste geleistet hat. Unter Einfühlungsvermögen verstehe ich, dass man die eigenen Vorurteile der Gegenwart nicht in die Vergangenheit projiziert.

Von dem einen oder anderen roten Faden einmal abgesehen, haben Autobiographien fast zwangsläufig einen episodischen Charakter, schon weil das menschliche Gedächtnis kein nahtloses Erinnerungsgewebe produziert. Ich habe mich beim Schreiben fast ausschließlich auf meine Erinnerung verlassen müssen, mit der Folge, dass manche Episoden überlebensgroß herauskommen, während zwischendurch längere Zeitspannen einfach übersprungen werden. Diese Unvollständigkeit erfüllt jedoch einen Zweck: Offensichtlich erinnere ich mich am besten an Vorgänge, die einen bleibenden Eindruck hinterlassen haben und die meiner eigenen Einschätzung nach eine die Zukunft prägende Bedeutung hatten.

Abgesehen davon gibt es natürlich einige Leitmotive, die mich mein ganzes Leben hindurch begleitet haben und die zwangsläufig als Themen in diesem Buch vorkommen. Meine (reale oder potentielle) Außenseiterrolle als Jude, der seine persönlichkeitsbildenden Jahre in einer entschieden feindseligen Umgebung zubrachte, hinterließ ebenso ihre Spuren wie mein Status als sexueller Außenseiter, der mir jede Chance auf ein Fortkommen hätte rauben können, wenn er bekannt geworden wäre. Dies waren sicherlich wichtige Themen meines Lebens, die aber oft überstrahlt oder überschattet wurden von meiner Hingabe an politische Anliegen oder an die Beschäftigung mit der Geschichte und das Schreiben über sie. Ich war noch nicht Teil jener jüngeren Generation, in der man die Opferrolle eher als trotziges Statussymbol vor sich her trägt, als sie als Charakterprüfung zu betrachten oder gar an ihr zu verzweifeln.

Die Themen, die meinen Lebensbericht über weite Strecken beherrschen, haben mit dem Versuch zu tun, mich zu behaupten und mir Raum für meine persönliche Entwicklung zu verschaffen. Ich wurde konfrontiert mit Nationalismus und Rassismus – beide erreichten in Europa ihren Höhepunkt, als ich ein noch sehr junger Mensch war – und mit den Kriegen, die die erste Hälfte des 20. Jahrhunderts überzogen, die ich allerdings nicht als Mitglied der kämpfenden Truppe erlebte, sondern an der Heimatfront. Nachdem ich über kürzere oder längere Zeitspannen hinweg in den USA, Deutschland, Frankreich, Israel und England gelebt hatte, wurde ich einmal gefragt, in welchem Land ich am liebsten leben würde. Meine Antwort lautete: dort, wo Ausweispapiere keine Rolle spielen, wo ich nie einen Pass brauchen werde, wo die Menschen mich um meiner selbst willen mögen und mir keine Etiketten oder Stereotypen anheften. Manchmal kommen die Vereinigten Staaten diesem Ideal näher als alle anderen Länder, und dann gibt es wieder Momente, in denen ich denke, dass ein solches Land vielleicht gar nicht existiert. Der Nationalismus besaß für mich, wegen des Gefühls der Zugehörigkeit, das er vermittelte, einen gewissen Reiz, doch habe ich es paradoxerweise nie geschafft, die Mentalität des Flüchtlings abzuschütteln, und bin bis zum heutigen Tag mindestens in Teilen meines Denkens der ewige, auf der Durchreise befindliche Emigrant geblieben.

In letzter Instanz jedoch gewann das Zugehörigkeitsgefühl, für den Entwurzelten eine so erstrebenswerte Gemütsverfassung, in dem Maß die Oberhand, als aus dem ewigen Emigranten ein Amerikaner wurde. Ich wollte als wirklicher Amerikaner gelten, eingebürgert in der westlich des Mississippi liegenden Hälfte des Landes und nicht in seinem weichlichen östlichen, Europa so nahe stehenden Teil. Was mich nicht daran hindert, mich trotzdem noch als Europäer und als permanenten Außenseiter zu betrachten. Wenn dies verwirrend erscheint, muss ich mich damit abfinden; es ist eine Verwirrung, die sich aus den Tatsachen eines Lebens erklärt, das Zeiten durchlief, die keine Atempausen zuließen.

Das Bild des »frei schwebenden Intellektuellen« sagte mir die längste Zeit meines Lebens zu, und ich bin nach wie vor der Überzeugung, dass man als Historiker, um sich einfühlen zu können, die Rolle des ewigen Reisenden, des Zuschauers spielen muss, anstatt sich einer fest gefügten Weltanschauung anzuvertrauen, von einem nationalistischen Dogmensystem ganz zu schweigen. Ich habe mir immer einen instinktiven Argwohn gegen Historiker bewahrt, die von einer fest gezimmerten Weltanschauung ausgehen und an ihr festhalten, und sei es eine der traditionellen Religionen. Heute weiß ich, dass diese Einstellung, so wünschenswert sie als theoretisches Ideal nach wie vor ist, unfair war. Ich selbst bekannte mich in verschiedenen Abschnitten meines Lebens emphatisch zu bestimmten Anliegen: zur Sache der antifaschistischen Bewegung zum Beispiel oder, auf einer weniger kämpferischen Ebene, zum Zionismus und zu liberalen Anschauungen und Forderungen. Ich habe Zeiten durchlebt, in denen es schlicht nicht möglich war – und vielleicht auch nicht erstrebenswert gewesen wäre –, neutral zu bleiben. Die Zwiespältigkeiten der menschlichen Existenz lassen sich nicht aus der Welt schaffen, ebenso wenig wie es sich verhindern ließ, dass der sesshafte Bürger des amerikanischen Mittelwestens am Ende, wenn auch mit Bauchschmerzen, über den ewigen Emigranten triumphiert hat.

Was auf den folgenden Seiten erzählt wird, ist demnach nicht die übliche Geschichte von Flucht, Einwanderung und Integration, und es wird hier auch nicht das gewohnte Bild vom Exildasein gezeichnet. Das mag etwas damit zu tun haben, dass schon das Umfeld, in dem ich heranwuchs, ganz und gar unüblich war.

Kapitel 2

Kinderstube

Keine Vorahnung einer bevorstehenden Katastrophe überschattete meine Kindheit, die ich in den ausgehenden Jahren der Weimarer Republik in Berlin zubrachte. Ich erlebte diese Jahre von einem Logenplatz aus und nahm die Wirklichkeit durch den das reale Leben weitgehend ausblendenden Filter eines opulenten Lebensstils wahr. Welches andere Kind hatte im Alter von nicht einmal zehn Jahren ein eigenes Auto mit Chauffeur und wurde täglich in die Grundschule gefahren, während alle anderen zu Fuß kamen? Zu Hause kümmerten sich wechselnde Gouvernanten um alles, was ich brauchte. Ich hatte mein eigenes Wohn- und Schlafzimmer, sowohl in Berlin als auch auf unserem Landsitz gleich außerhalb der Stadt.

Dieser Lebensstil war für mich eine Selbstverständlichkeit – ich kannte nichts anderes. Nie fühlte oder sah ich mich als kleiner, von der schieren Großräumigkeit meiner häuslichen Welt erdrückter Junge, nie wunderte ich mich darüber, dass ich Dienstboten, die dreimal so alt waren wie ich, herumkommandieren konnte. In unseren Häusern gab es nichts Kleines oder Kümmerliches, außer vielleicht die Besenkammer, die immer dann zu meiner Gefängniszelle wurde, wenn ich wieder einmal unausstehlich und unartig gewesen war. Wenn ich auf diese frühen Jahre meines Lebens zurückblicke, erkenne ich, dass sie mir eine gewisse Selbstsicherheit verliehen haben, besser gesagt die Selbstgewissheit eines Schlafwandlers, die mir geholfen hat, gefährliche Situationen zu überstehen, indem ich einfach die Augen vor ihnen verschloss – so zum Beispiel als ich bei der Ausreise aus Deutschland einen Spießrutenlauf durch ein Spalier von Braunhemden absolvieren musste. Ich habe immer die Fähigkeit besessen, mich innerlich vom Geschehen abzumelden, wenn ich in einer Sackgasse zu landen drohte.

Doch statt das Dasein in meinem kleinen Königreich glücklich zu genießen, war ich ein garstiges Kind, ein *enfant terrible*. Ich war einsam, hatte nur Erwachsene um mich; als man mich für reif hielt, mit Altersgenossen zu spielen, wurden Knaben aus Schenkendorf, der Ortschaft, in der unser Landgut lag, zu uns ins Haus beordert. Richtige Freundschaften konnten sich unter diesen Umständen nicht entwickeln. Vielleicht ebenso wichtig war, dass die Familie selbst mir nicht viel Zuspruch bot, schon weil sie so selten zusammen war. Frühstück und Mittagessen nahm ich mit der Gouvernante in meinem Wohnzimmer ein; nur hin und wieder durfte ich an einem Abendessen teilnehmen, zu dem sich die gesamte Familie versammelte. Meine Eltern kamen zum Gutenachtsagen, aber das war gewöhnlich alles, was ich von ihnen sah. Ich sehnte mich nach Zuwendung und wandte zweifellos viele destruktive Mittel an, um sie mir zu verschaffen.

Die beiden äußeren Faktoren, die mein Leben in diesen frühen Jahren mehr als alle anderen prägten, waren Überfluss und Platz, viel Platz. Rückblickend erscheint mir das Stadthaus meines Großvaters in Berlin, obzwar ich dort nur ein sporadischer Gast war, als der Ort, der mehr als jeder andere die Lebenswelt symbolisierte, in der sich meine Kindheit abspielte. Mein Großvater mütterlicherseits, Rudolf Mosse, erbaute seinen »Palast«, der den Stadtvillen der italienischen Renaissance nachempfunden war, 1882 am Leipziger Platz als anschauliche Demonstration der Solidität seines ein Jahrzehnt zuvor gegründeten Verlagsimperiums. Um seine Arriviertheit zusätzlich zu unterstreichen, kaufte er 1896 das Landgut in Schenkendorf mit seinem prachtvollen Herrenhaus, zu dem man mit dem Automobil von Berlin aus rund vierzig Minuten unterwegs war. Das Palais in Berlin war ein im-

Porträt von Max Oppenheimer, 1927

posanter Steinbau im klassizistischen Stil, in seinem Innenhof stand ein von Walter Schott entworfener Brunnen mit tanzenden Jungfrauenfiguren. Eine Kopie des Brunnens wurde später auf einem Landsitz in Ostpreußen aufgestellt, eine zweite im New Yorker Central Park, wo sie noch heute steht. Das war aber noch

Anton von Werner, *Das Gastmahl der Familie Mosse*,
Wandbild im Speisesaal des Mosse-Palais, 1899.

nicht alles. Das Palais besaß nicht nur luxuriös eingerichtete Wohnräume, sondern beherbergte auch die Kunstgalerie meines Großvaters und seine umfangreiche Bibliothek.

Die Existenz einer solchen Galerie und Bibliothek in einem Privathaus war Ausdruck der Bildungsideale des deutschen Bürgertums: Der Einzelne war gehalten, durch eine kontinuierliche Weiterentwicklung, bei der Erziehung, Kultur, Literatur und Bildende Kunst im Mittelpunkt standen, den eigenen Selbstwert zu definieren und zu steigern. Gemälde und Plastiken zu geschichtlichen, sakralen oder nationalen Themen, wie sie sich in der Samm-

lung Rudolf Mosses fanden, ließen sich unschwer rezipieren und in eine spirituelle Dimension tauchen, in der sie das Wahre und Schöne symbolisierten und den menschlichen Geist auf eine höhere Stufe hoben.

Das zweifellos spektakulärste Gemälde im ganzen Haus erstreckte sich über eine der langen Wände des Speisezimmers. Sein Schöpfer Anton von Werner, der auf Monumentalbilder mit historischen Sujets spezialisiert war, hatte mit einem 1877 gemalten Bild Berühmtheit erlangt, das die Proklamation des neuen Deutschen Reichs durch Bismarck im Spiegelsaal von Versailles zeigte. An sein Riesenfresko im Speisezimmer erinnere ich mich noch gut, es war eine Quelle endloser Faszination. Das in kräftigen Farben gehaltene Bild – es trug den Titel *Das Gastmahl der Familie Mosse* – wurde 1899 geschaffen. Rudolf Mosse, seine Frau und seine Tochter – meine Mutter – sowie einige seiner wichtigen politischen Freunde sitzen, allesamt in Renaissance-Kostüme gekleidet, inmitten einer italienisch anmutenden Szenerie an einer großen Banketttafel, Trinksprüche ausbringend und sich amüsierend. Die Runde besteht aus führenden Liberalen wie dem Arzt und Politiker Rudolf Virchow und dem liberalen Abgeordneten Heinrich Rickert. Auch andere Angehörige der bürgerlichen Elite ließen sich damals in dieser Manier malen – die Fresken in ihren ebenfalls gegen Ende des 19. Jahrhunderts errichteten Stadthäusern zeigten die Mitglieder ihrer Familie häufig in Renaissance-Kleidern.

Diese Mode, die die Wende zum 20. Jahrhundert nicht sonderlich lange überlebte, dokumentierte ein neues Selbstbewusstsein im Lager der neuen bürgerlichen Elite, ebenso wie deren Verlangen, durch die Identifizierung mit einer nicht-aristokratischen Vergangenheit, einer Epoche, in der das Abendland eine stilistische und kulturelle Blüte erlebt hatte, mehr Legitimität zu gewinnen. Die Renaissance war eine Epoche, die mit ihrer republikanischen Gesinnung der liberalen Elite, die sich als Schrittmacherin der Kultur verstand, sympathisch war. Für deutsche Juden hatte es daher einen besonderen Reiz, sich zur Renaissance zu bekennen als Zeichen ihrer Zugehörigkeit zur Geschichte und Tradition Europas. Von all dem wusste ich damals nichts – ich genoss einfach nur den Anblick dieser kostümierten Gesellschaft und konnte gar nicht genug darüber staunen, wie schön meine Mutter als junges Mädchen gewesen war.

Nach dem Tod meiner Großeltern stand das Stadtpalais bis 1933 leer, abgesehen davon, dass die jeweiligen Hausmeister darin wohnen blieben und unser Verlag die Räumlichkeiten hin und wieder für Veranstaltungen nutzte. Sicher gab es dort auch Dienstboten, doch während ich das Personal in Schenkendorf und in unserem eigenen Berliner Haus kennen lernte, habe ich an die Dienerschaft der Villa am Leipziger Platz keine Erinnerung.

Die Villa, die mein Großvater Mosse für seine Tochter und ihren Mann – meine Eltern – im Westen Berlins erbauen ließ, war ganz anders als das Palais: moderner und eher unauffällig. In diesem Haus verbrachte ich einen Teil meiner frühen Kindheit. Im oberen Stock hatten wir drei Kinder je ein Schlaf- und ein Spielzimmer (das zum Wohnzimmer wurde, als mein Bruder und meine Schwester älter wurden). Auch hier lebte ich in meiner eigenen kleinen Welt. Die Gemeinschaftsräume und das Esszimmer befanden sich im Erdgeschoss, ebenso das Arbeitszimmer meines Vaters. Die beiden großen, vornehm ausgestatteten Wohnzimmer im Erdgeschoss haben sich in meiner Erinnerung als öffentliche Räume festgesetzt, weil dort so viele Einladungen stattfanden; an sie schloss sich ein großes, mit Medici-Gobelins dekoriertes Speisezimmer an. An der Rückseite des Hauses, von den Wohnzimmern aus zugänglich, befand sich ein kleiner Konzertsaal, in dem bekannte Musiker auftraten, entweder als Solisten oder im Quartett. Die Tradition der Hauskonzerte lebte in diesen Kreisen weiter. Wir erhielten Gegeneinladungen zu ähnlichen Konzerten bei Bekannten, und ich erinnere mich bis zum heutigen Tag an den Auftritt eines Streichquartetts im Haus des bekannten Bankiers Carl Melchior, das ich ausnahmsweise einmal in Begleitung meiner Eltern besuchen durfte.

Nach Ansicht meiner Eltern war ich damals wohl noch viel zu jung, um am kulturellen Leben Berlins teilzuhaben. Ich empfand es später immer als eigenartig, wenn ich von Studenten gefragt wurde, ob es nicht aufregend gewesen sei, die legendäre kulturelle Aufbruchstimmung im Berlin der Weimarer Republik hautnah mitzuerleben. Gewiss durfte ich, wie andere Kinder auch, mit meinen Eltern gelegentlich in die Oper gehen – die erste Oper, die ich erlebte, war Friedrich von Flotows *Martha,* die zweite Albert Lortzings *Zar und Zimmermann* –, niemals aber ins Theater. Meine Kindheit verbrachte ich fast ausschließlich in Schenkendorf oder im Innern des elterlichen Stadthauses in der Maaßenstraße (in einem der vornehmsten Berliner Bezirke). Um uns herum standen hier die Häuser anderer Mitglieder der jüdischen Elite Berlins, von denen die meisten einander kannten. In dieser Hinsicht hatte eine gewisse Reghettoisierung stattgefunden, wenn sie auch alles andere als vollständig war. Sogar in Schenkendorf waren wir von Landgütern umgeben, die Bekannten meiner Eltern gehörten, meistens Bankiers oder Industriellen. Die meisten dieser herrlichen Anwesen überlebten sogar den Zweiten Weltkrieg. In den 1960er Jahren wurden sie dann jedoch abgerissen, um großstädtischen Wohnsiedlungen Platz zu machen, die sich in Gestalt hässlicher Einheitsquader aus vorfabrizierten Betonplatten breit machten.

Neben meinem Elternhaus in Berlin war der Ort, an dem ich, bevor ich in die Internatsschule kam, viel Zeit verbrachte und wohin ich später in den Ferien oft zurückkehrte, der Landsitz meines Großvaters in Schenkendorf. Im flachen Umland Berlins mit seinen Birkenhainen und seinem sandigen Boden gelegen, war Schenkendorf ursprünglich ein Rittergut gewesen. Im wilhelminischen Deutschland konnte sich derjenige, der ein solches Anwesen sein eigen nannte, mit dem Titel »Rittergutsbesitzer« schmücken – das war wichtig in einer Welt, in der Titel gesellschaftlichen Status garantierten. Das Gebäude selbst war erst in den neunziger Jahren des 19. Jahrhunderts entstanden. Es lag inmitten eines großen Parks, der seinerseits von weitläufigen Ackerflächen umgeben war. Der Bauernhof, der sich direkt am Ende des Parks befand, war mit seinen Stallungen und seiner stillgelegten Zuckerrüben-Raffinerie für uns Kinder immer ein attraktives Spielgelände.

Schloss Schenkendorf (oben)
Das Haus in der Maaßenstraße (unten)

23

Was das Dorf Schenkendorf selbst betraf, so war in den 1890er Jahren die Kohleförderung eingestellt worden, von der es gelebt hatte. Die Bergarbeitersiedlung war jedoch erhalten geblieben und verlieh der Ortschaft mit ihren wenigen hundert Einwohnern ihren Charakter. Die ockerfarbenen Häuschen wurden »Siemenshäuser« genannt, nach dem berühmten deutschen Unternehmen, dem die Kohlenzeche gehört und das die Siedlung für seine Arbeiter errichtet hatte. Noch heute schmückt das Wappen der Bergarbeitergewerkschaft das größte Haus im Dorf, das einst das Gemeinschaftsgebäude der Bergleute gewesen war. Für mich allerdings war das alles nur schemenhafter Hintergrund. Ich erinnere mich nicht, mit den Kindern aus dem Dorf in Berührung gekommen zu sein, obwohl mir später erzählt wurde, einige von ihnen seien hin und wieder zu uns eingeladen und mit Kuchen und Süßigkeiten bewirtet worden, damit ich Spielkameraden hatte. An meinem Geburtstag spielte mir die Dorfkapelle jedes Mal ein Ständchen vor der großen Terrasse, eine Geste der Ehrerbietung, die ich einmal mehr als selbstverständlich ansah.

Schenkendorf war ein außerordentlich armes Dorf, und es hieß, 1933 habe die Hälfte seiner Einwohner die Nazis und die andere Hälfte die Kommunisten gewählt. Meine Eltern wurden von den Leuten als so etwas wie die Grundherren betrachtet und verhielten sich auch so. 1928 zum Beispiel stifteten sie dem Dorf zwei Kirchenglocken; in die eine war der Name meiner Schwester eingraviert, in die andere der meine. Weshalb mein Bruder, wie es scheint, leer ausging, weiß ich nicht. Lebhaft erinnere ich mich noch an die feierliche Einweihung der Glocken, der als Ehrengast der evangelische Superintendent des Bezirks beiwohnte. »Meine« Glocke ist der einzige konkrete Gegenstand, der mich noch heute mit Schenkendorf verbindet, denn sie ist nach wie vor im Anwesen und im ganzen Dorf zu hören, während die nach meiner Schwester benannte Glocke im Zweiten Weltkrieg eingeschmolzen wurde. An der Kirche fand ich als Kind nur die Tatsache be-

Zusammen mit den Cousins Ali und Erwin Lachmann auf einer
Skulptur vor Schloss Schenkendorf, 1929

eindruckend, dass in ihrem Kellergewölbe die sterblichen Über-
reste der Kinder des Grafen von Löben ruhten, der im 17. Jahrhundert Gutsherr auf Schenkendorf gewesen war. Die achtzehn
halb geöffneten Särge, in denen ihre Gebeine lagen, boten einen
faszinierenden, wenn auch grausigen Anblick. Die Kirche selbst
entpuppte sich nach ihrer Restaurierung durch die DDR-Behör-
den als ein höchst sehenswürdiges Juwel des 17. Jahrhunderts.

Was unseren Familiensitz in Schenkendorf betraf, so fand ich
ihn eigentlich nie besonders reizvoll, trotz des riesengroßen Emp-
fangssaals, der das Zentrum des Gebäudes bildete. Er war zwei
Stockwerke hoch und hatte oben eine umlaufende Galerie, die zu
etwa acht Gästezimmern Zugang bot. Mein Vater hatte in jedes
dieser Zimmer ein Bad einbauen lassen, ein Luxus, der zu jener
Zeit seinesgleichen suchte. Im Erdgeschoss befanden sich zwei
repräsentative Wohnzimmer (der rote und der grüne Salon), der

Speisesaal, die Gemächer meiner Mutter und, direkt vom großen Empfangssaal aus zugänglich, ein Wintergarten, durch den man auf die große Terrasse gelangte, von der aus man eine weite Rasenfläche mit einem kleinen See am Ende überblickte.

Der Turm, der auf einem Flügel des Hauses thronte, war mein persönliches Reich, und die kleine Insel im See und ein verwunschener steinerner Turm an dessen Ufer waren meine Spielreviere, die ich manchmal mit Vettern und Cousinen väterlicherseits teilte. Viel Zeit verbrachte ich aber auch in der großen Küche im Souterrain, in deren Mitte ein riesiger Herd stand (der noch heute da ist) und wo ich mich von der Köchin, die meine besondere Freundin war, verwöhnen ließ.

Diese Beschreibung mag eine Ahnung von der Geräumigkeit des Schlosses Schenkendorf mit seinen vierundzwanzig oder mehr Zimmern vermitteln, wo jedes von uns Kindern, ebenso wie in Berlin, ein eigenes Schlaf- und Wohnzimmer hatte. »Platz« spielt in meiner Erinnerung an diese Zeit eine wichtige Rolle – die große Bewegungsfreiheit, die ich hatte, die Großzügigkeit der ganzen Anlage. Von Kindheit an so viel Platz gewöhnt, war es mir später nie möglich, mich in kleinen, beengten räumlichen Verhältnissen wohl zu fühlen. Mit diesem erworbenen Bedürfnis nach »Platz« hängt zweifellos die Klaustrophobie zusammen, die mich beim Aufenthalt in kleinen Räumen befällt – wobei ich nie in wirklich beengten Verhältnissen leben musste, nicht einmal im Exil. Ich führe diese Phobie jedoch in erster Linie darauf zurück, dass im Haus an der Maaßenstraße eine gegen den ungebärdigen Jungen häufig verhängte Strafe darin bestand, ihn in eine Besenkammer zu sperren, ein enges, stockdunkles Verlies inmitten von so viel Geräumigkeit.

Schenkendorf hielt für mich jedoch eine weitere, und zwar einzigartige Attraktion bereit. Unser Chauffeur, Herr Barthmann, baute für mich dort, es muss wohl zu meinem siebten oder achten Geburtstag gewesen sein, ein kleines, rotes batteriebetriebe-

Das rote Auto, als Geburtstagsgeschenk dekoriert, September 1928

nes Auto, mit dem ich stolz den großen Park abzufahren pflegte, meistens mit Fahrgästen aus dem Kreis der Familie oder unserer Besucher. Kein Wunder, dass alle meine Spielkameraden mich beneideten – höchstwahrscheinlich gehörte ich zu den jüngsten Menschenkindern, die jemals ein Auto gefahren haben.

Die Dienstboten bildeten einen notwendigen und integralen Bestandteil unseres opulenten Lebensstils. Das Haus in Berlin hielten, ebenso wie das in Schenkendorf, fünf oder sechs Bedienstete am Laufen: Köchin und Butler, das persönliche Hausmädchen meiner Mutter, mehrere Zimmermädchen und eine Küchenmagd. In unserer Familie ist die Geschichte überliefert, dass mein Vater im Treppenhaus unseres Berliner Hauses einmal eine Frau antraf, die er vorher nie gesehen hatte. Auf seine verwunderte Frage, wer sie sei und was sie da zu suchen habe, erklärte sie, sie sei die Küchenmagd. Zu mindestens einigen der

Dienstboten müssen wir eine sehr enge persönliche Beziehung gehabt haben. Jedenfalls war das Verhältnis alles andere als feindselig, wie es nach der Theorie vom Klassengegensatz hätte sein müssen. Dass uns ein Teil unseres Hausrats erhalten blieb, verdankten wir ausschließlich der Initiative treuer Dienstboten, die buchstäblich unter den Augen der Polizei, die nach unserer Flucht ins Exil unsere Häuser konfiszierte, Wertsachen in Sicherheit brachten, darunter Gobelins und einen Teil der Möbel. Einige dieser Besitztümer folgten uns um die halbe Welt und tauchten am Ende sogar in Kalifornien auf, nachdem mein Vater sich mit meiner Stiefmutter dort niedergelassen hatte. Dabei kam es in den ersten Exiljahren oft vor, dass sich zum Erfreulichen das Bizarre gesellte: Die uns treu ergebene Haushälterin aus der Maaßenstraße hatte zusammen mit den Medici-Gobelins und den Empire-Sesseln einen ganzen Koffer voller Klistiere des großen, altmodischen Typs eingepackt. Vielleicht fürchtete sie die Auswirkungen des seltsamen amerikanischen Essens auf unsere Gesundheit.

In meiner Kindheit spielten Dienstboten für mich zeitweilig die Rolle enger Familienangehöriger; sie stellten gleichsam das Bindeglied zwischen mir und meinen Eltern dar. Am wichtigsten waren in dieser Hinsicht die Köchinnen in Berlin und Schenkendorf, die persönliche Bedienstete meiner Mutter, der Butler in Schenkendorf sowie der Chauffeur. Ich war keineswegs ein vernachlässigtes Kind, im Gegenteil: Ich wurde von allen verhätschelt und hatte ein großes Revier, in dem ich mir Spielplätze suchen und in dem ich sogar umherfahren konnte.

Freilich waren diejenigen, die mich verwöhnten und sich um mich kümmerten, Außenstehende. Sie konnten mein Verlangen nach engeren persönlichen Bindungen nicht erfüllen, weil sich in die Wahrnehmung, von ihnen umsorgt und gemocht zu werden, immer der Argwohn mischte, es könne sich dabei um eine vorgespielte, materiellem Kalkül entsprungene Zuneigung handeln.

Dieses unbehagliche Gefühl, das ich schon zu Hause nicht los wurde, verstärkte sich im Internat in Salem, als meine Eltern der ganzen Schule mehrmals eine Ladung Süßigkeiten spendierten. Sie taten das sicher in allerbester Absicht, doch ich hatte das dumpfe Gefühl, es könne sich um den Versuch handeln, dem hässlichen Entlein ein Stück Popularität zu erkaufen. Ich war in der Tat von kleinem Wuchs und ziemlich unansehnlich, während es in meiner engeren Familie sonst nur gutaussehende und hoch gewachsene Leute gab. Ich machte mir aber zu der Zeit über mein Aussehen keinerlei Gedanken. Worauf es mir ankam, war selbst etwas zu leisten, um aus dem Schatten meiner Familie herauszutreten.

Unter all denen, die sich zu Hause um mich kümmerten, schenkte ich nur einer Gouvernante, die zu uns kam, als ich etwa acht Jahre alt war, mein volles Vertrauen. Sie schien nicht nur, sondern war über jeden Verdacht erhaben, eigennützige Motive zu verfolgen.

Sie war nicht meine erste Gouvernante, schon vor ihr hatten mehrere französische Gouvernanten nacheinander auf mich aufgepasst. An sie habe ich mir kaum eine Erinnerung bewahrt, abgesehen von dem erstaunlichen Umstand, dass sie alle überzeugte Royalistinnen waren, was für mich die Folge hatte, dass ich lange Zeit glaubte, es wäre für Frankreich das Beste, von einem wohlwollenden König regiert zu werden. Warum sie so dachten, weiß ich nicht – vielleicht waren es junge Damen aus vornehmem Haus, die nicht mehr auf Rosen gebettet waren und sich in eine andere Zeit zurückwünschten. Ganz offensichtlich muss es jede dieser Gouvernanten sehr schwer mit mir gehabt haben, denn sie hielten es alle nur kurze Zeit bei uns aus, bevor sie die Flucht nach Hause antraten. Dass Französisch meine erste Fremdsprache wurde, schien nur natürlich für den Sprössling einer Familie, für die, wie für so viele deutsche Juden, Frankreich das große Vorbild war. Kurz nach dem Ende des Ersten Weltkriegs hatte mein Vater die mutige Initiative ergriffen, die seinerzeit berühmte französische Sängerin Yvette Guilbert für einen Liederabend in unseren privaten Konzertsaal einzuladen. Viele Jahre später war es der französische Botschafter in Deutschland, André François-Poncet, der durch sein Einwirken auf die NS-Behörden einen Besuch meiner Großmutter väterlicherseits in unserem Pariser Exil ermöglichte.

Miss Squire aus Belfast wurde eingestellt, damit wir Kinder neben der französischen auch die englische Sprache erlernten. Die Kenntnis von Fremdsprachen galt in unseren Kreisen nicht als Luxus, sondern als etwas, das zum notwendigen Grundstock bürgerlicher Bildung gehörte, ebenso wie Kenntnisse über die Kultur der anderen westeuropäischen Länder. Für mich war Miss Squire bald viel mehr als bloß eine Lehrerin. Sie wurde zu einer echten Ersatzmutter, nicht nur für mich, sondern auch für meine Schwester, wie ich später aus deren Tagebuch erfahren habe. Trotz dieser großen Nähe und des wichtigen Beitrages, den Miss Squire zur Formung meiner Lebensziele leistete, kann ich mich bezeichnenderweise nicht an ihren Vornamen erinnern. Eine Gouvernante war immer nur »Miss« (bzw., wenn sie Französin war, »Madame«) Soundso. Wir teilten unsere Zeit und den Tisch mit ihr und doch sahen wir in ihr nicht mehr als eine gehobene Dienstbotin. Miss Squire verkörperte einige der besten Quäker-Tugenden, wie ich sie später auch an meiner englischen Internatsschule und am Haverford College in den Vereinigten Staaten wiederfinden sollte. Sie war geradlinig, ehrlich und konnte vor allem gut zuhören. Sie schien über ein hohes Maß an innerer Stärke und Sicherheit zu verfügen, ganz anders als meine rastlose Familie und insbesondere meine Mutter mit ihren häufigen Gefühlsausbrüchen und hysterischen Anfällen.

Die Spannungen, die zwischen Miss Squire und meiner Mutter herrschten, waren mit Händen zu greifen; sie machten mir schon als Kind zu schaffen und tun es noch heute. Abgesehen da-

Mit Miss Squire in Belfast, 1928

von, dass sie mich zutiefst beunruhigten, weil ich so große Zuneigung zu Miss Squire empfand, verletzten die Anschuldigungen, die meine Mutter beständig gegen sie erhob, mein intuitives Gerechtigkeitsempfinden. Heute erkenne ich, dass meine Mutter Grund zur Eifersucht hatte, doch damals war ich vollkommen auf Miss Squires Seite und lebte in der beständigen Angst, meine

31

Eltern könnten ihr kündigen. Tatsächlich blieb sie sogar noch in unseren Diensten, als ich bereits das Internat besuchte. 1931 heiratete sie, und mein Vater ermöglichte ihr die Übernahme einer Berlitz-Sprachenschule in ihrer Heimatstadt Belfast. 1928 hatte sie mich auf eine Besuchsreise dorthin mitgenommen. In Erinnerung geblieben ist mir davon vor allem mein Staunen und Entzücken über die Lebensart ihrer fast der Arbeiterschaft zuzuordnenden Familie, in der eine herzliche Atmosphäre herrschte, die ich bei uns zu Hause die meiste Zeit vermisste.

So also war die Welt beschaffen, in der ich heranwuchs. Die Baulichkeiten, die Dienstboten und die Gouvernanten waren allesamt Elemente eines Milieus, das die Umrisse meiner Kindheit prägte. Natürlich waren auch meine direkten Angehörigen ein entscheidender Bestandteil dieses Milieus, doch waren sie für mich in vielerlei Hinsicht weniger real als die anderen Komponenten, die ich beschrieben habe – obwohl meine Eltern und meine älteren Geschwister zwar immer präsent waren, waren meine hauptsächlichen Bezugspersonen die Dienstboten und in späterer Zeit Miss Squire.

Kapitel 3

Familienbande

Das Milieu, in dem ich aufwuchs, übte, wie mir scheint, mehr noch als meine Familie den direktesten Einfluss auf mein Leben aus. Auf der anderen Seite war es die Vorgeschichte meiner Familie, die das Aufwachsen in einem solchen Milieu erst möglich machte, auch wenn ich ihre Wichtigkeit lange nicht voll zu ermessen vermochte. Diejenigen Großtaten meiner Familie, die die Weichen meines Lebens gestellt hatten und meinen Platz in der deutschen Gesellschaft definierten, hatten offenbar vor meiner Zeit stattgefunden. Von den noch lebenden Mitgliedern der Familie sollte keines, abgesehen vielleicht von meiner Schwester und meiner Stiefmutter, in meinem Leben eine entscheidende Rolle spielen.

In der Zeit zwischen 1870 und dem Ausbruch des Ersten Weltkrieges konnte man in Deutschland, wenn man Ideen hatte und Risiken einging, viel Geld verdienen und unter Umständen zum Begründer eines wirtschaftlichen Imperiums werden – man nennt diese Periode bis heute die Gründerzeit und denkt dabei an Unternehmerpersönlichkeiten, deren Namen sich mit dem Aufbau großer Konzerne verbinden, die dem Land über Generationen hinweg ihren Stempel aufgedrückt haben. Auf Innovations- und Tatkraft stand eine hohe Erfolgsprämie in einem Land, das sich in einem rapiden Industrialisierungsprozess befand. Auf beiden Seiten meiner Familie hatte es solche Gründerpersönlichkeiten gegeben: auf der einen den Großvater meines Vaters, Salomon Lachmann, der das eher bodenständige Gewerbe eines Getreidehändlers ausgeübt hatte, auf der anderen den Vater meiner Mutter, Rudolf Mosse, der als Begründer der modernen Werbewirtschaft in Deutschland sowie als Zeitungs- und Verlagsgründer eine weitaus spektakulärere Rolle gespielt hatte.

Salomon Lachmann war Getreidehändler in Preußen gewesen und in den 1860er Jahren zu großem Wohlstand gekommen, nachdem er die Belieferung des preußischen Heeres während der Kriege gegen Österreich und Frankreich übernommen hatte. Er hatte dem preußischen Staat freilich noch größere Dienste geleistet. Es gab in jener Zeit noch kein gut organisiertes Spionagewesen, und Getreidehändler waren in einer besonders günstigen Position, um die Bewegungen feindlicher Truppen erkennen zu können – aufgrund der Getreidemengen, die diese entlang ihrer Marschrouten konfiszierten. Salomon Lachmann lieferte den preußischen Militärs Informationen über die Bewegungen des österreichischen Heeres und leistete ihnen auch im französisch-deutschen Krieg einige Jahre später ähnlich wertvolle Schützenhilfe. An seinem Begräbnis nahmen hohe preußische Offiziere und persönliche Adjutanten des Kaisers teil. Von seinen sechs Kindern erbte offenbar nur eines seine Tatkraft, wandte sie aber nicht im geschäftlichen, sondern im gemeinnützigen Bereich an: Edmund Lachmann wirkte vierzig Jahre lang im Vorstand der Jüdischen Gemeinde Berlin und war ein wichtiger Impulsgeber für die von ihr unterstützten und durchgeführten sozialen Förderprogramme. Er war außerdem einer der ersten jüdischen Offiziere im preußischen Heer. Die vier anderen Söhne, darunter auch mein Großvater, waren Rentiers, die von dem Vermögen lebten, das ihr Vater verdient hatte, und die, soweit ich es zu beurteilen vermag, nie eine ihnen zusagende Beschäftigung fanden.

Bei aller Ähnlichkeit erging es den Lachmanns jedoch nicht genau so wie den Buddenbrooks in Thomas Manns etwa in derselben Zeit angesiedelter Familiensaga. Während bei den Buddenbrooks die Tat- und Schaffenskraft, die den Gründer der Dynastie ausgezeichnet hatte, in den nachfolgenden Generationen immer weiter nachlässt und die Familie schließlich dem Niedergang anheim fällt und ausstirbt, sollten sich bei den Lachmanns mehrere Urenkel der Gründerfigur Salomon Lachmann durch eigene Leistungen hervortun. Ob dies im Schockerlebnis der Vertreibung ins Exil und deren Folgen begründet lag, ist eine Frage, die uns später beschäftigen wird. Dagegen schlug mein Großvater den Weg ein, für den sich offenbar viele aus der unmittelbaren Nachfolgegeneration der Gründer entschieden.

Georg Lachmann erhielt von der Familie Starthilfe in mehreren geschäftlichen Unternehmungen, hatte jedoch in keiner von ihnen Erfolg. Lampen aus einem seiner gescheiterten Anläufe als Fabrikant verteilten sich bis zum Ende über alle Zimmer unseres Berliner Hauses. Er heiratete allerdings in eine angesehene Familie ein. Der Vater meiner Großmutter, Jacob Eltzbacher, war nach der Revolution von 1848 aus Deutschland geflohen. Er hatte sich in Holland niedergelassen und dort sein Glück gemacht. Unweit von Amsterdam hatte er sich ein Sommerhaus am Nordseestrand gebaut, das zum Zentrum des Dorfes Zandvoort geworden war, heute Amsterdams populärster und überlaufenster Badeort. In Zandvoort verbrachte mein Vater einige der glücklichsten Tage seiner Jugendzeit. Als mein Urgroßvater Eltzbacher sein Ende nahen fühlte, bat er jedoch darum, in deutschem Boden bestattet zu werden. Fast hundert Jahre später berichtete mir ein Freund, der in Bonn lebte, er habe in der Nähe seiner Wohnung einen kleinen überwucherten jüdischen Friedhof entdeckt. Bald darauf stand ich vor dem Grab Jacob Eltzbachers.

Dass mein Urgroßvater offenbar ein »48er« gewesen war, d. h. an der Revolution von 1848 teilgenommen hatte, erfüllte mich in der Zeit des Kampfes gegen die Nazis, als er vor meinem geistigen Auge zu einem Vorläufer der antifaschistischen Bewegung wurde, mit beträchtlichem Stolz.

Unsere Familie wies in ihren Reihen jedoch einen noch bemerkenswerteren Revolutionär auf, wenngleich der sich nicht für

Deutschland engagierte: meinen Urgroßvater mütterlicherseits, Markus Mosse, der in der damals preußischen Provinz Posen als Landarzt praktizierte. Viele seiner Patienten gehörten dem niedrigen polnischen Landadel an, der sich gegen die ihm aufgezwungene preußische Vorherrschaft sträubte. Was lag für Markus Mosse näher, als seine Tätigkeit als Arzt, der von einem Landgut zum anderen fuhr, für die organisatorische Unterstützung eines Aufstandes gegen Preußen zu nutzen? Markus Mosse war zwar ein deutscher Patriot, doch gerade deshalb wird er sich für die Unabhängigkeit Polens engagiert haben. Im Stadium seiner Entstehung ging der deutsche Patriotismus häufig mit einer tiefen Zuneigung zu Polen einher, das ebenfalls um seine nationale Einheit rang. So waren zum Beispiel beim ersten deutschen Nationalfest 1832 in Hambach mehrere polnische Flaggen mitgeführt worden, Seite an Seite mit den die deutsche Einheit symbolisierenden Fahnen. Markus Mosse lebte musterhaft einen Patriotismus ohne Chauvinismus vor und bekannte sich zu Liberalismus und Individualismus als tragende Säulen einer nationalen Identität.

Nach der Niederschlagung des polnischen Aufstandes von 1848 durch preußische Truppen wurde Markus Mosse mehrere Monate lang in der preußischen Festung Küstrin eingekerkert. (Als ich mehr als hundert Jahre später in Polen einen Vortrag hielt, fragte mich jemand, ob ich mit diesem polnischen Patrioten verwandt sei.) Ich erfuhr von diesem Teil unserer Familiengeschichte erst relativ spät in meinem Leben, nicht weil in der Familie Gespräche über das Thema Revolution verpönt gewesen wären (schließlich gehörte mein Vater als Zeitungsverleger zu den ersten in Deutschland, die Reporter in die eben gegründete Sowjetunion schickten), sondern weil die Leistungen und Erfolge meines Großvaters Rudolf Mosse alles überstrahlten, was vor ihm gewesen war, und weil seine Figur und sein Vermächtnis einen so langen Schatten warfen – immerhin bis ins Jahr 1995, als im wiedervereinigten Berlin das »Mosse-Zentrum« seine Pforten öffnete.

Urgroßvater Markus Mosse

Rudolf Mosse kam als junger Mann aus Posen nach Berlin und machte dort sein Glück. Er fand eine Stellung in einem Zeitschriftenverlag und erkannte bald, dass die Werbung, die damals noch in den Kinderschuhen steckte, zu einem wertvollen Bindeglied zwischen der Presse und dem Publikum werden konnte. Er gründete 1867 seine Werbeagentur und revolutionierte die Branche mit seinen nachhaltigen Anzeigenkampagnen, die die Werbung in Deutschland zu einem respektablen Geschäft machten. Zugleich sah er voraus, dass Berlin als Hauptstadt eines geeinten Deutschlands stark an Bedeutung gewinnen würde, und gründete 1871 das *Berliner Tageblatt,* das bald zu einer der angesehensten und meist gelesenen Tageszeitungen der Hauptstadt sowie zu einem der führenden liberalen Blätter in Deutschland avancieren sollte.

Im Lauf der Zeit fügte er dem *Berliner Tageblatt* eine Reihe weiterer Zeitungen hinzu, darunter eine, die sich an das weniger anspruchsvolle Bürgertum, und eine, die sich an die Arbeiterschaft wandte. Als er 1920 starb, besaß er ein ganzes Verlagsimperium und war einer der reichsten Männer Deutschlands. Rudolf Mosse war ein typischer Vertreter der Gründergeneration: energisch, unternehmungslustig und risikofreudig.

Er war von seinem Vater im Sinne jener Tugenden erzogen worden, die das Bürgertum schätzte: Fleiß, Bescheidenheit, Zielstrebigkeit. Er hörte nie auf, nach diesen Idealen zu leben, und als er 1892 in Berlin das Rudolf-und-Emilie-Mosse-Heim für Kinder verarmter Familien »aus ehedem gebildeten Ständen« gründete, schienen in der erklärten Zweckbestimmung dieser Institution just diese Tugenden wieder auf: Die Kinder sollten hier sowohl zu Bescheidenheit als auch zu Fleiß erzogen werden. Gleichzeitig sollten sie jedoch, wie es ihnen als Kindern aus bürgerlichen Familien gebührte, mit dem kulturellen Leben vertraut gemacht, also in Museen, Theater und Konzerte sowie den Berliner Zoo geführt werden.

Großvater Rudolf Mosse mit seinen Brüdern, 1891. Von links: Albert, Salomon (sitzend), Paul, Emil, Theodor, Rudolf (sitzend) und Maximus (Wolfgang war zum Zeitpunkt der Aufnahme bereits verstorben)

Die Schwestern von Rudolf Mosse, 1891. Von links: Margarete Bloch, Anna Wetzlar, Clara Alexander, Elise Hartog, Leonore Cohn, Therese Litthauer (unten)

Rudolf Mosse selbst bereicherte das kulturelle Leben Berlins, indem er einige Künstler förderte, aber auch dadurch, dass er in seinem Haus die Bibliothek Erich Schmidts, eines berühmten Literaturwissenschaftlers des 19. Jahrhunderts, unterbrachte, und dazu eine Kunstsammlung, die sich über zwanzig Zimmer seines Stadtpalais' ausbreitete. Sowohl die Bibliothek als auch die Kunstsammlung waren zu gewissen Zeiten der Öffentlichkeit zugänglich. Zum Bestand der Bibliothek gehörten Manuskripte, die mit der Enzyklopädie Wilhelm Grimms zusammenhingen und an die ich mich aus irgendeinem Grund bis zum heutigen Tag erinnere. Sie umfasste ferner zahlreiche Erstausgaben, insbesondere von Werken Goethes und Lessings. Goethe und Lessing waren natürlich die Schutzheiligen des deutschen Judentums, und mein Vater legte sich später selbst eine beeindruckende Sammlung von Erstausgaben Goethescher Werke zu.

Die Kunstsammlung meines Großvaters war typisch für den Geschmack von Personen seines Standes und seiner Generation. Neben einem Rubens-Bild umfasste sie überwiegend Gemälde von deutschen Künstlern der zweiten Hälfte des 19. Jahrhunderts, darunter auch einigen, die damals berühmt waren, heute aber weitgehend in Vergessenheit geraten sind, wie Arnold Böcklin, Wilhelm Leibl oder Adolph von Menzel. Die Skulpturensammlung, die er zusammengetragen hatte, war hingegen etwas Besonderes, Ausdruck eines Interesses, das damals noch selten anzutreffen war. Es hieß später, nur Kaiser Wilhelm II. habe mehr für die Förderung dieses Genres der Bildenden Kunst getan als Rudolf Mosse. Die Künstler, deren Werke er sammelte, waren typische Vertreter des Fin de Siècle: Künstler, deren Namen heute nicht mehr geläufig sind, wie Hugo Lederer, Fritz Klimsch oder August Gaul. Die Avantgarde war in diesem Bereich seiner Sammeltätigkeit ebenso wenig vertreten wie bei den Malern.

Die weit gefächerten philanthropischen Unternehmungen Rudolf Mosses, wie die Gründung des vorhin erwähnten Kinderheims, entsprachen ebenfalls dem, was man von einem Mann in seiner Position erwartete, und hatten mindestens zum Teil die Funktion, sich selbst und anderen seine neu errungene Stellung in der deutschen Gesellschaft zu demonstrieren. Sich mit derlei Aktivitäten hervorzutun, war in der Generation der Gründer gang und gäbe, wobei jedoch viele Juden unter den Philanthropen offenbar überproportional vertreten waren. Nur wenige engagierten sich dabei in einem solchen Ausmaß wie mein Großvater. Im Einklang mit seinem Glauben an eine erfolgreiche wirtschaftliche Zukunft Berlins, der ihn und seine Brüder ursprünglich dazu bewogen hatte, ihre Zelte hier aufzuschlagen, bedachte er mit seinen wohltätigen Gaben vor allem Personen und Institutionen der Hauptstadt, eine Tradition, die mein Vater fortführte.

Rudolf Mosses Frau Emilie, meine Großmutter, stammte ebenfalls aus bescheidenen Verhältnissen; ihre Eltern hatten in Trier ein Ladengeschäft betrieben. Auf einen Laden dieser Art, in dem meine Urgroßmutter noch persönlich hinter dem Ladentisch gestanden und einen jeden, der hereinkam, bedient hatte, blickten diejenigen, die es zumindest so weit gebracht hatten, dass sie sich nicht mehr direkt mit dem Kunden abgeben mussten, voller Geringschätzung herab. Der Laden in Trier wurde denn auch im Familienkreis niemals erwähnt, und ich weiß nicht einmal, was dort verkauft wurde. Emilie Mosse muss aber eine bemerkenswerte Frau gewesen sein. Selbst kinderlos, adoptierte sie die uneheliche Tochter ihres Mannes, meine Mutter Felicia – ein zu jener Zeit sicher sehr ungewöhnlicher Schritt.

An Rudolf Mosse, der starb, als ich zwei Jahre alt war, habe ich keine persönliche Erinnerung, wohl aber an meine Großmutter, die ihn um vier Jahre überlebte. Sie war durchsetzungsfähig und willensstark, mit einem Zug zum Tyrannischen, und verbrachte viel Zeit mit mir. Emilie Mosse hatte in Berlin eigene Akzente gesetzt, indem sie den »Mädchenhort« gegründet hatte, einen Verbund von Wohnheimen, in dem Tausende mittelloser Mädchen und alleinstehender junger Mütter Kost und Logis erhielten oder einen Sommerurlaub verbringen konnten. Für ihr soziales Engagement wurde Emilie mit einer prestigeträchtigen Auszeichnung bedacht, dem Wilhelms-Orden, der anlässlich der Proklamation des Deutschen Reiches gestiftet worden war. Anton von Werner, der gefeierte Hofmaler der Wilhelminischen Epoche, malte ein Porträt von ihr, in dem sie den Orden und die dazugehörende Schärpe stolz zur Schau trägt. Im Gegensatz dazu lehnte Rudolf Mosse, getreu seinen demokratischen Überzeugungen, zeit seines Lebens alle ihm angebotenen kaiserlichen Orden und Titel ab.

Als Hans Lachmann, mein Vater, 1909 Rudolf Mosses Tochter Felicia heiratete, wurde er zum Haupterben des Verlagsimperiums[1]; zu diesem Zeitpunkt legte er sich den Doppelnamen Lachmann-Mosse zu, der zu unserem Familiennamen wurde. Das entsprach einer damals gar nicht so unüblichen Praxis.

Die unternehmerische Tätigkeit war nicht das einzige, was die beiden Familien gemeinsam hatten. Beide bekannten sich, so unterschiedlich ihre Geschichte verlaufen war, bewusst und stolz zum Judentum. Dabei gab es für sie kein Entweder-oder – entweder deutsch oder jüdisch. Diese Dichotomie ist allzu oft unter dem Eindruck dessen, was später geschah, auf die Geschichte zurückprojiziert worden. Jüdische Identität war nicht bloß eine Sache der Religion; es war in erster Linie eine Frage der Familienehre und ließ sich davon keinesfalls trennen. Als ich später fragte, weshalb wir angesichts eines zunehmenden Antisemitismus jüdisch bleiben sollten, erklärte mir mein Vater, das seien wir unserer Familientradition schuldig, zu der wir uns bekennen müssten. Ein Unternehmen wie das unsere könne, so schrieb er später einmal, unter dem Damoklesschwert des Nationalsozialismus nur überdauern, wenn es im Geiste der Ehrlichkeit und Gewissenhaftigkeit von Generation zu Generation weitergegeben werde.

Mit Großmutter Emilie Mosse

Das Festhalten meines Vaters an diesem Ideal führte zu erheblichen Spannungen zwischen ihm und meinem älteren Bruder, seinem designierten Haupterben, der nicht daran interessiert war, ein Unternehmen zu leiten. Selbstkritische Positionen zum Judentum wurden sicherlich in Familien wie der unsrigen diskutiert und zuweilen auch geteilt, zumal wir stets ein waches Bewusstsein des Antisemitismus in der Gesellschaft hatten. Letzten

Endes jedoch liefen für uns Begriffe wie Deutschtum, Judentum und Familie auf ein und dasselbe hinaus.

Salomon Lachmann war ein frommer orthodoxer Jude gewesen, mein anderer Urgroßvater, Markus Mosse, hingegen ein Mann der Aufklärung. Doch selbst er griff auf die Religion seiner Väter zurück, als seine Frau, damals schon vierfache Mutter (die beiden brachten es zusammen auf vierzehn Kinder), die Familie in eine Krise stürzte, indem sie sich auf eine Affäre mit einem anderen Mann einließ. Er zeigte sich schließlich bereit, sie zurückzunehmen, aber erst nachdem er einen drakonischen neuen Ehevertrag – in hebräisch abgefasst und von einem Rabbiner abgesegnet – aufgesetzt hatte. Darin stand unter anderem, dass sie nur noch etwas sagen durfte, wenn sie dazu aufgefordert wurde, und dass sie nicht ohne Begleitung ausgehen durfte. Dieser Ehevertrag ist erhalten geblieben, als stummes Zeugnis einer anderen, wenn auch nicht weit zurückliegenden Zeit. Was Wunder, dass meine Mutter mir über ihre Großmutter (freilich ohne Hinweis auf deren »Sündenfall«) erzählte, sie sei eine sehr wortkarge Frau gewesen[2].

Vom orthodoxen Judentum Salomon Lachmanns wollten seine Kinder bald nichts mehr wissen; sie schlossen sich der Jüdischen Reformgemeinde Berlin an, der auch Rudolf Mosse angehörte. Ihre Entwicklung spiegelte die rapide Assimilierung des deutschen Judentums im Verlauf des 19. Jahrhunderts wider. Die jüdische Reformbewegung interpretierte die jüdische Religion als eine Morallehre, die sich vom Christentum lediglich dem Buchstaben, nicht aber dem Geist nach unterschied. Der Gottesdienst sollte ordentlich und würdevoll ablaufen, geleitet vom Rabbi, anstatt dass jeder Gläubige nach eigenem Gutdünken betete, wie bei den orthodoxen Juden üblich. Die hebräische Sprache wurde ebenso weitgehend ausgemustert wie der Gebetsschal, mit der Verbannung der Frauen auf eine separate Galerie wurde Schluss gemacht. Die jüdische Religion und ihre Liturgie wurden dem

Hans und Felicia Lachmann-Mosse

Zeitgeist angepasst, ein Prozess, der es den Juden erleichterte, und nicht etwa erschwerte, sich als Angehörige der deutschen Nation zu fühlen. Als ich einmal als Zwölf- oder Dreizehnjähriger mit meinem Vater in Berlin spazieren ging, deutete er plötzlich auf ein Gebäude – es muss eine Synagoge gewesen sein – und sagte mit einem Ausdruck großer Verwunderung, er könne sich noch erinnern, wie sein Vater, in einen Gebetsschal gehüllt, an dieser Stelle gestanden habe – als lasse er mich mit dieser Erinnerung einen Blick zurück ins Mittelalter tun. Ich hatte übrigens, was ebenso bezeichnend ist, keine Ahnung, was ein Gebetsschal war und wie er aussah.

Unser Jüdischsein spielte also in dem Milieu, in das ich hineingeboren wurde, eine wichtige Rolle für die Identität unserer Familie, genauso wie das Christsein es für viele christliche Familien von vergleichbarem Status tat. Die Religion der Väter war die Wächterin unserer Achtbarkeit, aber auch eine Quelle, aus der

45

man nützlichen Rat für die Bewältigung der Alltagsprobleme schöpfen konnte und von der eine stete Kraft ausging. Religion war für uns weniger eine Frage des Glaubens als eine Sache des Lebensstils.

Zu den wichtigen Bausteinen der Welt des deutschen Judentums gehörten nicht nur die weltlichen Errungenschaften der Familie und ihre religiöse Tradition, sondern auch ihr unbedingtes Festhalten am Gebot der Achtbarkeit. Letzteres hielt zum Beispiel die Ehe meiner Eltern zusammen, als mein Vater schon längst eine Geliebte hatte und die heftigen Auseinandersetzungen zwischen meinen Eltern für niemanden mehr ein Geheimnis waren, wie meine Schwester ihrem Tagebuch anvertraute. Der äußere Anschein musste gewahrt werden, schon wegen der gesellschaftlichen Stellung der Familie; so ließen sich meine Eltern erst fünf Jahre nach ihrer Ausreise aus Deutschland scheiden. Das Milieu, das ich kannte, war die Welt des gehobenen Bürgertums – »gehoben« wegen seiner Wohlhabenheit und wegen des großbürgerlichen Lebensstils, den die Generation der Gründer weitgehend von der christlichen Wirtschaftselite übernommen hatte.

Vor dem Hintergrund dieses Milieus nehme ich meine Eltern als nur schwach konturierte Silhouetten war. Wenn ich versuche, mich an das Bild zu erinnern, das ich damals von ihnen hatte, fällt mir ein, dass meine Mutter eine noch immer schöne, sehr weibliche Frau war, wohingegen mein Vater den Habitus eines preußischen Offiziers hatte: imposant und zupackend, das gerade Gegenteil seines jüngsten Sohnes. Dass meine 1888 geborene Mutter die uneheliche Tochter Rudolf Mosses war, hatte sich offenbar in ganz Berlin herumgesprochen, nur nicht bis zu mir; ich erfuhr es erst viel später aus dem Mund einer Cousine. Als ich kurz nach dem Zweiten Weltkrieg der früheren Schweizer Niederlassung der Mosse-Werbeagentur in Basel einen Besuch abstattete, entdeckte ich dort eine Kassette voller Dokumente über die Adoption meiner Mutter und deren leiblichen Mutter. Ich

Mit Mutter und Großvater Rudolf Mosse

muss aber schon früher etwas gewittert haben, denn 1934 tat mein Vater etwas Merkwürdiges: Zu einer Zeit, da er bereits als von den Nazis Gejagter im Pariser Exil lebte, fuhr er in die Schweiz und reiste von dort mit einem Aktenkoffer voller Geld heimlich nach Deutschland ein. Wie meine Stiefmutter mir später erzählte, ließ er sich auf dieses kühne, aber überaus leichtsinnige Unternehmen ein, weil er Rudolf Mosse sein Ehrenwort gegeben hatte (auf dessen Totenbett, um das Pathos perfekt zu machen[3]), dass er meine leibliche Großmutter, die damals mit einem Musiker verheiratet war und in Köln lebte, ihr Leben lang unterstützen werde. Ich bin diesem Familiengeheimnis nie auf den Grund gegangen – hatte sie einmal als Hausmädchen bei uns gedient und sich auf eine Liaison eingelassen, wie sie zu jener Zeit in großbürgerlichen Kreisen nicht selten vorkam? (Die Mutter mindestens eines meiner deutschen Freunde entstammte einem solchen Verhältnis.)

Meine Mutter vergötterte ihren Vater; ihre Adoptivmutter war jedoch, wie es scheint, dominant und tyrannisch. Vielleicht war das ihre Vergeltung dafür, dass sie die uneheliche Tochter ihres Mannes an Kindes statt angenommen hatte, es könnte aber auch einfach ein Aspekt ihrer starken Persönlichkeit gewesen sein. Meine Mutter erfuhr erst am Vorabend ihrer Hochzeitsnacht, dass sie ein Adoptivkind war – in dem Moment, der eigentlich der glücklichste ihres Lebens sein sollte, hielten ihre Eltern sie offenbar für reif genug, diese schlimme Botschaft mitgeteilt zu bekommen[4]. Ich weiß nicht, ob bei der Gelegenheit auch das Problem ihrer unehelichen Geburt zur Sprache kam. Der Stoff, aus dem Groschenromane sind, macht sich manchmal auch im wirklichen Leben breit. Der psychische Schock muss bei ihr sehr tief gesessen haben, denn noch als sie über achtzig Jahre alt war und in New York lebte, fragte sie mich, ob es mich gestört habe, dass sie ein adoptiertes Kind war. Obwohl ihr eigentlich klar sein musste, dass sie auch ein unehelich geborenes Kind war, verlor sie darüber kein Wort.

Es gab sicher auch andere Stressfaktoren, die das Leben meiner Mutter belasteten. Wie zu ihrer Zeit die meisten Frauen aus dem gehobenen Bürgertum, wurde sie in einen Kreislauf von Aufgaben und Verpflichtungen eingespannt, die sie sich nicht selbst aussuchen konnte. Obwohl sie gewiss keine Intellektuelle und keine Feministin war, musste sie bis zur Ausreise aus Deutschland ständig die Familie nach außen hin repräsentieren, eine Aufgabe, die verhinderte, dass sie mit Leuten zusammenkam, in deren Gesellschaft sie sich viel eher zuhause gefühlt hätte. Sie hatte kaum enge Freunde und Vertraute, am ehesten noch im Kreis der Dienstboten, wie zum Beispiel ihr persönliches Dienstmädchen oder diejenigen, die in ihrer Kindheit im Haus gearbeitet hatten. Es gab einige Ausnahmen: Lunia Lachmann war eine gute Freundin von ihr, eine Russin, die ich anbetete, oder Ida Nauth, eine frühere Hausangestellte der Mosses, die wir alle nicht mochten, weil wir überzeugt waren, dass sie sich die Gunst meiner Mutter erschlichen hatte. Meine Mutter war schüchtern und hatte einen Minderwertigkeitskomplex, der wahrscheinlich mit ihrer Herkunft und den Umständen, unter denen sie aufgewachsen war, zu tun hatte – sie hatte nie eine Schule besucht und Umgang mit Klassenkameraden gehabt. Zwar durfte sie einmal als Ehrenjungfrau an der Hochzeit des Kronprinzen teilnehmen, doch bin ich mir nicht sicher, ob sie dieses Erlebnis genossen hatte; ich konnte sie nie dazu bringen, darüber zu reden.

Ihre glücklichsten Momente – soweit ich es miterlebte – hatte sie, als einmal Ernst Udet, ein deutscher Fliegerheld des Ersten Weltkrieges (den Göring später in die Luftwaffe zurückberief und dessen Porträt in dem Drama *Des Teufels General* gezeichnet wird) in Gesellschaft einer Gruppe russischer Schönheiten zu Besuch kam. Dieser Besuch beeindruckte mich sehr – einer der wenigen, an die ich mich erinnern kann. Ich bin nicht sicher, ob ich aus dem großen Gefallen, den meine Mutter an der Gesellschaft dieser schönen jungen Frauen fand, irgendwelche Schlüsse ziehen soll.

Zweifellos liebte sie uns Kinder und gab sich alle Mühe, mit uns warm zu werden, was ihr jedoch nur im Fall meines Bruders gelang. Er liebte sie wirklich und verbündete sich mit ihr gegen Miss Squire und ebenso später, während der Scheidungsverhandlungen, gegen unsere künftige Stiefmutter. Weshalb er so anders zu Mutter stand als meine Schwester und ich, weiß ich nicht mit Bestimmtheit; mir blieb sie fremd, sogar noch fremder als meiner Schwester. Heute ist mir klar, dass es ihr sehr schwer fiel, Gefühle mitzuteilen – ich jedenfalls fühlte mich in ihrer Gegenwart immer unbehaglich und ruhelos.

Die Szenen, die meine Mutter mit Dienstboten veranstaltete, waren zweifellos ein wesentlicher Grund für mein distanziertes Verhältnis zu ihr, zumindest in der Zeit, als wir noch in Deutschland lebten. Manchmal spielten sie sich in der Öffentlichkeit ab und waren peinlich, und in allen Fällen tat sie meinem Gefühl nach den Betroffenen Unrecht. Die Dienstboten waren meine Freunde, ich stand auf ihrer Seite. Meine Mutter neigte zu unberechenbaren Anfällen von Jähzorn aus geringstem Anlass, zum Beispiel, wenn der Chauffeur eine Minute zu spät vorfuhr oder wenn ihr persönliches Dienstmädchen irgendetwas nicht zu ihrer völligen Zufriedenheit erledigt hatte. Oft warf sie den Leuten Treulosigkeit vor. Mehr als einmal wurden Dienstboten hinausgeworfen, weil sie angeblich Kissenbezüge gestohlen hatten. Warum bei solchen Entlassungen immer Kissenbezüge eine Rolle spielten, vermag ich nicht zu erklären, es erschien und erscheint mir widersinnig.

Dennoch waren die meisten Dienstboten ihr treu ergeben. Sie empfanden offenbar ihre Vorwürfe als nicht so tief verletzend, wie ich es tat, und waren wohl dankbar für die vielen Großzügigkeiten, die sie ihnen erwies. Für mein weiteres Leben hatte diese Erfahrung jedoch zur Folge, dass ich lautstarke Szenen jeder Art nicht ertragen konnte. Obwohl mir selbst schnell der Kragen platzt, war ich jedes Mal, wenn ich einen Zornesausbruch hatte, zutiefst verstört darüber, so sehr er auch begründet gewesen sein mag.

In den ersten Monaten unseres Exils nahm meine Schwester, die damals in Basel Medizin studierte und Psychoanalytikerin

Felicia Mosse

werden wollte, einen Anlauf, meiner Mutter bei der Überwindung ihrer Launenhaftigkeit und ihrer Ängste zu helfen. Gemeinsam gingen wir mit ihr zu Carl Gustav Jung, dem berühmten in Zürich praktizierenden Psychoanalytiker, von dem wir hofften, er könne sie therapieren. Jung erklärte jedoch, wie meine Schwester berichtete (ich selbst musste draußen warten), er könne nichts für sie tun.

Ich will hier nicht das Bild unseres Familienlebens in zu dunklen Farben malen; tatsächlich verlief unser Leben in sehr regulären Bahnen, und meine Mutter erfüllte die vielen gesellschaftlichen Pflichten, die ihre Stellung mit sich brachte. Eines ihrer Ämter war das der Präsidentin des von ihrer Mutter gegründeten Mädchenhorts. Für jedes von der Organisation unterhaltene Heim gewann sie eine Dame der Gesellschaft als Patin, und diese Damen trafen oft bei uns zu Hause zusammen. Als der böse

Bube, der ich war, versuchte ich manchmal, diese Zusammenkünfte zu stören, einmal indem ich ein paar Mäuse freiließ.

Eine meiner frühesten Erinnerungen ist die, dass meine Mutter mich einmal zum nahe gelegenen U-Bahnhof Nollendorfplatz mitnahm, unter dessen Arkaden sich eine Suppenküche befand, die sie mitorganisieren half. Das muss in den frühen 1920er Jahren gewesen sein, in einer der wiederholten wirtschaftlichen Krisenzeiten der Weimarer Republik. In der gleichen Zeit machte sie auch Dienst an einem Informationsstand in einem Bahnhof, an dem aus Polen und Russland vertriebene Juden eintrafen. Zumindest in den Jahren der Republik nahm meine Mutter ihre soziale Verantwortung offenbar ernst.

Meine Mutter war auch die Chefin unseres Haushalts, was angesichts der Größe, den dieser hatte, sicher keine leichte Aufgabe war. Die Szene, die mir hier am besten in Erinnerung geblieben ist, ähnelt einem Stilleben: Ich sehe meine Mutter in ihrem großen persönlichen Wohnzimmer an ihrem Schreibtisch sitzen und mit dem gerade eingetroffenen Chefbuchhalter des Verlages sprechen. Er überreichte ihr das Haushaltsgeld in bar, eine nach meinen damaligen Maßstäben sehr große Summe. Das Zimmer selbst ist hell und luftig, mit ausschließlich weißen Möbeln ausstaffiert und mit gedruckten Porträts modisch gekleideter Damen aus dem 18. Jahrhundert an den Wänden.

Später, im Exil, zog meine Mutter sich mehr und mehr vom Leben zurück und verbrachte viel Zeit im Bett. So wie ich es heute sehe, versuchte sie immer verzweifelter, ihre Kinder an sich zu ziehen, doch das einzige Mittel, das ihr dafür zu Gebote stand, war die Erweckung von Schuldgefühlen, weil wir sie angeblich vernachlässigten. Das trug wiederum nur dazu bei, den Missmut, den ich in ihrem Beisein empfand, zu verstärken.

Weil ich ein so distanziertes Verhältnis zu meiner Mutter hatte, ist mir von ihr wenig in Erinnerung geblieben, außer eben dass sie da war. Nie fand zwischen uns ein wirklich substanzielles, tiefgründiges persönliches Gespräch statt, bei dem wir etwa unsere Gefühle offenbart hätten und das mich in die Lage versetzt hätte, sie besser zu verstehen. Dasselbe gilt übrigens für meinen Vater, und wenn ich über ihn mehr zu berichten habe, dann nicht weil wir uns näher gestanden hätten, sondern weil er viel mehr in der Öffentlichkeit stand als meine Mutter, und seine Tätigkeit auf die Familie zurückwirkte und deren Geschicke bestimmte.

Mein Vater war ungefähr gleich alt wie meine Mutter, aber von ganz anderem Naturell. Als Vernunftsmensch dürfte er nur wenig oder gar kein Verständnis für die Ängste seiner Frau gehabt haben. Diese Diskrepanz trug zweifellos zur Entfremdung zwischen den beiden bei – sie lebten in ganz verschiedenen Welten. Der Akt meiner Zeugung – während eines kurzen Heimaturlaubs meines Vaters von der Front, ein knappes Jahr vor Ende des Ersten Weltkrieges – war vielleicht ein letzter Versöhnungsversuch, den meine Eltern unternahmen. Gewiss empfand auch mein Vater Liebe für seine Kinder, aber er lebte nach dem Grundsatz, dass der Mensch seine Gefühle unter Kontrolle zu halten habe. Als meine Schwester einmal mit dem Gedanken spielte, mit einem Freund zusammenzuziehen, erklärte Vater ihr, ungehörige Leidenschaften müssten durch Hingabe an die Arbeit überwunden werden. Er hatte einen asketischen Zug, den meine Stiefmutter später abzumildern verstand. Seine Mutter, meine Großmutter Lachmann, verkörperte selbst eine ähnliche Einstellung zum Leben. Sie und ihre Schwester hatten Männer geheiratet, die Brüder waren, und als ihre Schwester um 1912 verstarb, übernahm meine Großmutter ihrer Familie gegenüber einen großen Teil ihrer Rolle. Gleichzeitig wurde sie jedoch von Schuldgefühlen über den Tod ihrer Schwester gequält, ging von diesem Zeitpunkt an nur noch in schwarz und entwickelte ein krankhaftes Interesse an Begräbnissen. Andererseits war sie, sehr zur Bewunderung meiner Schwester, die erste Frau in Deutschland, die als Anästhesistin arbeitete. Als sie 1937 starb, hatte sie fünfunddreißig Jahre lang ehrenamtlich im Jüdischen Krankenhaus von Berlin gearbeitet.

Mein Vater strahlte etwas von der Kälte und Selbstbeherrschung seiner Mutter aus, aber er konnte auch sehr warmherzig sein, besonders in seinem späteren Leben im Exil, als er von einer liebenden Familie umgeben und von der Last befreit war, als vermögender Mann ein Verlagsimperium leiten zu müssen. Für ihn war dies in der Tat eine Last gewesen. Er hatte als junger Mann, dessen eigentliches Interesse der Musik, der Architektur und der Technik galt, in die Familie und die Firma eingeheiratet. Dazu kam, dass mein Vater im Grunde wenig Interesse an der Politik hatte, was angesichts der Stellung, die er in der Weimarer Republik innehatte, von Nachteil war. Als gegen Ende der Weimarer Zeit Heinrich Brüning als Reichskanzler amtierte, sagte mein Vater einmal – und ich erinnere mich sehr gut daran, dass er es nur halb im Scherz meinte –, wir könnten nun eigentlich unsere politischen Redakteure entlassen und viel Geld sparen; wir bräuchten nichts anderes mehr zu tun, als jeden Tag zu schreiben, dass wir Brüning unterstützten.

Sein Verständnis der Zeit, in der er lebte, sah er in dem Buch *Russland, Europa, Amerika* artikuliert, einem von ihm in Auftrag gegebenen Werk, das 1929 in unserem Verlag herauskam. Europa erscheint darin als ein Kontinent, der um eine Vormachtstellung in der Welt ringt, einerseits gegen Amerika, andererseits gegen Russland. Die These des Buches wird nicht in konventioneller Weise verbal dargelegt, sondern anhand von Fotografien illustriert, die der Architekt Erich Mendelsohn, von dem auch die Bildunterschriften stammten, zusammengestellt hatte. Sowohl Sowjetrussland als auch Amerika wurden in dem Buch als Gesellschaften dargestellt, die verstanden, dass die überkommenen Grundlagen des gesellschaftlichen Lebens sich fundamental veränderten und die zugleich eine Architektur entwickelten, die diesen Umbruch reflektierte. Das Buch zeugte von einer großen Faszination für das Neue, es artikulierte keine vorgefassten politischen Urteile über Amerika oder das bolschewistische Russland. Bei uns zu Hause stießen jedoch alle illiberalen politischen Ansätze, ob kommunistisch oder sozialdemokratisch, ob links- oder rechtsextrem, auf gleichermaßen kategorische Ablehnung.

Mein Vater interessierte sich für das Geschehen auf dem Berliner Immobilienmarkt, aber auch hier ging sein Ehrgeiz bezeichnenderweise weit über bloß materielle Erwägungen hinaus. Als 1926 dank des einsetzenden Wirtschaftsaufschwungs kurzfristige amerikanische Darlehen verfügbar wurden, bebaute er einige Grundstücke in bester Lage, die er von Rudolf Mosse geerbt hatte. Er beauftragte Erich Mendelsohn, für ein Areal am berühmten Kurfürstendamm ein Gebäude mit Luxuswohnungen und einen Theaterkomplex zu entwerfen. Was dabei herauskam, versetzt einen noch heute wegen seiner atemberaubenden Schönheit in Erstaunen. Die Bauten, damals von vielen als wahnwitzige Geldverschwendung geschmäht, stehen heute als wertvoller Bestandteil der Berliner Baugeschichte zurecht unter Denkmalschutz. Mein Vater war es auch, der 1921 Mendelsohn seinen ersten Großauftrag erteilt hatte: die Umgestaltung der Fassade unseres Verlagshauses. Dank seiner markanten Gestaltung wurde auch dieses Gebäude zu einem Wahrzeichen Berlins – nach der Wiedervereinigung ist es zur Gänze wiederhergestellt worden. Hans Lachmann-Mosse hat also der Berliner Stadtlandschaft seinen Stempel aufgedrückt, aber nicht nur ihr, sondern auch der deutschen Musikgeschichte.

Die Musik war die größte Leidenschaft meines Vaters. Er, der selbst nie ein Instrument erlernte, spielte eine höchst aktive Rolle im musikalischen Leben Berlins. Er gehörte zu den größten Förderern der Berliner Philharmoniker (so spendierte er unter anderem die Fräcke für das gesamte Orchester), und wir verbrachten so manches Silvester im Kulm-Hotel in Sankt Moritz in der Gesellschaft ihres Dirigenten Wilhelm Furtwängler und seiner

Frau Zitla. Mein Vater griff ferner dem Komponisten Paul Hindemith zu Beginn seiner Laufbahn finanziell unter die Arme und schenkte Bronislaw Huberman seine erste eigene Geige. Sein Hauptaugenmerk galt jedoch der Liturgie für die Jüdische Reformgemeinde.

Die neue Liturgie, die mein Vater finanzierte und zwischen 1928 und 1930 auch mitgestaltete, vereinte sein Engagement für die Gemeinde mit seiner Liebe zur Musik. Nach seiner Ansicht war die Musik, die in den Synagogen gespielt wurde, durchweg schlecht, weil es den Gemeinden entweder am Geld oder am Willen fehlte, akzeptable Programme auf die Beine zu stellen. Auch sein Interesse an technischen Dingen kam hier ins Spiel: Weshalb sollte man nicht das neu erfundene Grammophon nutzen, um die Lage zu verbessern? Zusammen mit Hermann Schildberger, dem musikalischen Direktor der Berliner Reformgemeinde, sammelte er für die Liturgie geeignete Kompositionen. Die Auswahl, welche die beiden trafen, enthielt viele Werke von Louis Lewandowski, einem jüdischen Komponisten (und Schüler Schumanns) aus dem 19. Jahrhundert, aber auch Werke deutscher Klassiker wie Beethoven und Schubert.

Die Berliner Philharmoniker wurden für dieses Unternehmen ebenso eingespannt wie bekannte Sänger, etwa der Bariton Frederick Lechner und der Tenor Joseph Schmidt, ein ehemaliger Synagogenkantor, der zum gefeierten Schallplattenstar geworden war. Mit 1,47 Metern Körpergröße galt er allerdings als zu klein, um auf der Opernbühne aufzutreten. Die von meinem Vater und Schildberger entwickelte Liturgie wurde von vielen deutschen Reformgemeinden übernommen. In der Synagoge unserer eigenen Gemeinde saß mein Vater höchstpersönlich, von einem Vorhang verdeckt, hoch über dem Allerheiligsten, kurbelte das Grammophon auf Touren und wechselte die Platten. Einmal überkam mich mitten im Gottesdienst die Neugier, und ich zog den Vorhang weg, der meinen Vater und seine Schallplatten den Blicken der Gemeinde entzog – da saß er, plötzlich für alle sichtbar, neben seinem Grammophon und las das *Berliner Tageblatt*. Ich fürchte, es wäre zu weit hergeholt, diese weit zurückliegende Episode als Vorzeichen meiner späteren Leidenschaft zu deuten, als Historiker hinter die Kulissen zu schauen und herauszufinden, was sich dahinter eigentlich abspielte und was es zu bedeuten hatte.

Diese liturgische Musik gehört womöglich zu den dauerhaftesten Hinterlassenschaften meines Vaters; sie wurde in den 1970er Jahren von einer deutschen Schallplattenfirma wiederveröffentlicht und kam zwanzig Jahre später auch in Israel heraus. Einzelne Rabbiner verwendeten Teile dieses liturgischen Repertoires auch noch nach 1933, als sie in Australien oder in den USA neue Gemeinden übernahmen. Diese Musik war vielleicht sogar das einzige handfeste Überbleibsel aus meinen Jugendtagen, das mich bis in mein späteres Leben begleitete – zu meiner großen Verblüffung bekam ich Teile von ihr zu hören, als ich rund fünfundzwanzig Jahre nach meinem Weggang aus Deutschland einen Gottesdienst in einer Synagoge in Madison (Wisconsin) besuchte.

Die denkbar höchste Anerkennung wurde der von meinem Vater geförderten Liturgie jedoch zuteil, als in Deutschland die Rassegesetze in Kraft traten und für die jüdische Reformgemeinde eine düstere Zeit anbrach. In dieser Zeit erhielt er, damals ein verfemter Exilant, vom Vorsteher der Gemeinde einen Brief mit besten Wünschen zum Beginn des jüdischen Jahres 5697 (1936) und der Mitteilung, dass die Liturgie den Gläubigen in ihrer zu Bruch gehenden Welt Trost gegeben und dass die Musik sich bewährt habe.

Das Engagement meines Vaters in der Reformgemeinde beeinflusste mich indirekt, und zwar durch die Person des Rabbiners, der in den Jahren der Weimarer Republik an der Spitze der Gemeinde stand. Joseph Lehmann war eine charismatische Persönlichkeit und spielte für unsere Familie ein wichtige Rolle als hoch geschätzter Ratgeber; für meine Schwester Hilde war er in der Zeit ihrer Pubertät und auch später offenbar so etwas wie eine Vaterfigur. Als sie mit siebzehn die schmerzlichen Erfahrungen machte, die zum Erwachsenwerden gehören, war ihr erster Impuls, sich bei Joseph Lehmann Trost und Rat zu holen, obgleich sie, wie sie ihrem Tagebuch anvertraute, nicht an Gott glaubte und sich für zu materialistisch gesinnt hielt, um die Religion akzeptieren zu können. Im Übrigen war sie auch der Meinung, die Religion stelle für jemanden, der gezwungen war, unter unerträglichen Verhältnissen zu leben, keine große Hilfe dar.

Ein bezeichnendes Beispiel dafür, welch wichtige Rolle Joseph Lehmann in unserer Familie – und insbesondere im Leben von uns Kindern – spielte, war seine Mitwirkung an unserer sexuellen Aufklärung. Weder mein Vater noch meine Mutter brachten es je über sich, dieses Thema anzusprechen. Der Gerechtigkeit halber möchte ich erwähnen, dass mein Vater 1930 einen einschlägigen Versuch unternahm, nachdem Hilde sich einer Bewegung angeschlossen hatte, die sich der erzieherischen Sozialarbeit widmete und in einem Berliner Arbeiterviertel Kindertagesstätten unterhielt. Vater begann die Lektion, indem er durch indirekte Fragen herauszufinden versuchte, ob Hilde schon einen Freund hatte, was sie zu seiner großen Erleichterung verneinte, und beendete sie mit der Warnung, alle jungen Männer seien nur hinter ihrem Geld her.

Was mich betraf, so warteten meine Eltern zu lange, ehe sie sich an die unappetitliche Aufgabe wagten, mir die Sexualität zu erklären. Ich besuchte schon seit mehreren Jahren ein gemischtes Internat, als sie mich endlich, anstatt das direkte Gespräch mit mir zu suchen, zu Lehmann schickten. Das ging nicht zu meinem Vorteil aus: Als der sehr impulsive Jüngling, der ich war, ergriff ich das Wort, bevor der Rabbi es tun konnte, und schilderte ihm, der hinter seinem Schreibtisch saß und seinen langen Bart streichelte, alles, was ich in den Schlafsälen und Badezimmern der

In Schenkendorf

Schule erlebt hatte, wobei ich noch eigene Ausschmückungen hinzufügte und nicht zu berichten vergaß, an welchen sexuellen Praktiken ich mich selbst beteiligt hatte. Sehr schockierend kann es für ihn wohl kaum gewesen sein, handelte meine Beichte doch hauptsächlich vom Masturbieren, das zu der Zeit allerdings als sündhaft genug galt. Ich erinnere mich nicht im Detail an das, was der Rabbi mir entgegnete; seine ernsten Abmahnungen machten mir aber wohl einen eher geringen Eindruck. Er war von diesem Tag an überzeugt, dass ich das schwarze Schaf der Familie sei, ein schamloser Bursche, wenn nicht Schlimmeres – es kam zu keinem weiteren Gespräch mit ihm. Ich wurde wegen meines anrüchigen Benehmens sogar aus dem Religionsunterricht der Reformgemeinde ausgeschlossen. Bei welcher Gelegenheit dies geschah, weiß ich nicht mehr mit Bestimmtheit; der Anlass könnte aber einer der sogenannten Mäusealarme gewesen sein, mit denen ich mir in der Schule einen Namen machte. Sie liefen so ab, dass ich mitten in der Unterrichtsstunde mit dem lauten Ausruf »Maus!« mein Heft an die Wand warf, woraufhin alle meine Klassenkameraden dasselbe taten. So erzeugten wir ein Tohuwabohu. Nach meinem Ausschluss aus dem Religionsunterricht beschränkten sich meine Kontakte zur Reformgemeinde auf den einmal jährlich fälligen Synagogenbesuch.

Ich bin sicher, dass das, was meine Schwester und ich in Sachen »sexueller Aufklärung« erlebten, ganz und gar kein Einzelfall war. In unseren Kreisen wurde über solche Dinge am liebsten nicht gesprochen. Das Gebot der Wohlanständigkeit hatte in der bürgerlichen Welt selbst noch in der Weimarer Zeit einen hohen Stellenwert. Die sogenannte Sittenlosigkeit, die anständige Männer und Frauen, wenn sie wollten, jeden Abend auf den Bühnen Berlins bestaunen konnten und die in der Bildenden Kunst die Szene beherrschte, wurde völlig aus der eigenen Privatsphäre herausgehalten. Hier wurde eine strikte Trennung zwischen dem Leben und der Kunst gewahrt. Die jungen Leute wurden behütet und von jeder Versuchung ferngehalten, um zu verhindern, dass sie später im Leben auf Abwege gerieten. Solche Vorsorge wurde nur jenen nicht zuteil, von denen man meinte, sie seien altersmäßig und geistig so gereift, dass sie nicht Gefahr liefen, aus den Dingen, die sie im Theater sahen, falsche Schlüsse zu ziehen und etwa im Leben die Kunst zu imitieren.

Als in Berlin 1928 das Stück *Revolte im Erziehungsheim* von Peter Lampel uraufgeführt wurde, wollte meine damals sechzehnjährige Schwester, die sich so sehr für soziale Erziehungsarbeit interessierte, es unbedingt sehen. Das Stück porträtierte Erziehungsanstalten als Orte, in denen Jugendliche brutalisiert wurden, und bediente sich einer teilweise recht ordinären Sprache. Das Stück erregte Anstoß, aber obwohl es ein provozierendes Thema behandelte, enthielt es keine explizit erotischen Szenen. Unsere irische Gouvernante, eine Quäkerin, plädierte dafür, meine Schwester das Stück besuchen zu lassen, doch meine Eltern waren dagegen. Wie üblich, vermied es meine Mutter, das Thema Sexualität direkt anzusprechen. Sie sagte nur, ein Mädchen aus guter Familie dürfe sich in einem Theater, in dem ein solches Stück aufgeführt wurde, nicht zeigen. Außerdem müsse man erst mehr vom Leben wissen, bevor man sich mit dessen dunkler Seite beschäftigen könne. Dies veranlasste meinen Vater zu der Äußerung, er hoffe, dass Hilde die dunkleren Seiten des Lebens nie kennen lernen müsse. Solche Reaktionsweisen dürften seinerzeit wohl in den meisten wohlanständigen jüdischen oder christlichen Häusern vorgekommen sein.

Das Faible meines Vaters für die Technik, das auch in seine Arbeit an der Verbesserung der Liturgie für die Reformgemeinde hineinspielte, bewog ihn, Geld in die Entwicklung eines neuartigen, birnenförmigen Autos zu investieren, bei dem der Motor im Heck untergebracht war – so etwas hatte es bis dahin nicht gegeben. Das Fahrzeug trug den Namen »Rumpler Tropfen-Auto«, nach dem Flugzeugingenieur, auf dessen Konstruktionsideen es beruhte, und nach seiner eigenartigen Form. Ich durfte einige Male dabei sein, wenn mein Vater es fuhr, und erinnere mich an die staunenden Blicke der Passanten. Das Tropfen-Auto wurde nur zwischen 1921 und 1925 in kleinen Stückzahlen gebaut und landete schließlich als Requisit in Fritz Langs berühmten Film *Metropolis.* Mein Vater musste wegen dieses Unternehmens viel Spott seitens der Familie einstecken, aber auch Kritik wegen der damit verbundenen Kosten.

Ernstere und sehr viel schmerzlichere Folgen für mich zeitigte das brennende Interesse meines Vaters an allem Neuen, als ich mir auf ärztliches Drängen die Mandeln entfernen lassen musste. Das war schon damals in der Regel eine Routineoperation (wie die Entfernung des Blinddarms), doch mein Vater beschloss, mich dem Arzt anzuvertrauen, den er für den fortschrittlichsten hielt. Der sehr kleine, fast glatzköpfige Mann rückte mir mit etwas zu Leibe, das wie eine Lötlampe aussah und mit dem er meine Mandeln herausbrennen wollte. Es war Dr. Wilhelm Fliess, der später eine gewisse Berühmtheit erlangte, nicht wegen seiner eigenen abstrusen Theorien, sondern wegen seiner engen Freundschaft zu Sigmund Freud und des Einflusses, den er auf ihn ausübte. Wenn es stimmt, dass Freud selbst lange Zeit an die Theorien von Fliess glaubte, kann ich meinem Vater keinen Vorwurf daraus machen, dass er es ebenfalls tat. Fliess vertrat die Auffassung, die Rhythmen der Natur übten einen bestimmenden Einfluss auf die Rhythmen des Lebens aus, und der Mensch müsse die Naturgewalten für die Heilung von Krankheiten nutzen – daher die Idee, die Naturgewalt Feuer für die Entfernung entzündeter Mandeln einzusetzen. Dr. Fliess vertrat auch die Auffassung, man müsse den Zeitpunkt für einschneidende Ereignisse im Leben, wie etwa chirurgische Eingriffe, jeweils so wählen, dass er im Einklang mit dem Menstruationsrhythmus der Mutter des Patienten stand. Diese Theorie blieb ohne praktische Folgen für mich, aber der Geschmack der verbrannten Mandeln in meinem Mund ist mir bis heute gegenwärtig, und als kurze Zeit später die Reste entfernt werden mussten, erwies sich das als eine außerordentlich schmerzhafte und schwierige Operation.

Es waren indes die musikalischen Interessen meines Vaters, die den prägendsten Einfluss auf mich hatten. In den Gesprächen, denen ich am Abendessenstisch lauschte, ging es immer um Musik, besonders wenn die Sekretärin und Managerin von Wilhelm Furtwängler, Berta Geissmar, zugegen war, und sie war bei uns ein ständiger Gast. Als die Nazis an die Macht kamen, ging sie nach London und wurde die Privatsekretärin von Sir Thomas Beecham. Zu einer der bizarren Episoden, die die NS-Herrschaft in Deutschland heraufbeschwor, kam es, als Frau Geissmar einmal mit Sir Thomas nach Berlin kam, weil das Royal Philharmonic Orchestra dort Schallplattenaufnahmen machte. Eine Fotografie, auf der zu sehen ist, wie Hitler ihr bei diesem Anlass die Hand küsst, hat sich mir als treffendes Beispiel für die Verlogenheit derer, die Stereotypisierung betreiben, eingeprägt, denn Berta Geissmar verkörperte geradezu beispielhaft das Klischee vom Juden, wie die Nazis es in ihren hassstrotzenden Zeitungen verbreiteten.

Berta Geissmar war der Inbegriff unverbrüchlicher Hingabe und Loyalität zu ihrem »Chef«, ob der nun Furtwängler oder Sir Thomas Beecham hieß. Sie machte Furtwängler nie den geringsten Vorwurf daraus, dass er in Deutschland blieb und sein Ansehen für das Dritte Reich, das sie aus dem Land getrieben hatte, in die Waagschale warf, und ebenso getreulich kehrte sie nach Deutschland zurück, als Sir Thomas sie dort brauchte. Ich frage mich, ob eine so bedingungslose Gefolgstreue zu demjenigen, in dessen Diensten man steht, heute noch existiert, ob es noch die unverheirateten Frauen gibt, die ihr Leben völlig ihrem Chef unterordnen. Die Memoiren von Frau Geissmar, die sie während des Zweiten Weltkrieges schrieb, lesen sich heute fast wie die Bekenntnisse eines naiven, vom Glanz berühmter Stars geblende-

ten Teenagers. Sie fand es beispielsweise aufregend, Winifred
Wagner, die Königin von Bayreuth, kennen zu lernen, verlor aber
kein Wort über deren extremen Antisemitismus oder ihre An-
biederung an den Führer. Berta Geissmar war ein Kind ihrer
Zeit, aber davon wusste ich noch nichts, als ich den Unterhal-
tungen der Erwachsenen beim Abendessen zuhörte.

Einmal nahmen meine Eltern mich zu einem Konzert des jungen Yehudi Menuhin mit, vielleicht in der Hoffung, das Erlebnis
werde mich anspornen, meine eigene musikalische Ausbildung
mit größerem Eifer zu betreiben. Ich bekam als Kind Cellounter-
richt und später auch Klavierstunden. Beides ist mir als quälend
in Erinnerung, doch immerhin spielte ich 1932 im Rahmen eines
Schülerkonzerts ein Solostück für Klavier von Diabelli, einem für
seine Fingeretüden bekannten Komponisten. Ich hätte vielleicht
zumindest Gefallen am Spielen dieser Instrumente gefunden,
wenn jemand mich gezwungen hätte, mehr zu üben. Das war jedoch nicht der Fall – sowohl meine Eltern als auch die Gouvernanten waren in dieser Beziehung nachsichtig, was ich später oft
bedauert habe.

Aufgrund der Interessenlage meines Vaters hatten die meisten
Leute, die als Gäste in unser Berliner Haus kamen, etwas mit dem
Kunstbetrieb zu tun. Dagegen waren viele der großen, mehr oder
weniger offiziellen Empfänge, die meine Eltern veranstalteten,
eher geschäftlich begründet und betrafen den Verlag. Ich durfte
sowohl an den Empfängen als auch an den Diners nur selten teilnehmen; bei einigen der wenigen Gelegenheiten, wo man mir erlaubte, nach unten zu kommen, benahm ich mich daneben. Ich
stellte mich vor den sowjetischen Außenminister Tschitscherin,
der im Frack gekommen war, und fragte ihn in meiner gewohnt
lautstarken Art, wie ein Kommunist dazu komme, ein so bür-
gerliches Kleidungsstück zu tragen.

Wie die Tatsache, dass meine Mutter unglücklich war, wurde
mir auch die Bedeutung all der Dinge, die mein Vater tat, erst

später und im Rückblick klar. Als Knabe hatte ich keine Vorstellung von der Bedeutung seiner Beiträge zum kulturellen Leben Berlins. Mein Vater hatte den strengen Grundsatz, nie über sich selbst zu reden, und schärfte auch mir oft genug ein, dass es sich nicht gehöre, über sich selbst, andere Leute oder gesundheitliche Dinge zu sprechen. Es war nicht viel, was da noch an Themen übrig blieb, aber ich war in dieser Beziehung auch kein folgsamer Schüler. (Vater hätte es niemals gut geheißen, dass ich meine Lebenserinnerungen niederschreibe.) So hörte ich zum Beispiel nur von dritter Seite etwas über die Tapferkeit, die er in den stürmischen Anfangsjahren der Weimarer Republik bewiesen hatte. Im Januar 1919, zwei Monate nach dem Waffenstillstand, erschütterte der vom Spartakusbund, der Keimzelle der späteren Kommunistischen Partei Deutschlands, angezettelte Aufstand ganz Berlin. Die Aufständischen erkoren das Mosse-Haus, unser Verlagsgebäude, zu ihrem Hauptquartier. Meinem Großvater, der zu dem Zeitpunkt noch lebte, war nicht nach Verhandlungen mit den Spartakisten zu Mute, und so begab sich mein Vater in das besetzte Gebäude und verhandelte die ganze Nacht mit Rosa Luxemburg, die verhindern wollte, dass das *Berliner Tageblatt* am nächsten Morgen herauskam. Es gelang ihm, das Gespräch so lange auszudehnen, dass die Zeitung unterdessen gedruckt und in den frühen Morgenstunden ausgeliefert werden konnte. Von da an wurde der überzeugte Liberale und Kapitalist bis an sein Lebensende nicht müde, zu beteuern, Rosa Luxemburg sei die intelligenteste Frau gewesen, die er je getroffen habe[5].

Auch wenn mein Vater sich vorwiegend für kulturelle Dinge interessierte, stand in den Jahren, in denen die Weimarer Republik ihrem Ende entgegenging, die Politik im Brennpunkt unserer Aufmerksamkeit, und hier hatte ich, so jung ich auch war, einiges an der Haltung meines Vaters auszusetzen, wenngleich ich das nicht in so heftiger Form artikulierte wie mein älterer Bruder und meine Schwester.

Die Agonie der Republik fiel in meine Lebensjahre dreizehn bis fünfzehn, aber trotz meiner Jugend bekam ich einiges von dem lautstarken Echo der politischen Geschehnisse mit, wann immer ich mich in Berlin aufhielt – die vielen Termine, die mein Vater wahrnahm, das unruhige Treiben auf den Straßen, die ständigen Demonstrationen, die judenfeindlichen Parolen, die man allerorten sah und hörte, all das summierte sich zu einer zwingenden Lektion in Sachen Realität. Da ich jedoch den größten Teil meiner Zeit an der Internatsschule verbrachte und in der übrigen Zeit öfter in Schenkendorf war als in Berlin, erlebte ich das Drama, anders als meine erheblich ältere, politisch engagierte Schwester, eher als Zuschauer aus der Distanz denn als Akteur.

Ich erinnere mich noch sehr genau daran, wie unglaublich entrüstet meine Eltern reagierten, als meine Schwester nach 1928 begann, unter Bruch der liberalen Familientradition die Sozialdemokraten anstelle der im Niedergang begriffenen liberalen Deutschen Staatspartei zu wählen. Während mein Vater seine Abneigung gegen den Sozialismus in die an meine Schwester gerichtete Frage kleidete, wie es ihr gefiele, ihre Zahnbürste mit anderen teilen zu müssen, sagte meine Mutter etwas über uneheliche Kinder. Der Hinweis auf die »Gemeinschaftszahnbürste« – die auch mir in meinen diversen radikalen Phasen als Menetekel vorgehalten wurde – hat mich seither immer wieder beschäftigt, und ich glaube inzwischen, dass sie als Symbol herhalten musste, weil sie der einzige mit der Berührung einer intimen Körperpartie assoziierte Gegenstand war, den man als Angehöriger der achtbaren Gesellschaft beim Namen nennen durfte.

Wie vielen Liberalen seiner Generation, fiel es meinem Vater sehr schwer, die Nazis ernst zu nehmen. Oft hörte ich ihn sagen, Hitler gehöre nicht auf die Titelseite der Zeitung, sondern in den *Ulk,* die Satirebeilage. Aufschlussreicher und bezeichnender für jene schwerwiegende, seinerzeit aber sehr weit verbreitete Unterschätzung der Nazis, war eine Passage in einem Brief, den er im

Die Spartakisten besetzen das Mosse-Verlagshaus, Berlin, 1919

Februar 1933, nach zehn Amtstagen Hitlers als Reichskanzler, an meine Schwester schrieb. Er wies darauf hin, dass in diesen zehn Tagen die Auflagen »unserer Zeitungen« erheblich gestiegen waren. Wenn sie weiter nach oben gingen, würde der Einfluss dieser Zeitungen auf die öffentliche Meinung zunehmen. Aber selbst davon abgesehen, sei die Bewegung, die Hitler an die Macht gebracht habe, wegen der Unzufriedenheit der Massen, die keine Arbeit bekommen würden, zum Scheitern verurteilt. Und obwohl er selbst manchmal Zweifel daran hatte, hoffte er noch mehrere Wochen lang, das NS-Regime werde dem *Berliner Tageblatt* wieder das Recht einräumen, kritisch zu berichten, und es werde dann seine führende Stellung in der deutschen Presselandschaft zurückgewinnen.

Auch wenn keiner von uns die Zukunft voraussehen kann, erscheint mir dies rückblickend als überaus naiv. Es stand jedoch im Einklang mit einer der Lieblingsdevisen meines Vaters, die er in jenen schicksalhaften Monaten auch meiner Schwester nahe zu bringen suchte: dass man, was auch passiere, immer das Beste daraus machen müsse. Er war im Übrigen während der Weltwirtschaftskrise, die Adolf Hitler den Weg zur Kanzlerschaft ebnete, nicht ganz untätig geblieben: Im Mai 1932 hatte er eine Weltwirtschaftskonferenz organisiert, die am Leipziger Platz stattfand, und seit 1930 hatte der Verlag regelmäßig Suppenküchen für die Armen finanziert. Bezeichnender für Vaters kulturelle Neigungen und seine Lust am Neuen waren allerdings die sogenannten Lachabende, die auf seine Initiative hin in den Krisenjahren in einem der größten Theater Berlins stattfanden. Die Hauptattraktion dabei war Claire Waldoff, eine volksnahe und extrem populäre Diseuse. Eine dieser Veranstaltungen durfte ich selbst miterleben, verkleidet als Zeitungsjunge des *Berliner Tageblatts*. Diese Lachabende hatten rauschenden Erfolg.

Im letzten Jahr vor der Machtergreifung Hitlers konnte man vor dem tödlichen Ernst der politischen Lage nicht mehr die Augen verschließen. Im April 1932 schrieb mein Vater an meine Schwester, wir lebten in der Tat in einer furchtbaren Zeit, und die Nazis könne man nicht mit den Mitteln der Vernunft und Logik allein bekämpfen. Diese Einsicht war aber wohl nur Ausdruck einer momentanen Verzweiflung und konnte seine der Aufklärung verpflichtete Weltsicht nicht erschüttern, an der er bis an sein Lebensende festhielt. Heute ist mir klar, dass die Haltung, die mein Vater im Angesicht des herannahenden Sturms einnahm, typisch für viele, vielleicht die meisten deutschen Juden seines Standes war. Sie gaben sich gemeinsam den Illusionen hin, die am besten geeignet waren, sie in ihrer Hoffnung zu bestärken, als wirklich vollwertige Mitglieder der deutschen Gesellschaft akzeptiert zu werden. Schließlich hatten die Aufklärung und der mit ihr verbundene Rationalismus zur Emanzipation des Judentums geführt. Meine Schwester, die einer anderen Generation angehörte, offenbarte ihm mehr als einmal, dass und wie der nationalsozialistische Einfluss sich sogar in den Reihen der linksorientierten sozial tätigen Organisationen, für die sie arbeitete, bemerkbar machte. Ich besuchte schließlich mindestens eine Massenkundgebung der Nazis und erlebte die Begeisterung und die Dynamik der Zuhörermenge. In den Augen meines Vaters war die emotionale Aufgepeitschtheit der Menschen nichts als »Humbug«, genau wie alles Religiöse – etwas, das keine Substanz hatte, das nur Schall und Rauch war, wie er mir zu sagen pflegte. Hieraus erwuchsen politische Meinungsverschiedenheiten, die sich zu den anderen Spannungen und Problemen innerhalb der Familie gesellten.

In den Veröffentlichungen, die nach dem Zweiten Weltkrieg erschienen, kam mein Vater sehr schlecht weg. Sein Desinteresse an der Politik und seine Versuche, bei den Personalausgaben für die Zeitungsredaktionen zu sparen, während er gleichzeitig Geld in andere, offenkundig unprofitable Projekte wie die Luxusbauten am Kurfürstendamm investierte, schufen böses Blut. Hinzu kam seine persönliche Steifheit und Verklemmtheit um bei den kraftvollen Persönlichkeiten, die in der Redaktion des *Berliner Tageblatts* arbeiteten, wirklich beliebt zu sein. Es war nicht verwunderlich, dass, als diese Journalisten nach dem Krieg ihre Autobiographien schrieben, ihre Erinnerungen an meinen Vater sich zu einem eher negativen Bild zusammenfügten. Nur abschätzige Stimmen meldeten sich zu Wort, die meinen Vater für alle finanziellen Probleme verantwortlich machten, die der Verlag in den Jahren vor der Machtergreifung der Nazis hatte. Die auch geschäftlich verheerende Wirkung des immer stärker werdenden Drucks von rechts stellten diese Kritiker nicht in Rechnung. Die Gerüchte über den angeblich drohenden Bankrott des Unternehmens, die schon damals ausgestreut und nach dem Krieg von besagten Journalisten wieder aufgewärmt wurden, hätten einer genaueren Nachprüfung nicht standgehalten. Allein schon der weitläufige Immobilienbesitz der Familie wog die Schulden der Firma mehr als auf[6].

Es gab Leute wie den langjährigen Chefredakteur des *Tageblatts,* Theodor Wolff, die der Überzeugung waren, dass der Verlag unter ihrer Kontrolle sei. Dabei standen sie, was die Unterschätzung der Nazis betraf, meinem Vater kaum nach. Sie teilten die Einstellung der meisten Liberalen, die als überzeugte Jünger der Aufklärung das »überzogene Machtbewusstsein« der Nazis für einen Anachronismus hielten, der, so Theodor Wolff, auf zu viel Widerstand stoßen würde, um sich durchsetzen zu können. Immerhin biederte sich das *Tageblatt,* solange seine redaktionelle Linie von solchen Leuten bestimmt wurde, den Nationalsozialisten niemals an, eine stolze Referenz, wie der Rest der liberalen deutschen Presse sie nicht vorweisen kann.

Dabei möchte ich das mangelnde politische Engagement meines Vaters ebenso wenig beschönigen wie seine sehr preußische Steifheit. Er war zu jener Zeit für die Position, die er bekleidete, sicherlich der falsche Mann. Es ist aber ungerecht, ihn ausschließlich in seiner Eigenschaft als Besitzer des Mosseschen Verlagsimperiums zu beurteilen und das ganze übrige Spektrum seiner Tätigkeiten und Leistungen außer Acht zu lassen. Gewiss fällt es aus heutiger Sicht schwer, sich vorzustellen, wie jemand, der an so exponierter Stelle stand wie mein Vater, auch nur den Versuch machen konnte, die Politik links liegen zu lassen, wo doch überall um ihn herum der Rassenhass aufloderte. Er konnte sich eben zu der Zeit einfach nicht vorstellen (ebenso wenig wie die große Mehrheit der deutschen Juden), dass die bürgerliche Gleichberechtigung der Juden selbst auf dem Spiel stand und dass ihnen die Rückverweisung ins Ghetto drohen könnte.

Für unsere Familie stand, wie für die meisten anderen jüdischen Familien, fest, dass wir Deutsche waren; das war so selbstverständlich, dass wir nicht weiter darüber nachdachten. Was hätten wir sonst sein sollen? Bei den wenigen Zionisten, die sich vor 1933 oder 1934 in Palästina niederließen, schien es sich um exotische Einzelfälle, Leute mit einem gewissen Drang zur Selbstzerstörung zu handeln. Bis zu meiner Ausreise aus Deutschland wusste ich nicht einmal, dass es den Zionismus gab. Und selbst danach nahm ich nur flüchtige Notiz von dieser Bewegung, worin eine gewisse Ironie steckt, bedenkt man meine siebzehn Jahre währende enge Verbindung mit Jerusalem und der Hebräischen Universität, zu der es mehr als dreißig Jahre später kam. Dieses Desinteresse am Zionismus war jedoch typisch für den größten Teil des deutschen Judentums; meine Eltern und Geschwister blieben sogar ihr ganzes Leben lang explizite Gegner der zionistischen Bewegung. Als ich später dazu überging, mich für längere Zeiten in Jerusalem aufzuhalten, erklärte mir meine Mutter, die damals schon die Achtzig überschritten hatte, sie verstehe nicht, wie man es unter lauter Juden aushalten könne. Ich erklärte es ihr auf eine Art und Weise, die sie verstehen konnte: »Mutter, sie sehen nicht wie Juden aus.« Für mich stand nie in Frage, dass ich Deutscher war – bis lange nach meinem Aufbruch ins Exil. Dass ich mich heute genötigt fühle, dies zu betonen, scheint mir ein Beispiel dafür zu sein, wie sich bei der Rückschau aus einer Epoche in eine andere das Bild der Geschichte verzerren kann.

Weil ich mich in den Jahren, die über das Schicksal Deutschlands entschieden, die meiste Zeit im Internat oder auf unserem Landgut aufhielt, war mir die Gefahr, die uns drohte, nicht unmittelbar gewärtig, auch wenn mir das, was ich beim Besuch einer Nazi-Kundgebung im Berliner Sportpalast erlebte, einen Schock versetzte. Mir meines Jüdischseins bewusst zu werden, bedeutete jedoch nicht, dass ich mich nun weniger als Deutscher gefühlt hätte, auch wenn die Zuweisung rassischer Etiketten inzwischen zu einem fast normalen Bestandteil des täglichen Lebens geworden war. Immerhin gab es bis 1933 im politischen Leben Deutschlands noch ansehnliche Kräfte, die gegen den um sich greifenden Rassismus ankämpften. Vor 1933 erschien dies als ein Kampf mit noch offenem Ausgang, ein bedeutsamer Umstand, der das Verhalten vieler Juden beeinflusste und erklärte, die sich, wie mein Vater und ich, dem Deutschtum voll und ganz zugehörig fühlten und außerdem als Anhänger des Liberalismus und der Aufklärung prinzipielle Optimisten waren.

Die beständigen rassistischen Attacken gegen meinen Vater trafen mich lange Zeit nicht ins Mark. Doch irgendwann empfand ich die Kritik doch als verletzend, die zunächst die Nazis an ihm übten und danach – viel später, aber nicht minder scharf – all jene, deren gute Ratschläge ignoriert worden waren oder die unsere Zeitungen zu einem aktiveren politischen Auftreten gedrängt hatten. Die von dieser Seite erhobenen Vorwürfe gegen meinen Vater bekamen eine besondere Note dadurch, dass die Übernahme unseres Verlages durch die Nazis kein klarer Schnitt gewesen war. Sie hatten vielmehr versucht, wie in den Anfangsjahren ihrer Herrschaft in anderen, vergleichbaren Fällen, den Anschein der Rechtsstaatlichkeit zu wahren, d. h. es wie eine normale Firmenübernahme aussehen zu lassen. In Wirklichkeit zwangen sie meinen Vater mit vorgehaltener Pistole, unsere deutschen Vermögenswerte einer Pseudostiftung zu überschreiben, deren Erträge angeblich den Weltkriegsveteranen zugute kommen sollten. Die Nazis hatten die Macht, Zwangsenteignungen wie rechtlich einwandfreie Transaktionen und Lügen wie Wahrheit erscheinen zu lassen – so streuten sie zum Beispiel in Schenkendorf das Gerücht, wir hätten Steuern hinterzogen und uns deswegen aus Deutschland abgesetzt.

Erst später erfuhr ich, was sich zugetragen hatte, nachdem mein Vater nach Frankreich geflohen war. Hermann Göring höchstpersönlich hatte ihn im März 1933 aufgefordert, aus Paris nach Berlin zurückzukehren, und hatte ihm Immunität zugesichert.

Antisemitische Karikatur des Vaters in *Die Brennessel*, Mai 1933

Mein Vater war das Wagnis eingegangen, weil Göring hatte durch-
blicken lassen, eine Wiedereinstellung unserer entlassenen jüdischen Mitarbeiter sei denkbar. Später wusste man, was von solchen
Zusicherungen der Nazis zu halten war, aber dass mein Vater und
andere in den Anfangsmonaten des Regimes noch darauf bauen

zu können glaubten, zeigt, mit wie viel Erfolg die Nazis es verstanden, ihre wirklichen Ziele und Absichten zu verschleiern.

Mein Vater sprach in meinem Beisein nie darüber, was am 28. April 1933 zwischen Göring und ihm abgelaufen war – meiner Schwester jedoch erzählte er davon unmittelbar nach seiner Rückkehr aus Berlin. Wie sie berichtete, fragte Göring meinen Vater mehrmals eindringlich, was er über den Reichstagsbrand wisse (der den Nazis einen willkommenen Vorwand für die Errichtung ihrer Diktatur geliefert hatte). Das ist einigermaßen verblüffend. Zwar hat sich inzwischen die Auffassung durchgesetzt, dass die Nazis diesen Brand nicht selbst gelegt haben, aber was veranlasste Göring, meinen Vater zu diesem Thema zu befragen? Eher wäre zu erwarten gewesen, dass die beiden sich über Wilhelm Ohst unterhielten, einen SA-Funktionär, der den Nazis bei der Übernahme unserer Firma als Strohmann diente. Ohst war, wie so viele SA-Männer der ersten Stunde, ein Ganove und wurde denn auch 1934 unter dem Vorwurf, Wirtshausschlägereien angezettelt, einen losen Lebenswandel geführt und einen Mord begangen zu haben, aus der NSDAP ausgeschlossen. Es gelang mir nie, herauszufinden, was aus ihm später wurde. Es ist denkbar, dass er trotz seines Ausschlusses aus der Partei der Säuberungsaktion zum Opfer fiel, mit der Hitler sich 1934 der SA-Führung entledigte.

Eines der zentralen Themen in der Unterredung meines Vaters mit Göring war vielleicht die Beziehung Wilhelm Ohsts zu dem bekannten Hypnotiseur und Wahrsager Erik Jan Hanussen, dem »Propheten des Dritten Reichs«, wie er genannt worden ist. Offenbar befehligte Ohst die Kommandoeinheit, die den Auftragsmord an Hanussen durchführte. In dem Verfahren gegen Wilhelm Ohst vor dem NS-Parteigericht wurde der Frage, weshalb er sich an der Ermordung Hanussens beteiligt hatte, nicht nachgegangen. Wahrscheinlich war der jüdischstämmige Wahrsager in korrupte Finanztransaktionen mit einigen der zwielichtigeren

NS-Größen verwickelt. Für das damals im Umlauf befindliche Gerücht, Hanussen habe Adolf Hitler die Zukunft geweissagt, liegen keine schlüssigen Belege vor, auch wenn man weiß, dass der Führer an die Existenz okkulter Mächte glaubte. Ich erinnere mich, dass mein Vater den Namen Hanussen mehrmals erwähnte, weiß aber nicht mehr, in welchem Zusammenhang. Das meiste von dem, was ich über Wilhelm Ohst weiß (dem ich nur einmal begegnete), stammt aus den Akten über sein Parteigerichtsverfahren und seinen Parteiausschluss, die ich rund vierundsechzig Jahre später im Berliner Bundesarchiv einsehen konnte.

Bei dem Treffen mit meinem Vater unterbreitete ihm Göring, wie ich aus späteren Erzählungen meiner Stiefmutter weiß, womöglich das »Angebot«, die Firma zu arisieren, was unter den Zeitumständen nicht eben verwunderlich gewesen wäre. Goebbels hatte kurz vorher unseren Chefredakteur Theodor Wolff gedrängt, aus Frankreich, wohin er sich abgesetzt hatte, zum *Berliner Tageblatt* zurückzukehren. Die Nazis bemühten sich zu Beginn ihrer Herrschaft um solche Persönlichkeiten, um ihr internationales Prestige aufzupolieren. Allein, sowohl Wolff (nach einem Briefwechsel mit Goebbels, der sich, warum auch immer, in Kopie in unseren Familienunterlagen wiederfand) als auch mein Vater lehnten alle diesbezüglichen Angebote ab. Auf seiner Rückreise von Berlin nach Paris wurde mein Vater von Wilhelm Ohst und Rudolf Diels, dem ersten Chef der Gestapo, eskortiert. Hatten sie den Auftrag, ihn zu liquidieren? Wie mein Vater später meiner Schwester schrieb, hatten die Nazis entweder Diels oder Ohst vorübergehend verhaftet, weil die beiden meinen Vater die Grenze nach Frankreich hatten passieren lassen. Vielleicht ist dies eine dramatische Überspitzung einer Episode, die auch so dramatisch genug war. Fest steht, dass beide Eskorteure die Geschichte überlebten. Die Rückkehr meines Vaters nach Berlin war unter den gegebenen Umständen eine ziemlich mutige Tat, und es ist fast unnötig zu erwähnen, dass es zu der in Aussicht gestellten Wiedereinstellung der ehemaligen jüdischen Verlagsmitarbeiter nie kam.

Was meinem Vater im Berlin der Zwischenkriegszeit wiederfuhr, hätte sicherlich mehr als genug Stoff geliefert, um einen abenteuerlustigen Halbwüchsigen zu faszinieren, dem noch dazu in der Schule beigebracht worden war, persönlichen Mut als eine der größten menschlichen Tugenden anzusehen. Doch Vater hortete all dies hinter einer Maske der eisernen Selbstkontrolle und Selbstverleugnung.

Ich erinnere mich an kein wirklich persönliches Gespräch mit meinem Vater, zu dem ich, ebenso wie zu meiner Mutter, nie eine wirklich enge Beziehung gewann. Beide bemühten sich auf ihre jeweils eigene Art und Weise, mir nahe zu kommen, und dabei waren beide, so sehe ich es jedenfalls heute, als Eltern viel zu nachsichtig. Mein Vater versuchte nie ernsthaft, mich Disziplin zu lehren; viel lieber lamentierte er darüber, was aus mir einmal werden solle. Er führte mich zwar manchmal durch die großen Säle, in denen auf riesigen Rotationsmaschinen die Zeitungen gedruckt wurden, doch wenn er eine persönlichere Ebene gefunden hätte, wäre es ihm vielleicht eher möglich gewesen, die Barriere zwischen uns zu überwinden. Selbst in der weniger spannungsreichen Atmosphäre des Exils kamen wir einander nicht näher. In unseren Gesprächen ging es gewöhnlich eher um öffentliche Angelegenheiten als um private Belange. Sicher trug auch ich dazu bei, dass wir auf Distanz zueinander blieben, indem ich mich mit mir selbst beschäftigte. Mein Stiefbruder, der seine Kindheit und Jugend an der Seite meines Vaters verbrachte, erlebte ihn ganz anders als ich, nämlich warmherzig und liebevoll. Jede Beziehung bedarf des Einsatzes beider Seiten.

Ich empfand meinen Vater jedenfalls als ebenso unnahbar wie meine Mutter. Die Gabe, echte Freundschaft zu pflegen, besaß er nicht. Er hatte keine wirklich engen Freunde, an die ich mich erinnern könnte, und war von dem hartnäckigen Argwohn beses-

Mit Vater, 1928

sen, jeder, der sich ihm nähere, wolle etwas von ihm und sei nicht
auf Freundschaft um ihrer selbst willen aus. Aus diesem Grund
war ihm auch die Familie so wichtig. Da er ein richtiges Familienleben erst kennen lernte, als er mit meiner Stiefmutter in Paris
lebte und die Zeit seines Wohlstands und seiner Macht vorbei
war, muss er bis dahin ein sehr einsamer Mensch gewesen sein.

Seine einzige Gefährtin bei seinen häufigen Wochenend-Besu-
chen auf seinem geliebten Gut Schenkendorf war unsere alte
Tante Berta. Ich sage »alte«, weil sie mir alt und gebeugt erschien,
ein vertrauter und fester Bestandteil des lebenden Inventars unseres Hauses; dabei habe ich sie als ein höchst umtriebiges We-

sen in Erinnerung. Sie war die Schwester meiner Großmutter Mosse und war mit einem Arzt verheiratet gewesen, der vor dem Ersten Weltkrieg den Titel eines Medizinalrats verliehen bekommen hatte, weshalb Tante Berta von jedermann »Frau Rätin« genannt wurde, auch noch nachdem die Weimarer Republik Titel dieser Art offiziell abgeschafft hatte. Tante Berta muss wohl gesellschaftliche Ambitionen gehabt haben, denn sie veranstaltete einmal pro Woche in ihrer kleinen Wohnung eine Teestunde, zu der mein Vater immer eingeladen wurde. In diesem Rahmen spielte sie für ihn mindestens einmal eine weitaus wichtigere Rolle als nur die einer Reisegefährtin nach Schenkendorf, denn bei einer dieser Teestunden machte sie ihn mit der Frau bekannt, die seine Lebenspartnerin werden sollte. In den letzten vier Jahren der Republik sahen die beiden einander regelmäßig, wenn auch immer heimlich, lange bevor sie seine zweite Frau wurde.

Ich bin sicher, dass dieses Zusammentreffen nicht zufällig zustande kam. Tante Berta muss um die Einsamkeit meines Vaters gewusst und Mitgefühl mit ihm gehabt haben. Als meine Mutter herausfand, was geschehen war, kam es denn auch zu einem heftigen Streit zwischen ihr und der Tante. Als wir Deutschland verließen, nahmen wir Berta nicht mit, was mir damals ziemlich ungerecht erschien. Sie starb ein paar Jahre später, doch mit ihrem loyalen Hausmädchen blieb meine Stiefmutter noch viele Jahrzehnte lang in Kontakt. Ich selbst hatte allen Grund (ohne dass ich dies gewusst hätte), Tante Berta für alles dankbar zu sein, was meine Stiefmutter für mich und mein weiteres Leben bedeuten sollte.

Die Familie wurde auseinander gerissen; trotz der Bemühungen meiner Schwester, uns zusammenzuhalten, blieb jeder von uns mit seinen ungelösten Problemen allein, und das ist wohl der Grund, weshalb die Familie in meinem Leben eine so zwiespältige Rolle gespielt hat. Ich stand meiner Schwester sehr nahe, aber sonst keinem meiner nächsten Angehörigen. Ich hatte Ersatz-Bezugspersonen: zuerst Miss Squire, zuletzt meine Stiefmutter. Im Großen und Ganzen war ich sicher ein Glückskind, aber in diesen frühen Tagen muss ich die Psyche eines zornigen Rebellen besessen haben, der die meiste Zeit nichts Gutes im Schilde führt.

Mein Bruder Rudolf war fünf, meine Schwester Hilde fast sieben Jahre älter als ich, und beide hatten ihre eigenen Freunde und Interessen. Die Tatsache, dass sie gerade ihre Turnstunde absolvierten – die in einem Korridor unseres Berliner Hauses stattfand –, als ich in einem Zimmer eben dieses Hauses zur Welt kam, könnte zu meiner lebenslangen Abneigung gegen die meisten sportlichen Aktivitäten beigetragen haben. Zu meinen Geschwistern hatte ich immer ein ausgezeichnetes Verhältnis, auch wenn mein Bruder mich manchmal zur Zielscheibe gut gemeinter Spötteleien machte, wie es ältere Brüder gern tun. Wenn wir nach den Mahlzeiten im Berliner Haus die ziemlich schmale Treppe zu unseren Wohn- und Schlafzimmern hinaufkletterten, machte Rudolf sich gerne den Spaß, mich zu ärgern. War ich vor ihm, zog er mich mit dem Spruch auf, der Dreck marschiere vor dem Besen her; ging ich hinter ihm, verglich er mich mit einem Pagen, der hinter seinem Herrn und Meister herlief. Ich weiß nicht, warum ich mich so deutlich an diese banalen Dinge erinnere, außer dass ich um dieselbe Zeit einen immer wiederkehrenden Traum hatte, in dem ich auf einem Berggipfel stand, von dem ich hinuntersteigen wollte; doch da am Fuß jedes in Frage kommenden Weges ein Menschenfresser von der Art stand, wie sie damals in manchen für kleine Kinder bestimmten Bilderbüchern gezeigt wurden, war meine Lage ausweglos.

Während sich mein Bruder immer als wohlerzogener Junge zeigte, tat ich dies nicht. Wenn zum Beispiel beim Abendessen der Butler das Fleisch auftrug, holte ich mir kleine Stücke von der Platte und bewarf meinen Bruder damit. Mein Vater nahm mich in seiner Verzweiflung darüber eines Abends am Essenstisch zu sich und setzte mich zwischen seine Knie, um mich bei Bedarf sofort züchtigen zu können, wie er es in den Bildergeschichten von Wilhelm Busch gesehen hatte. Ich entkam jedoch und drehte meinen Geschwistern ein Nase, woraufhin keine weiteren Disziplinierungsversuche dieser Art unternommen wurden.

Mein Bruder war von warmherzigem Naturell und suchte die Nähe anderer Menschen. Ich freilich fühlte mich von ihm und seinem Charme erdrückt. Er war groß und sah sehr gut aus, und bis zu seiner Heirat waren ständig Freundinnen um ihn herum. Im Exil trennten sich unsere Wege, und er starb leider schon 1958, erst vierundvierzig Jahre alt, an Krebs.

Soweit ich weiß, legte Rudolf mir gegenüber nicht jenes mütterliche Verhalten an den Tag, das mir an meiner Schwester und anderen, zu denen ich ein wirklich enges Verhältnis hatte, auffiel. Wir empfanden dennoch eine feste Freundschaft füreinander. Er hatte eine sensible Ader für die Künste, insbesondere für das Theater, und hasste die Geschäftswelt, in die einzutreten man von ihm erwartete. Die kurze Zeit seines Exildaseins, in der er eine Lehre in der familieneigenen Werbeagentur absolvierte und sich mit den uns noch verbliebenen Niederlassungen vertraut machte, gehörte zu den unglücklichsten Abschnitten seines Lebens. Schließlich erhielt er, nachdem er in der Schweiz seinen Doktor der Volkswirtschaft gemacht hatte, einen Posten im Außenministerium der USA, doch war er nie mit vollem Herzen bei der Sache.

Das Verhältnis meines Bruders zu meinem Vater war nie ein gutes: Rudolf verübelte meinem Vater, dass er ihn bedrängte, die Firma zu übernehmen, und regte sich gelegentlich über Vaters rauen, soldatischen Ton auf; auch stellte er seine Geschäftstüchtigkeit in Frage. Damit nicht genug, warf er meinem Vater immer wieder vor, in der Auseinandersetzung mit den Nazis Fehler begangen und damit selbst ein Stück weit zum Untergang der Firma beigetragen zu haben.

Solange wir noch in Deutschland waren, stand meine Schwester mir nicht so nahe wie mein Bruder; sie hatte mit ihrem Er-

Mit den Geschwistern Hilde und Rudolf in St. Moritz, 1931

wachsenwerden und ihrem sozialen Engagement zu tun. Angesichts des Altersunterschiedes zwischen uns war das keineswegs verwunderlich: Ich war 1933 knapp fünfzehn, meine Schwester dagegen mit ihren einundzwanzig Jahren schon ein erwachsener Mensch mit einer unübersehbar starken, eigenwilligen Persönlichkeit. Eine ausgeprägte Fähigkeit zum Mitleid mit anderen verlieh dieser Persönlichkeit weichere Züge. Als wir als Kinder einmal drei Hundewelpen geschenkt bekamen, von denen eines einen verkümmerten Eindruck machte, wählte sie für sich, ohne zu zögern, genau diesen aus. Sie war keine Schönheit im konventionellen Sinn, aber dennoch ein attraktives Mädchen mit einem großen Kreis von Freunden und Bewunderern, von denen die meisten ihrem kleinen Bruder missfielen. Ihr ganzes Leben lang blieb sie sehr bedacht auf die Wahrung ihrer Privatsphäre, und so gab es sowohl in Deutschland als auch später im Exil immer Teilbereiche ihres Lebens und ihrer Aktivitäten, von denen ich nichts wusste.

Nach unserem Weggang aus Deutschland wurde Hilde für mich zu einem Elternersatz. Das war eine Rolle, die zu spielen sie sich, wie sie 1931 ihrem Tagebuch anvertraute, seit dem Weggang unserer geliebten Gouvernante gewünscht hatte. Dass sie das Bedürfnis hatte, diese Rolle in unserer Familie zu spielen, war Ausdruck ihrer ausgeprägten Fürsorglichkeit. Wie schon erwähnt, schloss sie sich bereits als Teenagerin einer innovativen karitativen Bewegung an, die Tagesheime für unterprivilegierte Kinder aus der Berliner Arbeiterschicht unterhielt und ihnen materielle und emotionale Nothilfe gewährte. Diese Organisation, die sich »Zugscharen« nannte, war ein Ableger der deutschen Jugendbewegung, die die Wandervogel-Philosophie hinter sich gelassen hatte und, statt das Naturerlebnis zu suchen, das soziale Engagement zugunsten der Unterprivilegierten praktizierte. Hilde ließ die ganze Familie, und namentlich ihren jüngeren Bruder, in den Genuss ihres starken Bedürfnisses kommen, zu helfen, zu erziehen und zu heilen, eine Leidenschaft, die später in eine ehrenvolle Karriere als Kinderpsychiaterin mündete.

Und wie ging es mit dem kleinen Bruder weiter? Ich trug meinen Teil zu den innerfamiliären Spannungen bei, indem ich ein ungezogener Junge war. Nach vier Jahren Volksschule, an die ich keine Erinnerung habe, die also ereignislos verlaufen sein müssen, wechselte ich auf das berühmte Mommsen-Gymnasium in

In den Ferien mit Rudolf und Hilde

Berlin über. Ich geriet dort sogleich in Konflikt mit den strengen Verhaltensregeln, doch was zu meinem Abschied von dieser Schule nach nur einem Jahr führte, war mein Zusammenstoß mit den unregelmäßigen Verben der lateinischen Sprache. Es war ein humanistisches Gymnasium, an dem die Klassiker im Mittelpunkt des Lehrplans standen, doch irgendwie hatte die Grammatik alles überlagert, was einmal als klassische Bildung gegolten hatte – die Philologie hatte über den Humanismus triumphiert. Alle diese Verben auswendig zu lernen, ging über meine Kräfte. Prompt blieb ich sitzen und hätte das ganze Schuljahr wiederholen müssen.

Warum war ich ein so renitenter, kaum zu bändigender Bursche? So jedenfalls sahen mich die Erwachsenen damals, und so charakterisiere ich auch mein Verhalten in der Rückschau. Damals jedoch sah ich mich keineswegs so. Ich war ein ziemlich einsamer Junge mit viel überschüssiger Energie und mehr Arroganz, als mir zustand, was zweifellos mit dem Milieu, in dem ich aufgewachsen war, zu tun hatte. Ich brachte nie viel Geduld und

Konzentration auf, außer für Dinge, die mich faszinierten. Die große Freiheit, die ich zuhause hatte, verhalf mir nicht zu der Selbstdisziplin, die ich gebraucht hätte, um in angemessener Zeit erwachsen zu werden. Der Leser wird umgehend erfahren, dass ich mir diese Disziplin bereitwillig aneignete, als das Internat mir Anreize dafür bot. Hingegen hat sich an der Kürze meines Geduldsfadens nie etwas geändert. Zum Glück jedoch machte sich bei Tätigkeiten, die mich gefangen nahmen, wie beim Schreiben oder Unterrichten, meine ansonsten gewohnte Rastlosigkeit überhaupt nicht bemerkbar. Zuhause verstand es offenbar niemand, mein Interesse zu wecken; und ich war, was die geistige Beschäftigung betraf, weitgehend auf mich allein gestellt. (Ich las gerne, aber auch hier hätte es der Disziplin bedurft, um die Lektüre so fruchtbar wie möglich zu machen.) All das änderte sich in dem Moment, als ich von zuhause fortging und anfing, ein sehr diszipliniertes Leben zu führen. Ich erinnere mich heute an diese Zäsur, als habe sie den Übergang vom Chaos ins Licht markiert.

Wie sollte es weitergehen, nachdem ich demonstriert hatte, dass ich für das Gymnasium nicht geeignet war? Mein Vater mit seinem Glauben an die Technik hielt es für das Beste – wie ich ihn oft sagen hörte –, einen solchen Knaben in die Hände von Experten zu geben. Das konnte praktisch kaum etwas anderes bedeuten als: Internat. Die Anstalt, in die ich 1928 eintrat und die das grundlegend wichtige nächste Jahrfünft meines Lebens prägen sollte, war die Unterstufe der Internatsschule Schloss Salem, deren Rektor Kurt Hahn ein Schulkamerad meines Vaters gewesen war.

Kapitel 4

Salem als Charakterschule

Meiner festen Überzeugung nach muss der Historiker, um die Vergangenheit verstehen zu können, mit ihr mitfühlen, sich gleichsam in sie hineinversetzen, so dass er in der Lage ist, eine Epoche mit den Augen ihrer Protagonisten und ihrer Institutionen zu sehen. Beim Schreiben meiner Autobiographie bin ich hingegen gefordert, mir Rechenschaft darüber abzulegen, wie ich selbst in den einzelnen Abschnitten meines Lebens Personen und Institutionen wahrnahm – wie sie auf mich wirkten, als sie ein Teil meines Lebens waren –, hingegen ihr Selbstverständnis und das Bild, das sie von sich selbst zeichneten, auszusparen. Dieser Wechsel der Perspektive ist nicht einfach, und so kommt es gelegentlich vor, dass der Schreiber dieser Erinnerungen mit dem Historiker in Konflikt gerät. Wenn ich mich nun anschicke, die Institutionen zu analysieren, die mich über weite Teile meiner Jugendzeit hinweg geprägt haben, bemühe ich mich darum, sie so darzustellen, wie ich sie damals sah, sie darüber hinaus aber auch in den breiteren Zusammenhang ihrer eigenen Zielvorstellungen zu stellen und zu skizzieren, welche Kräfte auf sie wirkten und sie formten. Über mein Internatsleben zu schreiben, heißt die individuellen mit den historischen Aspekten zu verknüpfen, beide, so gut es geht, miteinander zu versöhnen und dabei nicht das persönliche Moment aus den Augen zu verlieren. Ohne die breiter gefasste geschichtliche Perspektive wäre es schwierig verständlich zu machen, was tatsächlich in mir vorging und weshalb.

Wäre ich nicht in Deutschland, sondern in England als Sohn einer vergleichbar wohlhabenden Familie zur Welt gekommen, so wäre ich als Zehnjähriger automatisch in eine Internatsschule eingetreten; tatsächlich war ich genau zehn Jahre alt, als ich nach Salem, in das damals schon berühmte Internat, kam. In Deutschland hatte es diesen Schultyp, abgesehen vielleicht von einigen militärischen Anstalten, vor der Wende zum 20. Jahrhundert nicht gegeben. Erst im Zuge des Versuchs, die weiterführende Schulbildung in Deutschland zu reformieren, wurden Internate eingerichtet. Diese waren denn auch in der Regel auf die jeweils besonderen pädagogischen Theorien ihrer Gründer zugeschnitten und ausdrücklich darauf angelegt, Persönlichkeit und Charakter ihrer Schüler zu formen. Das Internat, in das ich eintrat, war unmittelbar nach Ende des Ersten Weltkrieges gegründet worden. Sein Gründer Kurt Hahn war der Privatsekretär des letzten Kanzlers des Kaiserreichs Prinz Max von Baden gewesen; dieser gewährte der Schule auch seine fürstliche Unterstützung und stellte ihr als Domizil sein Schloss am Bodensee zur Verfügung. Die pädagogischen Theorien Kurt Hahns und der Charakter der von ihm gegründeten Schule waren von seinen Erfahrungen als Student in England ebenso geprägt wie vom Erlebnis des verlorenen Krieges.

Für die im Internatsgebäude selbst untergebrachte Oberstufe noch zu jung, wurde ich zunächst im »Ableger« des Internats auf dem Hermannsberg untergebracht, einem einige Kilometer entfernten Hügel inmitten einer Waldlandschaft. Salem war im Mittelalter ein Zisterzienserkloster gewesen, bevor es zur Residenz des Hauses Baden wurde. Der Hermannsberg war ein Überbleibsel eines schon vor längerer Zeit untergegangenen mittelalterlichen Nonnenklosters. Der Geschichte begegnete man hier auf Schritt und Tritt.

Die Gebäude und die Umgebung der Schule machten einen tiefen Eindruck nicht nur auf mich, sondern auch auf die meisten meiner Mitschüler – sie hatten für uns eine viel größere Bedeutung, als es später etwa die Gebäude und die Umgebung des eng-

lischen Internats hatten, das ich nach meinem Weggang aus
Deutschland besuchte. Dieses befand sich in York, einem Land-
städtchen mit Stadtmauern, alten Kirchen und einer imposanten
Kathedrale, residierte aber in Gebäuden, die kein besonderes
Flair hatten. Vielleicht beeindruckten uns Hermannsberg und
Salem deshalb so tief, weil wir in einem Alter waren, in dem man
für prägende Eindrücke besonders empfänglich ist. Wie auch immer, ich lernte in den Jahren, die ich an dieser Schule verbrachte,
die Schönheit der Natur ebenso schätzen wie die alter Bauten.
Die Gebäude, die Salem ausmachten, stammten überwiegend aus
dem 17. und 18. Jahrhundert und waren stilistisch dem süddeutschen Barock mit seinen charakteristischen runden Formen zu-
zuordnen; ihre großen Säle und breiten Gänge waren mit den
denkbar herrlichsten Stuckornamenten verziert. Höchst kunstvoll verziert waren auch die Kachelöfen, die tatsächlich noch benutzt wurden und eine höchst angenehme, aber in ihrer Heiz-
wirkung unbefriedigende Wärme abgaben.

Der Hermannsberg war im Vergleich zu Salem geradezu karg,
ein großes Gebäude mit mächtigen Mauern und wenigen schmü-
ckenden Elementen, das mit seiner spartanischen Aura den Geist
der Schule zum Ausdruck brachte. Es verfügte jedoch über etliche
Zimmer, die sehr geräumig waren oder es hätten sein können,
wenn man nicht die Schule in sie hineingezwängt hätte. Dennoch
überwog in der Ausstrahlung, die dieses alte und solide Gebäude
hatte, der Eindruck der Großzügigkeit, und dieser beflügelte mich
in meinem Drang, mich im Freien aufzuhalten, wie ich es von
meinem luxuriösen Dasein zu Hause gewöhnt war. Es gab in der
Nähe viele im süddeutschen Barockstil gebaute und dekorierte
Kirchen und Häuser, und es war der Aufenthalt in dieser Umgebung, dem ich meine lebenslange Vorliebe für diesen Stil verdanke.
In den 1950er Jahren veranstaltete ich oft regelrechte Touren, bei
denen ich Freunde zu Kleinoden des süddeutschen Barocks führte,
überwiegend in der Nähe des Bodensees.

Noch wichtiger als die Gebäude wurde für mich mit der Zeit die landschaftliche Umgebung der Schule. Der Bodensee lag in unmittelbarer Nähe, doch nicht er war es, der mich am meisten beeindruckte, sondern die Hügel- und Tallandschaft der näheren und weiteren Umgebung sowie die Wälder. Ich vermag nicht zu ergründen, weshalb gerade dieser Landschaftstyp sich in meinem Inneren als der meine festgesetzt hat und es immer geblieben ist, mehr als viele andere Landschaften, die ich ebenfalls schön fand. Ein wichtiger Faktor war sicher der, dass diese Landschaft den Rahmen für die Barockarchitektur bildete – und in der Tat gehören der süddeutsche Barock und seine Landschaft in meiner Erinnerung zusammen und bilden ein Ganzes. Die Landschaft wuchs mir aber auch deshalb so ans Herz, weil sie nicht bloß ein Objekt der Betrachtung war, sondern weil ich ständig von ihr Gebrauch machte. Meine Mitschüler und ich bauten uns im Wald Hütten, machten Spaziergänge und Dauerläufe und veranstalteten Kriegsspiele, in denen wir eine benachbarte »feindliche« Burg zu erobern versuchten. Gerade in diesen Spielen kam der Landschaft eine überaus wichtige Rolle zu, ging es doch nicht zuletzt darum, sich zu verstecken und anzuschleichen. Jeder von uns bekam eine Nummer an die Stirn geklebt, und dann teilten wir uns in Angreifer und Verteidiger der Burg auf. Wenn einer aus der feindlichen Gruppe dreimal deine Nummer sah und laut ausrief, warst du ausgeschieden. Diejenigen, die übrig blieben, hatten im übertragenen Sinn die Bastei gestürmt. (Ich gehörte nie zu den Siegern.) In dieser Landschaft zu leben, war für uns etwas sehr Reales, nicht nur weil sich in ihr schulische Aktivitäten abspielten, sondern weil wir nur in den Hütten, die wir in gemeinsamer Arbeit im Wald errichteten und in denen wir zusammensaßen und Bücher lasen, weitgehend unbeaufsichtigt waren und unsere freie Zeit selbstbestimmt verbringen konnten.

Dazu kam, dass die romantische Literatur, zu deren Lektüre wir angehalten wurden, unsere Zuneigung zu dieser Art von

Landschaft vertiefte, indem sie sie um eine historische und emotionale Dimension erweiterte. So erinnere ich mich lebhaft daran, wie einer der Lehrer uns in unserer nachmittäglichen Liegezeit – wir lagen ihm zu Füßen auf dem nackten Holzfußboden – aus Viktor von Scheffels *Ekkehard* vorlas, einem Buch, das aus der Mitte des 19. Jahrhunderts stammte und uns völlig in seinen Bann zog. Die Geschichte spielte auf dem Hohentwiel, einem Vulkankegel unweit des nordwestlichen Zipfels des Bodensees. Die schwäbische Landschaft selbst spielt in dieser im 10. Jahrhundert angesiedelten Geschichte der Liebe eines Mönchs zu einer Herzogin eine Hauptrolle. Die geschichtliche Kulisse bildet der Kampf der bewaffneten Mönche gegen einfallende Hunnen, was dem Stück eine stark patriotische Färbung verleiht. Es war eine richtige Heldensage in der Art der traditionellen deutschen Mythen, eine Geschichte, die sowohl patriotische Gefühle weckte als auch das Zusammenspiel von Seele und Landschaft anschaulich machte. Ein Schulausflug, der die Besteigung des Hohentwiel einschloss, verstärkte die Wirkung des Buches auf uns noch weiter. Die Landschaft, in der wir lebten, war voll von Geschichte und hatte zahlreiche Schriftsteller zu historischen Abenteuerromanen inspiriert; Bücher wie *Ekkehard* waren geradezu dafür geschaffen, die jungen Leute meiner Generation zu inspirieren, und natürlich auch mich, den noch nicht Fünfzehnjährigen.

Das Leben in dieser Landschaft hatte auch seine weniger angenehmen Seiten, doch bemühte ich mich mit Erfolg, diese in meiner Wahrnehmung von der »eigentlichen«, unverdorbenen Natur, die mich umgab, zu trennen. In meinen letzten Jahren in Salem mussten wir Kartoffeln ausbuddeln, was zum einen unser Beitrag zur vaterländischen Pflichterfüllung in schwerer Zeit war, zum anderen, und vielleicht in erster Linie, eine weitere Übung in Sachen Charakterbildung. Es war eine quälend anstrengende Arbeit, und meine Knie und Hände schmerzen noch heute, wenn ich daran denke. Ferner gab es gleich außerhalb unseres Schulgebäudes einen steil zu einer Wiese hin abfallenden Hang, den unser Turnlehrer als Exerzierfeld für Strafübungen nutzte, die dem Repertoire der deutschen Rekrutenausbildung entstammten: Mit einer Ladung schwerer Holzstangen in den Armen mussten wir den Hang immer wieder hinauf- und hinunterrennen. Erstaunlicherweise erlitt keiner von uns dabei je einen Herzanfall. Das waren Makel, die jedoch meine Liebe zu diesem naturnahen Leben nicht wesentlich beeinträchtigten. Anders als die von heutigen Nationalismen propagierte »Heimatliebe« war das nicht etwas, das uns von oben, von irgend einer Glaubenslehre her diktiert wurde; es resultierte vielmehr aus der Wechselwirkung zwischen der Schule und der Landschaft, einem Zusammenspiel, das Kurt Hahn sehr wichtig war.

Der Gründer und nach wie vor amtierende Leiter dominierte das Geschehen in Salem, und auch wenn ich ihn nur selten persönlich zu sehen bekam, weil ich Unterstufenschüler war, übten seine pädagogischen Theorien doch ihre Wirkung auf mich aus, wie auf alle anderen Schüler des Internats, ob sie nun in Salem selbst oder auf dem Hermannsberg logierten. Kurt Hahn vertrat die Überzeugung, im Drunter und Drüber des besiegten und gedemütigten Nachkriegsdeutschland müsse eine neue Elite herangebildet werden, die später in der Lage sein würde, etwas zur Verjüngung der Nation beizutragen. Er war beeindruckt von britischen Internaten wie Eton, die für ihn Vorbilder in Sachen Elitebildung darstellten, Vorbilder, die sich auf die instabile und ungeordnete Weimarer Republik übertragen ließen.

Allerdings versah Hahn das Vorbild der englischen *public schools* mit einer eigenartigen nationalen Note, indem er der Erziehung zu Disziplin und Härte mit sich selbst einen besonderen Stellenwert einräumte – hierbei hatte er natürlich nicht England im Blick, sondern ein Deutschland, das den Krieg verloren hatte. Da ich im Anschluss an Salem auch ein englisches Internat besuchte, werde ich im Folgenden einige der Unterschiede benennen, die mir damals auffielen. Aus heutiger Sicht mag das Urteil, das ich vor knapp fünfzig Jahren über den Hermannsberg gefällt habe, unverdient hart erscheinen, schrieb ich doch, als Kurt Hahn 1950 in die USA kam, um für seine Schule Geld aufzutreiben, einen der ganz wenigen Leserbriefe meines Lebens, in diesem Fall an die *New York Times*. Darin warnte ich die Amerikaner davor, eine Schule mit Geldspenden zu unterstützen, die stets fest in der Hand des deutschen Adels und noch dazu nationalistisch eingestellt gewesen war.

Kurt Hahn veröffentlichte nie eine Stellungnahme zu meinem Leserbrief, obwohl er dies offenbar vorhatte, denn es gibt im Archiv des Internats Salem einen Briefentwurf, den ich gesehen habe. Darin unternimmt Hahn einen Versuch, meine Kritik zu entkräften, einmal durch den Hinweis auf seine (zu späte) Kehrtwendung gegen die Nazis, zum anderen durch eine Laudatio auf die deutsche Aristokratie im Allgemeinen und den einen ehemaligen Salem-Schüler im Besonderen, der in die Attentatsverschwörung gegen Hitler im Juli 1944 verwickelt war. Jetzt, da der Krieg vorbei sei, müssten die Salemer, so schrieb er, gute Europäer und Verteidiger des Christentums werden. Es gebe also noch immer gute Gründe, wehrhafte Männer heranzuziehen. Vielleicht sah Hahn die Unzulänglichkeit dieses Briefes am Ende selbst ein und legte ihn zu den Akten.

Das strenge Urteil über Salem, das ich in meinem Brief gefällt hatte, war sicher auch der Tatsache geschuldet, dass der Zweite Weltkrieg gerade erst zu Ende gegangen war. Tatsächlich kam ich auf dem Hermannsberg recht gut zurecht, ganz anders als mein älterer Bruder, der als Oberstufenschüler in Salem war und sich als künstlerisch und ästhetisch empfindsamer Mensch dort fehl am Platz fühlte. Gewiss litt auch ich anfänglich an Heimweh, wie wohl jeder Internatsschüler. Es ist schwer, kein Heimweh zu bekommen, wenn man im zarten Alter von zehn Jahren plötzlich aus seiner gewohnten Umgebung herausgerissen wird, und so weinte ich mich an vielen Abenden in den Schlaf. Es dauerte jedoch nicht lange, bis ich mich an das Leben auf dem Hermannsberg gewöhnt hatte. Die Tatsache, dass mir die künstlerische Ader meines Bruders fehlte, war meiner Überzeugung nach mit ein Grund dafür. Ein viel wichtigerer war jedoch, dass mein Bruder, fünf Jahre älter als ich, in Berlin ein bereits entwickeltes eigenes soziales Umfeld zurückließ; er hatte dort einen Freundeskreis gehabt und war abends ausgegangen, während ich weitgehend ohne Kontakt zu Gleichaltrigen aufgewachsen war. Für mich bedeutete das Internat, dass ich zum ersten Mal die Erfahrung des Zusammenlebens in einer Gemeinschaft machte, während meinem Bruder Salem genau das Gegenteil bescherte: ein Gefühl der Einsamkeit und Isolation.

Charakterbildung war das Hauptanliegen der Schule, wobei das Schwergewicht auf der körperlichen Abhärtung lag. Nur eine einzige Erinnerung an das Wirken Kurt Hahns auf dem Hermannsberg hat sich mir lebhaft eingeprägt: Während eines Ballspiels beobachtete er uns, während er sich aus einem Fenster in einem der oberen Stockwerke lehnte, und beschimpfte nacheinander mehrere von uns als »Schlappschwanz«, besonders oft mich. Ihm eilte allerdings auch der Ruf voraus, Charme zu besitzen – von dieser Seite erlebte ich ihn nie. In jedem Fall war er ein bedeutender Pädagoge, der, nachdem die Nazis ihn aus dem Land getrieben hatten, zunächst in Schottland die Internatsschule von Gordonstoun und dann eine Bewegung namens Outward Bound gründete. Letztere betrieb ebenfalls Charakterbildung, und zwar dadurch, dass Jugendliche in der Wildnis ausgesetzt und sich selbst überlassen wurden; ihre Aufgabe bestand darin zu zeigen, dass sie in einer kargen und feindseligen Umgebung überleben konnten.

Kurt Hahn entstammte einer wohlhabenden jüdischen Industriellenfamilie. Diese Herkunft zeigte sich in Salem nur indirekt, nämlich im Vorhandensein reicher und einflussreicher jüdischer Mäzene, wie zum Beispiel meiner Eltern, die die Schule finanzierten, und in der Anwesenheit eines Vertreters der Warburg-Bank, der eigentlich das chaotische Finanzgebaren Hahns hätte überwachen sollen. Einige der Schüler waren von königlichem Geblüt, zum Beispiel Prinz Philip (der spätere Herzog von Edinburgh) und die Prinzessin von Hannover (die spätere Königin von Griechenland).

Die Schule wurde gemäß den pädagogischen Theorien Kurt Hahns geführt, und obwohl ich damals viele dieser Theorien verwünschte und sie aus heutiger Sicht erst recht verurteile, hatten sie doch auch ihr Gutes, besonders was ihre Wirkung auf ein verzogenes und eigensinniges Kind wie mich betraf. Salem wollte seinen Schülern keinen Familienersatz bieten, sondern so etwas wie ein eigenes kleines Staatswesen, geformt im Wesentlichen nach dem von Plato vorgezeichneten Modell – einer der Tribute an die absolute Herrschaft der Klassiker an deutschen wie auch englischen Internatsschulen. Die sogenannten Helfer, die in die Internatsverwaltung eingebunden waren, wurden vom Leiter ernannt. Der ranghöchste mit einem Amt betraute Schüler war in Salem der sogenannte Wächter (der dem *phylax* bei Plato entsprach); weitere Ämter bekleideten die sogenannten Farbentragenden. Es war eine wohlgeordnete Gemeinschaft, genügsam, wie Plato sie sich vorgestellt hatte, mit einem Mann an der Spitze, der am besten weder Familie noch Vermögen besaß. Kurt Hahn war tatsächlich der Überzeugung, die moderne Familie sei nicht in der Lage, Kinder angemessen aufzuziehen: Die Väter seien zu beschäftigt, die Mütter zu wenig streng.

In der Unterstufe herrschte keine so rigide hierarchische Ordnung wie in Salem selbst – wir hatten hier keine Farbentragende und keinen Helfer. Es gab allerdings Schüler mit festgelegten Aufgaben, dazu für jeden Schlafsaal einen von der Verwaltung ernannten »Zimmerführer«. Dieses Amt bekleidete ich eine Zeitlang – es war das Höchste, das ich je in einem Internat erlangte. Die andere Funktion, die ich auf dem Hermannsberg innehatte, kam mir sehr gelegen: Es war die des Fingernagelinspektors vor den Mahlzeiten. (Denn solange ich die Nägel meiner männlichen und weiblichen Mitschüler inspizieren durfte, brauchte ich meine eigenen nicht sauber zu halten.) Diese Struktur trug nicht gerade demokratische Züge, wie sich auch an der für viele der »Ämter« gewählten Bezeichnung »Führer« ablesen ließ. Daher verwunderte es mich nicht, dass in den 1960er Jahren auch in Salem die Schüler gegen dieses Regime revoltierten und mehr Mitsprache in allen Belangen der Schule durch die gewählten Vertreter forderten.

Das Ziel des Internats Salem war das Heranziehen »soldatischer« Männer und Frauen, die jene Charaktereigenschaften verinnerlichen sollten, die Hahn für die wesentlichen hielt: Pflichtgefühl, moralische Festigkeit und tatkräftigen Mut, eiserne Selbstkontrolle, Initiative und Mitgefühl, demonstriert durch die Bereitschaft zur Hingabe an andere. Das sind durchweg lobenswerte Grundsätze, die sich nicht allzu sehr von denen an vergleichbaren englischen Schulen unterschieden, und Hahn wollte ja auch in Deutschland ähnliche Prinzipien durchsetzen, wie die Engländer sie nach seiner Überzeugung praktizierten. In der Praxis wurde jedoch die Disziplin zur eigentlichen Oberlehrerin – so erschien es mir wenigstens. Wir wurden gedrillt, Selbstdisziplin zu entwickeln und zu gehorchen. Die Charakterbildung, wie sie in Salem praktiziert wurde, schloss die individuelle Initiative aus. Was gefördert und produziert wurde, war die konformistische Aneignung der Tugenden, die Salem für die wichtigsten hielt. Konformität ist ein Bestandteil des Gemeinschaftsgefühls, das sich an jedem Internat entwickelt. In Salem wurde jedoch Wert auf eine vermeintlich freiwillige Konformität gelegt, die dann aber zum integralen Bestandteil der Persönlichkeit derjenigen werden sollte, die diese Schule durchlaufen hatten.

Das Leben richtete sich auf dem Hermannsberg, wie in allen Internaten, nach der Glocke. Ihr Läuten war das Signal zum Aufstehen, zum Schlafengehen, zum Essen, sie verkündete den Anfang und das Ende aller unserer Aktivitäten – immer bimmelte irgendeine Glocke. Das war an meiner späteren englischen Schule nicht anders als an meiner deutschen, und es war die von der Glocke induzierte Disziplin, die ich am meisten vermisste, als ich nach acht unter ihrer tyrannischen Herrschaft verlebten Jahren schließlich von der Schule abging. Zwar wurde und wird auch an den Instituten der Universität Cambridge, wie wir sehen werden, ein reglementierender Einfluss auf die Studenten ausgeübt, doch da es dort keine Glocke gab, kam es für mich zu einer unvermeidlichen Periode der Desorientierung. Der Takt, den die Glocke in Salem angab, bezog sich auf einige der äußeren Attribute der uns auferlegten Disziplin. Doch auch sonst fühlten wir uns dort ständig beobachtet und gefordert, unseren Charakter auszubilden. Wie mein Bruder während seiner unglücklichen Schulzeit in Salem einmal schrieb: »Von morgens bis abends lautet die Parole: ›Ihr müsst.‹«

Pünktlichkeit gehörte wesentlich mit zu dieser Disziplin, eigentlich eine erfreuliche Tugend, die jedoch in meinem späteren, zum größten Teil in den USA verbrachten Leben zu einem Handicap wurde. Wichtig war auch ein gepflegtes Äußeres. Das, wie es mir rückblickend vorkommt, geradezu zwanghaft häufige Inspizieren und Wienern der Schuhe war ein besonders quälendes Beispiel dafür. Wenn die Leiterin des Hermannsbergs, Fräulein Maria Köppen, uns eine besonders eindrucksvolle Lektion in Sachen Reinlichkeit erteilen wollte, erzählte sie uns von ihrem Besuch im Britischen Museum, wo sie zufällig miterlebt hatte, wie der berühmte Marmorfries aus dem antiken griechischen Parthenon-Tempel, Teil der Elgin Marbles, abgenommen und gereinigt worden war. Zu ihrem Entzücken und Erstaunen hatte sie dabei bemerkt, dass die Rückseite des Frieses, die normalerweise niemand zu sehen bekam, ebenso kunstvoll modelliert war wie die Vorderseite. Was sollte uns dies lehren? Dass man auch die Partien des eigenen Körpers und die Teile seiner Garderobe sauber halten müsse, die andere normalerweise nicht zu sehen bekommen, wie zum Beispiel die Unterwäsche. Fräulein Köppen war offenkundig eine sehr gebildete Person.

Der Begriff Disziplin umfasste in Salem freilich weitaus mehr als das, was für das reibungslose Funktionieren des Schulbetriebs erforderlich war. Unsere Erziehung zur Disziplin war bewusst wie ein Hindernislauf angelegt, bei dem wir gezwungen waren, viele unserer instinktiven Reaktionen, Angstimpulse oder Abneigungen zu überwinden, die in dem Versuch, unseren Charakter zu stählen, nicht geduldet wurden. Eine der bezeichnenden Maximen Kurt Hahns besagte, Jugendliche seien von Kräften des Bösen bedroht und müssten diese bekämpfen und besiegen. Eine solche Kraft des Bösen war seiner Überzeugung nach der Sexualtrieb, der zu jedem Zeitpunkt durchbrechen und die geistige Energie eines Knaben oder eines Mädchens vollständig aufzehren konnte.

Die Schulleitung richtete künstliche Hürden auf, um unsere Nehmerqualitäten zu testen – das miese Essen, das wir bekamen, gehörte sicherlich dazu. Wenn jeden Morgen angebrannter Milchbrei serviert wurde, konnte dies kein Versehen sein. Nach jeder Mahlzeit mussten unsere Teller wie geleckt aussehen, und bei Obst mussten selbstverständlich die Kerne mitgegessen werden. Bis heute esse ich, ob zu Hause oder im Restaurant, grundsätzlich meinen Teller leer, obwohl mir keine Strafe droht, wenn ich etwas übrig lasse, und selbst wenn ich mir meine Reste einpacken lassen könnte. Ein weiteres Beispiel der »Schikanen«, die auf dem Hermannsberg für unsere Disziplinierung eingesetzt wurden, kommt mir gern in den Sinn: Wir saßen beim Essen auf langen Bänken ohne Rückenlehne, und hin und wieder wurden lange Stangen hereingetragen und uns so zwischen Brust und Armen hindurchgeschoben, dass wir nicht anders konnten, als beim Essen kerzengerade zu sitzen – dies zu lernen, war der Zweck der

Übung. Diese Sitzhaltung gehörte sicherlich zum preußischen Kulturerbe; ich erinnere mich in diesem Zusammenhang an eine Geschichte, die in der Familie über unsere Urgroßmutter Lachmann erzählt wurde: Sie war stolz darauf gewesen, sich während der ganzen Dauer einer Kutschfahrt von Berlin nach Hamburg kein einziges Mal angelehnt zu haben.

Selbstüberwindung galt als überaus wichtiges Erziehungsziel. Als ich 1951 einen Ableger von Salem besuchte, der von meiner früheren Leiterin geführt wurde, und sie mich und meine amerikanischen Freunde zum Mittagessen einlud, kam es zu einem unverhofften Wiedersehen mit einem vertrauten Gericht, das ich gründlich vergessen und nie vermisst hatte; es war eine Art Brotpudding, den wir auf dem Hermannsberg »Himmel und Hölle« genannt hatten. Wie Fräulein Köppen mich – den mittlerweile Zweiunddreißigjährigen, den sie achtzehn Jahre lang nicht gesehen hatte – wissen ließ, wollte sie herausfinden, ob ich jetzt im Stande sei, dieses Gericht klaglos aufzuessen. Etwas anderes, das sie seinerzeit bemerkt und vielleicht mit etwas größerer Berechtigung moniert hatte, war mein Abscheu vor dem Anblick verkrüppelter Gliedmaßen. Prompt hatte sie dafür gesorgt, dass ich mehrere Nächte das Zimmer mit einem Mann teilen musste, der im Krieg ein Bein verloren hatte. Diese Übung sollte mir helfen, eine irrationale Phobie zu überwinden, bescherte mir aber stattdessen ein Trauma. Ich möchte freilich nicht den Hinweis versäumen, dass Fräulein Köppen sich den Nazis in keiner Weise anbiederte, nachdem sie zur Macht gekommen waren. Sie lehnte es ab, im Unterricht Hitlers *Mein Kampf* durchzunehmen und einen Treueid auf das Regime abzulegen. Sie musste sich daraufhin an eine zu Salem gehörende Teilschule in einem anderen Kreis versetzen lassen, um aus der Schusslinie der Parteiorganisation in dem Bezirk, zu dem der Hermannsberg gehörte, zu gelangen. Als halbwüchsige Schüler besaßen wir damals nicht den Überblick, um dieses aufrechte und unbeugsame Verhalten einer von

Protestantismus und Preußentum geprägten Persönlichkeit würdigen zu können – aus unserer Froschperspektive nahmen wir die Dinge anders wahr. Für mich zumindest war Fräulein Köppen eine angsteinflößende Person, deren wechselnde Launen auch alle meine Mitschüler sorgenvoll beobachteten. So hieß es beispielsweise, wenn sie ihr rotes Kleid mit goldener Schärpe trug, bedeute dies, dass sie in guter Stimmung sei. Es verrät einiges über das in Salem herrschende Klima, dass ich mich an dieses rote Kleid noch heute erinnere.

Was die Bestrafungsarten betraf, so ging es in Salem ganz traditionell zu, kein bisschen anders als in anderen deutschen Schulen auch. Körperliche Züchtigungen waren an der Tagesordnung; die Standardstrafe bestand darin, dass man dem Lehrer den Arm mit der ausgestreckten Handfläche nach oben hinstrecken musste und mit einem Lineal einen Hieb auf die Finger bekam, oder dass man am Haaransatz über dem Nacken gepackt und hochgezogen wurde. Dahinter steckte keine sadistische Absicht, es war einfach so üblich und wurde als normal empfunden. Andere Varianten von Strafe bestanden darin, dass man einen Hang hinauf und hinunter rennen oder Waldläufe unterschiedlicher Länge absolvieren musste. Es gab eine Strafe, die ich als Zimmerführer verhängen konnte: Der Delinquent musste im Schlafanzug mehrere Runden um das große Schulgebäude laufen, und zwar bei jedem Wetter. Eine solche Strafe drohte unter Umständen schon dem, der dabei ertappt wurde, dass seine Hausschuhe nicht so ordentlich vor dem Bett standen, wie es vorgeschrieben war. Als ich dreißig Jahre später in der 72. Straße in New York einem ehemaligen Zimmergenossen aus Salem über den Weg lief und er sich demonstrativ weigerte, mich zu grüßen, hatte ich dafür ein gewisses Verständnis.

Sport war in Salem überaus wichtig, wie in englischen Internaten auch – man ging davon aus, dass er die Disziplin und den Mannschaftsgeist förderte. Hahn kopierte jedoch das englische

Vorbild nicht so getreulich, wie er es zu tun vorgab; er verlieh dem Sportunterricht vielmehr einen Drall, der auf die Entwicklung soldatischer Tugenden hinzielte. In seinen Schriften bezeichnete er englische Sportarten als »Kampfspiele« – in Wirklichkeit hatte die Sportförderung an englischen Schulen zu keiner Zeit militärische Hintergedanken. Diesen Unterschied aufzuzeigen ist wichtig, weil er auf die Existenz eines nationalistisch-politischen Programms hindeutet. Unsere häufigsten Sportarten auf dem Hermannsberg waren Fußball und Netzspiele, die nach Überzeugung Hahns Geistesgegenwart, Initiative, Mut und körperliche Beweglichkeit voraussetzten. Gemessen daran, welche Bedeutung dem Sport für die charakterliche Entwicklung beigemessen wurde, war ich ein totaler Versager. Später in England freundete ich mich mit der schuleigenen Krankenschwester an und konnte mich so hin und wieder vom Sport beurlauben lassen. In Deutschland hatte ich keine solche gute Fee, abgesehen davon, dass die sportliche Ertüchtigung dort einen so hohen Stellenwert hatte, dass eine Entschuldigung nicht gewährt worden wäre.

Ähnlich wie der Sport, wurde auch die »Innung«, ein handwerklicher Unterricht, der zum Pflichtpensum gehörte, nicht als Selbstzweck betrieben, sondern damit wir Tugenden wie Genauigkeit und Geduld erlernten – notwendige Voraussetzungen für die Fähigkeit, später gute Arbeit zu leisten. Ich hatte keinen Spaß am Sport, war aber immerhin in der Lage mitzuspielen (wenngleich ich einmal an meiner englischen Schule mitten in einem Fußballmatch die Seiten verwechselte und einen Schuss auf das eigene Tor abgab). In der »Schreinerinnung« hingegen war ich ein hoffnungsloser Fall. Das zeigte sich an so einfachen Dingen wie etwa der Aufgabe, ein Brett glatt zu hobeln; ich hobelte so lange, bis von dem Brett fast nichts mehr übrig war. Ich bin sicher, dass auch hinter diesem Unterricht ein ideologischer Imperativ stand, wenngleich ich mir dessen damals wohl nicht bewusst war, nämlich die Absicht, uns Knaben Hochachtung vor dem Handwerker beizubringen, der im deutschen Nationalbewusstsein immer als Klischee für den idealen Stadtbürger gedient hat. Komplementär dazu sollten uns die landwirtschaftliche Arbeit und das Leben im unmittelbaren Kontakt mit der Natur das Gefühl für unsere lebensspendenden Wurzeln wiedergeben. Viele von uns waren schließlich durch und durch Stadtkinder und mussten davon erst gereinigt werden.

Diese praktischen Anwendungen der pädagogischen Theorien Kurt Hahns und seiner Schule erschienen mir damals als zwar beschwerlich, aber erträglich. Ich muss mich offenbar sogar ganz gut geschlagen haben, wurde ich doch alsbald nicht nur zum Zimmerführer ernannt, sondern hatte sogar, was weitaus wichtiger war, die Ehre, ein Exemplar des sogenannten Trainingsplans verliehen zu bekommen – ein untrügliches Indiz dafür, dass ich in den Augen der Schulleitung zu denen gehörte, die die Regeln, nach denen die Schule funktionierte, verstanden und akzeptiert hatten. Rückblickend gelange ich zu der Überzeugung, dass dieser Plan das beste pädagogische Werkzeug war, das der Hermannsberg zu bieten hatte, ein Werkzeug, das in meinen Augen vieles von dem wettmachte, was mich an den anderen Erziehungsmitteln störte, die die Schule für unsere Disziplinierung und Charakterbildung einsetzte. Alle Pflichten, die das schulische Leben mit sich brachte, waren hier tabellarisch aufgelistet: der morgendliche Waldlauf, das kalte Duschen, das Zähneputzen, die Hausaufgabenarbeit, die Zimmerreinigung, das Schuheputzen, einfach alles, was zu unserem Pensum gehörte. Aufgeführt waren aber auch alle erdenklichen verbotenen Unarten, wie Nägelkauen oder Selbstbefriedigung. Man machte uns Teenager zu unserer eigenen Polizei. Wenn man sein tägliches Pensum geschafft und den Versuchungen des Bösen widerstanden hatte, setzte man Pluszeichen in die betreffenden Kästchen, wenn nicht, Minuszeichen.

Ich spreche über den Trainingsplan so ausführlich, weil ich auf den bemerkenswerten Umstand hinweisen möchte, dass niemand (von wenigen Ausnahmen abgesehen, von denen ich viele Jahre später erfuhr) mogelte – das tat man einfach nicht, und dies obwohl der selbst geführte Trainingsplan einmal pro Woche von einem Lehrer durchgesehen wurde und zu viele Minuszeichen eine Bestrafung nach sich zogen. Wenn ich dies heute hinschreibe, in einer Zeit, in der, wo immer sich die Gelegenheit dafür bietet, betrogen und gelogen wird, erscheint es mir fast unvorstellbar, dass es einmal eine Zeit gegeben hat, in der Teenager sich an einen solchen Kodex der Ehrlichkeit und Selbstdisziplin gehalten haben. Gewiss werden an Schulen auch heute noch bestimmte Verhaltensregeln proklamiert, die sich jedoch in der Regel auf die Unterbindung von Betrügereien bei Prüfungen beschränken, den Unterrichtsalltag aber unberührt lassen.

Die Tatsache, dass es unter uns Schülern als Auszeichnung und Ehre galt, den Trainingsplan verliehen zu bekommen, förderte sicher die Bereitschaft zur Ehrlichkeit, doch scheint mir, dass auch das an der Schule herrschende Klima als Ganzes, mit seiner Ausrichtung auf Disziplin, moralischen Mut wie körperliche Tüchtigkeit einen wichtigen Beitrag dazu leistete. In der Volksschule hatte ich mich nicht gescheut zu mogeln – dabei war ich Hürden, wie das Internatsregime sie jetzt auf dem Weg zum Erwachsenwerden vor uns aufbaute, dort niemals begegnet. Auf dem Hermannsberg kam es mir einfach nicht in den Sinn, in den Trainingsplan falsche Angaben einzutragen oder auch nur ein Pluszeichen an eine Stelle zu setzen, wo ein Minuszeichen hingehörte, nicht einmal da, wo es um so verhasste Pflichten ging wie den morgendlichen Dauerlauf, das kalte Duschen oder die Leibesübungen. Hier fand eine wirksame Erziehung in Sachen Selbstdisziplin statt, für die ich der Schule immer dankbar geblieben bin.

Eine weitere Innovation lernte ich in Salem und auf dem Hermannsberg kennen, die ich unter der Rubrik meiner positiven

Erfahrungen verbuchen muss. Wie bereits angedeutet, handelte es sich um ein sowohl von Mädchen als auch Jungen besuchtes Internat, etwas, das im damaligen Deutschland sicher die Ausnahme war – bei staatlichen Schulen wäre das undenkbar gewesen. Man konnte hier als Junge heranwachsen, ohne dass zwangsläufig jene Komplikationen in der Sexualentwicklung auftraten, wie sie an reinen Knabenschulen die Regel sind. Der freundschaftliche und kameradschaftliche Umgang mit Mädchen war für uns selbstverständlich, ebenso wie das spielerische Flirten mit ihnen – für alles, was darüber hinausgegangen wäre, waren wir auf dem Hermannsberg noch zu jung. Die Mädchen hatten natürlich ihre eigenen Schlafsäle und Bäder, mit Ausnahme eines Badezimmers auf meinem Stockwerk, das zur Benutzung für beide Geschlechter vorgesehen war. Wer es als erster in Beschlag nahm, musste durch Aufhängen eines Schildchens kund tun, dass das Bad jetzt für Knaben bzw. Mädchen tabu war. Wie man sich unschwer vorstellen kann, vertauschten wir oft das Schild und platzten zu den nackten Mädchen hinein, die in gespieltem Entsetzen aufkreischten. Um nicht eine schwere Bestrafung zu riskieren, räumten wir schnell und unter herzlichem Gelächter beider Parteien das Feld. Solche Streiche kamen häufig vor, wie bei Jugendlichen nicht anders zu erwarten, und oft war ich der Rädelsführer.

Obwohl Salem eine gemischte Schule war, behandelte man uns Jungen anders als die Mädchen. Wir sollten »echte Männer« werden und eben keine »Schlappschwänze«, und ich erinnere mich nicht daran, mit unserer Disziplin- und Charaktererziehung jemals andere als auf Männlichkeit bezogene Vorstellungen verbunden zu haben. Aber auch Mädchen wurden zu Helfern ernannt, und die Disziplin- und Charaktererziehung galt für beide Geschlechter gleichermaßen. Im Großen und Ganzen blieb jedoch die konventionelle Rollenverteilung zwischen den Geschlechtern in Salem gewahrt, wenn auch mit bestimmten Modifizierungen.

Wie in allen Internaten dieser Welt, fanden auch in unserem Diskussionen über sexuelle Themen sehr häufig statt. Um sexuelle Erregung abzubauen, befriedigten wir uns regelmäßig selbst und oft auch gegenseitig. Das tat uns nicht gut, und zwar nicht weil das Masturbieren an sich schädlich gewesen wäre, sondern weil wir uns hatten einreden lassen, dass wir uns damit auf den Weg in unseren körperlichen und seelischen Ruin begeben würden. Ich jedenfalls quälte mich oft mit Schuldgefühlen herum. Gleichzeitig bedienten wir uns aber einer Sprache voller Begriffe, die mit Männlichkeit, Kraft und Wagemut zu tun hatten und eben nicht mit verwöhnten und verweichlichten Söhnchen.

Das Bestreben, die Sexualität der Heranwachsenden in Schach zu halten – ihren von Hahn so gefürchteten Durchbruch zu verhindern –, gehört zum heimlichen Auftrag aller Internatsschulen. Für Salem und den Hermannsberg galt das ganz genau so: Die morgendlichen Waldläufe, die kalten Duschen, das lückenlose Pensum an Aktivitäten ließen sich vor diesem Hintergrund deuten. Doch sie einzig und allein auf dieses Motiv zurückzuführen, würde dem Bestreben Hahns nicht gerecht, gefestigte Charaktere aus uns zu machen. Weder ich noch die anderen hatten damals das Gefühl, die Disziplin gelte in erster Linie unserer Sexualität. Wir waren vielmehr höchst beeindruckt von dem emphatischen Zusammenhang, den Hahn herstellte zwischen der großen Leidenschaft, die ein Junge besitzen musste, um ein wahrhafter Mann werden zu können, und der ebenso leidenschaftlichen Liebe zur deutschen Landschaft und Ehre. Dieses Konzept verband Patriotismus, Ehrlichkeit und sexuelle Reinheit mit Selbstdisziplin. Kurt Hahn hatte, von seiner Warte aus gesehen, nicht Unrecht, wenn er den tüchtigen, wohlproportionierten Sportler als ein passendes Idol für Jungen in unserem Alter betrachtete, als Symbol für die Ideale, zu denen wahrhafte Männer stehen sollten. Das Dumme war nur, dass diese Idiolatrie einen Jungen, der sich selbst hässlich fand und der für Sport nichts übrig hatte, sondern die Beschäftigung mit künstlerischen oder geistigen Dingen liebte (was die meisten Jungen seiner Altersgruppe für entschieden unmännlich hielten), für sein ganzes weiteres Leben traumatisieren konnte. Nach Überzeugung Kurt Hahns war ein wohlgeformter, schöner – männlicher – Körper ein wichtiges Indiz für einen starken Charakter. Ein Beispiel für die praktischen Auswirkungen dieser Vorstellung auf uns war die Vorschrift, die es uns Schülern untersagte, mehr als fünf Gläser Wasser pro Tag zu trinken; Hahn hatte irgendwo gelesen, wenn man mehr als diese Menge trinke, laufe man Gefahr, einen Bierbauch zu bekommen.

Von dem, was man damals einen perversen Sexualtrieb nannte, bemerkte ich zunächst nicht viel – dazu kam es erst in der anderen Atmosphäre meines englischen Internats, dann aber mit voller Wucht. Kurt Hahn selbst war ein Einzelgänger umgeben von Frauen, die ihn anbeteten und wichtige Funktionen in der Verwaltung seiner Schule innehatten, interessierte er sich doch hauptsächlich für seine männlichen Schüler. Das Idealbild, das er vom Salemer Zögling und seinem athletischen Körperbau zeichnete, macht dies wohl deutlich. Wir kamen jedoch niemals auf den Gedanken, dass er homosexuell sein könnte. Außerdem lebten wir damals noch nicht in einer Zeit, in der private Dinge in die Öffentlichkeit getragen werden und es kam nie auch nur zur Andeutung eines Skandals.

Da ich nicht gern Sport trieb, hätte ich wohl an jeder Internatsschule ein schweres Leben gehabt, aber gerade der Hermannsberg mit seiner Ausrichtung auf soldatische Tugenden hätte für mich zum Alptraum werden können. Und in der Tat erlebten künstlerisch veranlagte junge Männer wie mein älterer Bruder Salem genau als das. Ich erinnere mich indes nicht daran, auf dem Hermannsberg jemals verhöhnt oder angepöbelt worden zu sein. Das war umso erstaunlicher, als Jüdischsein und Reichsein eine Kombination ist, die oft negative Reaktionen hervorruft – und unsere Eltern machten aus unserer Wohlhabenheit nie einen

Hehl. Im Gegenteil spendierten sie der Schule oft irgendwelche Wohltaten, was mir jedes Mal peinlich war. Dass meine Mitschüler mich, anders als andere jüdische Jungen, akzeptierten und in Ruhe ließen, hatte vielleicht etwas mit meinem kämpferischen Naturell und meinem entschiedenen Auftreten zu tun. (An meinem Äußeren kann es jedenfalls nicht gelegen haben.)

Nichtsdestoweniger litt ich in beiden Internaten, die ich besuchte, an einem Minderwertigkeitskomplex und suchte mir meine Freunde gewöhnlich im Kreis der am wenigsten populären Mitschüler. Ich tat dies damals rein intuitiv, als sei es etwas Natürliches, und versuchte nicht, eine Erklärung dafür zu finden. Das Zeitalter der unaufhörlichen Selbstanalyse und der praktischen Populärpsychologie war noch nicht angebrochen. Im Rückblick kommt es mir jedoch so vor, als hätten sowohl ein Gefühl des Alleinseins als auch der bedrückende Einfluss eines sich in Deutschland immer offener artikulierenden Antisemitismus ihre Beiträge zu diesem Komplex geleistet. Es ist eine tragische Ironie, dass Minderheiten sich selbst häufig – und in der Regel eher unbewusst – am vorherrschenden Ideal messen, in diesem Fall am Ideal arischer Männlichkeit. Diesem konnte ich offenkundig nicht genügen.

Der Antisemitismus war etwas, das in der deutsch-vaterländischen Atmosphäre, die an unserer Schule herrschte und die in den Schlussjahren der Weimarer Republik von der Politik weiter angeheizt wurde, ständig in der Luft lag – trotz der Tatsache, dass Kurt Hahn selbst einer prominenten jüdischen Familie angehörte. Diejenigen meiner Mitschüler, die Juden waren und in dieser oder jener Beziehung dem uns eingehämmerten Klischee des Juden entsprachen, hatten zumindest auf dem Hermannsberg einen schweren Stand. Anders zu sein, sich in irgendeinem Merkmal von der Hauptströmung der Schüler eines Internats zu unterscheiden, heißt zum Objekt von Spott und Pöbeleien zu werden. Jungen können im Umgang miteinander grenzenlose Grausamkeit an den Tag legen, auch ohne jenen zusätzlichen Schuss Nationalismus, der in Salem in die Definition eines wehrhaften deutschen Mannes einfloss. Von uns jüdischen Jungen auf dem Hermannsberg gab, von einer einzigen Ausnahme abgesehen, keiner von sich aus sein Judentum zu, und der eine, der es tat, wurde drangsaliert und einmal sogar zum Zeichen dafür, dass man ihn für einen Feigling hielt, mit gelber Farbe bepinselt.

Ich musste nicht auf das Dritte Reich warten, um mir meines Jüdischseins bewusst zu werden und erste Schritte in Richtung auf das zu tun, was später in eine beständige Beschäftigung mit jüdischen Belangen münden sollte. Dass ich mit angesehen hatte, wie die anderen meinen jüdischen Mitschüler drangsalierten, und nicht den Mut aufbrachte, ihm zu Hilfe zu kommen, machte mir damals sehr zu schaffen und verstärkte meinen Minderwertigkeitskomplex, den ich erst im vollkommen anderen Klima der Universität Cambridge allmählich abzulegen vermochte. Die Atmosphäre, wie ich sie im Verlauf meiner gesamten Internatslaufbahn antraf, machte es mir nur allzu leicht, die Klischeevorstellungen über die Juden zu verinnerlichen.

Kurt Hahns Mutter, die auf dem Hermannsberg eine eigene Wohnung hatte, bekannte sich, anders als ihr Sohn, bewusst zu ihrem jüdischen Glauben. Hahn hatte dem Judentum schon vor Jahren abgeschworen; seine jüdische Herkunft wurde niemals erwähnt, außer von den Nazis, und später im Exil trat er zur anglikanischen Kirche über. Die ganze Aura der Schule war christlich und protestantisch, genau wie die Morgenandachten im Stammhaus, die im wunderschönen, barocken Salemer »Betsaal« stattfanden. Frau Hahn auf dem Hermannsberg beging hingegen die hohen jüdischen Feiertage und bestand darauf, dass die jüdischen Schüler und Schülerinnen an den Ritualen teilnahmen – sehr zu unserem Unbehagen, denn auf diese Weise wurden wir aus der Menge herausgehoben, und das hatten wir nicht gern. Ich habe oft darüber nachgedacht, dass ich keine wirkungsvollere Erziehung zur Konformität kenne als das Leben in einem solchen Internat, in dem die Schüler selbst, ob bewusst oder unbewusst, als ihre Wächter agieren. Zu den wichtigsten Zielen unserer Erzieher gehörte nicht nur die Bildung einer Elite, sondern auch die Verankerung sozialer Normen. Eines der die Konformität fördernden Elemente war die Schuluniform. Sie zu tragen, galt, wie die Verleihung des Trainingsplans, als eine Ehre, die Salem einem erwies; an meinem englischen Internat spielte die Schulmütze, die wir alle tragen mussten, eine ähnliche Rolle.

Der Kantor Manfred von Pourtalès, der in den Gottesdiensten an den jüdischen Feiertagen auf dem Hermannsberg mit seiner schönen Stimme sang, war kein Jude. Die Entwicklung, die er später nahm, hat, vor diesem Hintergrund betrachtet, eine ironische Pointe. Nachdem er eine Zeit lang die Gastfreundschaft und die finanzielle Unterstützung der Familie Hahn genossen hatte, schloss er sich, wie viele Absolventen der Schule, der SS an und war womöglich an den blutrünstigen Aktivitäten dieser Organisation beteiligt. Nach Kriegsende übte er Buße, indem er als Mönch in ein Kloster eintrat – nicht gerade ein typischer Lebenslauf, nicht einmal für jene turbulenten Zeiten.

Die Auswirkungen der Niederlage Deutschlands im Ersten Weltkrieg auf Salem waren nach wie vor spürbar; als ich in die Schule eintrat, lag der Abschluss des Versailler Vertrages immerhin erst zehn Jahre zurück. Mit seiner Erziehung zu Disziplin und Charakter wollte Hahn junge Deutsche heranziehen, die genug Härte besaßen, um die demütigenden Bedingungen dieses Friedensvertrages wettmachen zu können. Bei der Rekrutierung von Administratoren für die Schule und von Exkursionsführern für die Schüler bevorzugte Hahn ehemalige Offiziere. Die Schule bemühte sich, in jeder Jahrgangsklasse ein paar Plätze freizuhalten und kostenlos an Söhne und Töchter von Offizieren und Lokalgrößen abzugeben, hin und wieder auch an andere. So war einer meiner besten Freunde ein unehelicher Sohn der namhaften sozialdemokratischen Reichstagsabgeordneten Louise Schröder. Das war jedoch die ganz große Ausnahme; an einen vergleichbaren Fall kann ich mich nicht erinnern. Salem hatte sich zu diesem Zeitpunkt bereits den nicht ganz unverdienten Ruf erworben, ein Internat für Fürstenkinder zu sein.

Das politische Klima, in dem das schulische Leben sich entfaltete, war entschieden deutschnational geprägt, d. h. man stand der rechtsorientierten Deutschnationalen Volkspartei nahe. Eine Erziehung im Sinne der Demokratie gab es nur insofern, als Selbstdisziplin, Pflichtbewusstsein und vielleicht auch die sogenannte Männlichkeit Tugenden waren, die auch einem funktionierenden parlamentarischen Regierungssystem hätten zugute kommen können. Es war jedoch unübersehbar, dass in Salem dem Wilhelminischen Deutschland nachgetrauert wurde, wenn auch vielleicht nicht so sehr um seiner äußeren Insignien willen als wegen der gesellschaftlichen Vorzüge, die Kurt Hahn ihm attestierte: der Effizienz des Systems, der allgemeinen »Zucht« und der vorbildlichen Ordnung, die damals im privaten und öffentlichen Leben angeblich geherrscht hatte. Die Fähigkeit zum »Führen« wurde betont. Es sollte eine Aristokratie herangezogen werden, die nicht auf dem Zufall der Geburt beruhte, sondern auf dem Charakter, eine Elite, die nach Überzeugung Hahns jeder Staat als Treibmittel brauchte.

Einer Elite anzugehören und damit ein zum Führen Befähigter zu sein, brachte allerdings auch Verpflichtungen mit sich, zum einen die unbedingte Pflicht zur Ehrlichkeit und Selbstdisziplin, wie sie an unserer Schule gelehrt wurde, vor allem aber die Verpflichtung, Mut zu zeigen – nicht soldatischen Kampfesmut (der wurde als selbstverständlich vorausgesetzt), sondern den Mut, für das einzustehen, was man als richtig erachtete. »Zivilcourage«, wozu auch der Mut gehörte, Unrecht anzuprangern, war die Tugend, die an dieser Schule mehr als jede andere beschworen wurde. Das verhinderte nicht, dass sich dreihundert unserer Absolventen der Hitlerjugend, der SA und der SS (die sich selbst als elitäre Organisation verstand) anschlossen, möglicherweise in der Überzeugung, sie bewiesen Mut, indem sie die nationalistische Sache unterstützten.

Einige unserer Lehrer scherten aus dem nationalistischen Konsens aus. Mit Vergnügen erinnere ich mich bis heute an die Unterrichtsstunden bei Gertrud Kupfer, unserer Deutschlehrerin, die mit uns Lessings Drama über Toleranz und jüdische Gleichberechtigung, *Nathan der Weise*, las und durchdiskutierte – eine der wenigen denkwürdigen intellektuellen Erfahrungen, die ich aus dieser Schule mitnahm. Man hat mir versichert, es habe in Salem etliche Lehrer gegeben, die sich bemüht hätten, ihren Schülern Toleranz und demokratische Grundsätze nahe zu bringen, doch ich habe meine Zweifel, ob dies die vorherrschende Tendenz war. Ich brauchte jedenfalls lange, um mich von einigen tief verwurzelten Vorurteilen gegen die Franzosen und die Polen zu befreien, die ich mir nicht zu Hause, sondern in der Schule zugelegt hatte.

Der herannahende Sturm warf seinen Schatten über meine Schulzeit. In meiner Erinnerung sehe ich die brennenden Hakenkreuze auf den Hügeln rund um den Hermannsberg, feurige Symbole des Rassenhasses, dessen Gift, auch wenn unsere Schule es auszusperren versuchte, so sehr zum Bestandteil des täglichen Lebens geworden war, dass es bereits den Wortschatz meiner Mitschüler durchdrang und den in der Luft liegenden Antisemitismus verschärfte. Das sogenannte jüdische Problem spukte in diesen Jahren in allen Köpfen – wie hätte es um unsere Schule einen Bogen machen können? Das blonde Mädchen, zu dem ich auf dem Hermannsberg die engste Beziehung hatte, riet mir oft genug, nach Jerusalem »zurückzukehren«, und dies trotz der Tatsache, dass sie im Sommer mehrmals zu uns nach Schenkendorf zu Besuch kam.

In welch stürmischen Zeiten wir lebten, wurde mir auch noch auf andere Weise, und auf einer ganz persönlichen Ebene, demonstriert. Eines Abends Ende 1932 – noch vor dem endgültigen Triumph der Nazis – erschien unvermittelt mein Vater in der Schule, begleitet von einer Dame, die später meine Stiefmutter werden sollte und deren Sohn ebenfalls in Salem war. Vor Freude und Überraschung warf ich mich zu Boden – unter der Decke der von der Schule erzwungenen Disziplin schwelte immer noch das Heimweh. Mein Vater erklärte, er habe eine vorläufige Zuflucht in Salems berühmtem Gasthaus »Der Schwan« gesucht, weil der als Stadtkommandant von Berlin amtierende General unter Berufung auf die in Kraft gesetzten Notverordnungen das Erscheinen unserer Zeitungen bis auf weiteres untersagt hatte und Berlin offenkundig ein zu gefährliches Pflaster geworden war. Er sagte nichts von den Demonstrationen gegen uns, den Parolen, die uns als typische Vertreter der sogenannten jüdischen Presse hinstellten. Meine Mutter war auf eine ihrer mittlerweile zahlreichen Auslandsreisen gegangen, mit denen sie jetzt offenbar einen großen Teil ihrer Zeit ausfüllte. In der Folge kam es noch mehrere Male zu solchen überraschenden Besuchen.

Dennoch war ich noch nicht über Gebühr beunruhigt. Wir waren weit weg von dem, was in der Welt um uns herum passierte – wir lasen keine Zeitungen und hatten kein Radio. Das Leben in unserem streng reglementierten »Schulstaat« ähnelte in der Tat dem Dasein auf einer Insel inmitten eines sturmgepeitschten Meers, ein Umstand, der später den Übergang in die reale Welt ziemlich erschwerte.

Wie bezeichnend für die deutschnationale Einstellung unserer Schule war es doch, dass Hahn selbst sich erst im August 1932 der Gefährlichkeit des Nationalsozialismus bewusst wurde. Damals – die Weimarer Republik sollte nur noch rund fünf Monate existieren – verkündete Hitler in einem Telegramm seine Solidarität mit seinen »Genossen«, den SA-Männern, die in dem schlesischen Dorf Potempa (Beuthen) einen kommunistischen Arbeiter vor den Augen seiner Mutter brutal zu Tode getrampelt hatten. Nach

Überzeugung Hahns hatte der Mord von Potempa die Ehre des deutschen Volkes besudelt und eine Ernennung Hitlers zum Reichskanzler endgültig undenkbar gemacht. Mit dieser Reaktion unterstrich er einmal mehr die Grundsätze seiner Schule: Hitler hatte die »Ehre« Deutschlands beschmutzt, indem er ein so brutales politisches Verbrechen gutgeheißen hatte. Er hatte damit die Ideale der Ehrlichkeit und des sauberen Kampfes verletzt, für die die Schule und das deutsche Offizierskorps angeblich standen. Gemessen an all dem, was die Nazis bis dahin schon getan hatten, erinnerte diese Reaktion ein wenig an die trotzige Erklärung unserer Schulleiterin auf dem Hermannsberg, sie werde Hitlers *Mein Kampf* nicht durchnehmen, weil es in schlechtem Deutsch geschrieben sei.

Die Umstände meines endgültigen Abschieds vom Hermannsberg Anfang März 1933 zeigten ein weiteres Mal, wie weit die Schule von der Realität des neuen Deutschland, dessen Zeit jetzt anbrach, entfernt war. Hitler wurde am 30. Januar 1933 Reichskanzler und entfesselte sogleich eine Einschüchterungskampagne, die einen vorläufigen Höhepunkt erreichte, als in der Nacht zum 28. Februar das Reichstagsgebäude niederbrannte, für die Nazis eine willkommene Gelegenheit, ihre politischen Feinde ein für alle Mal zum Schweigen zu bringen und in Deutschland die Hitler-Diktatur zu etablieren. Kurze Zeit später verließen meine Mutter und meine Geschwister unter dem Eindruck der gewalttätigen antisemitischen Demonstrationen in Berlin das Land. Schon vorher war meine Mutter während eines Besuchs in Salem bei einem Spaziergang durch die Straßen von Friedrichshafen als »Judenhure« beschimpft worden. Mein Vater hatte schon länger die Befürchtung gehegt, irgendwelche Verbrecher könnten meine Schwester entführen und Lösegeld für sie erpressen, und hatte deshalb in ihrem Schlafzimmer und ihrem Bad eine ausgeklügelte Alarmanlage mit Direktverbindung zur Polizei installieren lassen. Mir imponierte die Anlage nicht besonders, und so löste ich eines Tages, als meine Schwester ein Bad nahm, Alarm aus, mit der Folge, dass ein Einsatzkommando der Polizei die Treppe herauf und in Hildes Badezimmer gestürmt kam. Ich glaube nicht, dass die Befürchtungen meines Vaters grundlos waren. Es ist jedoch bezeichnend, dass offenbar niemand an die Möglichkeit dachte, dass mein Bruder oder ich entführt werden könnten. Man ging einfach davon aus, dass Entführer sich an das »schwächere Geschlecht« halten würden, wobei in Wirklichkeit doch Hilde das stärkste Mitglied unserer Familie war. Mein Vater setzte sich im März 1933 nach Paris ab, nachdem man ihn unsanft aus seinem eigenen Verlag hinausgeworfen hatte. Diejenigen, die jetzt das Verlagsgebäude in Beschlag genommen hatten, waren von ganz anderem Schlag als die Spartakisten, mit denen mein Vater Anfang 1919 vergleichsweise zwanglos verhandelt hatte. Was mich betraf, so blieb ich erst einmal auf dem Hermannsberg, zu einem Spielball des Schicksals geworden.

Bald nach ihrer Machtergreifung hatten die Nazis begonnen, die Bewegungsfreiheit der Juden einzuschränken. Einer der Termine, die mich betrafen, war der 31. März 1933. Am 1. April traten weitergehende antijüdische Rechtsvorschriften in Kraft. Die »Arisierung« jüdischer Firmen nahm von diesem Tag an offiziell ihren Lauf, und in einigen deutschen Ländern mussten alle Juden zu diesem Zeitpunkt ihre Reisepässe bei der Polizei abliefern. Das bedeutete, dass ich bis Mitternacht des 31. März Zeit hatte, um aus Deutschland zu verschwinden.

Die Frist, die mir bis zur Ausreise noch blieb, wurde kürzer und kürzer, und hätte ich sie verstreichen lassen, wäre ich den Nazis als wertvolle Geisel in die Hände gefallen, und meine Eltern wären erpressbar geworden und hätten womöglich unsere wichtigen Auslandsimmobilien, die Sitze der europäischen Zweigstellen unserer Werbeagentur, die bis dahin dem Zugriff der Nazis entzogen gewesen waren, dem deutschen Staat überschreiben müssen. Außerdem hätten sie womöglich meinen Vater durch

Erpressung so weit gebracht, dass er seinen Namen für die Gleich-
schaltung seiner Zeitungen hergegeben und sein Wissen über
den Reichstagsbrand bei sich behalten hätte – ein Wissen, das er
als Zeitungsmogul zumindest nach Überzeugung Görings haben
musste. Ich wäre vielleicht in einem Konzentrationslager gelan-
det, und dieses Erinnerungsbuch wäre wahrscheinlich nie geschrieben worden.

Weshalb war ich nicht schon lange vorher ausgereist? Zum
einen warteten meine Eltern buchstäblich bis zur letzten Minute,
ehe sie mich aufforderten, mich ihnen anzuschließen. Aber entscheidend war ein anderer Begleitumstand: Ich hatte, wie so
häufig, ein paar Unterrichtsstunden geschwänzt und dazu noch
schlechtes Betragen gezeigt, mit der Folge, dass ich an dem betreffenden Tag nach Unterrichtsende im Klassenzimmer bleiben
und einen Strafaufsatz schreiben musste. In ihrer Verzweiflung
riefen meine Eltern bei der Rektorin an, doch die war unnach-
sichtig: Die Strafarbeit musste gemacht werden, und außerdem
waren es noch ein paar Wochen bis zum Schuljahresende. Die
Pflicht stand an erster Stelle, wenn aus einem ungezogenen Jungen ein verantwortungsbewusster Staatsbürger werden sollte –
Charaktererziehung am Rande des Abgrunds. Kein böser Wille
war hier im Spiel, im Gegenteil: Man handelte in bester Absicht,
unter vollständiger Ausblendung der politischen Lage. Das Hitler-
Regime betrachtete man einfach nur als eine weitere normale, an
Recht und Gesetz gebundene Regierung.

In meiner Hermannsberger Enklave hatte ich bestenfalls eine
ungefähre Ahnung davon, um welchen Einsatz es ging. Noch hatten die Nazis das Stammhaus nicht dicht gemacht, noch war
Hahn nicht verhaftet, noch hatten die neuen Machthaber nicht
gezeigt, wozu sie im Stande waren. Dabei war die Gefährlichkeit
der Situation eigentlich nicht zu übersehen, zumindest soweit es
meine Familie betraf. Mit meinem lange bewahrten Gleichmut
war es schlagartig vorbei, als ich endlich meine Koffer packte, nur

wenige Stunden vor Ablauf der mir verbleibenden Frist um Mitternacht desselben Abends. In diesen Stunden begegnete mir die Politik zum ersten, aber keineswegs letzten Mal, nicht bloß in abstrakter Form, sondern als eine sehr persönliche Bedrohung.

Um auf dem schnellsten Weg aus Deutschland wegzukommen, brauchte ich nur die Fähre zu nehmen, die von der deutschen auf die schweizerische Seite des Bodensees übersetzte. Auf beiden Seiten der letzten Wegstrecke zur Fähre standen uniformierte SA-Männer Spalier und kontrollierten die Papiere derjenigen, die an Bord gingen. Als ich an die Reihe kam, wurde mir mein Pass abgenommen; man registrierte meinen Namen, tauschte bedeutungsvolle Blicke aus, und dann wanderte der Pass von einem SA-Mann zum nächsten, die ganze Reihe durch. Ich muss eine panische Angst gehabt haben, doch so sehr ich mich bemühe, mehr als eine vage Erinnerung daran, welche Gefühle mich in diesem dramatischen Augenblick beseelten, bringe ich nicht zustande – dabei steht mir die Situation selbst so klar vor Augen, als habe sie sich erst gestern zugetragen. Ich muss mich wohl in einem Schockzustand befunden haben, der als Trauma in mein Gedächtnis eingraviert ist. Da ich aber zugleich das ungeduldige Verlangen hatte, endlich einmal Paris kennen zu lernen, könnte es sein, dass sich Schock und Wunschdenken zu einer Art Trancezustand addierten, der dem Erlebnis einen schlafwandlerischen Charakter verlieh.

Entgegen meiner Erwartung – ich rechnete fest damit, angehalten und in Gewahrsam genommen zu werden – ließen mich die SA-Leute aufs Schiff, es war die letzte Fähre, die vor Mitternacht ablegte. Weshalb mir die Ausreise gestattet wurde, obwohl die SA-Männer meinen Namen offensichtlich erkannten, glaubte ich damals und glaube es auch heute zu wissen. Es wäre ihnen sicherlich ein Leichtes gewesen, mich unter einem Vorwand bis nach dem Auslaufen der Fähre festzuhalten (eine Viertelstunde hätte dafür, soweit ich mich erinnere, ausgereicht). Was mich davor bewahrte, war die oft verspottete Gewissenhaftigkeit und Vorschriftengläubigkeit der Deutschen: Das neue Recht trat um null Uhr in Kraft, und null Uhr bedeutete null Uhr und nicht 23 Uhr.

So tief sich diese Episode in mein Gedächtnis eingebrannt hat, so schnell verflog damals meine Panik und machte freudiger Erwartung Platz. Ich war auf dem Weg zu meinem ersten Besuch in der französischen Hauptstadt, wo ich meine Familie wiedersehen würde. Man kann sich kaum vorstellen, was Paris für einen jüdischen Jungen bedeutete, dem die Bewunderung für Frankreich mit der Muttermilch eingeflößt worden und der mit schwärmerischen Berichten über den Glanz und die Schönheit der französischen Hauptstadt aufgewachsen war. Französisch war meine erste Fremdsprache gewesen, und nachdem ich inzwischen auch erfahren hatte, dass das Land nicht mehr von einem König regiert wurde, konnte ich mich seiner Tradition der Toleranz noch enger verbunden fühlen. Die Vorfreude auf Paris war sicherlich mit ein Grund dafür, dass ich während der Überfahrt in die Schweiz und auf der Weiterreise so ruhig und gefasst war – mit meinen Gedanken weilte ich bereits am Seineufer. Es war mir zu dem Zeitpunkt nicht bewusst, dass ich mit meiner Ausreise zum Exilanten geworden war – wie hätte ich dies auch wissen sollen, da sich doch alle meine älteren Bezugspersonen darin einig waren, das Hitler-Regime werde nicht einmal den nächsten Winter überstehen. Tatsächlich markiert diese Überfahrt über den Bodensee die Zäsur, die mein Leben in zwei weitgehend separate Abschnitte zerschnitten hat: Der erste Abschnitt, der meine ersten vierzehn Lebensjahre umfasst und bis zu dieser Fahrt über den Bodensee reicht, ist in meiner Erinnerung so weit nach hinten gerutscht, dass ich, als ich schließlich viele Jahrzehnte später die Schauplätze meiner Kindheit wieder besuchte, nichts empfand, das intensiver gewesen wäre als meine Liebe zum schwäbischen Barock und zur Landschaft um Salem herum, die ich, wie bereits bemerkt, bis zum heutigen Tag als »meine Landschaft« empfinde.

Dennoch haben mich die wenigen Jahre auf dem Hermannsberg stärker geprägt, als ich es damals ahnen konnte. An dem verwöhnten Sprössling, der ich war, war diese harte Schule der Charakterbildung nicht spurlos vorbei gegangen. Sie hatte ihm geholfen, Rückgrat zu entwickeln, wenn auch in Verbindung mit einer gewissen Starrheit, was Dinge wie Pünktlichkeit, Effizienz und Ordnung betraf, und einer gewissen Unfähigkeit, schludrige Leute zu tolerieren. Mit ihrem Bemühen, die Lust an der sportlichen Betätigung zu wecken, hatte die Schule das Gegenteil ihrer guten Absicht bewirkt. Was sie mir hingegen vermittelt hatte, war ein erster Vorgeschmack auf den Nationalismus, für den ich damals durchaus nicht unempfänglich war. So gesehen bestand die Gefahr, mir in Salem eine Weltanschauung anzueignen, an der es mir bis dahin gemangelt hatte.

Die Schule war ganz und gar nicht nazistisch, aber dafür durch und durch nationalistisch: Die deutsche »Ehre« musste wiederhergestellt und verteidigt werden. Kurt Hahn wurde von den Nazis verhaftet und kurze Zeit festgehalten, wobei seine jüdische Herkunft der ausschlaggebende Faktor war. Er floh anschließend nach England und Schottland und baute im schottischen Gordonstoun eine neue Internatsschule auf. In Salem ging der Internatsbetrieb weiter, weil nach Hahn neue Rektoren kamen, die sich mit den Nazis arrangierten und weil, was vielleicht ebenso wichtig war, das Regime erkannte, dass man aus Salem-Absolventen gute Offiziere machen konnte. Dass viele Ex-Salemer in die SS eintraten, erscheint mir nicht allzu verwunderlich, bedenkt man, dass diese Organisation für sich in Anspruch nahm, die neue deutsche Elite zu verkörpern, und dass dieselben Tugenden, die Salem hoch hielt, auch von der SS propagiert wurden. Dass diese soldatischen Tugenden auch mörderischen Absichten dienstbar gemacht werden könnten, war etwas, das sich wohl keiner, der in der Tradition von Salem stand, vorstellen konnte, lief es doch allem zuwider, was man dort unter der deutschen Ehre verstand.

In den Jahren, die ich auf dem Hermannsberg zubrachte, kam ich mit dem, was man als militaristisches Gedankengut bezeichnet, zu keiner Zeit in Kontakt. An den Kriegsspielen hatten wir unseren Spaß, die Söhne berühmter Generäle und Helden des Ersten Weltkrieges gehörten zum lebenden Inventar der Schule, ebenso wie die Geschichten und Legenden aus der deutschen Vergangenheit zu ihrem literarischen Inventar gehörten. Auf dem Hermannsberg war man der Geschichte ebenso nahe wie der Natur. Als ich später als Historiker über den deutschen Nationalismus schrieb, tat ich es als einer, der aus eigener Erfahrung etwas vom verführerischen Zauber dieser Ideologie wusste.

Der Kontrast zwischen dem Hermannsberg und meinem englischen Internat war groß, und dies trotz der Tatsache, dass die beiden Schulen sich von der Struktur her ähnelten. Ich selbst war natürlich auch ein reiferer Mensch geworden, der seine Umgebung mit kritischeren Augen sah und an politischen Dingen Anteil nahm, zumal mein eigenes Schicksal jetzt in der Hand der Politik zu liegen schien. Wenn man in diesem Alter ein Exildasein beginnt, ist es vielleicht nur normal, dass man schneller reift und eine geschärfte Wahrnehmung entwickelt. Ich glaube, dass der Weggang aus Deutschland eines der einschneidendsten Ereignisse meines langen Lebens war, eines neuen Lebens, aus dem niemals mehr ein Weg zurück ins alte führen sollte.

Kapitel 5

Erfahrungen im Exil

Fünfzehn Jahre sollten vergehen, bis ich Deutschland wiedersah. Ich war knapp fünfzehn, als ich das Land verließ, und dreißig, als ich meinen Fuß erstmals wieder auf deutschen Boden setzte, doch lag für mich eine ganze Welt zwischen diesen beiden Eckdaten, und so empfand ich auch keine Wehmut und hatte keine intensiven Gefühlsregungen, als ich die Schauplätze meiner Kindheit wiedersah, auch Schenkendorf, wo ich so viele glückliche Tage verlebt hatte. Das hatte zweifellos damit zu tun, dass ich in so jungen Jahren weggegangen war und dass die entscheidende Phase meines Heranwachsens, so sehe ich es jedenfalls, eigentlich außerhalb Deutschlands stattgefunden hatte. Da ich gleich zu Beginn des Dritten Reiches aus Deutschland wegging, bekam ich die Entrechtung und Unterdrückung nicht unmittelbar zu spüren, mit der die jüdischen Kinder meiner Generation im neuen Deutschland konfrontiert wurden. Hierin lag zweifellos der Hauptgrund für meine unsentimentale Einstellung zu dem Deutschland, das ich nach dem Krieg vorfand, eine Einstellung, die mich später befähigte, auf der Suche nach Material zu meinen historischen Arbeiten auch mit Leuten umzugehen, die überzeugte Nationalsozialisten gewesen waren.

Das Ende unserer wirtschaftlichen Existenz in Deutschland zeitigte anhaltende Nachwirkungen, und ich werde in diesem Buch häufig genug Anlass haben, darauf zurückzukommen. Wie es zuging, dass wir unser Verlagsimperium einbüßten, war für mich zunächst schwer zu begreifen, und ich bemühte mich auch gar nicht darum, weil es mir zu der Zeit herzlich gleichgültig war.

Doch dann kamen, nach dem Untergang des Dritten Reichs, alle möglichen bösartigen Gerüchte über die Rolle meines Vaters in diesem Prozess in Umlauf, und einige der Autoren, die Bücher zu dem Thema veröffentlichten, waren sich nicht zu schade, sämtliche Gerüchte, die jemals in Berliner Journalistenkreisen kursiert hatten, noch einmal aufzuwärmen. Das veranlasste mich dazu, die betreffenden Vorgänge wissenschaftlich zu rekonstruieren und vorliegende Falschdarstellungen zu korrigieren. Dabei gewann ich oft den Eindruck, dass die Verfasser dieser Darstellungen dort weitergemacht hatten, wo die NS-Presse aufgehört hatte.

Die mangelnde Menschenkenntnis meines Vaters war seine vielleicht größte Schwäche, und wir hatten auch noch im Exil unter ihr zu leiden. Ich war elf Jahre alt und bekam daher nur ungefähr mit, dass Vater 1930 einen Mann namens Karl Vetter, der für den Verlag früher als Redakteur und danach als PR-Mann gearbeitet hatte, zum Verlagsleiter des Berliner Hauses machte. In unseren Augen war Vetter so etwas wie ein teuflisches Genie; er war zweifellos ehrgeizig und ziemlich opportunistisch. Dass mein Vater etwas später einen Syndikus für das Verlagshaus einstellte, hatte für mich wesentlich direktere Folgen, denn dieser Mann ging später mit uns ins Exil, wurde zu einem Freund der Familie und vertrat uns in den Verfahren um die Rückerstattung unserer deutschen Vermögenswerte nach Kriegsende. Ludwig Levy war ein entfernter Verwandter und guter Freund meiner Stiefmutter, die ihn auch meinem Vater empfohlen hatte. Ich gestehe, dass ich ihn mochte und ihm nach dem Krieg mein Vertrauen schenkte, wenn auch eher aus Trägheit als aufgrund einer Beurteilung seines Charakters. Lange bevor man überhaupt an eine Wiedergutmachung denken konnte, hatte Levy mir anvertraut, wie sehr er meinen Vater verachtete, weil dieser ihm irgendeine Kränkung zugefügt hatte; dass hätte für mich schon Grund genug sein müssen, die Familie zu warnen. Ich wusste natürlich um die Gewichtigkeit unserer erheblichen Rückerstattungsansprüche, habe es jedoch immer verstanden, mich auf meine eigene Arbeit zu konzentrieren und alles andere als im Grunde uninteressant beiseite zu schieben. Außerdem scheine ich von meinem Vater die Neigung geerbt zu haben, vor schmerzhafter Realität die Augen zu verschließen und Auseinandersetzungen auszuweichen, die sich als unangenehm erweisen könnten.

Im Endeffekt war mein Bruder der einzige, der die Familie vor Ludwig Levy gewarnt hatte, und tatsächlich mussten wir später feststellen, dass der Mann im Zuge fragwürdiger Immobilientransaktionen erhebliche Geldsummen für sich abgezweigt hatte. Er hatte sich während der Verhandlungen, die er als unser Bevollmächtigter führte, auch von unseren Gegenspielern bezahlen lassen.

Was unsere Position in dem Wiedergutmachungsverfahren anfänglich schwächte, waren Mutmaßungen über die wirtschaftlichen Schwierigkeiten, in die der Verlag infolge der Weltwirtschaftskrise und des Aufstiegs einer politischen und rassistischen Rechten geraten war, deren Zeitungen sich in der Presselandschaft breit machten. Doch als es dann zu den ersten Urteilen deutscher Nachkriegsgerichte kam, wurde in den Urteilsbegründungen wiederholt festgestellt, dass es 1933 unter allen Umständen unmöglich gewesen wäre, die von den Nazis mit aller Macht betriebene Übereignung des Verlages zu verhindern – die NS-Machthaber hätten schließlich vor keiner Zwangsmaßnahme zurückgeschreckt, um die Familie Lachmann-Mosse zur Aufgabe zu bewegen, weil in ihren Augen gerade die Mosse-Zeitungen Musterbeispiele der verhassten »jüdischen Presse« waren.

Die formelle Übereignung fand am 21. März 1933 statt, als Wilhelm Ohst von den Nazis als »treuhänderischer Verwalter« der Firma eingesetzt wurde. Es sollte eine kurze Regentschaft werden. Wie schon weiter oben berichtet, zwang Ohst meinen Vater mit vorgehaltenem Revolver, seine Anteile am Verlag einer Stiftung zu übertragen, die mit ihren Erträgen angeblich Weltkriegsveteranen unterstützte. In Wirklichkeit diente diese Stiftung als Deckmantel für eine Übernahme, die darauf abzielte, die Mosse-Zeitungen in das im Aufbau begriffene Verlagsimperium der NSDAP einzugliedern. Wilhelm Ohst war das Werkzeug dieser Enteignung, doch ihr Dirigent war Max Winkler. Dieser Finanzexperte der NSDAP zeichnete für die Enteignung einer großen Zahl deutscher Zeitungen und Verlagshäuser verantwortlich, die er durch rechtliche Winkelzüge aller Art, auf dem Umweg über eigens dafür gegründete Stiftungen oder Treuhandgesellschaften, in den Besitz des Staates oder der Partei brachte. Er ging dabei offenbar immer nach dem gleichen Schema vor. Nie suchten die Nazis den »sauberen Kampf«; sie bedienten sich immer betrügerischer Mittel, um ihren Raubzügen den Anschein ordentlicher kaufmännischer Transaktionen zu verleihen und alle Welt zu täuschen.

Nach der Übernahme der Mosse-Zeitungen machten die Nazis Paul Scheffer, einen früheren Russland-Korrespondenten des *Berliner Tageblatts*, zu dessen Chefredakteur. War Wilhelm Ohst eine zwielichtige Figur, so galt dies für Paul Scheffer ebenso. Mitten im Krieg tauchte er in den Vereinigten Staaten auf, und ich erinnere mich, dass das FBI sich bei meinem Vater nach seiner Vergangenheit erkundigte – umwälzende Ereignisse spülen in der Regel fragwürdige Charaktere nach oben. Was das *Tageblatt* betraf, so hielten die Nazis den äußeren Anschein der Rechtmäßigkeit noch eine Weile aufrecht, bis sie die Zeitung 1936 einstellten, womit auch die Firma zu bestehen aufhörte[7].

Dieses verschleppte Ende führte zu Auseinandersetzungen innerhalb der Familie, und obwohl ich selbst für keine Seite Partei ergriff, bekam ich die Spannungen indirekt zu spüren. Meine Schwester war der Meinung, Vater habe es an dem nötigen Kampfesmut fehlen lassen, und mein Bruder warf ihm vor, kein unternehmerisches Gespür zu besitzen und das Erbe unserer Mutter vertan zu haben. Wie mein Vater später, in einem 1937 geschriebenen Brief, offenbarte, trafen ihn diese Anschuldigungen aus dem Mund eines jungen Mannes, der in seinen Augen noch ein Grünschnabel war – mein Bruder war damals vierundzwanzig Jahre alt – ins Mark. Es sei schließlich, fuhr er fort, nicht seine Schuld, dass die Nazis ihn als einen ihrer gefährlichsten Widersacher betrachtet hatten und dass er daher einer der Ersten gewesen war, der die Folgen ihres Aufstiegs zur Macht zu spüren bekommen hatte. Die Firmen der Mosse-Gruppe hatten sowohl die Inflation als auch die Sparpolitik Brünings überstanden, während andere daran zugrunde gegangen waren, und sie wären, so schien es, auch unversehrt über die »Hitlerkrise« hinweggekommen. Mein Vater verstand diesen Brief sicher als Verteidigungsplädoyer gegen die an ihm geübte Kritik; er ließ in ihn aber auch das indirekte Eingeständnis einfließen, dass er den Nationalsozialismus unterschätzt hatte. Es ist wichtig zu sehen, dass Auseinandersetzungen dieser Art ständig hochkamen, unter Beteiligung nicht nur meines Vaters, sondern all derer, die vor Beginn der Diktatur eine Rolle im öffentlichen Leben Deutschlands gespielt hatten. Das Exildasein bedeutete eben auch, dass man sich und anderen Vorwürfe machte und sich den Kopf darüber zermarterte, wie die Dinge hätten laufen können, wenn man nur entschlossener gekämpft hätte.

Zum Zeitpunkt unseres Weggangs aus Deutschland wusste ich weder, dass Vater und Mutter getrennte Wege gehen würden, noch ahnte ich es; erst viel später bekam ich mit, dass mein Vater eine neue Lebensgefährtin hatte. Er sprach nie über sie, obwohl ich ihr in Hermannsberg schon begegnet war, wohin sie ihn bei einigen seiner unverhofften Rückzüge aus Berlin begleitet hatte. Ich hätte mir nie träumen lassen, was für eine wichtige Rolle sie in meinem Leben spielen würde. Meine Mutter übersiedelte in den Schweizer Luftkurort Pontresina, verzog sich ins Bett und grollte meinem Vater, weil er, so meinte sie, alles verspielt hatte, was ihr Vater Rudolf Mosse, den sie bis an ihr Lebensende anbetete, aufgebaut hatte. Später ließ sie sich in Juan-les-Pins an der Côte d'Azur nieder, während mein Vater sein Domizil in Neuilly, einem Vorort von Paris, aufschlug. Da meine beiden Geschwister ein Studium in der Schweiz begonnen hatten und ich in England zur Schule ging, war die Familie völlig auseinander gerissen und teilte damit das Los vieler Exilfamilien. Ich muss aber noch einmal betonen, dass ich von all den Aufregungen um die Wahl neuer Domizile und von den daraus resultierenden Spannungen nicht direkt in Mitleidenschaft gezogen wurde, denn ich landete sehr schnell wieder in einer Internatsschule, und zwar erst in einer schweizerischen, bevor ich nach England ging.

Wenn diese Darstellung so klingt, als stamme sie von einem distanzierten Betrachter, spiegelt das nur die Realität wider. Ich lebte seit Jahren von der Familie getrennt, außer in den Schulferien. Und selbst wenn ich zu Hause war, hatte ich nicht viel von meinen Eltern, die mit ihren Aufgaben im öffentlichen Leben alle Hände voll zu tun hatten und nicht in der Lage waren, mich emotional so anzusprechen, dass ich darauf hätte reagieren können. Ich erlebte unseren Abgang aus Deutschland als ein ziemlich aufregendes Abenteuer und machte mir über die Zukunft keine Gedanken. Trotzdem waren wir jetzt Exilanten, Teil des jüdischen Flüchtlingsstroms, und aus dieser Position heraus mussten wir die nächsten Jahre in Angriff nehmen.

Auch wenn ich das Zerbrechen meiner Familie relativ gleichmütig zur Kenntnis nahm und das Exildasein sich für mich anders darstellte als für die meisten anderen, war ich mir dennoch dessen bewusst, dass ich ein jüdischer Flüchtling aus Deutschland war. Meine Staatenlosigkeit definierte jetzt meinen Platz – oder besser gesagt meine Deplatziertheit in der Welt. Ein italienischer Faschist bezeichnete die Staatenlosen einmal als die »Bastarde der Menschheit«. Mir fällt, wenn ich zurückdenke, kein einziger Moment ein, in dem ich mein Jüdischsein geleugnet hätte, auch nicht in einer Zeit, in der viele andere, ob Flüchtlinge oder nicht, ihr Möglichstes taten, um diese nachteilige Tatsache zu verwischen. Ich vermute, dass ich nicht nur ein Zugehörigkeitsgefühl empfand, sondern mich auch auf eine eigenartige, fast geheime Weise mit anderen jungen Juden verbunden fühlte. Wer mit dem Makel leben muss, ein Außenseiter zu sein, kompensiert das häufig durch das Knüpfen heimlicher und bedeutungsvoller Bande zu denen, die tatsächlich oder potentiell sein Los teilen.

Es hat in neuerer Zeit keine ins Exil gedrängte Gruppe gegeben, die so erpicht darauf war, der Welt ihre Erlebnisse mitzuteilen, wie diejenigen, die aus Hitler-Deutschland geflohen waren. In Autobiographien, veröffentlichten Tagebüchern sowie in Romanen und Erzählungen haben sie versucht, dem scheinbar Sinnlosen einen Sinn abzugewinnen und Rechtfertigungen und Erklärungen dafür vorzulegen, dass sie es nicht geschafft hatten, die deutsche Katastrophe abzuwenden. Manchen ging es allerdings auch nur darum, einen demütigen Blick zurück auf zivilisiertere und ruhigere Zeiten zu werfen, wie Stefan Zweig es in seiner Autobiographie *Die Welt von gestern* ausgedrückt hat. Diejenigen Männer und Frauen, die ihre Erfahrungen und Gefühle beim Verlust ihrer Heimat, ihrer Muttersprache und ihrer beruflichen Stellung zu Papier brachten, hatten sich in aller Regel schon in den Jahren der Weimarer Republik einen Namen gemacht. Ich kenne nur ganz wenige autobiographische Schriften von Leuten, die zum Zeitpunkt ihres Weggangs noch im Kindes- oder Jugendalter waren. Den Übergang ins Exildasein erlebt einer, der meinetwegen fünfzehn ist (wie ich im Jahr 1933), selbstverständlich anders als ein zwanzig, dreißig oder auch nur zehn Jahre Älterer.

Ein Bedürfnis, meinen Gang ins Exil zu rechtfertigen, wie es viele der älteren Intellektuellen taten, habe ich nie gehabt. Ich finde es, wie bereits erwähnt, immer wieder amüsant, wenn ich heute von jungen Deutschen, die zu meinen Vorträgen kommen, gefragt werde, was für ein Gefühl es war, in der Weimarer Republik zu leben. Ich kann mir denken, dass sie hoffen, etwas über die Weimarer Kultur zu erfahren oder gar einen persönlichen

Eindruck von einer der großen Persönlichkeiten vermittelt zu bekommen, die zu Symbolfiguren dieser Kultur geworden sind, wie Bertolt Brecht oder Thomas Mann. Mein Leben in der Weimarer Zeit unterschied sich nun einmal sehr von dem, was ältere Intellektuelle erlebten, und für das, was ich über den deutschen Nationalismus oder über Internatsschulen zu sagen habe, interessieren sich diejenigen, die mir heute diese Frage stellen, leider nicht.

Dazu kommt der vielleicht noch bedeutsamere Aspekt, dass das Exildasein stereotypisiert worden ist, und zwar dadurch, dass die meisten Darstellungen den Aspekt des Verlusts und der Entbehrung in den Vordergrund stellen. Diejenigen, die ins Exil mussten, kamen von ihrem Lebensweg ab, im Extremfall konnte eine bis dahin vermögend gewesene Ehe- und Hausfrau eine Arbeit als Dienstmädchen annehmen oder mussten Leute, die zu Hause in Saus und Braus gelebt hatten, plötzlich jeden Pfennig umdrehen. Das war sicher grausam, aber es war eine Situation, in die, um bei der Wahrheit zu bleiben, weder ich noch ein anderes Mitglied meiner Familie je geriet. Meine Eltern stellten sich zwar auf einen bescheideneren Lebensstandard um, aber meine Mutter hatte bis an ihr Lebensende immer eine persönliche Bedienstete bzw. später eine Gesellschafterin und musste nie im Haushalt Hand anlegen, kochen oder auch nur sich selbst ankleiden. Was mich betraf, so war ein spartanischeres Leben, als ich es in Salem und danach in meinem englischen Internat führte, ohnehin kaum denkbar. Ich bin immer dankbar dafür gewesen, dass mein schulischer Werdegang mich an einen so kargen Lebensstil gewöhnt hatte, denn das machte es mir später leicht, notfalls auch ohne Annehmlichkeiten auszukommen.

Die so oft geschilderten körperlichen und geistigen Entbehrungen des Exildaseins musste ich nie erfahren. Ich empfand es, ganz im Gegenteil, als eine aufregende Herausforderung, die in mir mehr Energie freisetzte als alles, was ich bis dahin erlebt hatte. Bis dahin war meine Existenz gesichert, meine Zukunft vorprogrammiert gewesen; ich wäre irgendwann in das Familienunternehmen eingetreten und dort geblieben. Weil dies so war, hatte ich als Kind keine Richtung eingeschlagen und mir keine Lebensziele zurechtgelegt, abgesehen von der Bewältigung der individuellen Anforderungen, die in Hermannsberg an mich gestellt wurden. Wie immer sich mein Charakter entwickelt hätte, ich hätte mich mit der Arroganz und Blasiertheit herumschlagen müssen, die sich als Folge eines luxuriösen und abgesicherten Lebensstils gerne einstellt. Es hätte für mich keine Notwendigkeit bestanden, meine eigenen Anlagen zu entwickeln und für die Schaffung von etwas Wichtigem einzusetzen um etwas aus mir zu machen. In einem buchstäblichen Sinn wäre ich ein gemachter Mann geworden.

Doch jetzt stürzte ich ins Leere, musste ich mich mit völlig neuen Lebensumständen auseinandersetzen, wobei die Familie mir bewusst nichts von unserer prekären finanziellen Situation sagte. Ich musste mich in einem neuen Land und mit einer neuen Sprache zurechtfinden, die mir allerdings nicht ganz unbekannt war, und war plötzlich gefordert, meine Zukunft selbst in die Hand zu nehmen. Es war kein leichter Übergang; einige der engsten Freunde meiner Eltern teilten deren Schicksal und Exildasein, ich hingegen landete allein in einer fremden Welt: im Internat von Bootham, meiner englischen Schule, gab es keine deutschsprachigen Mitschüler, keine Flüchtlinge außer mir.

Ich machte Augenblicke der Verzweiflung durch, besonders im ersten Jahr meines Exils. Ich liebäugelte in dieser Zeit kurz mit der Synagoge, womöglich Ausdruck meiner Suche nach einem festen Halt. 1934 schrieb ich meiner späteren Stiefmutter einen Brief, in dem ich sie fragte, ob es in Ostende eine Synagoge gab, der ich am jüdischen Neujahrstag, auf der Durchreise von England nach Paris, einen Besuch abstatten könnte. Ich weiß nicht mehr, was aus dieser Anfrage wurde, erinnere mich aber umso lebhafter an das jüdische Neujahrsfest im Jahr davor, das ich in Zürich erlebt hatte. Ich begegnete bei der Gelegenheit Männern und Frauen, die unter dem frischen Eindruck des nationalsozialistischen Siegesrauschs herzzerreißend weinten und wehklagten, Menschen, denen solche ungezügelten Gefühlsausbrüche in der Öffentlichkeit normalerweise fremd waren, und das in einer Reformgemeinde, bei der man es nicht gewöhnt war, seinen Emotionen freien Lauf zu lassen. Obwohl meine persönlichen Erfahrungen mit dem jüdischen Glauben sich als bloßes Intermezzo erwiesen, habe ich das emotional erschütternde Erlebnis des Neujahrsfests 1933 nie vergessen.

Meine Eltern konnten sich zunächst nicht darauf einigen, wo ich zur Schule gehen sollte, und brachten mich vorübergehend in einem Schweizer Internat unweit von Zürich unter, wo ich aber nicht einmal ein Jahr blieb. Ich habe fast keine Erinnerungen mehr an diese Schule, außer an den Werkunterricht, der zu den Pflichtfächern gehörte und den ich mehr denn je verabscheute. Nicht vergessen habe ich mein einziges großes Erfolgserlebnis im Klassenzimmer: Von meinem Platz aus konnte ich eine Talsenke überblicken, wo Züge verkehrten, die unten in einen Tunnel einfuhren und ein gutes Stück weiter oben wieder aus dem Berg herauskamen. Während des Unterrichts verfolgten viele von uns aufmerksamer den Weg der Züge als die Worte des Lehrers. Eines Tages meldete ich mich und verkündete, ein in den Tunnel eingefahrener Zug sei nicht wieder herausgekommen, woraufhin ich prompt eine Strafe erhielt, weil ich nicht aufgepasst hatte – dabei hatte ich sehr gut aufgepasst, denn wie sich herausstellte, hatte sich im Tunnel ein schreckliches Unglück ereignet. Dass ich kaum eine Erinnerung an diese Schule habe, hing vielleicht mit dem Eingewöhnungsschock zusammen, vielleicht aber auch mit dem Umstand, dass mir zu dieser Zeit alles um mich herum so unsicher und vorübergehend vorkam. Das änderte sich, als ich ins Bootham-Internat in York eintrat. Allerdings neigte ich offenbar auch dort in der ersten Zeit zu Stimmungsschwankungen entlang der ganzen Skala zwischen Euphorie und Verzweiflung.

Kurz nach meiner Ankunft in Bootham 1934 schrieb ich meiner Schwester, dass es für mich vielleicht doch besser gewesen wäre, an die neue Schule zu gehen, die Kurt Hahn in Schottland eröffnet hatte. »Es kann gut sein, dass ich mich bei Kurt Hahn geborgener fühlen würde. Man kann nicht ganz ohne die Hilfe der eigenen Leute auskommen.« Der Kontrast zwischen diesen Sätzen und dem von mir im vorigen Kapitel skizzierten Bild von Kurt Hahn und seiner Schule springt sofort ins Auge; in Hermannsberg wäre ich wohl kaum auf die Idee verfallen, ihn zur Kategorie »eigene Leute« zu zählen. Es muss aber wohl eine vorübergehende Anwandlung gewesen sein, denn eine Woche vorher hatte ich geschrieben, die Kameraden in Bootham seien sehr nett und hätten mir von Anfang an das Gefühl gegeben, dass ich dazugehörte. Wiederum zwei Tage vorher hatte ich meine Schwester gebeten, mir ein paar deutsche Klassiker zu schicken: »Ich würde gerne wieder einmal etwas Deutsches lesen.« Solche Stimmungsschwankungen sind vielleicht eine normale Begleiterscheinung des Sich-Einlebens in eine vollkommen neue Umgebung. Sie waren nicht von Dauer – jedenfalls erinnere ich mich nicht daran, weiterhin in Wehmut oder Verzweiflung verfallen zu sein. Vielleicht hätte ich lebhaftere Erinnerungen an trübselige Momente, wenn ich damals ein paar Jahre älter gewesen wäre; mit sechzehn bewältigt man eine solche Anpassung schnell und mühelos, und ich kann zumindest für mich sagen, dass ich nie wehmütig zurückblickte und mir etwa wünschte, ich wäre nie in die Lage gekommen, mein angestammtes Vaterland verlassen zu müssen. Hier machte sich eine generationsbedingte Diskrepanz sehr deutlich bemerkbar.

Auf der anderen Seite stellte meine Jugend auch ein Handicap dar. Zwar standen auch die Älteren, die bewusst mitbekommen hatten, was in und mit der Weimarer Republik passiert war, vor einer ungewissen Zukunft, aber manche von ihnen fanden Halt in unverändert gebliebenen politischen oder kulturellen Überzeugungen. Ich selber konnte klarer benennen, wogegen als wofür ich war und hatte noch nicht zu einer gefestigten Weltanschauung gefunden.

Meine Schwester andererseits, die um diese Zeit ihr Medizinstudium in der Schweiz begann, brachte dorthin das ganze Arsenal der sozialen und politischen Ideen und Ideale mit, die sie aus ihrer freiwilligen Sozialarbeit in Berliner Arbeitervierteln und aus dem antifaschistischen Kampf geschöpft hatte. Das verlieh ihr eine beneidenswerte innere Stabilität über alle Umbrüche hinweg. Mein Bruder, dessen Interesse stets der Kunst und nicht der Politik gegolten hatte, entschied sich ebenfalls für die Schweiz, um sein Studium fortzusetzen, wobei für ihn persönliche Erwägungen ausschlaggebend waren. Er hatte zunächst keinen Sinn für die historischen Dimensionen des vor unseren Augen ablaufenden Dramas, sondern sorgte sich zum Beispiel eher darum, ob sein Tennisschläger an sein neues Domizil in der Schweiz weitergeschickt worden war. Wie immer wir eine Flucht ins Exil einordnen mögen, solche persönlichen Details sind ein sehr realer Bestandteil der Erfahrung. Die Emigration – als Flucht und Neuanfang – ist letzten Endes immer eine sowohl persönliche als auch kollektive Erfahrung, wobei die Ausgeprägtheit des politischen, sozialen und kulturellen Bewusstseins und die finanziellen Ressourcen des Einzelnen über den Verlauf auf der individuellen Ebene entscheiden. Alle vorausgegangenen Erfahrungen des Einzelnen werden hier auf eine kritische Probe gestellt.

Auf meiner Überfahrt über den Bodensee Ende März 1933 stellte ich derartige Überlegungen nicht an, wie ich mir überhaupt wenig Gedanken über die Politik machte. Meine Euphorie entzündete sich an der bevorstehenden Reise nach Paris, wo meine Mutter übergangsweise ein Zuhause gefunden hatte; als erstes musste ich jedoch meinen Vater besuchen, der in Zürich war.

Erst dort wurde mir klar, dass dieser Abstecher in die Schweiz eine neue, besondere Qualität hatte, die über Vaters bisherige Überraschungsbesuche in Salem hinausgingen, bei denen es »nur« um die Flucht vor den Folgen der militärischen Pressezensur gegangen war.

Das Hotel Dolder, in dem mein Vater abgestiegen war, gehörte zu den besseren Häusern der Stadt, auch wenn es nicht den luxuriösen Standard des Grandhotel Dolder weiter oben in den Bergen hatte, das er sich in früheren Zeiten vermutlich ausgesucht hätte. Hier erhielt ich meinen ersten Eindruck vom Lebensgefühl der Entwurzelten, eine Erfahrung, die mir bis heute lebhaft vor Augen steht. Im Hotelfoyer drängten sich jüdische und christliche Flüchtlinge – ein Ausdruck, der freilich der Erläuterung bedarf, denn heute assoziieren wir damit unweigerlich in Lumpen gekleidete arme Teufel. Die Flüchtlinge im Hotel Dolder mochten einen großen Teil ihres Vermögens verloren haben, abgerissen oder schäbig sahen sie aber nicht aus. Die allermeisten von ihnen entstammten dem bürgerlichen Mittelstand, waren gebildet und wortgewandt. Die NS-Diktatur hatte sich 1933 gerade erst etabliert und der Katalog von Maßnahmen zur Unterdrückung und Enteignung ihrer Gegner war wohl noch nicht vollständig. Dazu kam, dass viele von ihnen der Meinung waren, Hitler werde nicht einmal den nächsten Winter überstehen. Ich erinnere mich, wie verwunderlich mir nicht nur die befremdliche und aufgescheuchte Stimmung erschien, die in diesem Hotelfoyer herrschte, sondern auch der Übergangscharakter, den dies alles hatte.

Außer an meinen Vater kann ich mich nur an zwei Personen, denen ich dort begegnete, konkret erinnern: Alfred Kerr, der berühmte Literaturkritiker des *Berliner Tageblatts,* war einer von ihnen. Dass er mir im Gedächtnis geblieben ist, hat etwas mit jenem Zusammentreffen von ernsten und läppischen Dingen zu tun, das, wie es scheint, zu einem Markenzeichen meines Lebens

In der Schweiz, 1936

geworden ist und übrigens auch meinen Humor wesentlich geprägt hat – ich habe eigentlich nie die Fähigkeit besessen, mich selbst oder irgendetwas anderes mit angestrengtem Ernst zu betrachten. Als ich die Treppe zum Foyer hinaufstieg, kam mir ein riesiger Schäferhund entgegen und biss mich im Vorbeigehen ins Bein. Der Besitzer des Hundes war Kerr. Sogleich verstummten all die zweifellos gewichtigen Gespräche über die Zukunft Deutschlands, und ich stand im Mittelpunkt der allgemeinen Aufmerksamkeit. Als die Wunde verbunden war, gesellte ich mich wieder zu meinem Vater, der in eine Unterredung mit Wilhelm Ohst vertieft war, den wir weiter oben als Strohmann der Nazis bei der Übernahme unseres Verlages (wobei er sich wahrscheinlich auch persönlich bereicherte) kennen gelernt haben. Ich weiß nicht, worüber sie sprachen, doch es war zweifellos Ohst, der überzeugte Nazi, der hier mitten zwischen all diesen vor den Nazis Geflohenen stand. Er wäre übrigens besser dageblieben, denn wenige Monate später wurde er aus der NSDAP ausgeschlossen.

Führten diese ersten Exilerlebnisse zu einer Schärfung meines politischen Bewusstseins, das sich bis dahin eher aus Neugier als aus einem engagierten Bekenntnis gespeist hatte? Das ist eine wichtige Frage, wenn man bedenkt, dass ich mich über weite Strecken meines späteren Lebens mit Politik beschäftigt habe. Hinter allem, was ich seither getan, geschrieben und veröffentlicht habe, stand und steht eine politische Absicht. Ich war und bin der Überzeugung, dass nichts, was ein Mensch tut, und mag es noch so persönlich und neutral erscheinen, politisch folgenlos ist. Die Aussage, jemand sei »unpolitisch«, ist ein typischer Ausdruck konservativen Denkens, vergleichbar der Maxime – die einst zum Standardrepertoire der konservativen Parteien Europas gehörte – junge Leute sollten erst einmal trocken hinter den Ohren werden und sich an sportlicher Betätigung erfreuen.

Bei mir war das Interesse an der Politik von Kindesbeinen an latent vorhanden gewesen. Immerhin wurde ich in die stürmi-

schen Anfänge der Weimarer Republik hineingeboren, und die
wenigen Ereignisse aus meinen ersten Lebensjahren, an die ich
mich erinnern kann, waren durchweg politischer Natur: der Tod
des Reichspräsidenten Ebert, die von meiner Mutter organisierte
Suppenküche am Nollendorfplatz, politische Auseinandersetzungen zu Hause. Solcher konkreten Erinnerungen bedurfte es
allerdings gar nicht, um sich die Turbulenz jener Epoche ins Gedächtnis zu rufen. Als Kind meiner Generation sammelte man
zum Beispiel die auf eine Million Mark oder sogar noch größere
Summen lautenden Geldscheine, die auf dem Höhepunkt der
deutschen Inflation gedruckt wurden. Ein mit lauter solchen
Geldscheinen vollgeklebtes Album nahm ich mit ins Exil.

Dazu kam, dass die Folgen des Krieges und der wirtschaftlichen
Notlage unseren Alltag bestimmten. Man brauchte nur in Berlin
auf die Straße zu gehen, um sie vorgeführt zu bekommen: junge
Männer ohne Beine oder mit nur einem Bein oder Arm, Kriegs-
blinde, alle darauf angewiesen, sich ihren Lebensunterhalt mit
betteln zu verdienen. Heute, nach einem weiteren Weltkrieg, hat
die Gesellschaft gelernt, ihre Kriegskrüppel in Krankenhäusern
oder anderen Einrichtungen dem Blick der Öffentlichkeit zu entziehen oder ihnen zu einem akzeptablen Leben zu verhelfen.
Doch in der Weimarer Zeit gab es einfach kein Ausweichen vor
der Konfrontation mit diesen Hinterlassenschaften des Krieges.
Diese Elemente der Großstadtlandschaft machten einen bleiben-
deren Eindruck auf mich als die allgegenwärtige politische Propaganda, vielleicht weil es ein Zusammenspiel von körperlicher
Behinderung und Armut war und dies in so grellem Kontrast zu
meinem eigenen Lebensmilieu stand.

Dass ich solche Straßenszenen als zum Alltag gehörig empfand,
ist nicht weiter erstaunlich. Ich bin überzeugt, dass nur wenige
Berliner durch den Anblick dieser bettelnden Kriegskrüppel zu
Pazifisten wurden. Für mich war es indes eine – wenn auch nicht
bewusst als solche wahrgenommene – Vorstufe für späteres poli-

tisches Engagement. Zum Vorschein kam dieses erst, als ich mein Studium an der Universität von Cambridge begann, dem Ort meines eigentlichen politischen Erwachens. Es ist bemerkenswert, dass so wenig über die Auswirkungen dieser zum Stadtbild der Nachkriegszeit gehörenden Staffage geschrieben worden ist. Vielleicht liegt das daran, dass diese sichtbaren Kriegsfolgen in keinem anderen Land, ausgenommen vielleicht Italien, so präsent waren wie in Deutschland.

Im Exil wurde ich mit der Realität im neuen Deutschland konfrontiert und damit nach und nach in den antifaschistischen Kampf hineingezogen, der allerdings in meinem Denken nicht obenan stand, bis der Ausbruch des Spanischen Bürgerkriegs die politischen Energien meiner Generation bündelte. Kurz nach meinem Besuch im Hotel Dolder wurde ich im Rahmen einer temporären Vereinbarung auf die bereits erwähnte Schweizer Internatsschule geschickt. Nach dem Willen meines Vaters sollte ich von dort aus nach Gordonstoun in Schottland überwechseln. An diesem Punkt widersetzte ich mich jedoch und erklärte – so wurde mir später berichtet – ich wolle endlich etwas lernen. Ich bin sicher, dass das eine taktische Begründung war – mit der Aussicht auf noch mehr Charaktererziehung à la Salem konfrontiert, suchte ich wohl nach Mitteln und Wegen, mich dem zu entziehen.

Es musste also eine andere Schule für mich gefunden werden; dass die Wahl auf England fiel, war nicht gerade logisch, denn meine Eltern hatten vor, in Frankreich zu bleiben. Doch englische Internate genossen in Deutschland einen hervorragenden Ruf – schließlich hatten sie auch Kurt Hahn erklärtermaßen als Vorbild gedient. Dazu kam, dass wir dank der Aktivitäten meines Vaters im Rahmen der jüdischen Reformbewegung einige hochgestellte Bekannte in England hatten. Auf der Suche nach geeigneten Schulen wandte sich die Familie an die inzwischen nach Belfast zurückgekehrte Miss Squire, und die empfahl Bootham als eines der besten Internate. Wie sich zeigen sollte, war dies eine sehr glückliche Wahl, vor allem weil Bootham über einige erstklassige Lehrkräfte verfügte.

Die Umgebung des Internats war faszinierend – dieses Mal keine Naturlandschaft, sondern das mittelalterliche Städtchen York mit seiner Kathedrale, seiner Stadtmauer und seinen alten Kirchen. Der Name der Schule ging auf eines von Yorks alten Stadttoren zurück. Wenn wir unsere Eltern oder andere Besucher ärgern wollten, überredeten wir sie zu einem Rundgang über die Stadtmauer und zum Besuch eines großen Teils der achtunddreißig mittelalterlichen Kirchen Yorks. Bootham war jedoch ein modernes Internat, in dem der Sportunterricht zu den Pflichtfächern gehörte, ohne allerdings so stark ideologisch befrachtet zu sein wie in Salem. Auch hier gab es den täglichen Dauerlauf, der aber in angenehmem und entspanntem Tempo gehalten wurde, nicht unter voller Verausgabung der Kräfte wie in Salem; so konnte man sich während des Laufens noch unterhalten. Anstelle des kalten Duschens vor dem Frühstück mussten wir hier ein kaltes Bad nehmen, und Unterbringung und Verpflegung verdienten bestenfalls das Attribut spartanisch.

An allen englischen Internaten gehörte Charakterbildung zu den erstrangigen Erziehungszielen, aber sie ging nicht mit einer so rigiden Disziplinierung einher wie in Salem und war auch nicht von privaten Marotten des Rektors gefärbt. Gleichwohl war auch hier vieles verboten. So durften wir zum Beispiel, wenn wir die Bootham Street hinunterspazierten, nicht weiter gehen als bis zum Bootham-Tor. Es gab in der Straße einen Laden, der auf Tee und kleine Imbisse spezialisiert war. Hier fand ein großer Teil unseres geselligen Lebens statt, und hier lernten wir auch das Zigarettenrauchen, und zwar just weil es streng verboten war. Ich blieb die nächsten sechsunddreißig Jahre ein ziemlich starker Raucher, wobei ich von der Zigarette später auf die Pfeife umstieg, die dem Vernehmen nach gesünder war und vor allem auch einen akademischeren Eindruck machte.

Das kalte Bad jeden Morgen war womöglich noch unangenehmer als das kalten Duschen in Salem. Auf Pünktlichkeit wurde auch hier großen Wert gelegt, was bedeutete, dass man sich mit der Morgentoilette beeilen musste. Der Ruf »five minutes more« ist mir bis heute höchst gegenwärtig geblieben. Auch beim Essen beeilte man sich, hauptsächlich um eine zweite Portion zu bekommen. Bis zum heutigen Tag schlinge ich mein Essen hinunter, als säße ich noch immer an einem der blanken Holztische im Internat. Diese charakterbildenden Elemente zeitigten sicher irgendwelche positiven Wirkungen, etwa indem sie mich Disziplin und Konzentration lehrten; andererseits verleiteten sie mich zu einigen schlechten Gewohnheiten, die ich später nur schwer oder gar nicht abschütteln konnte.

An britischen Internatsschulen gab es Präfekte aus dem Kreis der Schüler. Sie besaßen disziplinarische Befugnisse, wodurch ein hierarchisches System entstand: dort die Präfekte, hier die sogenannten *fags*, die ihnen zu Diensten sein mussten. Diese Ordnung sollte uns die Chance geben, sowohl das Kommandieren als auch das Gehorchen zu lernen. An den Schulen der Quäker – und Bootham war so eine – hatte man die *fags* abgeschafft, und zum Präfekten brachte ich es nicht ein einziges Mal. Soweit ich mich erinnere, ging es in Bootham vergleichsweise zivilisiert zu; körperliche Züchtigungen gab es nicht.

Der größte Unterschied zwischen Hermannsberg und Bootham war jedoch der, dass in Bootham die Qualität sowohl des Unterrichts als auch der akademischen Arbeit einen weitaus höheren Stellenwert besaß. Das galt nicht nur für das Pflichtpensum, sondern auch für die freiwilligen Arbeitskreise wie den Debattier- und den Aufsatzkreis (etwas, das es, wenn ich mich nicht sehr täusche, in Salem nicht gegeben hatte). Jeder, der einmal eine Schule besucht hat, kann sich an einen Lieblingslehrer erinnern; in Bootham gab es gleich zwei Lehrer, die nicht nur meine Lieblinge waren, sondern meine geistige Reifung und Entwicklung in äußerst tiefgreifender Weise beeinflussten. Sie bewerkstelligten das nicht so sehr durch die konventionellen Bestandteile ihrer Tätigkeit, das Präsentieren, Erklären und Abfragen des Lehrstoffs, sondern indem sie es fertig brachten – zumindest in meinem Fall –, den aufgegebenen Lesestoff dem jeweiligen geistigen Entwicklungsstand des Schülers gemäß auszuwählen.

Mr. Grubb war mein Englischlehrer, und seine Lehrmethode war einfach: Er gab uns eine Liste der berühmtesten englischen Romane von Jane Austen bis Charles Dickens, animierte uns zum Lesen und verwickelte uns im Unterricht in Diskussionen über das Gelesene. Jeder von uns las die von Mr. Grubb aufgelisteten Romane und Weiteres dazu; ich verschlang Austen, Dickens und alles, was die Brontës jemals geschrieben hatten. Offenkundig bestand eine perfekte Korrespondenz zwischen diesen Romanen und uns Knaben im Teenager-Alter: Wir mussten nicht zur Gewissenhaftigkeit ermahnt werden, der Unterricht wurde zum Selbstläufer. Auf diese Weise schaffte Mr. Grubb es als erster, meine geistige Neugier zu wecken, wofür ich ihm bis heute dankbar bin.

Mein zweiter Lieblingslehrer Leslie Gilbert ist bekannter. Der Historiker A. J. P. Taylor hat ihm in seiner Autobiographie ein Denkmal errichtet, und ich sehe mich gezwungen, dasselbe zu tun. Mr. Gilbert war ein beseelter, allerdings im Vergleich mit Mr. Grubb eher orthodox arbeitender Lehrer. Er verstand es, Geschichte lebendig zu machen, und wie Mr. Grubb, besaß auch er ein gutes Gespür für den Entwicklungsstand jedes einzelnen Schülers. Als ich die Aufgabe erhielt, außerhalb der Unterrichtszeit einiges zu lesen, empfahl er mir G. M. Trevelyans *History of England*. Er vermutete, es werde mich interessieren. Tatsächlich wies die Lektüre dieses Buches mir meinen beruflichen Weg. Ich könnte heute nicht erklären, weshalb oder wodurch Trevelyans *History of England* diese Wirkung auf mich hatte; es ist gewiss ein populäres Buch, lebendig und flüssig geschrieben. Andererseits las ich um dieselbe Zeit viele andere Werke Trevelyans, und keines davon hinterließ einen tieferen Eindruck. Aus der Schulbibliothek von Bootham waren die meisten belletristischen Werke aussortiert worden. Man empfahl uns, stattdessen die Bücher Trevelyans zu lesen – eine Reverenz an seine Gabe, gediegene und doch unterhaltsame Geschichtsschreibung zu betreiben. Steckte hinter dem Versuch, uns die Lektüre von Romanen nur im Rahmen des Unterrichts zu ermöglichen, ein verbliebener Rest an Quäker-Puritanismus? War es ein Versuch, uns an literarische Qualität zu gewöhnen? Ich gehöre zu den Historikern, die Leslie Gilberts geprägt hat. Angesichts meiner mäßigen schulischen Leistungen dürfte er in meinem Fall überrascht gewesen sein, was sein Unterricht bewirkt hatte.

Das Schlimmste, was das Leben im Internat mit sich brachte, war in meinen Augen das völlige Fehlen einer Privatsphäre, ein Problem, das sich in Bootham in verschärfter Form stellte, weil die Schule überfüllt war. Dazu kam, dass es uns nicht erlaubt war, uns tagsüber in unseren Schlafsälen aufzuhalten, wir also nur entweder in den Klassenzimmern bleiben oder die Turnhalle aufsuchen konnten. In meinen letzten Jahren in Bootham fand ich dann aber einen Weg, mich absondern und allein sein zu können. Wie alle Schulen dieser Art förderte Bootham Schülerhobbys, und ich entschied mich für die Astronomie, nicht weil mich die Sterne interessiert hätten, sondern weil das Observatorium ein guter Rückzugsort war. Immerhin hatte ich mit meinem Steckenpferd hier auch mehr Erfolg als in meinen vorherigen Schulen: Für das astronomische Tagebuch, das ich führte, erhielt ich einen mit sechs Pennys dotierten Preis.

Wahrscheinlich war die Gefahr »ungesunder Phantasien« der Grund für das Verbot, uns in den Schlafsälen aufzuhalten. Anders als Hermannsberg und Salem, war Bootham keine gemischte Schule. Nur einmal im Jahr fand unter strenger Aufsicht ein gemeinsamer Tanzabend mit den Schülerinnen einer Yorker Quäkerschule für Mädchen statt, die The Mount hieß. Abgehalten wurde dieser Tanzabend im sogenannten Kakaowerk – so nannten die Einheimischen die Rowntree-Schokoladenfabrik. Die Rowntrees galten als die wichtigsten Mäzene der beiden Schulen.

Ein Rowntree leitete auch das Versammlungshaus der Quäker in York, das von beiden Schulen genutzt wurde. Zweimal wöchentlich marschierten die Zöglinge von Bootham durch die Stadt, um an der Versammlung der Quäker – dieser Ausdruck stand für ihren Schweigegottesdienst – teilzunehmen, der jeweils am Sonntag und an einem anderen Wochentag stattfand. Die Stille, die bei den Gottesdiensten herrschte, wurde nur von denen unterbrochen, die das Bedürfnis hatten, eine religiöse Botschaft loszuwerden. Wir Schuljungen hätten ebenso das Wort ergreifen können wie jeder andere, doch wir taten es so gut wie nie, ebenso wenig wie die Mädchen von The Mount. Es kam vor, dass die Quäker-Versammlung von Leuten missbraucht wurde, die »gut vorbereitete Illuminationen« vortrugen. Einmal ergriff ich selbst eine solche Gelegenheit und rezitierte, in Einlösung einer mit einem Mitschüler geschlossenen Wette, ein Gedicht von Tennyson. Das ist eine der Eskapaden meiner Jugend, für die ich mich bis heute schäme, denn eigentlich empfand ich das gemeinsame konzentrierte Schweigen als eine profunde spirituelle Erfahrung, und wenn ich religiös wäre, wäre mir diese Form des Gottesdienstes wohl noch immer die liebste.

Wir bildeten in Bootham eine ziemlich verschworene Gemeinschaft von Kameraden und pflegten diese Kameradschaft auch noch bis weit in unsere Studienzeit in Oxford oder Cambridge hinein, wie es den damaligen Gepflogenheiten der oberen Mittelschicht und der Oberschicht in England entsprach. Mein sexuelles Erwachen fand in diesem Kameradenkreis statt, wenn auch natürlich nicht im wortwörtlichen Sinn, sondern in Form eines Aufmerksamwerdens auf die eigene Sexualität. Es ist nicht so, dass die sexuelle Orientierung hin auf das eigene statt auf das entgegengesetzte Geschlecht durch das Milieu, in dem man lebt, an- oder abgeschaltet würde. Ich kann meine homosexuelle Orientierung bis in ein sehr frühes Lebensalter zurückverfolgen, die Zeit, in der ich noch zu Hause lebte. Doch in Bootham hatte ich zum ersten Mal das bewusste Erlebnis, mich zu jemandem hingezogen zu fühlen, in sexuelle Versuchung zu geraten und mich zu verlieben.

Was in Bootham an sexueller Aktivität vorkam, ging, soweit ich es beobachten konnte und soweit es mich betraf, nicht über das hinaus, was ich von Hermannsberg her kannte: Balgereien mit erotischer Komponente, ein kleines bisschen Geschmuse und jenes gegenseitige Handanlegen beim Masturbieren, das auch durch noch so schwere Strafandrohungen nicht unterbunden werden konnte. Pubertierende Jungen sind sehr stolz auf ihre Männlichkeit und scheuen Zärtlichkeiten, die einen femininen Eindruck machen könnten; in dieser Einstellung wurden wir durch den hohen Stellenwert des Sports und des sportlichen Wettkampfs im schulischen Leben bestärkt. Ich teilte diese Einstellung trotz meiner Abneigung gegen den Sport; mich zu »outen«, wie man es heute nennt, wäre mir nie in den Sinn gekommen. Konformismus ist ein beherrschender Zug nicht nur unserer Gesellschaft als ganzer, sondern prägt im besonderen Maße das Gruppenverhalten von Jugendlichen.

Jede Abweichung, die sich innerhalb einer solchen Gruppe bemerkbar macht, löst Schikanen und Verfolgung aus. In Bootham waren es denn auch just die beiden englischen Judenjungen, die zu Außenseitern im Sinne des antisemitischen Klischees gestempelt und beständig drangsaliert wurden. Ich erinnere mich zum Beispiel an eine Situation in der Turnhalle, in der die beiden von ihren johlenden Mitschülern die Kletterseile hinaufgetrieben wurden, oder eine andere, in der sie im Schwimmbecken nach Pennymünzen tauchen mussten – in Anspielung auf die angebliche Geldgier der Juden. Es gab jedoch Unterschiede zum Umgang mit den jüdischen Mitschülern in Hermannsberg, die greifbar genug waren, um mir ins Auge zu fallen. Was immer sich die Boothamer ausdachten, um die beiden jüdischen Mitschüler zu schikanieren, war in Humor eingebettet, so dass man den Eindruck hatte, es sei eigentlich mehr Spaß als Ernst. Dieser Eindruck bestätigte sich für mich, als bei einer nachgestellten Parlamentswahl an der Schule einer der jüdischen Jungen mit deutlichem Vorsprung den Sieg davontrug. Dazu kam, dass die beiden sich stolz zu ihrem Judentum bekannten, bis hin zu äußerlichen Attributen, die vorgefassten Klischees sehr nahe kamen, wenn sie sich beispielsweise Pomade ins Haar schmierten und sich einen Mittelscheitel machten. Heute möchte ich als Historiker das Urteil wagen, dass die gegen eine mögliche Brutalisierung aufgerichteten Hürden in England wesentlich höher waren als in Deutschland.

Ich selbst bekam es nicht mit solchen negativen Folgen meiner Außenseiterrolle zu tun; wie schon in Deutschland, ließen meine Mitschüler mich auch in Bootham in Ruhe, was hier allerdings leichter erklärlich war. Ich war, soweit ich weiß, der einzige Ausländer an der ganzen Schule, und damit ein Außenseiter anderer Art, dem nicht im selben Maß wie inländischen Juden Klischees und Vorurteile an den Schuhsohlen klebten.

Obwohl ich mich in Bootham voll und ganz akzeptiert fühlte, schleppte ich nach wie vor einen Minderwertigkeitskomplex mit mir herum. Vermutlich hatte ich mein Judentum verinnerlicht, erschrocken über die Behandlung, die den jüdischen Mitschülern widerfuhr, und über meine eigene Unfähigkeit, mich mit ihnen solidarisch zu erklären. Dazu kam, dass ich in Sachen Sport und Hobbys, also in den Dingen, die zählten, ein Versager war. Meine sexuellen Neigungen musste ich sowieso geheim halten – schon die Ausdrücke, die meine Mitschüler für alles, was damit zu tun hatte, auf Lager hatten, waren Warnung genug. Nie wurde jedoch einer von uns fertig gemacht, weil man ihn für schwul hielt. Übrigens gab es, wie ich bald merkte, eine ganze Reihe Mitschüler, die meine sexuelle Orientierung teilten.

Es gab also zwei Grundtatsachen meiner persönlichen Existenz, über die ich nicht in der Lage war, offen zu reden – zu groß war der Konformitätsdruck, als dass ich ihn hätte überwinden können. Ich fühlte mich gleichsam als Inhaber zweier schmutziger Geheimnisse. Das Internatsklima bestärkte mich in diesem Gefühl, und während ich mich mit meinem Judentum später in den Vereinigten Staaten freudig zu versöhnen lernte, vergingen mehr als zwei Jahrzehnte, bis ich mir meine Homosexualität auch nur halbwegs einzugestehen vermochte. Was die Ähnlichkeit und was den Unterschied zwischen diesen beiden Dingen meines Lebens ausmachte, war klar: Mein Jüdischsein konnte ich eigentlich nicht geheim halten; es hatte mein Lebensschicksal bestimmt – insofern als ich dadurch erst zum Flüchtling geworden war – und war mit meinem Namen verbunden. Dennoch musste ich in einer Gesellschaft, die die Juden diskriminierte, nicht unbedingt damit hausieren gehen. Hätte ich jedoch in Bootham meine Homosexualität offenbart, so hätte ich nicht nur Schikanen auf mich gezogen, sondern auch von vornherein jede Chance auf das Erreichen einer angesehenen Stellung in der Gesellschaft oder in irgend einer Berufssparte eingebüßt – von der Reaktion meiner Familie ganz zu schweigen. Eines meiner beiden »Geheimnisse« durfte teilweise gelüftet werden, das andere überhaupt nicht. Was meine sexuellen Neigungen betraf, so kompensierte ich das Fehlen jeder Möglichkeit, Erfüllung jenseits meiner eigenen Person zu finden, durch die Produktion üppiger, hochgradig romantischer Phantasien.

Während meiner Schulzeit in England füllte Bootham nicht mein ganzes Leben aus. Die Ferien waren ziemlich lang und summierten sich auf mehrere Monate pro Jahr. Ich verbrachte sie nicht in England, sondern bei der Familie in Frankreich. Mit ihr hatte sich allerdings eine tiefgreifende Veränderung vollzogen, die für mich von großer Bedeutung war und mein Leben zum Besseren hin verändern sollte. In meinen ersten Ferien stieß ich in Paris zu meinem Vater und begleitete ihn von dort aus nach Juan-les-Pins, wo meine Mutter ein Haus gemietet hatte. Ich staunte nicht schlecht, als Vater, kaum dass wir im Zug saßen, einige köstliche belegte Brote auspackte, die er, da war ich mir sicher, nicht in einem Laden gekauft und erst recht nicht selbst hergerichtet haben konnte. Erst mein intensives Nachfragen förderte die Information zutage, dass die Brote das Werk Carolas waren, der »Freundin«, die in Paris die Wohnung mit ihm teilte – der Frau, die ich in Hermannsberg flüchtig kennen gelernt hatte und die meine Stiefmutter werden sollte. In Salem war ich offensichtlich noch zu unschuldig gewesen, um aus der Tatsache, dass sie immer dabei war, wenn er mich dort besuchte, die zwingenden Schlüsse zu ziehen. Ich hatte sie schon damals ins Herz geschlossen, denn sie hatte immer ein Geschenk mitgebracht und ein paar nette Worte für mich übrig gehabt.

Der Vater von Carola Strauch-Bock war Alfred Bock, ein zu seiner Zeit recht bekannter Romancier aus Hessen. Carola war zuvor mit einem evangelischen Pfarrer verheiratet gewesen, der relativ jung gestorben war und sie als Witwe mit einem noch kleinen Kind zurückgelassen hatte, meinem späteren Stiefbruder. Sie hatte in der Folge evangelische Theologie studiert und sich eine Bibliothek aufgebaut, die mir bei meinen späteren Studien nützliche Dienste leisten sollte. Mein Vater und seine neue Familie hatten in Neuilly eine Wohnung mit Blick auf die Seine gemietet, nur einen Katzensprung vom Bois de Boulogne entfernt. Ich verbrachte von nun an einige Jahre lang jeweils eine Hälfte meiner Ferien in Paris und die andere bei meiner Mutter. Die Pariser Wohnung war geräumig und machte einen vornehmen Eindruck. Auch wenn meine Eltern sich jetzt beide mit einem Lebensstandard begnügen mussten, der keinem Vergleich mit ihrem luxuriösen Dasein in Berlin standhielt, gab es doch in beiden

Haushalten ein Dienstmädchen, und meine Mutter hatte dazu noch eine Gesellschafterin. Auch ihre Urlaubsgewohnheiten hatten meine Eltern beibehalten: Im Winter ging man Ski fahren, den Sommer verbrachte man in einem Kurort. Das Exildasein war für mich zu keiner Zeit mit Entbehrungen verbunden, und wenn sich meine Lebensumstände dadurch veränderten, so taten sie es doch nur graduell. Ich trauerte der Vergangenheit jedenfalls nicht nach.

Carola, die eine ziemlich stattliche Frau war, ließ in mein Leben ein neues Gefühl der Sicherheit einkehren, ein Gefühl des Sich-wiegen-Könnens in einer mütterlichen Fürsorge, wie ich sie in dieser persönlichen Unmittelbarkeit vorher nicht gekannt hatte. Sie hatte ein offenes und einfaches Gemüt – im denkbar besten Sinn des Wortes. Wir alle vertrauten ihr und sie wurde zu unserem Beichtkissen – sogar für meine Schwester, die den Draht zu unseren beiden Eltern verloren hatte. Carola war, bei allen ihren Qualitäten, ein Kind ihrer Zeit: naiv in Bezug auf viele Dinge des Lebens, sehr konventionell in ihren Einstellungen und Reaktionen. Ich sprach mit ihr nie über mein Gefühl des Andersseins – darüber konnte ich aber auch mit meiner Schwester nicht reden. Sie war keine Intellektuelle, dafür aber umso offener und charmanter. Sie kam aus Gießen, wo sie geboren und aufgewachsen war, und immer wenn sie eine Meinung äußerte, die uns naiv erschien oder mit der wir nicht einverstanden waren, sagten wir zu ihr: »Wir sind aber hier nicht in Gießen.«

Dagegen vertrat meine Schwester, nach Carola die mir am nächsten stehende Angehörige, zu vielen Themen eine sehr entschiedene Meinung, sei es zum Los der Juden (deren separate Geschichte, so hoffte sie, mit der Ankunft des Sozialismus ein für alle Mal zu Ende sein würde), sei es zur Homosexualität, die in ihren Augen eine Degenerationserscheinung war. Die längste Zeit ihres Lebens war und blieb sie eine Bewunderin Trotzkis. Deshalb waren Debatten über politische Fragen, wo uns der gemeinsame Nenner fehlte, zwischen Hilde und mir tabu – und blieben es bis ans Ende.

Carola und mein Vater lebten in Paris unter deutschen Flüchtlingen – genau wie später, während des Kriegs und auch noch danach im kalifornischen Berkeley. Wir waren in Deutschland stets frankophil, und viele bedeutende französische Zeitungsmagnaten waren in Berlin unsere Gäste gewesen. Jetzt aber zeigten sie uns Flüchtlingen die kalte Schulter, wie so viele französische Juden es auch taten, im Gegensatz zu den englischen. Tatsächlich hatten weder mein Vater noch meine Mutter in der Zeit, in der sie in Frankreich lebten, irgendwelche französischen Freunde. Einzelne Ausnahmen ragten aus dem Meer der Gleichgültigkeit heraus: François-Poncet, der französische Botschafter in Deutschland, hatte nicht vergessen, dass mein Vater pro-französische Positionen bezogen hatte, und zwar direkt nach dem Ersten Weltkrieg, als es doppelt zählte. Carola freundete sich in Paris mit Pastor Boegner an, einem mutigen evangelischen Geistlichen, der als Leuchtturm der Hoffnung für in der Finsternis umherirrende Flüchtlinge in die Geschichte eingegangen ist.

Die Villa meiner Mutter in Juan-les-Pins war verhältnismäßig groß und lag in unmittelbarer Strandnähe; wenn ich dort war, ging ich schwimmen, fuhr an der Küste entlang und spielte ein wenig in Monte Carlo. Aber auch hier lebten wir in weitgehender Isolation, und so weit ich mich erinnere, betraten, abgesehen von der Gesellschafterin meiner Mutter, nur Leute unser Haus, die ebenfalls Flüchtlinge waren. Ich schloss eine oberflächliche Bekanntschaft mit einer Familie französischer Juden, der eines der besseren Hotels am Ort gehörte und die einen Sohn hatte. Davon – und vom Strand – abgesehen, knüpfen sich an die Zeit, die ich dort verbrachte, keine konkreten Erinnerungen. Der Strand war nicht nur ideal fürs Schwimmen, er hatte auch die sprichwörtliche »verrückte Engländerin« zu bieten, eine Frau, die zerzaust und halb übergeschnappt umherrannte und Selbstgespräche führte.

Rührte dieses Klischee daher, dass zu jener Zeit die Engländer der Inbegriff der »reichen Touristen« waren, über die man Witze riss, wie später über die Amerikaner und heute über die Japaner? Juan-les-Pins war damals übrigens noch nicht völlig zugebaut, sondern ein Ort der Bäume, gepflegten Wiesen und Villen.

In den ersten Monaten unseres Exils, in denen meine verzweifelte Mutter kaum einmal ihr Hotelzimmer verließ, konnte sie sich den sie elektrisierenden Gedanken nicht verkneifen, dass es ihr jetzt vielleicht endlich möglich sein würde, sich das kleine Märchenhaus mit Garten zuzulegen, von dem sie immer geträumt hatte. Kaum nötig zu sagen, dass weder die Villa an der Côte d'Azur noch ihr späteres Domizil in den Schweizer Bergen viel Ähnlichkeit mit ihrem Traumhäuschen hatten – für das Appartement in New York, das sie zuletzt bewohnte, gilt das natürlich erst recht. Ihre letzten Jahre in Frankreich verlebte meine Mutter in Nizza. In diese Zeit fiel eine Episode, die einen gewissen Einfluss auf mein Leben nehmen sollte. Obwohl ich immer viel gereist bin, erlebte ich nur ein einziges Mal einen spektakulären Unglücksfall. Meine Mutter und ich beschlossen 1936, die Insel Korsika zu besuchen. Die Überfahrt unternahmen wir von Nizza aus auf einer Fähre, die den in Anbetracht dessen, was ihr zustieß, ziemlich unpassenden Namen *Beauté de France* trug. Die Überfahrt von Nizza nach Korsika ist häufig stürmisch, und auch für uns machte das Wetter keine Ausnahme. Das Schiff neigte sich einige Male gefährlich weit nach rechts und links, richtete sich aber immer wieder auf. Doch dann kam ein Punkt, an dem es sich offenbar weigerte, dies zu tun. Die Passagiere eilten in Panik zu den Rettungsbooten; von der Schiffsbesatzung war nichts zu sehen, sie hatte zu großen Teilen bereits das Weite gesucht – lediglich ein Passagier behielt einen klaren Kopf und sorgte dafür, dass Frauen und Kinder zuerst in die Boote kamen.

Unter Deck gab es einige Schwerverletzte, weil der Konzertflügel, den man nicht fest genug verankert hatte, durch das Schiffsrestaurant gesaust war. Meine Mutter hatte zum Glück in sicherer Entfernung auf einer Couch gesessen, ich hatte seekrank hinter derselben gelegen. Wir verpassten die wenigen Rettungsboote, die die Besatzung übrig gelassen hatte, doch dann entschied sich das Schiff aus mir unbekannten Gründen, über Wasser zu bleiben und schlingerte in den Hafen. Als die zum Pier hinüberführende Landungsbrücke zusammenbrach, gab es etliche weitere Verletzte. Dass die Gesellschafterin meiner Mutter inmitten des Unwetters von einem Mitglied der Crew vergewaltigt worden war, kam erst ans Licht, als wir sicher an Land waren.

Diese Havarie war eine unheimliche Erfahrung, gemildert nur durch meine Seekrankheit, die meine ganze Energie aufbrauchte. Ich hatte hinterher nicht das Gefühl, dem Tod ins Auge geblickt zu haben, trug aber doch eine Phobie davon, die stark genug war, mich künftig von allen nicht zwingend notwendigen Schiffsreisen und Bootsfahrten abzuhalten. Kein Wunder, dass ich den Atlantik nur noch im Flugzeug überquerte, sobald die Möglichkeit dazu bestand.

Die Winterurlaube haben bei mir langlebige Erinnerungen hinterlassen, vielleicht weil ich sie am meisten genoss. Jahrelang machte die ganze Familie Winterferien im schweizerischen St. Moritz, und so lernte ich schon sehr früh Ski fahren. Es war dies der einzige Sport, der mir wirklich Spaß machte, und ich wurde sogar ein recht guter Skifahrer. Bis zu meiner Auswanderung nach Amerika ging ich jedes Jahr in den Skiurlaub, danach noch einige Male bis in die mittleren sechziger Jahre hinein. St. Moritz verwöhnte diejenigen, die langgezogene Abfahrten liebten; in dieser Beziehung war Davos, wo wir ab 1934 hingingen, sogar noch besser: Man konnte dort den ganzen Tag abfahren und dann mit dem Zug ins Dorf zurückkehren.

Als wir in den letzten beiden Jahren vor unserem Weggang aus Deutschland St. Moritz untreu wurden (aus welchem Grund, weiß ich nicht mehr) und stattdessen in Arosa Urlaub machten, lernten meine Eltern dort ein sehr reiches belgisches Industriellenehepaar kennen. Bei diesen Leuten wiederum weilten als geladene Gäste ein Graf und seine Gräfin, von denen man sich, so wurde mir eingeschärft, nur rückwärts gehend entfernen durfte. Wie ich bald darauf erfuhr, handelte es sich bei den angeblichen Grafen um König Albert und Königin Elisabeth von Belgien, zwei bewundernswerte Monarchen – er ein Veteran und Held des Ersten Weltkrieges, sie eine große Musikmäzenin. Ich empfand den Gedanken höchst spannend, die beiden zu treffen, nicht weil ich irgendwelche antimonarchischen Gefühle gehegt hätte, sondern einfach weil ich darauf brannte, sie in ein Gespräch zu verwickeln. Als ich mich einmal mit dem angeblichen Grafenpaar im Hotelaufzug befand, betätigte ich zwischen zwei Stockwerken heimlich den Notschalter. Zur allgemeinen Aufregung im Hotel steckten wir eine ganze Zeit fest, doch weder der König noch die Königin machten mich verantwortlich. Vielleicht gefiel ihnen unsere Plauderei, an deren Inhalt ich mich leider nicht mehr erinnere.

Der Ort, an dem ich meine Sommerferien meistens verbrachte, war eine Villa, die meine Mutter in Chamonix gemietet hatte; von ihr aus konnte man den Montblanc und die ihn umgebenden Berge sehen. Es war ein spektakuläres Domizil in einem damals noch kleinen französischen Gebirgsdorf, das nur mit der Eisenbahn erreichbar war – und somit noch Jahrzehnte davon entfernt, von dem Verkehr überschwemmt zu werden, den der Frankreich mit Italien verbindende Montblanc-Tunnel später anziehen sollte.

Ich versuchte auf zweierlei Weise, das Beste aus Chamonix zu machen. Die eine war vergnüglich, die andere nicht so angenehm. Hin und wieder gab es in dem Städtchen kulturelle Veranstaltungen, und das Ereignis, an das ich mich hier am besten erinnere, war das Gastspiel der Tänzerin Josephine Baker. Sie betrat die Bühne fast nackt – einzig vier Vögel verdeckten ihre intimsten Stellen vorne und hinten. Mit ihr auf die Bühne kam ein »Wild-

In Chamonix, 1939

hüter« mit einer angeblich geladenen Flinte und bereit zurück-
zufeuern, falls ein zu neugieriger Zuschauer versuchen sollte,
einen der Vögel wegzuschießen.

Da ich ständig in der Gefahr schwebte, wegen schlechter La-
teinleistungen sitzen zu bleiben, engagierte Mutter den örtlichen
Gemeindepriester als Nachhilfelehrer; er bekam die Aufgabe,
meine Sommerferien mit unregelmäßigen Verben auszufüllen.
Tatsächlich suchte ich das Gemeindehaus neben der Kirche mehrere Male in der Woche auf, und nach den ersten paar Sitzungen,
in denen wir uns tatsächlich mit lateinischer Grammatik herum-
schlugen, wurde dieser Nachhilfeunterricht ziemlich erträglich.
Der Priester, ein netter alter Herr, schlief gewöhnlich ein, so dass
ich in Ruhe eine Kriminalgeschichte oder einen Roman lesen
konnte. Latein war abgemeldet, bis ich ein Geräusch machte; dann
wachte er auf, und die Zeit war um.

Den größten Teil meiner Tage in Chamonix brachte ich damit
zu, in der Gesellschaft meiner Geschwister die zerklüfteten Berge
und steilen Gletscherflanken zu erklettern; wir gingen am Seil

und hatten einen Führer dabei. Ich empfand die Genugtuung eines jeden Kletterers, wenn er einen steilen Berg bezwungen hat und am Gipfel steht. Ich glaube, dass mir das geholfen hat, mich in die Psyche der Bergbewohner hineinzuversetzen, als ich später über die Alpen als kulturelles und politisches Symbol schrieb. Ich habe nie das Gefühl gehabt, aus den Bergen geläutert zurückgekehrt zu sein, wie so mancher alpine Mythos es suggeriert – doch stärker, männlicher und stolzer fühlte ich mich nach unseren Bergtouren allemal.

Die Frage nach meiner Zukunft wurde derweil akut. Was sollte aus mir werden? Was sollte ich studieren? Oder würde ich in die Wirtschaft gehen? Das waren offene Fragen, denn noch hatte ich nach keiner Richtung hin ein größeres Interesse gezeigt, geschweige denn darüber nachgedacht, ob und wie ich mir meinen Lebensunterhalt verdienen sollte. Geldsorgen hatte ich mir nie machen müssen, und da ich mit Geld nicht verschwenderisch umging – mein spartanisches Internatsleben hatte mich in dieser Beziehung konditioniert – war eigentlich immer genug davon da, um meinen persönlichen Bedarf zu decken. Der Lebensstandard der Familie war auch nicht so stark abgesunken, dass wir uns Entbehrungen hätten auferlegen müssen oder uns gar der Abstieg in die Armut gedroht hätte. Andererseits waren wir wie alle Flüchtlinge, ob reich oder arm, in der gesellschaftlichen Hierarchie tief nach unten gefallen.

Das Gefühl, entwurzelt zu sein, war real genug. Seit dem 28. Dezember 1933 waren wir staatenlos, denn an diesem Tag hatte Deutschland allen Mitgliedern unserer Familie individuell die Staatsbürgerschaft aberkannt und uns damit nicht nur unsere Entwurzelung bescheinigt, sondern auch jede Reise zu einem Hürdenlauf gemacht. Es stand zu befürchten, dass unsere Staatenlosigkeit uns auch die Ausübung einer Erwerbstätigkeit erschweren würde. Ein Reisepass wurde unter diesen Bedingungen zu einem kostbaren, fast lebensrettenden Dokument. Meine Eltern konnten sich Pässe verschaffen. Meine Mutter besaß einen sogenannten Nansen-Pass, ursprünglich für vor dem Bolschewismus geflohene Russen ausgestellt, meine Schwester einen deutschen Pass ohne das gefürchtete »J«, mit dem die deutschen Behörden die Reisepässe von Juden kennzeichneten – übrigens auf Anregung der Schweiz, die keine jüdischen Flüchtlinge einreisen lassen wollte. Ausgestellt hatte ihr diesen Pass der deutsche Generalkonsul in Neapel, durch Vermittlung des Vaters einer Freundin aus Salem. Generalkonsul Breitling war ein unbeugsamer Nazigegner und half vielen Flüchtlingen. Ich selbst verfügte zunächst über einen englischen Ausweis. Ich war zwar an der deutschen Botschaft in London, die ich aufgesucht hatte, um meinen abgelaufenen deutschen Pass zurückzugeben, an einen ebenfalls nicht linientreuen Konsularbeamten geraten, der, während er mit extra lauter Stimme sagte, ich sei jetzt kein Deutscher mehr, einen neuen Pass zu mir herüberschob – doch prangte auf diesem das berüchtigte »J« und ich benutzte ihn nie. Von da an mussten meine Eltern jedes Mal, wenn ich aus England in die Schweiz fahren wollte, vorab eine erkleckliche Geldsumme deponieren, als Gewähr dafür, dass ich auch wieder ausreisen würde. Nicht gerade eine vertrauensbildende Maßnahme.

Schließlich besorgte mein Vater mir einen luxemburgischen Pass ohne Ablaufdatum, gefälscht vom Premierminister Luxemburgs höchstpersönlich. Ich habe diesen Pass bis zum heutigen Tag gehütet, um ihn im Notfall parat zu haben, denn die Angst vor der Identitätslosigkeit hat mich nie ganz verlassen, so dass ich es zum Beispiel grundsätzlich ablehne, bei der Ankunft in einem Hotel meinen Pass zum Zweck der – wenn auch noch so kurzzeitigen – Registrierung abzugeben. Diese tiefsitzende Unsicherheit begleitete unseren von Hoffnungen und Träumen geprägten Alltag und unseren Versuch, weiterhin ein »normales« Leben zu führen.

Mein Vater war immer der Meinung gewesen, nur die besten und angesehensten Schulen seien gut genug für mich, und hatte einen Augenblick lang sogar mit dem Gedanken gespielt, mich in Eton anzumelden. Ich hätte mich dieser Idee nicht widersetzen sollen, denn in Anbetracht des angelsächsischen Snobismus', der im amerikanischen Hochschul-Establishment vorherrschte, hätte ich mich als ehemaliger Eton-Schüler bei der Suche nach einer akademischen Anstellung sicher leichter getan. In dieser Situation kam mir jedoch eine alte Bootham-Tradition zu Hilfe. Seit jeher war es Brauch, dass die Absolventen dieser Quäker-Schule auf das Emmanuel College an der Universität Cambridge überwechselten, galt dies doch als das College der Puritaner. Mir stand freilich ein großes Hindernis im Weg: meine schulischen Referenzen, die mit Ausnahme von Geschichte und Englisch auf schwachen Beinen standen. Für Cambridge musste man eine Eignungsprüfung ablegen, bei der auch Latein- und Mathematikkenntnisse abgefragt wurden. Wie ich bereits erklärt habe, konnte ich mich mit dem Lateinunterricht überhaupt nicht anfreunden. Ich langweilte mich dabei immer sehr rasch, und für das mechanische Auswendiglernen von Dingen fehlte mir die Geduld, noch dazu, wenn mich das betreffende Fach nicht interessierte. Die Mathematik prallte an mir ab, weil sie sehr viel abstraktes Erinnerungsvermögen erforderte.

Mein gravierendstes und bedauerlichstes Defizit war jedoch, dass ich mir nie das naturwissenschaftliche Grundwissen angeeignet hatte, das man brauchte, um die Eignungsprüfung für Cambridge zu bestehen. Die Lehrer, die in Bootham die naturwissenschaftlichen Fächer unterrichteten, waren bewundernswerte und kompetente Leute, verstanden es aber nicht, Disziplin zu erzwingen. Ich widmete zum Beispiel den größten Teil der Zeit, die ich im schuleigenen Labor verbrachte, der Aufgabe, über dem Bunsenbrenner Esskastanien zu rösten. Lernerfolg setzt die Zusammenarbeit von Lehrern und Schülern voraus, ich aber weigerte mich einfach mitzumachen. An irgendeinen triftigen Grund für diese Verweigerung vermag ich mich nicht zu erinnern, ab-

Der Pass mit dem »J«

gesehen von einem generellen Mangel an Interesse, einem jugendlichen Nihilismus, den die Lehrer durch Disziplinierung oder durch das Entzünden von Lernbegeisterung sicher hätten wegzaubern können. Dieser Zauber stellte sich jedoch in den naturwissenschaftlichen Fächern nicht ein. Als einer der Lehrer uns in die Geheimnisse des Magnetismus einzuweihen versuchte, brachte ich es mit Hilfe eines mitgebrachten, am Körper versteckten Magneten fertig, alle seine Experimente zu sabotieren. Solche Erinnerungen erfüllen mich nicht mit Stolz, sondern führen mir ein Fehlverhalten vor Augen, dessen Folgen mir mein ganzes weiteres Leben lang zu schaffen machten.

Einer meiner liebsten Kraftsprüche lautete, es sei doch offensichtlich, dass man durchs Leben komme, auch ohne eine Quadratwurzel ziehen, im Kopf dividieren, multiplizieren oder Prozentsätze kalkulieren zu können – schließlich gab es schon damals Rechenmaschinen, die solche Operationen für einen erledigen konnten. In Fächern wie Physik, Chemie und erst recht Biologie kann Unwissenheit schon ernstere Folgen haben. Zwar bemühte ich mich später, als Kulturhistoriker, meine Wissenslücken ein Stück weit aufzufüllen (vorwiegend mit Theorien, die heute als überholt gelten), aber einen zufriedenstellenden Wissensstand erreichte ich nie. Was für ein Ignorant ich beispielsweise auf dem Feld der Biologie war, lässt sich aus folgender Episode ermessen: Im Dachboden meines Hauses in Iowa City nistete sich einmal ein Eichhörnchen ein, was mich sehr beunruhigte. In dieser Zeit kam es im Verlauf einer Fakultätssitzung an der Universität von Iowa, an der ich damals lehrte, zu einer unvermittelten Pause, wie sie bei solchen Sitzungen manchmal entsteht. In das Schweigen hinein platzte meine an einen Kollegen gerichtete Frage: »Wenn das Eichhörnchen auf meinem Dachboden Eier legt, was dann?« Das war fast das Ende der Sitzung, aber die Frage, man möge es mir glauben oder nicht, war durchaus nicht scherzhaft, sondern ernst gemeint. Damals entschuldigte ich meine Ahnungslosigkeit mit der Bemerkung: »Man kann nicht alles wissen.«

Es ist durchaus möglich, dass meine Person als Beispiel dafür taugt, welche Ergebnisse ein englisches Bildungswesen hervorbringen konnte, das größeren Wert auf den geistes- als den naturwissenschaftlichen Unterricht legte und damit mindestens zum Teil für den allmählichen Niedergang der britischen Industrie verantwortlich sein könnte. Wie auch immer, angesichts meiner Wissenslücken musste offensichtlich etwas geschehen, wenn ich auch nur eine Chance haben wollte, die Eignungsprüfung für Cambridge zu bestehen. So schickte man mich gleich nach Abschluss meines letzten Schuljahrs zu einem Privatlehrer, der mir Latein und Mathematik beibringen sollte. Er lebte in Strensall in Yorkshire, einem entlegenen Ort, der nur wenige Ablenkungen zu bieten schien, die mich am Lernen hätten hindern können. Dieser erste Eindruck täuschte jedoch, wie sich erweisen sollte. Ich nutzte die Gelegenheit, um das Golfspielen zu lernen, während mein Lehrer zu jeder Tageszeit französischen Champagner trank, eine Gewohnheit, die ich mit Genuss übernahm. Ich lernte sehr wenig, erinnere mich aber an die Geschichte, die mein Nachhilfelehrer mir vom Tod seiner Frau erzählte – eine Geschichte, die ich seither viele Male weitererzählt habe. Die gute Frau pflückte Blumen auf einer Wiese, als sich ihr von hinten unbemerkt eine Kuh näherte und ihr in den Nacken hauchte. Die Frau erlitt einen Herzanfall und war auf der Stelle tot. Diese Geschichte hätte den Marxschen Bemerkungen über den Kretinismus auf dem Land eine neue Dimension hinzugefügt. (Ich neige dazu, Marx in diesem Punkt Recht zu geben.)

Mein Nachhilfeunterricht blieb fruchtlos, doch zum Glück für mich ging es in England damals noch vordemokratisch zu, und für jemanden, der das nötige Kleingeld hatte, war es am Ende doch nicht allzu schwer, Student in Cambridge zu werden. Wenn ich mich richtig erinnere, konnte man in drei oder vier der sieben Prüfungsfächer durchfallen und trotzdem durchkommen. In der Praxis bedeutete das für mich, dass ich den naturwissenschaftlichen Teil ganz weglassen und mich auf eine der mathematischen Prüfungsaufgaben konzentrieren konnte, an der ich jedoch scheiterte. Die Übersetzung aus dem Lateinischen und die lateinische Leseprüfung schaffte ich ebenso wenig. Damit war ich aber immer noch nicht schlecht genug, um abgelehnt zu werden. Immerhin hatte mein schlechtes Abschneiden zur Folge, dass ich nicht in das angesehene College meiner Wahl, Emmanuel, aufgenommen wurde, sondern nur die Zulassung zum Downing College erhielt, das erst seit dem 19. Jahrhundert existierte und damit zu den jüngeren, nicht so angesehenen Instituten der Universität gehörte. Als ich rund fünfzig Jahre später selbst Vorlesungen in Cambridge hielt, gewann ich den Eindruck, dass von dieser Dünkelhaftigkeit nicht mehr viel übrig war.

Kapitel 6

Politisches Erwachen

Mit dem Studium in Cambridge begann ein neues Kapitel meines Lebens. Dem streng reglementierten Internatsleben hatte ich zwar schon bisher in den langen Ferienzeiten entrinnen können, aber nun konnte ich mich endgültig von der Charakterschulung verabschieden und in ein ungekanntes Reich der Freiheit eintreten. Ich hatte jetzt auch erstmals die Möglichkeit, mir Freunde frei auszusuchen (ohne bei der Auswahl auf die beschränkt zu sein, mit denen ich zwangsweise zusammenlebte) und mich in allem nach meinem eigenen Geschmack und meinen eigenen intellektuellen Prioritäten zu richten. Andererseits stand ich vor der schwierigen Frage, was ich studieren sollte, denn ich hatte noch keine richtungsweisenden Interessen entwickelt, abgesehen davon, dass für mich nur ein geisteswissenschaftliches Fach in Frage kommen würde. Die Entscheidung für ein Studienfach musste ich praktisch im Augenblick meiner Einschreibung an der Universität treffen. Es gab hier keine »Gnadenfrist« wie an amerikanischen Universitäten, wo man sich zwei Jahre lang umsehen konnte, ehe man sich auf ein Hauptfach festlegte. Geschichte lag nahe, vor allem dank Leslie Gilbert, der mir durch seinen Unterricht Appetit darauf gemacht hatte. Noch hatte sich freilich mein Interesse an Geschichte nicht zu der massiven Überzeugung verfestigt, dass sie das richtige Fach für mich sei. Ein wichtiger Gesichtspunkt war der, dass für viele meiner englischen Freunde in Cambridge Geschichte das Fach war, das sie wählten, wenn sie sich nicht darüber klar werden konnten, was sie eigentlich wollten, und so rutschte auch ich mehr in das

Geschichtsstudium hinein, als dass ich es mit voller Überzeugung gewählt hätte.

Es gab Leute, die diese Entscheidung in Frage stellten. Als ich zur Aufnahmeprüfung nach Cambridge kam, hatte ich eine Art Vorstellungsgespräch mit dem Direktor des Emmanuel College, Mr. Welbourne. Wir wanderten zusammen um das College, und als ich ihm sagte, welches Studium ich erwog, meinte er: »Leute wie Sie werden Journalisten, nicht Historiker.« Nicht einmal im toleranten England (und Mr. Welbourne war ein Ausbund an Toleranz) konnte ich dem Klischeebild des Juden entfliehen. Man muss ehrlicherweise wohl sagen, dass man in jener Zeit als Jude, gleichgültig in welchem Land man lebte, sein Klischeebild immer mit sich herumschleppte, ein Bild, das viele – ich selbst zur damaligen Zeit auch – als ein unauslöschliches Kainsmal ansahen. Ich befolgte den Rat von Mr. Welbourne nicht, doch später in den Vereinigten Staaten wurde mir klar, dass Geschichte und Englisch Fächer waren, die die sogenannten Angelsachsen für sich gepachtet hatten. Wenn man aber einem schon aufgrund seiner – fremden – Herkunft einfach nicht zutraut, dass er die Geschichte oder Literatur des Landes, in dem er lebt, wirklich versteht, wird man ihn nie als vollwertiges Mitglied der Gemeinschaft anerkennen. Es dauerte sehr lange, bis ich, als erster Jude überhaupt, Geschichte an zwei wichtigen amerikanischen Staatsuniversitäten lehren durfte.

Auf Kritik stieß meine Entscheidung für Geschichte auch innerhalb meiner Familie. Es war eine Kritik, die ebenso heftig wie wirkungslos war. Zwar hatte meine Familie in der Vergangenheit schon mehrere bedeutende deutsche Gelehrte hervorgebracht, doch hatte keiner von ihnen eine akademische Stellung bekleidet; von ihren eigenen Einkünften lebend, hatten sie als »Privatgelehrte« anerkannte Leistungen vollbracht. Der berühmteste von ihnen war Felix Liebermann, ein Bruder des Malers Max Liebermann, verheiratet mit einer Lachmann[8]. Anfang des 20. Jahrhunderts hatte er eine Sammlung der Gesetze der Angelsachsen herausgegeben und verlegt und war dafür sowohl von Oxford als auch von Cambridge mit akademischen Ehrentiteln belohnt worden. Als sich herumsprach, dass ich ein Verwandter von Felix Liebermann war, der in England viel berühmter war als sein Bruder Max, hob dies mein Ansehen um einiges und verschaffte mir Zutritt zu Seminaren, deren Türen mir ansonsten verschlossen geblieben wären.

Ein erheblich entfernterer Verwandter aus dem Mosse-Zweig der Familie, Felix Makower, hatte als sein Lebenswerk ein Buch über die Verfassung der Kirche von England geschrieben, das 1894 erschienen war und im Arbeitszimmer jedes englischen Bischofs stand. Es gab in der Mosse-Sippe noch einige weitere Gelehrte, so zum Beispiel Hermann Blaschko, der auf römisches Recht spezialisiert war und in Oxford lehrte[9].

Außer Blaschko lebten alle diese Gelehrten von ihrem ererbten Vermögen. Dieser Weg zu akademischen Würden war mir freilich versperrt – angesichts unserer wirtschaftlichen Lage als Exilanten würde ich mir meinen Lebensunterhalt verdienen müssen. Sich geschichtliches Wissen anzueignen, galt als unabdingbarer Bestandteil einer kultivierten Existenz, und man konnte sogar zu Ehren gelangen, wenn man es zu seiner Berufung machte, aber es galt nicht als etwas, mit dem man Geld verdienen konnte. Meine Familie meinte, wenn ich schon studieren wolle, solle ich entweder ein naturwissenschaftliches Fach wie Physik wählen oder, wie mein Bruder, ein wirtschaftswissenschaftliches Studium, das eine gute Grundlage für eine Karriere im Geschäftsleben sein würde. Am Ende blieb ich trotz einiger nervenzehrender Auseinandersetzungen mit meinen Eltern meinem Entschluss treu, Geschichte zu studieren, und bestätigte damit vielleicht meinen Vater in seinen schweren Befürchtungen hinsichtlich meiner Zukunft – Befürchtungen, die durch mein mittelprächtiges Schulabgangszeugnis und meine Fehlleistungen bei der Aufnahmeprüfung für Cambridge noch weiter bestärkt wurden.

Als ich mich im Herbst 1937 in Cambridge immatrikulierte, stellte ich fest, dass sich in den Colleges der Universität einige Elemente des strengen Internatsregimes wiederfanden, was mir den Übergang vom schulischen zum universitären Leben erleichterte. Spätestens um 22 Uhr mussten die Studenten im College bzw. in den ihm angeschlossenen Wohnheimen sein; zu diesem Zeitpunkt wurden die Portale und Türen abgeschlossen. Im Unterricht musste man die Studentenrobe tragen, draußen auf der Straße Robe und Barett. Das war eine abgewandelte Fortsetzung der Schuluniform, die ich von Bootham her gewöhnt war. Auch in Cambridge gab es bestimmte »verrufene« Orte, die für uns tabu waren, wenngleich das mit dem strengen Reglement in Bootham nicht zu vergleichen war. Dort war es uns nicht nur untersagt gewesen, in die Stadt zu gehen, sondern man hatte uns auch vorgeschrieben, welche Straßen wir nicht benutzen durften, wenn wir im Klassenverband zum Versammlungshaus der Quäker, das in der Ortsmitte lag, marschierten. Cambridge hatte seine eigenen verbotenen Lokalitäten, wie zum Beispiel eine Bar namens »The Rendezvous«, die für uns tabu war und entsprechend unsere Phantasie beflügelte – sonst wüsste ich sicher nicht mehr, wie sie hieß. Zusammen mit Freunden besuchte ich das »Rendezvous« irgendwann dann doch, ohne erwischt zu werden. Wir fanden dort nichts besonders Aufregendes, doch selbst wenn wir einer Prostituierten in die Arme gelaufen wären, hätten wir sie vermutlich nicht als solche erkannt. In den Straßen von Cambridge patrouillierte eine universitätseigene Polizei in Gestalt eines Dozenten in voller akademischer Montur und zweier ihn begleitenden College-Dienstboten, »Bulldoggen« genannt, mit Zylinderhüten.

Der Lehrbetrieb lief in Cambridge insgesamt nur runde sechs Monate im Jahr; die bewährte und allgemein akzeptierte Regel lautete zu meiner Zeit denn auch: Während des Semesters stürzt man sich ins gesellschaftliche Leben, in den langen Semesterferien studiert man. Ich kostete diesen Brauch voll aus und gesellige Runden bürgerten sich ein: Mittag- und Abendessen, manchmal sogar schon das Frühstück, wurden mit Freunden im eigenen College eingenommen, sehr oft auch als Gast in einem anderen College. Wir fuhren Stocherkahn auf dem Flüsschen Cam, wobei das flache Gefährt mittels einer langen Holzstange vorwärts bewegt wurde, oder radelten zum Tee trinken aufs Land hinaus. Es war ein idyllisches Leben, so erscheint es wenigstens im Rückblick, unterbrochen durch regelmäßige Anfälle akademischer Arbeitswut, wenn es galt, den wöchentlichen Aufsatz für das Tutorium zu schreiben. Sehr bald schon erweiterte sich unser gesellschaftliches Leben um lebhafte politische Diskussionen, die schließlich auch in politisches Handeln mündeten.

Die meisten meiner engen Freunde waren entweder ebenfalls Flüchtlinge oder Absolventen von Bootham. Irgendeine Feindseligkeit gegenüber Ausländern bemerkte ich ebenso wenig wie rassistische Vorurteile. Ich ging eine Zeitlang mit einer afrikanischen Prinzessin aus, die in unserem Kreis voll und ganz akzeptiert war. Eine Nation, die ein Weltreich beherrschte, konnte wohl kaum jene »Eingeborenen« diskriminieren, die ihr halfen, dieses Reich zu regieren, erst recht nicht an ihren Universitäten. Indische Prinzen veranstalteten die rauschendsten Feste. Bei einem, an dem ich teilnahm, warfen wir, als wir mit dem jungen Prinzen flussaufwärts schipperten, mit unseren Bierflaschen sämtliche Fenster des Queen's College ein; soweit ich mich erinnere, wurde nie jemand dafür bestraft.

Wir alle hatten ein paar Freundinnen in den beiden Colleges für Frauen, doch im Alltag bewegten wir uns in einer Männerwelt, sehr ähnlich wie im Internat. Von einer Ausnahme abgesehen, verlor ich diejenigen, mit denen ich damals Freundschaft schloss, später aus den Augen, woran teilweise der Krieg schuld war. Ich ging in die Vereinigten Staaten, während die meisten von ihnen in Europa blieben; das nomadische Leben, das ich in der Folge zu führen begann, machte es schwer, Kontakte aufrechtzuerhalten, erst recht zu Leuten, die meine geistigen Interessen nicht teilten. Eine gewisse Rolle spielte aber auch die Tatsache, dass Juden, die sich freiwillig zum britischen Heer meldeten, ihren Namen ändern mussten. Das war eine vernünftige Regel, lebenswichtig sogar für den Fall, dass sie als Kriegsgefangene in deutsche Hände fielen. Viele behielten ihren englischen Namen nach Kriegsende bei, so zum Beispiel Hans Seligson-Netter, der mir in Berlin und Cambridge ein enger Freund gewesen war, den ich aber nie wiedergefunden habe. Ein anderer Bekannter nahm den Namen seines im Krieg gefallenen besten Freundes an – eine Namensänderung, die damals anerkannt wurde, obwohl ich von keinem anderen gleich gelagerten Fall gehört habe. Meine Auswanderung in die Vereinigten Staaten sollte, wie sich zeigte, einen glatten Bruch mit dieser Vergangenheit bringen. Dennoch kommt es bis heute vor, dass ich eine Nachricht von jemandem erhalte, der mich von der Schule oder vom College her kennt; meistens passiert das, wenn der Betreffende meinen Namen irgendwo gelesen hat. Allerdings ist der Wiedererkennungswert meines Namens nicht garantiert, denn ich änderte meinen Familiennamen von Lachmann auf Mosse, als ich in die Vereinigten Staaten einwanderte. (Den Doppelnamen Lachmann-Mosse hatte ich schon bei der Ausreise aus Deutschland abgelegt.)

Auch aus meinen Studienjahren am Haverford College und als Diplomand in Harvard sind – wiederum von einer Ausnahme abgesehen – keine dauerhaften Freundschaften übrig geblieben. Diese kamen erst später, als ich an der Universität von Iowa in eine Clique junger, am Beginn ihrer akademischen Laufbahn stehender Hochschullehrer hineinkam. Nach dem Abgang von der Schule verliebte ich mich viele Male unsterblich – meistens unglücklich – und vielleicht band das die emotionale Energie, die ich gebraucht hätte, um persönliche Beziehungen anderer Art aufzubauen. Ich ging damals und auch später mit Frauen aus, jedoch als Freund, nicht als Liebhaber. In meinem Sexualleben blieb ich noch fast drei weitere Jahrzehnte keusch, nicht zuletzt weil ich früh zu der Überzeugung gelangte, dass ich es in meinem Beruf nur zu etwas bringen konnte, wenn ich die Energien, die ich in sexuelle Beziehungen hätte investieren müssen, voll und ganz auf Hörsaal und Studierzimmer konzentrierte. Was sich aus heutiger Sicht wie die Rationalisierung eines unterdrückten Liebesverlangens ausnimmt, war damals allerdings eine allgemein anerkannte Auffassung. Wie sich die Dinge entwickelt hätten, wenn ich in einem diesbezüglich weniger feindseligen Milieu gelebt hätte, oder wenn, wichtiger noch, meine Liebe in dem einen oder anderen Fall offen erwidert worden wäre, vermag ich nicht zu sagen.

Wie sehr einen das gesellschaftliche oder politische Leben in Cambridge auch in Anspruch nehmen mochte, der wöchentliche Aufsatz musste geschrieben und mit dem Tutor, der einem zugeteilt worden war, durchgesprochen werden. Mr. Goulding Browne, mein Tutor, gehörte eigentlich dem Emmanuel College an – zwischen manchen Colleges bestanden Vereinbarungen über den Austausch von Tutoren. Er war kompetent, aber langweilig. Während meines wöchentlichen einstündigen Privatissimums bei ihm las ich meinen Aufsatz vor, und er kommentierte ihn kritisch. Wenn ich mir jetzt seine Randbemerkungen und Beurteilungen zu den schriftlichen Fassungen meiner Aufsätze anschaue, die ich aufbewahrt habe, wird mir klar, was für eine wunderbare Lehrmethode das war – maßgeschneiderter Unterricht sozusagen, konzentriert und gründlich. Wie schade, dass ich mit meinen Gedanken oft anderswo war und der Qualitätsfortschritt in meinen Aufsätzen nur in kleinsten Schritten vor sich ging.

Es bestand keine Pflicht, Vorlesungen zu besuchen, aber ich interessierte mich für vieles von dem, was angeboten wurde, und hörte es mir an. So besuchte ich zum Beispiel die Vorlesungen von George Macaulay Trevelyan, dessen *History of England* mich in Bootham so gefesselt hatte. Die Enttäuschung war groß. Er machte eine imposante Figur auf dem Podium, bis er die Druckfahnen seines neuesten Buches aus der Tasche holte, sie vor sich aufs Rednerpult legte und vorzulesen begann. Die Zuhörer verflüchtigten sich größtenteils, doch ich hielt bis zum Schluss durch und wurde dafür mit einer persönlichen Unterredung in seinem Büro belohnt. Ein Satz, den er damals fallen ließ, überstrahlt in meiner Erinnerung alles andere, worüber wir sprachen. Als ich ihn fragte, ob ich in England bleiben oder nach Amerika gehen sollte (wozu mein Vater mich drängte), riet er mir zu gehen, mit der Begründung, England sei »am Ende«. Diese Äußerung aus dem Mund einer so bedeutenden, durch und durch britischen Persönlichkeit im Jahr 1938 ist mir bis heute gegenwärtig geblieben.

Auch die anderen Dozenten und Professoren hatten nicht sehr viel mehr Ausstrahlung; sie waren in der Regel spröde Informationsvermittler. Ich besuchte keine Vorlesungen, die sich mit Zeitgeschichte befassten, weil sie so gut wie nicht angeboten wurden; die gelehrte Geschichte endete mit der Viktorianischen Epoche in England. In fast allen Vorlesungen, die ich besuchte, ging es um mittelalterliche Themen, in einigen wenigen um alte Geschichte. Wenn man in Cambridge Geschichte studierte und sich für ein zeitgenössisches Thema interessierte, wurde man, so schien es mir, fast zwangsläufig zum Mediävisten. So restriktiv uns das damals erscheinen mochte, sorgte es doch dafür, dass man als Neuzeit-Historiker ein ausgezeichnetes Fundament mitbekam, eine Dimension geschichtlichen Wissens, die späteren Generationen spezialisierter Zeitgeschichtler oft abging.

Außer meinem persönlichen Tutor interessierte sich noch ein Mitglied des Cambridger Lehrkörpers für mich, und zwar in der irrtümlichen Annahme, ich sei ein Neffe von Felix Liebermann –

In Wirklichkeit waren wir nur verschwägerte Vetter dritten Grades[10]. Helen Maud Cam war eine angesehene Mediävistin, deren Vorlesungen über die Rolle des Sheriffs im mittelalterlichen England allerdings um 8 Uhr morgens begannen und schon deswegen eine Art Gerichtsverfahren waren – ihr Seminar war viel besser. Vorlesung und Seminar wurden gleichermaßen von ihrer beeindruckenden Persönlichkeit beherrscht, die ungewöhnlich asketisch war – sie prägte mein Bild von einer typischen Cambridger (oder Oxforder) Professorin. Als sie jedoch nach dem Krieg als erste Frau überhaupt eine Berufung an die geisteswissenschaftliche Fakultät der Harvard University erhielt, stellte ich zu meiner Verblüffung fest, dass sie eine Verwandlung durchgemacht hatte: Sie trank Cocktails, trug modische Sachen aus Seide und war ein entspannterer Mensch.

In Cambridge hatte ich vor Helen Maud Cam einen Heidenrespekt. Es gehörte zum guten Ton, dass man jeden Professor, an dessen Seminar man teilnahm, wenigstens einmal zum Tee zu sich einlud, und das tat ich irgendwann notgedrungen auch bei ihr. Sie kam zu Besuch, wir tranken Tee und dann ging sie auf die Toilette, um sich die Hände zu waschen. Das war nicht weiter schlimm, aber ich hatte nicht mit meiner neugierigen Vermieterin gerechnet, die alsbald die Treppe heraufgestampft kam, an die gläserne Tür der Toilette klopfte und aus vollem Hals rief: »Junger Mann, verbrauchen Sie mein ganzes Toilettenpapier?« Zu sagen, dass ich am liebsten im Erdboden versunken wäre, ist eine Untertreibung. Helen Maud Cam erinnerte mich an diese Episode, so oft wir uns wiedersahen, auch noch zwanzig Jahre später.

Die Institutionen-Geschichte, auf die Professor Cam sich spezialisiert hatte, erschien mir trocken und inhaltsarm; dagegen fand ich die Wirtschaftsgeschichte, die ich bei dem damals berühmten M. M. Posten hörte, interessanter, wenn auch nur wegen seiner lebhaften Persönlichkeit. Die Geschichte des politischen Denkens, die Geschichte von Ideen, erschien mir sehr viel herausfordernder. So bewegten sich nach meinen Begriffen die Vorlesungen von J. G. Sikes, der die Werke des William von Ockham über mittelalterliche Theologie herausgegeben hatte, auch wenn kaum jemand sie hören wollte, auf einer sehr viel interessanteren Ebene; allerdings litt Sikes an der Parkinsonschen Krankheit, und es war nicht immer leicht, ihn zu verstehen. Den nachhaltigsten Eindruck auf mich machte jedoch George Kitson Clark, sowohl wegen der Substanz seiner Vorlesungen als auch wegen seines Vortragsstils, der sich deutlich von dem unterschied, was wir sonst angeboten bekamen. Unter dem Holbein-Porträt Heinrichs VIII. im großen Hörsaal des Trinity College stehend, gab er eindrucksvolle Vorstellungen, in denen er die Geschichte des Viktorianischen England lebendig und anregend erzählte. Als ich ihn viele Jahre später persönlich kennen lernte, erwies er sich als ganz genauso lebhaft, aufregend und eindrucksvoll, wie ich ihn im Hörsaal erlebt hatte.

Durch meine Erfahrungen als Vorlesungsbesucher in Cambridge – wo ich mit dieser Form des Lehrens erstmals gründliche Bekanntschaft machte – wurde mir bewusst, was man in dieser Situation tunlichst vermeiden und welchen Vorbildern man nacheifern sollte. Die bleibende Lehre, die ich daraus zog, war die, dass Vorlesungen, wenn der Vortragende sie nicht nur für sich selbst hält, sondern an seine Zuhörer denkt, durchaus eine aufregende Sache und ein legitimes Instrument der Lehre sein können. Ich gelangte schon damals zu der Überzeugung, dass Vorlesungen so etwas wie ein Spektakel sein müssen, wenn sie eine große Zuhörerschaft in Atem halten sollen, während die orthodoxe akademische Vorlesung im Grunde nur diejenigen zu fesseln vermag, die sich für das Thema sowieso schon interessieren und etwas darüber wissen. Natürlich muss einer, der an einem College oder einer Universität Vorlesungen hält, ein qualifizierter Akademiker sein, aber wenn er seine Zuhörer nicht fesseln und bei der Stange halten kann, verschwendet er seine und ihre Zeit. Da ich große

Hörsäle voller Studenten hatte, als ich nach dem Zweiten Weltkrieg meine akademische Laufbahn begann, erwies sich diese Lektion als wertvoller als das meiste von dem, was ich aus den Vorlesungen an fachlichem Gewinn mitgenommen hatte.

Es gab noch andere Vorlesungen, die ich zusammen mit einem Vetter, Werner Mosse, besuchte, der ebenfalls Geschichte studierte – jedoch, anders als ich, als vielversprechender Stipendiat[11]. Dabei ging es nicht um die Vergangenheit, sondern um die Zukunft. Der General und spätere Feldmarschall Archibald Percival Wavell dozierte über die Zukunft des Krieges. Als später tatsächlich Krieg herrschte, verkaufte ein geschäftstüchtiger Kommilitone von mir seine bei diesen Vorlesungen angefertigten Mitschriften an die *New York Times*. Eine der wenigen Thesen Wavells, an die ich mich erinnere, besagte, die Generäle der Zukunft würden ihre Truppen von über dem Schlachtfeld kreisenden Hubschraubern aus befehligen – wie viele der damals populären Prognosen über die Kriegführung der Zukunft, reflektierte auch diese eher die Vorstellungswelt des Autors als die Realität des militärischen Geschehens. Dass wir trotz unseres ziemlich prall gefüllten Stundenplans zu diesen Vorlesungen gingen, die nicht in unser Studienfach fielen und deshalb für uns auch nicht prüfungsrelevant waren, zeigt, dass der Gedanke an einen möglichen Krieg in jenen Jahren immer präsent war. Als einer, der vor den Nazis geflohen war, hatte ich ein besonders waches Bewusstsein für die möglichen Auswirkungen der Politik dieses Regimes auf die Stabilität Europas und damit auch auf meine eigene Sicherheit. Wir Flüchtlinge waren einhellig der Meinung, dass Frankreich besonders gefährdet sei. Was mich persönlich besonders betroffen machte, war der verbreitete Pessimismus im Hinblick auf die Zukunft Frankreichs, den ich bei allen meinen Begegnungen mit Franzosen, hauptsächlich Ladeninhabern, registriert hatte.

Die andauernden Streiks und politischen Unruhen in Frankreich ließen meinen Glauben an die Unbesiegbarkeit dieses Landes und seiner Armee rasch dahinschmelzen. England war anders, dort fühlte ich mich verhältnismäßig sicher.

Auf jeden Fall durfte man die Politik nicht aus dem Auge lassen, zumal das Interesse an Politik, wie bereits festgestellt, für einen in die Zwischenkriegszeit hineingeborenen Juden so etwas wie eine schicksalhafte Notwendigkeit war. Man konnte kein »unpolitischer Deutscher« sein, wenn es denn so etwas überhaupt gab. Denn unpolitisch zu sein hätte ja faktisch bedeutet, jedwedes gerade an der Macht befindliche Regime zu unterstützen, und das war für mich schwerlich möglich, nicht einmal in der Zeit, in der die europäischen Regierungen, und auch die Vereinigten Staaten, Nazi-Deutschland noch wie eine »normale« Nation behandelten. Diese Staaten betrieben gegenüber Deutschland eine Appeasement-Politik, lange bevor dieser Begriff die negative Färbung erhielt, die er seit dem Abschluss des Münchener Abkommens 1938 und der Zerstückelung der Tschechoslowakei hatte.

Wir waren alle von einer großen Kriegsangst ergriffen, trotz unserer relativ sicheren Zuflucht in England. Weder ich noch meine Freunde glaubten, den nächsten Krieg, so er denn käme, überleben zu können, denn neue, zerstörerische Waffen würden uns und unsere Welt vernichten. In einem 1936 geschriebenen Brief an meine Schwester fügte ich diese Angst mit einer persönlichen Note hinzu: Mit Sicherheit, so meinte ich, werde der nächste Krieg die Zerstörung Europas bringen und damit unsere Einkommensquellen vollends zunichte machen – wir würden keinen Pfennig mehr besitzen. In den dreißiger Jahren kam man sich vor, als lebte man ständig am Rand der Katastrophe: Wir Flüchtlinge waren sicher, dass Hitler den Krieg wollte, und in der Tat sahen wir die Dinge viel klarer als die Staatsmänner unserer Zeit, die einander mit der Weisheit trösteten: »Die Suppe wird nie so heiß gegessen, wie sie gekocht wird.« Aber niemand legte Wert auf die Meinung von Flüchtlingen, von denen es hieß, sie hätten ihre besonderen Vorurteile und Hintergedanken. Dieses Mal sollten die Flüchtlinge jedoch Recht behalten, während die anderen das Nachsehen hatten.

Das Bewusstsein, am Rande der Katastrophe zu leben, kostete einen Preis. Das lange Warten auf den Ausbruch dieser Katastrophe, die unausweichlich schien, ja vielleicht sogar notwendig, um Hitlers Untergang herbeizuführen, zeitigte anhaltende Folgewirkungen. Seit diesen Jahren habe ich nicht mehr aufgehört, in der ständigen Erwartung, wenn nicht einer Katastrophe, dann so doch irgendeines bevorstehenden Unglücks oder Missgeschicks zu leben und mir konkret vorzustellen, wie ich mich im Falle des Falles verhalten würde. Diese Marotte macht sich vor allem beim Reisen bemerkbar. So gebe ich zum Beispiel wenn ich fliege fast nie Gepäck auf, weil ich überzeugt bin, dass es verloren geht. Diese Ängste beherrschen glücklicherweise nicht mein Leben, sondern sind mir nur hin und wieder lästig; in realen Krisensituationen habe ich mich im Übrigen immer ganz gut geschlagen. Das Flüchtlingsdasein hatte, um noch ein paar Beispiele zu nennen, noch weitere Auswirkungen, so etwa die Scheu vor dem Überqueren von Grenzen, die Angst vor dem Verlust des Reisepasses, das Bedürfnis, mich durch den Kauf von Gold abzusichern. Meine Schwester kaufte sogar noch Gold, als sie längst amerikanische Staatsbürgerin war und es keinen nachvollziehbaren Grund mehr gab, das zu tun.

Die bedrohliche Dynamik des faschistischen Regimes zeitigte bei mir die Konsequenz, dass ich in den Club der Cambridger Sozialisten eintrat. Angesichts meiner Kriegsangst fiel mir ein großer Stein vom Herzen, als Neville Chamberlain 1938 aus München zurückkehrte und die unmittelbare Kriegsgefahr gebannt zu sein schien. Einige Zeit davor hatten alle Studenten Gasmasken erhalten, eine Maßnahme, die uns in unseren Befürchtungen erst recht bestärkte – zumal als bekannt wurde, dass etliche dieser Masken undicht waren. Der Anblick frisch rekrutierter Soldaten, die auf der Gemeindewiese von Cambridge militärische Übungen absolvierten, weckte nicht gerade Zuversicht. Meine widersprüchlichen Empfindungen – die Furcht vor einem baldigen Krieg bei gleichzeitiger Bereitschaft, ihn als notwendig im Sinne des Kampfes gegen den Faschismus zu akzeptieren – wurden von meinen Freunden in der antifaschistischen Bewegung, der inzwischen meine Tatkraft und mein Herz gehörten, weitgehend geteilt.

Hin und wieder kommt es vor, dass Angehörige einer Generation ihr politisches Erwachen auf ein einziges einschneidendes Ereignis zurückführen können. In den 1960er Jahren war es der Vietnamkrieg, der in Europa und den Vereinigten Staaten eine ganze Studentengeneration politisierte. Eine ähnliche Rolle spielte für mich und meine Generation der Spanische Bürgerkrieg, der 1936 ausbrach. Er rührte unsere Leidenschaft auf, fesselte unsere Emotionen und prägte für lange Zeit unsere politischen Einstellungen. Ich war für eine solche Politisierung gerüstet. Die Politik hatte in meinem Leben eine Rolle gespielt, ob ich es gewollt hatte oder nicht, und die von der politischen Rechten ausgehende Bedrohung war real und konstant vorhanden. Die flammenden Hakenkreuze auf den Hügeln um Hermannsberg waren ein Signal gewesen, die häufigen antisemitischen Ausfälle und Parolen, denen wir in Schenkendorf begegnet waren, blieben ständig in Erinnerung. Und natürlich hatte die Politik, wie bereits erwähnt, für uns, die wir als sogenannte deutsch-jüdische Pressemagnaten an exponierter Stelle standen, zum täglichen Brot gehört.

In Hermannsberg war ich kein besonders politischer Schüler gewesen, abgesehen davon, dass das nationalistische Denken, das die Schule förderte und für das Kurt Hahn stand, seine Spuren hinterließ. In Bootham wurde das ganz anders. Hier mischten sich die Schüler ins lokale politische Geschehen ein und führten im eigenen Kreis nachgestellte Wahlen durch. In Bootham wurde ich selbst in einen politischen Prozess hineingezogen, den ich vorher nur aus den Konversationen am heimischen Esstisch gekannt hatte. Was man heute als »Graswurzel-Demokratie« bezeichnet, gab es in dem Deutschland, das ich kannte, im Grunde nicht; dort beherrschten politische Parteien mit ihren hierarchischen Apparaten das Geschehen. Jetzt legte ich mich nicht nur für den liberalen Bewerber ins Zeug, der bei unserer nachgespielten Wahl in der Schule kandidierte, sondern unterstützte tatsächlich den lokalen Labour-Kandidaten, der sich um einen Sitz im Parlament bewarb, indem ich als Wahlkämpfer für ihn in der Stadt York von Tür zu Tür zog. Sein Gegenkandidat war Lord Halifax, der als Mitglied der konservativen britischen Regierung federführend an der Appeasement-Politik mitwirkte. Ich sprach zu der Zeit noch mit einem deutlichen deutschen Akzent, was aber offenbar meiner politischen Aktivität keinen Abbruch tat.

Bei Ausbruch des Spanischen Bürgerkriegs war ich noch in Bootham. Die Scheidelinie zwischen Freund und Feind war mit einem Mal eindeutig gezogen: Mit diesem Krieg bot sich erstmals die Chance, offen und handfester als nur in Zeitungen oder Debattierklubs gegen die Faschisten zu kämpfen. Wenn es wirklich, wie manche Historiker uns glauben machen, die Kommunistische Partei gewesen sein sollte, die unter den Cambridger Studenten Mobilisierungsarbeit leistete und das Hauptverdienst daran hatte, dass sich die Mitgliederzahl des Sozialistischen Clubs mehr als verdoppelte, so blieb mir dieser angebliche Umstand während meines dortigen Studiums verborgen. Den meisten von uns genügte der Kampf gegen den Faschismus als Motiv. Was dabei aus Spanien wurde, war für mich eine zweitrangige Überlegung. Die demokratisch gewählte Linksregierung musste verteidigt werden, doch dass sie, wenn sie obsiegte, zum Modell für eine neue und bessere Gesellschaft werden könnte – die sozialistische Gesellschaft von morgen – war ein Gedanke, der mir und den meisten meiner Freunde nie in den Sinn kam. Von Spanien selbst wussten wir so gut wie nichts.

Ich habe es immer als eine glückliche Fügung für mich erachtet, dass die erste Sache, für die ich mich politisch mit voller Kraft engagierte, so klar konturiert war, dass wir nicht in eine so zwiespältige Position gerieten wie manche von denen, die gegen den Vietnamkrieg opponierten – mit unserem Kampf ums Überleben gegen die faschistische Flut lässt sich die Solidarisierung der sechziger Jahre mit dem Vietkong wohl kaum vergleichen. In der Rückschau kommt es mir so vor, als hätte ich ein Anliegen gebraucht, an das ich glauben konnte, zumal die Sache, für die wir dort kämpften, in eine Liturgie und Mythologie eigener Art eingebettet war: da waren die Kampflieder des Bürgerkriegs, die Plakate, die Begegnung mit den Männern, die sich freiwillig zur Oliver-Cromwell-Brigade gemeldet hatten, die Augenzeugenberichte von der Front.

Der Spanische Bürgerkrieg war der erste moderne Krieg, in dem die Massenpropaganda als Waffe eingesetzt wurde. Meine Freunde und ich beteiligten uns mit Feuereifer an dem, was unsere Gegner (ebenso wie später die Historiker) als Propaganda bezeichneten, was für uns aber die Funktion einer Liturgie hatte: das gefühlsgeladene, schöpferische Artikulieren der Wahrheit, und dazu gehörten die Lieder, die unseren Zusammenhalt stärkten. Hier kam mir eine weitere Erkenntnis, die ich später in meinen Arbeiten über den Nationalsozialismus und den Nationalismus ausführte: »Propaganda« ist normalerweise ein negativ besetzter Begriff, der verdunkelt, wie die Beteiligten die Selbstdarstellung empfanden, die solche Bewegungen durch ihre Massenkundgebungen und Plakate, Tänze und Lieder gestalteten – das hatte alles große Bedeutung als Ausdruck einer Einstellung zum Leben als ganzem.

Ich war in einem entschieden liberalen Milieu aufgewachsen, ohne irgendeine starke emotionale Bindung. Das war ein Defizit, das durch die Atmosphäre in Hermannsberg zumindest teilweise aufgefüllt wurde; dort hatte ich ein emotionales Verhältnis zur

Landschaft aufgebaut und mich darüber dem Nationalismus angenähert. Das Exildasein konnte diese romantische Vision in mir zwar nicht zerstören – ein kräftig spürbarer Rest dieser Bindung blieb für den Rest meines Lebens erhalten –, machte sie jedoch obsolet.

Der Spanische Bürgerkrieg gab mir eine Orientierung, was damals dazu führte, dass mein Mitgefühl mit der Not der Juden im Eifer des antifaschistischen Gefechts unterzugehen drohte. Denn wir verstanden unseren Kampf als einen um die Befreiung aller Völker von der Tyrannei, das der Juden eingeschlossen. Dass Großbritannien sich gegenüber diesem Kampf neutral erklärte und die Lieferung von Waffen an die Republikaner untersagte, bestärkte uns nur in unserer Entschlossenheit, der in Bedrängnis geratenen Republik zu Hilfe zu eilen, auch wenn wir vorerst nicht mehr tun konnten, als im Rahmen einer angesehenen antifaschistischen Koalition Geld zu sammeln, damit Milch nach Spanien geschickt werden konnte.

Der Erzbischof von York, William Temple, war einer von denen, die Geldspenden für die republikanische Sache sammelten, und oft halfen ihm Schüler aus Bootham dabei. Ich selbst assistierte ihm einmal und wurde aus diesem Anlass zur Stimme der britischen Jugend gekürt. Ich fand das damals ziemlich normal, auch wenn es im Rückblick bizarr erscheint. Leider war ich viel zu jung – siebzehn Jahre – um zu begreifen, dass William Temple, der spätere Erzbischof von Canterbury, eine der großen fortschrittlichen Persönlichkeiten des 20. Jahrhunderts in der Anglikanischen Kirche war.

Zu diesem Zeitpunkt hatte mein Engagement für Spanien noch sporadischen Charakter; das Bemühen um die Zulassung zur Universität Cambridge nahm meine Tatkraft ebenso in Beschlag wie danach die zähe Auseinandersetzung mit der Familie darüber, was ich studieren sollte. Ich hätte mich sicher auch in Frankreich, wo ich alljährlich so viele Ferienmonate verbrachte, politisch engagieren können, doch in Frankreich war ich als Ausländer mit einem Stigma behaftet und tat gut daran, mich der politischen Betätigung zu enthalten. Natürlich wurde ich Zeuge der Unruhen und Streiks, die in Paris an der Tagesordnung waren. So fand ich einmal, als ich, aus England kommend, am Pariser Nordbahnhof eintraf, keinerlei Transportmöglichkeit nach Neuilly am anderen Ende der Stadt, wo mein Vater und meine Stiefmutter wohnten.

Einmal spielte mir in Paris meine Neugier einen Streich. Das *Pariser Tageblatt*, die Zeitung der deutschen Exilgemeinde, die wir alle lasen, berichtete stets ausführlich über die französische Rechte, die ansonsten in der Öffentlichkeit nicht ganz so sichtbar war wie ihr deutsches Pendant. Im Februar 1934, mitten in einer Phase, in der die politischen Wogen wieder einmal hochschlugen, meldete die Zeitung eine bevorstehende Großkundgebung der rechtsnationalistischen Bewegung Croix de Feu, die auf dem Platz vor der Abgeordnetenkammer stattfinden sollte. Ich ging hin – nicht um mich an der Demonstration zu beteiligen, sondern um mir anzusehen, was sich dort tat, und um mir die Ansprachen anzuhören.

Mir wurde viel mehr geboten, als ich erwartet hatte; die versammelte Menge machte nämlich Anstalten, die Abgeordnetenkammer zu stürmen, was ihr allerdings nicht gelang. Ich war in der nachdrängenden Menge eingekeilt und hatte keine Chance, das Ufer dieses Menschenmeers zu erreichen. Die Minuten dehnten sich zu einer scheinbaren Ewigkeit, und es war nicht mehr lange bis zur Abendessenszeit, zu der ich zu Hause sein musste. Zu meiner Überraschung war ich nicht der Einzige – viele bahnten sich um diese Zeit ihren Weg aus der Menge, offenbar um sich nicht den Zorn von Frau Mama zuzuziehen. Dieser Kontrast zum Verhalten deutscher Demonstranten, die ich erlebt hatte, prägte sich mir nachhaltig ein, und von da an konnte ich französische Massenaufmärsche nie wieder richtig ernst nehmen. Das war meine engste Berührung mit dem, was in den 1960er Jahren viele meiner Studenten als »revolutionäre Aktion« glorifizieren und romantisieren sollten.

In Cambridge war unterdessen aus meinem zuvor nur sporadischen politischen Engagement ein kontinuierliches geworden. Ich betätigte mich aktiv in der antifaschistischen Bewegung, die in Spanien zu einer einheitlichen Stimme gefunden hatte. Diese Bewegung verdient es, näher beschrieben zu werden, prägte sie doch so große Teile meiner Generation und ihrer Weltanschauung. Die antifaschistische Bewegung hat trotz ihrer Bedeutung noch nicht ihren Historiker gefunden; diejenigen, die über sie geschrieben haben, sind zumeist der Neigung erlegen, sie durch die Brille des Kalten Krieges zu betrachten. Wer das tut, läuft Gefahr, im Antifaschismus wenig mehr als eine Flanke des Kommunismus zu sehen und die Frage, ob die antifaschistische Bewegung von den Kommunisten beherrscht und gesteuert wurde, in den Mittelpunkt zu stellen. Damit rollt man die Geschichte gleichsam von hinten auf, indem man sie aus der Sicht der Zeit nach dem Zweiten Weltkrieg beurteilt, in der der Begriff »antifaschistisch« keine reale politische Bewegung mehr bezeichnete, sondern tatsächlich zu einer kommunistischen Kampfparole wurde.

Ich selbst habe beim Rückblick auf die antifaschistische Bewegung ein ganz spezielles Problem: Seit ich mich als Historiker dem Studium des Faschismus gewidmet habe, geht es mir gegen den Strich, wenn »Faschismus« als unklar definierter Oberbegriff verwendet wird, der alle Strömungen und Schattierungen, aus denen diese Bewegung angeblich besteht, abdeckt. Diese Terminologie verwischt die realen Unterschiede zwischen den verschiedenen faschistischen Bewegungen und beurteilt den Faschismus einzig und allein aus der entgegengesetzten Perspektive der parlamentarischen Demokratie, was nichts zum Verständnis der Kraft und Attraktivität dieser Bewegung beiträgt, die ihre Machtergreifung erst ermöglichte. Solche Überlegungen stellte ich natürlich erst später an; damals war der Antifaschismus für uns ein politisches und emotionales Bekenntnis, nicht ein historisches Problem, dessen Lösung ich mir vorgenommen hatte. Die antifaschistische Bewegung hatte für uns in den 1930er Jahren einen eigenständigen politischen und kulturellen Wert; man konnte sich ihr verschreiben, den einsamen Widerstand der Sowjetunion gegen die Appeasement-Politik ebenso wie ihre materialistische Geschichtsbetrachtung bewundern, zugleich aber den Kommunismus und Bolschewismus als System ablehnen.

Wir konzentrierten unsere ganze Energie darauf, den Faschismus, der ganz Europa zu überfluten drohte, zu besiegen, doch über dieses Ziel hinaus erfüllte der antifaschistische Kampf auch ein Bedürfnis, das bei vielen von uns ganz ausgeprägt vorhanden war. Klaus Mann brachte dieses Bedürfnis auf eine prägnante Formel, als er 1938 schrieb, die Existenz des Faschismus habe es uns paradoxerweise leichter gemacht, die Substanz und die äußere Form dessen, was wir wollten, zu klären und zu definieren. Die Idealisierung des »Volkes« gehörte zu unserem Glaubenskanon – es war das Volk, das unserer Überzeugung nach gegen die Faschisten kämpfte und für das Freiheit und Demokratie die höchsten Werte waren. Dieser Glaube an das Volk mutet heute fast archaisch an, doch wir waren Kinder der Aufklärung und legitimierten unseren Kampf durch den Anspruch, als Vollstrecker des Willens der kleinen Leute zu agieren. Dass wir mit diesem Glauben nicht allein dastanden, zeigte sich unter anderem daran, dass etwa die alliierte Kriegspropaganda während des gesamten Zweiten Weltkrieges immer wieder die Heraufkunft des »Zeitalters des gemeinen Mannes« beschwor.

Liberalismus und Antifaschismus bildeten nicht nur im Denken von Dichtern wie Stephen Spender eine Einheit, sondern in den Augen fast aller, denen ich in den Reihen der antifaschistischen Bewegung in England begegnete. Bei deutschen Antifaschisten traf man diese Verbrüderung nicht so häufig an, weil viele von ihnen den Liberalismus als einen gescheiterten Ansatz betrachteten; in England war die liberale Tradition jedoch noch weitgehend intakt. Dass die Sowjetunion als Teil der antifaschistischen Bewegung ihrerseits eine Diktatur war, versuchte man zu ignorieren, was dank der sowjetischen Lippenbekenntnisse zu Freiheit und Demokratie und dank der Volksfront, in der sich Liberale, Sozialdemokraten, Trotzkisten und viele andere Gruppen der nicht-bolschewistischen Linken mit den Kommunisten zum gemeinsamen Kampf zusammentaten, zunächst auch gelang. Wir wussten nichts über die Machtkämpfe, die einige dieser Gruppen im republikanischen Spanien gegeneinander austrugen, und dass aus ihnen die Kommunisten, und damit indirekt die Sowjetunion, siegreich hervorgingen, machte uns nichts aus. Wir kämpften für ein edles Anliegen zum Wohle des Volkes und sahen uns in unserem Ringen um Freiheit und Demokratie als Speerspitze einer aufregenden und kreativen Kultur, die jene Prinzipien verkündete, für die Männer und auch einige Frauen in Spanien kämpften und starben. Antifaschismus war etwas, das die Person als Ganzes einschloss – auch dies war ein ideologisches Dogma, dem ich mich verschrieb.

Der Bürgerkrieg in Spanien führte uns zu diesem Bekenntnis, doch eine treibende Kraft für unser Engagement war auch unsere Opposition gegen das herrschende Establishment, dessen Korrumpiertheit sich exemplarisch an seiner Appeasement-Politik zeigte. Es war diese Opposition, die mich und viele andere, die nach einer neueren und besseren gesellschaftlichen Ordnung Ausschau hielten, dem Sozialismus in die Arme trieb. Als Antifaschisten verurteilten wir den Laissez-faire-Kapitalismus und begegneten dem, was wir die Herrschaft der Bourgeoisie nannten, mit Skepsis, wenn nicht Ablehnung, zumal wir sahen, dass diese Bourgeoisie nicht vor dem Paktieren mit dem Bösen zurückschreckte. Wir schossen uns auf das Klischee des im Luxus lebenden, saturierten und egoistischen Bourgeois ein, während wir, paradoxerweise, gleichzeitig das hohe Lied der Freiheit, Demokratie und Rechtschaffenheit sangen – Tugenden, die große Ähnlichkeit mit den Idealen des liberalen Bürgertums hatten.

Viele meiner Freunde bewegten sich zunehmend auf eine marxistische, aber nicht unbedingt bolschewistische Sichtweise der Gesellschaft zu. Was mich betraf, so akzeptierte ich zwar nie die materialistische Geschichtsauffassung, wurde aber, bezaubert vom Ideal der sozialen Demokratie, zum Sozialisten, der an die utopische Vision einer Gesellschaft glaubte, die es irgendwie schaffen würde, mit dem gegenwärtig herrschenden System und dem wirtschaftlichen Machtmonopol, auf das es sich stützte, Schluss zu machen, dabei aber zugleich die liberalen Errungenschaften der Freiheit und der parlamentarischen Demokratie zu bewahren. Manchem mag es erscheinen, als betriebe ich Haarspalterei; es ist mir jedoch wichtig, mein Selbstverständnis als Antifaschist möglichst differenziert darzustellen, um der heute vorherrschenden pauschalen Abqualifizierung all derer, die als vermeintliche »Trittbrettfahrer« gemeinsame Sache mit den Kommunisten machten, entgegenzuwirken.

Die Kultur unserer antifaschistischen Bewegung hatte auch eine dunklere Facette, deren potentielle Gefährlichkeit wir uns jedoch nicht bewusst machten. Aus den Reihen der Antifaschisten wurden Attacken gegen die Nazis geritten, deren Rhetorik ohne weiteres aus dem Arsenal der Nationalsozialisten hätte stammen können. So wurde zum Beispiel ständig wiederholt – und geglaubt – dass die NS-Führung, die sich nach außen hin so tugendhaft präsentierte, in Wirklichkeit eine Clique von Homosexuellen war. Das von Kommunisten inspirierte *Braunbuch gegen den Hitler-Terror* (1933) war eine der Hauptquellen dieser tendenziösen Stimmungsmache, doch viele Zeitungen und Zeitschriften, die von deutschen Exilanten herausgegeben wurden, griffen die Anschuldigungen auf und verbreiteten sie. Sie schienen den Beweis dafür zu liefern, dass die Nazis nicht die »richtigen Männer« waren, die viele von denen, die als Freiwillige in Spanien kämpften, sein wollten und die ein Ernest Hemingway so ausdrucksstark porträtierte. Klaus Mann, der mit gutem Grund besonders empfindlich gegenüber solchen Unterstellungen reagierte, schrieb schon 1934, die Homosexuellen seien die Juden der Antifaschisten. Auch ich hätte angesichts dieser Anschuldigungen aufhorchen müssen, aber ich tat es nicht, und im Gegensatz zu Klaus Mann machte ich mir keine Gedanken darüber. Vielleicht könnte dies als ein besonders bezeichnender Fall schwuler Homophobie betrachtet werden; tatsächlich aber war es ein Exemplar der Verdrängung in einer Zeit, als niemand daran dachte, die Tür zu öffnen, die doch so fest geschlossen bleiben sollte.

Bei dieser Gelegenheit ist auch anzumerken, dass unsere Einstellung zu denen, die in Spanien unsere Feinde waren, nicht ganz frei von Rassismus war. Nicht dass ich mir dessen zu der Zeit bewusst gewesen wäre – wir waren damals noch weit von jener Sensibilität für rassistische Untertöne entfernt, die sich nach dem Zweiten Weltkrieg entwickeln sollte. General Franco hatte den Aufstand gegen die Republik vom Zaun gebrochen, indem er seine Truppen aus Marokko nach Spanien gebracht hatte, und zum Teil bestanden diese Truppen aus marokkanischen Soldaten – wir hielten sie für »Schwarze«, die eigentlichen »Mohren«, also Mauren. Dass Franco diese farbigen Söldner nach Spanien gebracht hatte, wurde ihm als Verbrechen gegen die Zivilisation angelastet. Obwohl selbst ein Opfer der nazistischen Rassenideologie, machte ich mir damals die Ähnlichkeit zwischen einem gegen Juden und einem gegen Schwarze gerichteten Rassismus nicht bewusst. Die Einsicht, dass man beim Rassismus nicht differenzieren durfte, war damals noch nicht weit verbreitet und üblicherweise wurde anti-jüdischer Rassismus als etwas von anderen Rassismen zu Trennendes betrachtet. Aber selbst da gab es Widersprüche, die ich natürlich nicht als solche wahrnahm. Wir lebten ständig mit Widersprüchen, die wir einfach nicht als solche empfanden. So ging ich beispielsweise, wie bereits erwähnt, eine Zeit lang mit einer afrikanischen Prinzessin aus, nahm es aber gleichwohl als selbstverständlich hin, dass die Schwarzen in ihrer eigenen Welt lebten, wenn ich überhaupt einen Gedanken daran verschwendete. Ich war eben ein Kind meiner Zeit, und es erscheint mir verfehlt, eine Sensibilität, die einer späteren Zeit angehört, auf jene Epoche zurückzudatieren. Den Kampf gegen den Faschismus zu gewinnen, war das Einzige, was zählte, und dafür bediente man sich aller Mittel, die zu Gebote standen. Erst als ich mit dem Rassismus in den Vereinigten Staaten konfrontiert wurde, entdeckte und erklärte ich meine Solidarität mit den Schwarzen.

Gab es da nicht noch ein Geschichtsstudium? Gewiss, aber der Hörsaal und die Tutorenstunden waren mir in dieser Zeit weniger wichtig als die Beschäftigung mit einer bestimmten Buchreihe und dem Club, der sie herausbrachte. Sie waren Teil meines politischen Erwachens. Der British Left Book Club veröffentlichte in rascher Abfolge dünne, leinengebundene Bücher, die, wie ein Historiker geschrieben hat, zum leicht zu erkennenden Identifikationsmerkmal des linken, antifaschistischen, antimilitaristischen, pro-sowjetischen Intellektuellen wurden. Dabei legte sich der Club nie auf eine bestimmte linke Ideologie fest, sondern folgte mit seinen Veröffentlichungen dem Beispiel der Volksfront: Es war seine erklärte Absicht, die Arbeiterpartei, die Liberalen, die Gewerkschaften, die Sozialisten und die Kommunisten zusammenzubringen. Der hinter dem Buchclub stehende Verleger Victor Gollancz vertrat eine ideologische Linie, die eine starke Affinität zu einem mystischen christlichen Sozialismus hatte – es war sein Anliegen, mit seinen Büchern jenes unverzichtbare Wissensfundament zu legen, ohne das sich eine wirklich praxistaugliche Einheitsfront aus Männern und Frauen guten Willens nicht würde schmieden lassen. In der Buchreihe waren Propagandatraktate ebenso vertreten wie Werke, die den Anspruch auf wissenschaftliche Analyse und faktentreue Berichterstattung erhoben. Arthur Koestler und Frank Jellinek gehörten ebenso zu den Autoren wie der kommunistische Propagandist Rajani Palme Dutt.

Der typische Vertreter dieser literarischen Abteilung der Volksfront war wohl Harold Laski, der mit seinem Versuch, eine Synthese aus Marxismus und Liberalismus zu Wege zu bringen, für die antifaschistische Bewegung in England charakteristisch war. Die Bücher Harold Laskis, die den Sturz des Establishments propagierten, hatten großen Einfluss auf mein Denken, denn Laski hatte ein lebendiges Gespür für die Geschichte und verankerte sein politisches Denken im, wie mir schien, festen Boden einer fundierten wissenschaftlichen Analyse der Geschichte. Außerdem verband sich bei ihm ein ungeniertes Bekenntnis zur eigenen Intellektualität mit aktiver politischer Betätigung (er stieg später zum Vorsitzenden der Labour Party auf), eine Kombination, die in meinen Augen und in denen vieler anderer Anhänger der Bewegung vorbildlich war.

Der Book Club war ein enorm erfolgreiches Unternehmen; er brachte es auf rund sechzigtausend Abonnenten und wurde zu einem der wirkungsvollsten Instrumente der politischen Bildung. Mit Antifaschismus als geistiger Nahrung wollten wir uns freilich nicht begnügen; zum Denken musste sich das Handeln gesellen. Wie genau sah unser Handeln aus? Wir führten endlose Debatten, die insofern einen nützlichen Zweck erfüllten, als sie mich mit einer dialektischen Argumentationsweise vertraut machten. Nach meiner Erinnerung hatte unser Sozialistischer Club kein überwiegend marxistisches Antlitz, auch wenn der Marxismus in unseren Köpfen durchaus präsent war und etliche Clubmitglieder Kommunisten waren. Wir alle waren entschiedene Antiimperialisten und Kriegsgegner, wobei Letzteres im Widerspruch zu unserem leidenschaftlichen Engagement im Spanischen Bürgerkrieg zu stehen schien. Ihren Höhepunkt erlebten unsere Diskussionsrunden, als im April 1939 die Debattierclubs der beiden Universitäten Oxford und Cambridge – in einer dem britischen Unterhaus nachempfundenen Sitzordnung – gemeinsam die kontroverse Frage der Einführung einer militärischen Pflichtausbildung erörterten. Die Regierung hatte kurz vorher eine entsprechende Gesetzesvorlage eingebracht, die wir bekämpften. Bei der ersten Debattenrunde, die in Cambridge stattfand, sprach sich der Militäranalytiker Basil Liddell Hart gegen eine obligatorische militärische Ausbildung aus. An den genauen Verlauf der Debatte habe ich keine Erinnerung mehr, außer dass sie ein großes Ereignis war, dem sehr viel publizistische Aufmerksamkeit zuteil wurde, und dass meine Seite den klaren Sieg davon trug. An die zweite Runde des Rededuells erinnere ich mich sehr viel lebhafter.

Oxford und Cambridge waren bekanntlich die akademischen Brutstätten für den britischen Führungsnachwuchs, und diejenigen, die hinter dem Gesetzentwurf der Regierung standen, fürchteten, die lautstarke Kritik an dem Vorhaben sei ein falsches Signal an die Adresse der Diktatoren. Als in Oxford der zweite Durchgang der Debatte stattfand, schickten die Befürworter des Wehrgesetzes Randolph Churchill, den Sohn Winston Churchills, als Hauptredner ins Rennen. Der Saal war voll besetzt, ich selbst saß in der vordersten Reihe. Der Applaus, der nach der chauvinistischen Rede Churchills aufbrandete, war ohrenbetäubend, und ich klatschte begeistert mit. Seinen Aufruf zur Wehrhaftigkeit zu unterstützen, stand in krassem Widerspruch zu meinen pazifistischen Überzeugungen, aber schließlich passte auch unser militanter Antifaschismus nicht so recht zu unserem prinzipiellen Pazifismus. In Cambridge wurden diejenigen, die aus dem Spanischen Bürgerkrieg zurückkehrten, ganz ähnlich empfangen wie zwanzig Jahre vorher die Rückkehrer von den Fronten des Ersten Weltkriegs – aber der Kranz, den wir am Waffenstillstandstag niederlegten, trug die Inschrift »Gegen Krieg und Faschismus«. Vielleicht wollten wir einfach nur das Beste aus beiden Welten – mir fielen jedenfalls die Widersprüche in unserer politischen Linie nicht auf.

Der Beifall, den ich Randolph Churchill für seine Rede spendete, hatte vielleicht etwas mit dem Umstand zu tun, dass ich in jenen Jahren vor dem Zweiten Weltkrieg noch gewöhnt war, mich von der Begeisterung einer Menschenmenge mitreißen zu lassen. In Paris hatte ich, mitten in der tobenden Menge steckend, keine andere Wahl gehabt, aber ich hatte schon früher, nämlich bei einer Kundgebung der British Union of Fascists, die direkt vor unserer Nase in Bootham stattgefunden hatte, ein ganz ähnliches Erlebnis gehabt. Obwohl sich damals jede Faser meines Körpers gegen das, was ich sah und hörte, gesträubt hatte, war ich in die rhythmischen Sprechchöre und Bewegungen der Menge eingefallen.

Als ich viele Jahrzehnte später über rechte politische Massenbewegungen zu schreiben begann, tat ich das in der Überzeugung, mich in die Situation von Menschenmengen hineinversetzen zu können, in der bestimmte kollektive Prozesse ablaufen, die dem Einzelnen ein Gefühl der Zugehörigkeit vermitteln. Die faschistischen Veranstaltungen, die ich aus nächster Nähe miterlebt hatte – dabei waren auch etliche, die ich hier noch nicht erwähnt habe –, lösten ein solches Zugehörigkeitsgefühl leichter aus. Wir müssen stets versuchen, das Handeln der Menschen und ihr emotionales Engagement so zu sehen, wie sie selbst es zu ihrer Zeit sahen, und sollten nicht unser eigenes, heutiges Verständnis in die Geschichte zurückprojizieren.

Ich erinnere mich daran, wie ich anlässlich einer Italienreise, die ich 1936 in Begleitung meiner Mutter unternahm, etwas miterlebte, was man heute einen Akt der demokratischen Teilhabe nennen würde. Die Reise selbst, es war meine erste nach Italien und Florenz, wäre um ein Haar gar nicht zustande gekommen. In jenem Jahr schlossen Hitler und Mussolini das Abkommen über die Achse Rom-Berlin, das einen Artikel enthielt, in dem Italien sich verpflichtete, Personen, die von den deutschen Behörden gesucht wurden, nach Deutschland auszuliefern. Wir hatten keinen Zweifel daran, dass wir zu diesem Personenkreis gehörten. Doch nahm die Geschichte eine jener Wendungen, die man für schlechterdings unglaublich halten würde, wenn sie nicht wirklich so passiert wären. Benito Mussolini, der ehemalige Journalist, hatte etliche Jahre bevor er Premierminister wurde, auf einer Rundreise durch Europa die Redaktionen der wichtigsten Tageszeitungen besucht, um publizistische Unterstützung für die Bildung einer faschistischen Regierung in Italien zu gewinnen. Mein Vater, der wohlmeinende Liberale, gab ihm diese Unterstützung, denn Mussolini versprach, Italien in Ordnung zu bringen und das Chaos zu beseitigen (»auf dass die Züge endlich pünktlich abfahren«). Ich bin sicher, dass von einer faschistischen Diktatur damals noch nicht die Rede war und dass Mussolini zahlreiche Reformen versprach, was meinem Vater mit seinem Faible für alles Neue zugesagt haben dürfte.

Mussolini hatte meinem Vater diese Unterstützung offensichtlich nicht vergessen, denn jetzt, vierzehn Jahre später, übermittelte er meiner Mutter die Zusicherung, man werde uns kein Haar krümmen und wir könnten in Italien bleiben, so lange wir wollten. Eine dunkle Erinnerung sagt mir, dass er sie sogar in Florenz anrief, um ihr alle Befürchtungen auszureden; es ist aber möglich, dass ich mir das nur einbilde. Diese Episode wirft vielleicht ein Licht auf die Persönlichkeit Mussolinis, mindestens auf seine Loyalität zu denen, denen er Dank schuldete. Es gab für ihn keinen zwingenden Grund, zugunsten von uns machtlosen jüdischen Flüchtlingen einzugreifen.

Um jedoch auf das Erlebnis zurückzukommen, das mich auf dieser Reise am meisten beeindruckte und mich in einer Erkenntnis bestärkte, die ich schon früher beim Besuch von Massenkundgebungen (wenn auch anderen Zuschnitts) gewonnen hatte: Während wir uns in Florenz aufhielten, traf dort eine Division (oder vielleicht auch ein Regiment, ich weiß es nicht mehr) ein, die aus dem Fronteinsatz im Abessinien-Krieg heimkehrte. Welcher Empfang wurde den Soldaten bereitet? Sie durften für einige Tage die Stadt übernehmen – in ihren hell strahlenden Uniformen stellten sie sich an Straßenkreuzungen auf und regelten den Verkehr, oder sie lenkten Straßenbahnen. Diese sehr jungen Männer wurden damit belohnt, dass sie Dinge tun durften, von denen viele Jugendliche träumen. Ich weiß von mir selbst, wie sehr es mir gefallen hätte, einmal den Verkehr regeln oder eine Straßenbahn fahren zu dürfen.

Das war sicherlich eine ganz andere Art der Teilhabe als das Verschmelzen mit einer Menge gleichgeschalteter Menschen in der Choreographie einer Massenkundgebung, und doch war es im Grunde dasselbe. Schon damals dämmerte mir, wenn auch erst in Ansätzen, dass und wie die Faschisten Menschenmassen zu manipulieren verstanden, indem sie die Sehnsüchte der Menschen – ob Männer oder Frauen – und ihren Tatendrang symbolisch, mit den Mitteln ihrer politischen Liturgie, befriedigten. Bezeichnenderweise schlossen sich einige englische Lehrerinnen, mit denen wir uns in Italien angefreundet hatten, an dem Tag, an dem die jungen Soldaten freie Hand in der Stadt erhielten, in ihren Zimmern ein, aus Angst vor Chaos und Vergewaltigung. Diese Angst wäre gerechtfertigt gewesen, wenn es sich um Soldaten eines Eroberungsheers auf einem ihnen von der Obrigkeit gestatteten Beutezug gehandelt hätte. Das hier war jedoch etwas anderes, nämlich ein äußerst diszipliniertes und kontrolliertes Chaos, das freilich aus der Sicht derer, die selbst ein Teil davon waren, ein Fall von »Individualismus in Aktion« gewesen sein könnte.

In Cambridge zehrte zwar mein Mitwirken in der antifaschistischen Bewegung – an ihren Diskussionen und Demonstrationen – einen großen Teil meiner Energie auf, dennoch vergaß ich nicht, mich meinen Verpflichtungen als Jude zu widmen, was sich immerhin in einigen praktischen Handlungen während meiner Studienzeit niederschlug. Bis dahin hatte mich die Angst vor den möglichen Konsequenzen davon abgehalten, irgendein Zeichen der Solidarität mit Juden zu setzen – hätte ich mich doch damit als Jude zu erkennen gegeben und exponiert. In Bootham hatte ich es einmal sogar abgelehnt, mit einigen der anderen jüdischen Schüler aus Anlass der hohen jüdischen Feiertage nach Leeds zu fahren, vielleicht weil ich mich daran erinnerte, dass just wegen des Begehens dieser Feiertage einmal meine Zugehörigkeit zum Judentum herausgekommen war. Rückblickend kann ich sagen, dass ich mit meinem gespaltenen Verhältnis zu meinem Judentum keineswegs allein dastand. Wie bereits erwähnt, suchten in den Kriegsjahren nicht wenige meiner Cambridger Exilgenossen Deckung hinter einem neu angenommenen englisch-christlichen Namen.

Die Notlage vieler meiner Mitflüchtlinge veranlasste mich schließlich, einer jüdischen Organisation meine Mitarbeit anzubieten. Wir schrieben das Jahr 1938, und jüdische Flüchtlinge aus Österreich kamen in großer Zahl nach England, weil sie sich nach dem Anschluss ihres Landes an Nazi-Deutschland bedroht fühlten. Zwei Organisationen, eine zionistische und eine nicht-zionistische, wurden eigens zu dem Zweck, diesen Leuten zu helfen, in London gegründet. Ich arbeitete während der langen Sommerferien, die ich in diesem Jahr hatte, für die nicht-zionistische, nach dem ehemaligen britischen Premier benannte Lord-Baldwin-Stiftung für Flüchtlinge. Ich wurde als Empfangschef eingestellt und hatte die Aufgabe, die Flüchtlinge, die sich vor meinem Schreibtisch drängten, in der Reihenfolge ihres Eintreffens auf die für sie zuständigen Sachbearbeiter zu verteilen.

Durch diese Arbeit kam ich auch neuerlich in Kontakt mit der sogenannten einheimischen Aristokratie der englischen Juden. Bei meiner ersten Englandreise hatten mich die Frankels, die bei einer Tochter von Lord Bearsted untergekommen waren, einge-

laden, sie zu besuchen. Ich fand es höchst erstaunlich, dass diese
Flüchtlinge, die in dem Haus nur Gäste waren, als vollkommen
gleichrangig behandelt wurden – in den Häusern einiger französischer Juden hatte ich ganz anderes erlebt. Das krönende Beispiel solcher Noblesse erlebte ich jedoch während meiner Tätigkeit bei der Lord-Baldwin-Stiftung. In der langen Schlange der
Flüchtlinge, die auf Auskunft und Hilfe warteten, stand einmal
ein recht unscheinbarer kleiner Mann, den ich, als er an die Reihe
kam, routinemäßig fragte, wie er heiße und mit wem er sprechen
wolle. »Herbert Samuel« lautete seine Antwort, und mir wurde
schlagartig klar, dass der Viscount Samuel vor mir stand, ehemaliges Mitglied des britischen Kabinetts und ehemaliger Hoher
Kommissar für Palästina. Es war ihm offenbar gar nicht in den
Sinn gekommen, auf seinen Rang aufmerksam zu machen und
die Warteschlange zu überspringen. Ich räume dieser trivialen
Episode so viel Raum ein, weil sie nach meiner Meinung ein
Musterbeispiel dafür ist, wie wahre Aristokraten sich verhalten
sollten, und weil sie, so glaube ich jedenfalls, mit dazu beitrug,
mich zu einem Anglophilen auf Lebenszeit zu machen. Übrigens
hatten dic Frankels zuvor mit ebenso großer Selbstverständlichkeit den ehemaligen jüdischen Vizepolizeipräsidenten von Berlin,
Bernhard Weiss, bei sich aufgenommen, den die Nazis mit ihren
unablässigen Attacken fast um den Verstand gebracht hatten.

Viele Angehörige dieser britisch-jüdischen Aristokratie übten
leitende Funktionen in der Reformgemeinde aus – daher die Verbindung zu meiner Familie. Mein Vater hatte sie durch die gemeinsame Mitgliedschaft in der Weltunion Progressiver Juden
(World Union for Progressive Judaism) kennen gelernt. Sie hatten eine Synagoge im vornehmen Londoner Stadtteil St. John's
Wood, in der ich eigentlich konfirmiert werden sollte – Lady
Montagu, die Tochter eines anderen früheren jüdischen Kabinettsmitglieds, hatte sich freiwillig erboten, die Zeremonie zu organisieren. Daraus wurde jedoch nichts; ich war zu der Zeit noch

im Internat und konnte erreichen, dass der Termin mehrmals verschoben wurde, und es schien, als sei auch meinem Vater nicht allzu viel an dieser Zeremonie gelegen. Weshalb ich mich so dagegen wehrte, weiß ich nicht mehr; vielleicht war es nur eine Rebellion gegen eine Tradition, mit der ich mich kaum beschäftigt hatte und über die ich nichts wusste. Mein Bekenntnis zum Judentum war nie religiös begründet, sondern säkularer Natur, auch dann noch, als ich später meine Skrupel überwand und meiner Zugehörigkeit zum Judentum einen höheren Stellenwert in meinem Leben einräumte.

Der neue Lebensabschnitt, der mit dem Studium in Cambridge für mich begann, beinhaltete, dass ich endlich mein eigenes Leben führen und selbstverantwortlich darüber entscheiden konnte, was ich tun und lassen wollte. Gewiss nutzte ich die neu erlangte Freiheit, um mir die Hörner abzustoßen, aber ich schlug dabei nie über die Stränge. Die Maximen, die ich aus dem Internatsleben mitnahm – Selbstbeherrschung und Kontrolle über die eigenen Leidenschaften – wirkten ebenso mäßigend wie meine eingefleischte Ehrfurcht vor der Autorität, die sicherlich auch eine Frucht meiner schulischen Erziehung war. Bis zum heutigen Tag werde ich kleinlaut, wenn ich einem Vertreter der »Obrigkeit« gegenüberstehe, sei es ein Polizist oder ein Finanzbeamter – gar nicht zu reden von den vielen Gouverneuren, Abgeordneten und Senatoren, denen ich in meinem Leben begegnet bin. Ich sehe in dieser Ehrfurcht vor Autoritäten das schlimmste Vermächtnis meiner deutschen Erziehung, ein Handicap, das ich nie ganz habe überwinden können – während ich meine früh erworbenen schwärmerischen Neigungen zum Nationalismus weitgehend abgelegt habe. Die Erfahrungen, die ich als Flüchtling, als ein letzten Endes Staatenloser, im Umgang mit Beamten der Passkontrolle oder bei der Beantragung von Aufenthaltsgenehmigungen machen musste, haben meine diesbezüglichen Komplexe sicherlich vertieft. Ich war mir dieser persönlichen Schwächen natürlich immer bewusst, und meine Neigung, den Provokateur zu spielen, war vielleicht ein Versuch, sie zu kompensieren. Meine verinnerlichte Ehrfurcht vor denen, die mit der Aufgabe betraut sind, uns zu überwachen und zu verwalten, konnte ich damit nicht ausmerzen.

Cambridge stellte die Weichen für den weiteren Verlauf meines Lebens. Ich begann sogar, trotz all der Ablenkungen, mich für die Geschichtswissenschaft zu interessieren, und der Gedanke, dass es reizvoll sein könnte, Geschichte zu schreiben und zu lehren, muss mir damals wohl erstmals gekommen sein. Er hatte sich allerdings noch nicht zu einem festen Vorsatz verdichtet, denn in Haverford, meinem ersten amerikanischen College, wählte ich als Hauptfach zunächst nicht Geschichte, sondern englische Literatur.

Ich hatte die feste Absicht, mein Studium in Cambridge abzuschließen und den Rest meiner Tage in England zu verbringen, wo ich mich durch und durch zu Hause fühlte. Meine Schwester wanderte 1938 in die Vereinigten Staaten aus, überzeugt davon, dass der Siegesmarsch des Nationalsozialismus durch Europa nicht aufzuhalten sei, und wir anderen, wie meine Mutter damals sagte, den Bomben überlassen wären, die früher oder später auf uns herabfallen würden. Hilde hatte in Basel in Medizin promoviert und absolvierte mittlerweile ein Praktikum in Schenectady im Staat New York. Als der Zweite Weltkrieg ausbrach, waren meine Mutter und mein Bruder noch in der Schweiz; meinen Vater mit seiner neuen Familie überraschte der Kriegsausbruch in Frankreich. Er hatte die Vereinigten Staaten freilich schon bereist, und zwar nicht als Tourist: Um für den Fall, dass in Europa etwas passierte, vorzusorgen, hatte er sich ein – vermutlich nicht auf dem normalen Dienstweg erhältliches – Einwanderervisum verschafft, wobei ich nicht zu sagen weiß, warum er in den Genuss eines solchen Privilegs kam. Ich war bei Kriegsbeginn in meinem einundzwanzigsten Lebensjahr; wenn ich nach Amerika gehen wollte, konnte ich dies noch bis zu meinem einundzwanzigsten Geburtstag auf dem Visum meines Vaters tun; danach würde ich als Erwachsener gelten und mich in eine endlos lange Schlange einreihen müssen.

Ich war ganz und gar nicht scharf darauf, in die Staaten zu gehen. Ich war noch kaum einmal einem Amerikaner begegnet, außer flüchtig in Cambridge, was schon einiges darüber aussagt, in welcher Isolation die USA in der Zwischenkriegszeit lebten. In unserem Haus in Berlin waren europäische Journalisten und Politiker ein und aus gegangen, doch trotz der herausgehobenen Stellung meines Vaters als Besitzer und Verleger angesehener Zeitungen kann ich mich nur an einen einzigen Amerikaner erinnern, der als geladener Gast zu uns kam – es war ein jüdischer Philanthrop aus St. Louis, der etwas für Musik übrig hatte. Keiner von uns wusste damals viel von dem Land, das unsere neue Heimat werden sollte, und das wenige, was wir wussten, war durch den Zerrspiegel der Sensationspresse gegangen. Ich wusste, dass eine Angehörige meiner Großmutter Mosse nach einer Affäre mit einem deutschen Lastwagenfahrer rasch aus dem Verkehr gezogen und in die Neue Welt geschafft worden war.

Ich erinnere mich lebhaft an den letzten Haarschnitt, den ich in Europa bekam, kurz vor meiner Abreise in die Vereinigten Staaten. Es war in einem Salon in Chamonix, und der Friseur sagte, als er hörte, wohin die Reise gehen sollte: »Vous allez chez les fous« – Sie gehen zu den Verrückten. Ich konnte ihm, nach allem, was ich wusste, nur beipflichten. Erst die Drohung, die Unterhaltszahlungen für mich zu stoppen, hatten meinen Widerstand gegen einen Weggang aus England erlahmen lassen. Doch noch war nicht alles verloren: Ich besaß eine Wiedereinreisegenehmigung für Großbritannien. Nach einige Wochen in New York und Schenectady würde ich nach Cambridge zurückkehren, mein Studium dort fortsetzen und als Engländer sesshaft werden – so glaubte ich jedenfalls.

Kapitel 7

Fuss fassen in Amerika

Mein erster Monat in der Neuen Welt wurde nicht zu der kurzen Entdeckungsreise, die ich mir vorgenommen hatte, sondern entwickelte sich zu einer regelrechten Abenteuergeschichte. Alles begann relativ normal mit dem Erlebnis, das Millionen von Einwanderern vor mir bei ihrer Ankunft in den Vereinigten Staaten so oder ähnlich hatten. Allerdings war meine Überfahrt über den Atlantik im August 1939, von Southampton nach New York, eine ziemlich luxuriöse Angelegenheit, reiste ich doch in der ersten Klasse auf der *Statendam*, einem Dampfer der Holland-Amerika-Linie, nicht zuletzt weil wir gehört hatten, dass man als Erster-Klasse-Passagier von den Einwanderungsbeamten der Vereinigten Staaten eine wesentlich bessere Behandlung erwarten könne. Das war eines der vielen Gerüchte über die Einreise in die USA, die in den Kreisen derer kursierten, für die eine solche Überfahrt oft so etwas wie ein Sprung ans rettende Ufer bedeutete.

Ich erinnere mich, dass mir tatsächlich eine Vorzugsbehandlung zuteil wurde, schon weil die Einreiseformalitäten an Bord des Schiffes erledigt wurden und wir nicht mit der Masse der Zwischendeck-Passagiere durch Ellis Island geschleust wurden. Eine viel klarere Erinnerung habe ich freilich an den frühen Morgen, an dem wir in den Hafen von New York einliefen und ich vom Oberdeck aus der Freiheitsstatue ins Auge sah. Manchmal widerfährt es einem, dass man, obwohl man sich der mythischen Aura eines oft besungenen Symbols bewusst ist und sich eigens vorgenommen hat, sich davon nicht beeindrucken zu lassen, von

Gefühlen übermannt wird, und so erging es mir in diesem Moment. Meine Cousine Manni, die, wie meine Schwester, schon zuvor eingewandert war, holte mich vom Schiff ab. So dankbar ich an die vielen Gefälligkeiten zurückdenke, die sie mir erwies, so deutlich erinnere ich mich auch daran, dass sie sich einmal über meine schmutzigen Fingernägel mokierte, die in den Augen einiger meiner Familienangehörigen zu einem Markenzeichen meiner Person geworden waren, das ich jetzt offenbar auch erfolgreich in die Vereinigten Staaten importiert hatte. Ich musste eine Wohnung finden, in der ich und meine Stiefmutter, die wenig später eintreffen sollte, für die Dauer unseres Amerika-Besuchs unterkommen konnten. Ich mietete ein Appartement auf der Upper West Side; es war billig, und aus seinen Fenstern hatte man einen freien Blick auf eine Ziegelmauer. Das genügte meiner Stiefmutter, um New York vom ersten Tag an unsympathisch zu finden.

Ich kaufte ein Auto aus zweiter, genauer gesagt, dritter Hand, einen alten Plymouth, um meine Schwester in Schenectady besuchen zu können. Dort angekommen, mietete ich mich in einem Hotel unweit ihrer Wohnung ein, wo sie mich mitten in der Nacht zum 1. September aus dem Schlaf klingelte, um mir zu sagen, dass Hitler soeben Polen überfallen habe. Ich fragte sie ärgerlich, weshalb sie mich mitten in der Nacht anrief, um mir etwas mitzuteilen, das auch noch bis zum Morgen hätte warten können. Wie konnte ich ahnen, dass diese Wendung der Dinge mein Leben ein weiteres Mal aus den Angeln heben und mich erneut in eine unsichere Zukunft schleudern würde! Von diesem Punkt an wird mein Blick zurück in die Vergangenheit für eine kurze Weile einer Fahrt ins Blaue gleichen, denn genau so erlebte ich das neue und unwillkommene Schicksalskapitel, das damit begann.

Nach dem Ausbruch des Krieges in Europa wäre es für mich äußerst riskant gewesen, von meiner Wiedereinreisegenehmigung nach England Gebrauch zu machen, denn als ehemaliger deutscher Staatsbürger wäre ich in den Augen der Engländer womöglich ein »feindlicher Ausländer« gewesen und entsprechend behandelt worden. Meine vorläufige Aufenthaltserlaubnis für England, die mir bei der Einreise in die USA als Ausweisersatz gedient hatte, hätte mir wohl kaum etwas genützt, und mein luxemburgischer Pass war gefälscht und damit auf längere Sicht ebenso wenig nützlich. Das einzig Vernünftige war, in Amerika zu bleiben und, wenn möglich, mein Studium hier zu beenden. Wie richtig diese Überlegung war, stellte sich sehr bald heraus, als die nach England geflohenen deutschen Juden dort, ebenso wie alle anderen Deutschen, interniert wurden und einen großen Teil der Kriegsjahre in Lagern in Kanada, Australien und auf der Isle of Man zubringen mussten.

Wo aber sollte ich mein Studium fortsetzen? Die Zeit drängte, denn an den amerikanischen Colleges und Universitäten stand der Beginn des Herbstsemesters bevor, und ich musste einen akademischen Unterschlupf finden – und nicht nur einen akademischen, denn genau in dieser Situation erfuhr ich, dass der Geldhahn für meinen Unterhalt, den ich bisher von der Familie bezogen hatte, zu versiegen drohte. Zwar sollte sich zeigen, dass dies nur ein vorübergehender Notstand war, aber ich musste trotzdem eine Lösung für das Problem finden.

In diesem Moment trat Mrs. Squire wieder in mein Leben, wenn auch nur indirekt, als gute Fee. Ich wusste so gut wie nichts über die Vereinigten Staaten, außer dass es dort eine Art Hauptstadt der Quäker-Bewegung gab, die Philadelphia hieß. Als ehemaliger Bootham-Schüler würde ich dort vielleicht Hilfe finden. Mit dem Zug von New York nach Philadelphia zu fahren, war ein Kinderspiel; nicht so einfach war es hingegen, die Namen von Quäkern herauszufinden, an die ich mich würde wenden können, kannte ich doch buchstäblich keinen Menschen und keine Institution in Philadelphia. An dieser Stelle kam mir ein glücklicher Zufall zu Hilfe, ein absolut unverzichtbarer Faktor für den guten Ausgang eines solchen Abenteuers. Nachdem ich am Bahnhof 13. Straße in Philadelphia aus dem Zug gestiegen war, nahm ich mir ein Taxi und bat den Fahrer, mich zur nächstgelegenen Einrichtung der Quäker zu bringen. Er lieferte mich an einer Schule ab, die Friends Select School hieß – vielleicht sah ich noch immer wie ein Schuljunge aus. Ich fragte dort geradewegs, ob ich den Rektor sprechen könne, und wurde als Bootham-Absolvent auch sogleich zu ihm vorgelassen. Er erklärte mir das höhere Bildungswesen der USA, das sich so sehr vom englischen unterscheidet, und machte mir klar, dass ich mich darum bemühen müsse, in ein College aufgenommen zu werden. Er erwähnte zwei unweit von Philadelphia gelegene, von den Quäkern betriebene Colleges: Haverford und Swarthmore. Weder von dem einen noch von dem anderen hatte ich je gehört. Wegen des späten Zeitpunkts – an den Colleges hatte das Semester bereits begonnen – tat eine rasche Entscheidung Not, zumal ich selbst möglichst schnell von einer unbekannten Zukunft in ein sichereres Dasein wechseln wollte.

Ich schaute mir die Zugfahrpläne an und fand heraus, dass der nächste Zug nach Haverford um einiges früher abfuhr als der nach Swarthmore. Ich nahm ihn und ging den Weg vom Bahnhof zum College zu Fuß, da mein Bargeldvorrat zu diesem Zeitpunkt fast verbraucht war. Auch hier wurde ich sofort zum Präsidenten des Colleges vorgelassen, was ich erneut meiner Bootham-Referenz zu verdanken hatte. Für William Wistar Comfort, der nicht lange brauchte, um in seiner geradlinigen Quäker-Art die magischen Worte »wir werden Euch aufnehmen« auszusprechen, habe ich seither immer eine große Zuneigung empfunden. Ich blieb, jetzt wo mein dringlichstes Problem gelöst war, gleich an Ort und Stelle und durfte mich, hungrig wie ich mittlerweile war, zu meiner ersten Mahlzeit in Haverford zu Tisch setzen. Was ich zu diesem Zeitpunkt nicht wissen konnte war, dass es sehr schwer war, in Haverford als Student angenommen zu werden und dass das College noch dazu für Juden eine begrenzte, sehr kleine Aufnahmequote hatte; beide Faktoren hätten mich chancenlos gemacht, wenn ich mich regulär beworben hätte. Während meiner Zeit gab es in Haverford nur noch zwei oder drei andere jüdische Studenten. (Als ich viele Jahre später eingeladen wurde, dort einen Vortrag zu halten, und die Collegeleitung mir einen jüdischen Studenten als Betreuer zuteilte, konnte ich mir den Ausruf nicht verkneifen: »Was tun Sie hier?« Er klärte mich darüber auf, dass es solche konfessionellen Quoten erfreulicherweise nicht mehr gab.) Es war ein unglaublicher Glücksfall, dass ich an einem College mit nur fünfhundert Studienplätzen Aufnahme fand, an dem zahlreiche anerkannte Gelehrte mit einer breiten Palette von Veröffentlichungen unterrichteten. Hier fand ich zur Wissenschaft als meiner lebenslangen Beschäftigung.

Ich wurde in Haverford nicht als Studienanfänger eingeschrieben, sondern als »Junior«, was bedeutete, dass ich sofort ein Hauptfach wählen musste. Ich entschied mich für Englisch, was sich als ein weiterer Glücksfall erwies, denn Leslie Hotson, der mein Mentor wurde, gehörte zu den großen literarischen Detektiven seiner Zeit. Er fand zum Beispiel durch Auswertung aller erdenklicher Primärquellen heraus, wer den englischen Dichter Christopher Marlowe im 16. Jahrhundert ermordet hatte, und er entdeckte auch einige wahrscheinlich von Shakespeare geschriebene Manuskripte. Obwohl er mir beibrachte, wie man solche Dinge recherchiert, konnte ich nie in seine Fußstapfen treten – ich hatte für diese Form der wissenschaftlichen Betätigung zu wenig Geduld und war immer begierig darauf, die großen Zusammenhänge zu sehen.

Nicht lange, und ich kehrte zur Geschichte zurück, wobei allerdings gesagt werden muss, dass Englisch-Professoren wie Hotson eigentlich auch Historiker waren, insofern, als es auch ihnen darum ging, die Vergangenheit zu rekonstruieren, nur eben nicht mit dem Schwerpunkt auf dem Wirken von Königen oder Generälen, sondern von berühmten Schriftstellern. Der einzige wesentliche Unterschied zwischen ihnen und den Historikern bestand darin, dass sie sich mit einem wesentlich kleineren Ausschnitt der Vergangenheit beschäftigten und sich in jener Zeit zumeist auf Details konzentrierten, die, so unbedeutend sie erscheinen mochten, dazu beitragen konnten, den zum Verständnis einer bestimmten literarischen Passage erforderlichen Kontext zu erhellen.

Im Fachbereich Geschichte traf ich auf William Lunt, der eine strenge Persönlichkeit und ein Historiker der Geschichtsschreibung war. Sein Hauptwerk über die Beziehungen Englands zum Papsttum des Mittelalters hatte sich als zeitlos gültig erwiesen. Er verfasste auch ein Lehrbuch über die Geschichte Englands, das an vielen Colleges und Universitäten benutzt wurde. Lunt wurde in meinem zweiten Jahr mein akademischer Betreuer, und unter seiner Anleitung verfasste ich eine Seminararbeit, meine allererste ernsthafte wissenschaftliche Anstrengung. Konsequenterweise machte ich jetzt Geschichte zu meinem Hauptfach. Eine Seminararbeit unter Anleitung von William Lunt in Haverford war vergleichbar mit einer Magisterarbeit anderswo. So konnte ich die besagte Seminararbeit über den Beginn des englischen Verfassungskonflikts im 17. Jahrhundert später in Harvard als Kapitel in meine Dissertation einbauen.

Unter der Ägide Lunts begann ich mich mit dem Thema zu beschäftigen, das für die nächsten sechzehn Jahre meine wissenschaftliche Arbeit beherrschen sollte und für das ich mir in meiner Studienzeit in Cambridge bereits ein gewisses Rüstzeug erworben hatte. Sowohl in Cambridge als auch in Haverford waren das Mittelalter und die Frühe Neuzeit die Perioden, die Gegenstand ernsthafter historischer Forschung waren. Ich vertiefte mich insbesondere in das Studium der Geschichte Englands in der Zeit der Tudors und Stuarts, beschäftigte mich aber auch mit der Reformationszeit.

Warum ich das tat, darüber machte ich mir damals keine Gedanken, und ich fand es auch nicht ungewöhnlich, dass jemand mit meinem Hintergrund und meinem Lebensweg sich ausgerechnet auf diese Themen kaprizierte. Folgte ich einfach nur den Vorgaben meiner Lehrer in England und Amerika (die vielleicht einleuchtendste Erklärung), oder war es der verzweifelte Wunsch nach Anpassung, nach Konformität, der mich dazu trieb, Experte für englische Verfassungsgeschichte und die Geschichte der Reformation zu werden? Das waren Themen, die sicherlich wenig mit der Gedankenwelt des deutschen Judentums zu tun hatten. Dass mein entfernter Verwandter Felix Liebermann ein hoch geachteter Fachmann für englische Verfassungsgeschichte gewesen war, machte ich mir zu der Zeit nicht bewusst.

Ähnlich wie ich in Cambridge in die Beschäftigung mit der Geschichte hineingestolpert war, geriet ich jetzt in Haverford zum Studium der englischen Geschichte der Frühen Neuzeit einfach deshalb, weil ich mit der Nase darauf stieß. Eine Rolle spielte natürlich auch der Umstand, dass ich mir bereits einschlägiges Hintergrundwissen angeeignet hatte, und schließlich kam hinzu, dass das Thema mich, als ich erst einmal tiefer einzusteigen begann, wirklich interessierte. Dass zwischen der Person, die ich war, und dem, was ich studierte und worüber ich schrieb, möglicherweise eine Diskrepanz bestand, darauf machte mich erst viel später ein Freund und Historikerkollege aufmerksam, der mir sagte: »Wie kommt es, dass du selbst so interessant bist, deine Bücher aber so langweilig sind?« Ich fand meine Bücher natürlich nicht langweilig, und in der Tat bemühte ich mich von Anfang an, auf die englische Geschichte des 16. und 17. Jahrhunderts geschichtsphilosophische Konzepte anzuwenden, die in meiner deutschen Biographie und meinem ganz unenglischen Interesse an Theorien wurzelten.

Die Geschichte nahm mich jetzt immer stärker in Anspruch, aber Haverford war nicht Cambridge, wo man sich von Anfang an auf das Fach seiner Wahl spezialisieren konnte. Wie an amerikanischen Hochschulen üblich, musste ich mir zunächst ein Allgemeinwissen aneignen. Ich hatte davon in der Zeit meines Entschlusses, in Amerika zu bleiben, gehört, und als William Wistar Comfort bei unserem ersten Gespräch die naturwissenschaftlichen Mindestvoraussetzungen erwähnt hatte, war mir fast das Herz stehen geblieben, doch mit unerhörter Chuzpe hatte ich ihm gesagt, ich könnte nur kommen, wenn man mich von derlei Verpflichtungen befreite. Er zwang mich nicht einmal, meine Unfähigkeit zur Aufnahme naturwissenschaftlicher Lerninhalte zu erklären, sondern erteilte mir die geforderte Absolution. Das war eine weitere glückliche Fügung; vielleicht setzte er fälschlicherweise voraus, dass jemand, der zum Studium in Cambridge zugelassen worden war, in punkto Allgemeinbildung schon weit genug sein musste.

Wenn ich als ersten Studienabschluss den Bachelor of Arts machen wollte anstelle des für einen Historiker nicht als passend geltenden Bachelor of Science, würde ich freilich nicht darum herumkommen, auch klassische Philologie zu belegen. Ich würde also einem weiteren meiner akademischen Schreckgespenster wiederbegegnen, wenn es auch, da war ich mir sicher, dieses Mal nicht in Gestalt auswendig zu lernender unregelmäßiger lateinischer Verben auftreten würde. Haverford hatte eine ruhmreiche klassische Fachabteilung, und einer ihrer maßgeblichen Köpfe widmete sich der Aufgabe, mich zu unterrichten. Er kam zu diesem Zweck zu mir »nach Hause« (in mein Zimmer im Wohntrakt des Colleges) – eine persönliche Betreuung, die aus heutiger Sicht wie eine utopische Vision anmutet. Aber selbst das half nichts – die lateinische Sprache und ich fanden einfach nicht zueinander, und der Nachhilfeunterricht wurde bald wieder abgebrochen. Ich entschied mich dann doch für den Bachelor of Science anstelle des Bachelor of Arts. Zehn Jahre später, an der Universität von Iowa machte ich mich leidenschaftlich für ein obligatorisches Studium generale stark, ohne je zuzugeben, dass ich selbst auf diesem Feld gescheitert war bzw. mich darum gedrückt hatte.

Haverford war ein Quäker-College; zwar gab es hier keine sonntägliche Versammlung mit Anwesenheitspflicht, wie ich sie aus Bootham kannte, aber dafür jeden Donnerstagmorgen ein sogenanntes Fifth-day-Meeting der Studenten und Lehrenden im Versammlungshaus, das einen kurzen Fußmarsch vom College entfernt lag. In meinem ersten Jahr liefen diese Versammlungen auf die mir vertraute Weise ab, mit erfrischend langen Schweigeminuten, unterbrochen von kurzen Mitteilungen, meistens aus dem Mund von Professoren. Doch im Verlauf meines zweiten Jahres begann sich der Charakter dieser Versammlungen zu wandeln, indem einige Studenten dazu übergingen, längere Botschaften vorzutragen, in denen sie nicht etwa ein moralisches Problem erörterten, sondern einzelne Professoren kritisierten – wegen angeblich langweiliger Vorlesungen, unfairer Benotung oder Gleichgültigkeit gegenüber den Bedürfnissen der Studenten. Ich erinnere mich, dass William Lunt einer derjenigen war, die viel Kritik abbekamen. Zum Zeitpunkt meines Weggangs aus Haverford hatte das Fifth-day-Meeting aufgehört, ein spirituelles Gemeinschaftserlebnis zu sein und war zu einem studentischen Forum geworden, dem das Lehrpersonal beizuwohnen gezwungen war. Aus heutiger Sicht neige ich dazu, eine solche Entwicklung für fast unvermeidlich zu halten, bedenkt man, dass Quäker-Versammlungen nun einmal auf dem Grundsatz beruhen, dass jeder Teilnehmer das Wort ergreifen darf. (Auch in Bootham hatte es Probleme gegeben, als einige Insassen der örtlichen, von den Quäkern geleiteten Nervenheilanstalt gelegentlich zu den Versammlungen erschienen waren und geredet hatten.) Ich steuerte zu den Versammlungen in Haverford auch ein- oder zweimal kritische Bemerkungen bei, weiß aber nicht mehr, worauf sie sich konkret bezogen. Wie ich später erfuhr, wurde das Fifth-day-

Meeting schließlich abgeschafft, mit der Begründung, es erfülle seine spirituelle Funktion nicht mehr. Als Diskussionsforum für Studenten und Professoren hätte es freilich auch weiterhin nützliche und innovative Dienste leisten können.

Mein Studium am Haverford College war vor allem eine Zeit des Lernens, und als solche habe ich sie auch in die Abfolge der Kapitel meines Lebens eingefügt. Daneben war aber auch das gesellschaftliche Leben von einiger Bedeutung, und es war alles andere als eintönig, zumal ich und einige meiner Kommilitonen in einem Wohntrakt untergebracht waren, der abseits des eigentlichen Campus lag. Ausflüge nach Ardmore waren an der Tagesordnung, solche nach Philadelphia hingegen selten – die Stadt galt schon damals als zu gefährlich. Die Freundschaften, die sich in Haverford bildeten, erwiesen sich jedoch nicht als dauerhaft, und meine Erinnerungen an das Gemeinschaftsleben dort sind eher pauschaler als detaillierter Natur. Weshalb sich sowohl hier als auch später in Harvard nur wenige nachhaltige und fortdauernde Freundschaften entwickelten und weshalb ich mit kaum einem meiner Kommilitonen in Kontakt blieb, weiß ich nicht.

Persönliche Eigenheiten trugen möglicherweise dazu bei, dass hier fast nur kurzlebige Freundschaften entstanden. Meine sexuelle Orientierung hat sich in diesem Lebensbericht noch kaum nach vorne gedrängt, was zum Teil daran liegen mag, dass ich nie die traumatischen Situationen durchleben musste, die andere junge Homosexuelle an den Rand der Verzweiflung und des Selbstmordes trieben, weil sie die Diskriminierung und die ihnen zugefügten Beleidigungen nicht mehr ertrugen. Vielleicht ließ meine doppelte Außenseiterrolle als Jude und Homosexueller mich die mit dem Schwulsein verbundenen Belastungen leichter ertragen, weil ich mein Außenseitertum schon so lange gewöhnt war. Wichtig ist auch, sich zu vergegenwärtigen, dass es in jener Zeit keinerlei Anreiz gab, sich offen zur eigenen Homosexualität zu bekennen, anders als heute, wo es eine öffentliche schwule Subkultur gibt, der man sich anschließen kann. Vielleicht hatte das die gleiche Ursache wie die geringe Zahl deutscher Deserteure an der russischen Front im Zweiten Weltkrieg – wohin sollten sie sich denn absetzen? Ich wusste nichts von schwulen Zeitungen oder schwuler Literatur, was kaum verwunderlich ist, denn eine homosexuelle Subkultur, die diesen Namen verdiente, entwickelte sich erst ab Ende der fünfziger Jahre, und ich wurde erst gegen Ende der sechziger Jahre auf sie aufmerksam, als ich schon ein Mann in mittleren Jahren war. Man könnte denken, dass es angesichts dessen in meiner ersten Lebenshälfte schwieriger für mich war, homosexuell zu sein. Tatsächlich machte das Fehlen einer öffentlichen Schwulen-Subkultur es mir sogar leichter, meine Sexualität zu verleugnen, zu der es keine Alternative zu geben schien und die ich durch ein üppiges und sehr privates Phantasieleben kompensieren konnte.

Eine lebhafte Phantasie hilft einem, mit dem eigenen Anderssein zurechtzukommen und die eigenen Gefühle unter Kontrolle zu halten. Gleichwohl verliebte ich mich oft, und natürlich war es jedes Mal eine unerwiderte Liebe, schon weil ich sie nicht zeigen konnte. Die Objekte meiner Liebe waren damals auch ausnahmslos Heterosexuelle. Es war wohl gerade ihre »Normalität«, die ich so anziehend fand. Wo hätte ich auch Homosexuelle kennen lernen sollen, an einem so kleinen College, wo sie sich genau so bedeckt halten mussten wie ich? Weder in Cambridge noch in Haverford kam ich je auf die Idee, mich nach einer Schwulenkneipe oder ähnlichen Einrichtungen umzusehen, die es ganz sicher gegeben haben muss. Ich war so tief unter meiner Decke – ein zeitgenössischer, heute unbekannter Ausdruck –, dass das Verschweigen zu einem Teil meiner Persönlichkeit wurde, etwas, das ich als natürlich und selbstverständlich empfand. Meine fortlaufenden Verliebtheiten hatten freilich die ungewollte Konsequenz, mein Augenmerk von anderen Personen, die vielleicht anregendere oder aufregendere Freunde hätten werden können, abzulenken.

Nach der Einwanderung in die Vereinigten Staaten wurde ich mir der Tatsache, dass ich Jude war, intensiver als zuvor bewusst – in Cambridge hatte mein Engagement in der antifaschistischen Bewegung diesen Aspekt meiner Existenz teilweise überlagert. Es fällt schwer, heute noch nachzuvollziehen, wie tief es uns als jüdische Flüchtlinge aus Deutschland schockierte, als meine Mutter und ich kurz nach unserer Ankunft vom Inhaber eines Reisebüros darüber aufgeklärt wurden, dass wir unsere Ferien nicht an dem von uns gewählten Ort verbringen konnten, da Juden dort nicht willkommen seien. Wie bereits erwähnt, gab es in Haverford eine Quote für jüdische Studenten. Sie wurde zwar in meinem Fall nicht angewendet, aber dafür wurde ich später mit dem Phänomen konfrontiert, als mein Antrag auf Zulassung zum Doktorandenstudium an der Columbia University mit der expliziten Begründung abgelehnt wurde, die Judenquote sei bereits ausgeschöpft.

Für einen Juden, der sich entschlossen hatte, die akademische Laufbahn einzuschlagen, war das Fach Geschichte wie auch das Fach Englisch eine riskante Wahl. Mit welchen einschlägigen Voreingenommenheiten ich in Cambridge konfrontiert wurde, habe ich bereits berichtet. Die akademische Geschichtsschreibung mochte ihre ausgeprägt nationalistische Tendenz weitgehend überwunden haben, doch nach wie vor galten ihr diejenigen, die nicht aus der Mitte der jeweils eigenen Nation kamen, als Fremdlinge, denen man die Pflege der heiligen Vergangenheit nicht anvertrauen konnte. Dies ist ein Aspekt der Geschichte meines Berufsstandes, der noch nicht hinreichend analysiert worden ist.

Ich persönlich hatte weder in Haverford noch in Cambridge das Gefühl, dass mir jemand mit Vorurteilen begegnete. Das stellte sich freilich bei den jüdischen Studenten anders dar, die nicht, wie ich, »Exoten« waren, sondern Einheimische. Sie hatten mit Vorurteilen zu kämpfen, die jedoch eher harmloser Art und keineswegs beständig oder verfestigt waren. Mir kam hier ein weiteres Mal meine achtbare, ja »hochmögende« Herkunft zugute, die mir später auch half, meine erste akademische Stellung zu ergattern.

In Haverford half zweifellos die Tatsache, dass ich ein leidlicher Kricketspieler war, meiner Popularität auf die Beine. Es war vermutlich das einzige amerikanische College, an dem Kricket gespielt wurde, und während ich in Bootham noch mein Bestes getan hatte, mich davor zu drücken, gereichte mir in Haverford meine relative Geübtheit in dem Spiel spürbar zum Vorteil. Mannschaften, gegen die man antreten konnte, waren schwer zu finden, abgesehen von einem zweiten Kricket-Team, dass es in Philadelphia gab. Aber in Europa war Krieg, und so legten in Philadelphia hin und wieder britische Schlachtschiffe an, deren Besatzungen stets zu einer Partie bereit waren. Ich konnte mit dem Schlagholz ganz gut umgehen, aber auch wieder nicht so gut, dass ich ständig gefragt war; tatsächlich kam ich nur gelegentlich zum Einsatz.

In meinem zweiten Jahr in Haverford geriet mein Privatleben ein weiteres Mal in den Windschatten des öffentlichen Geschehens. Der Krieg in Europa heizte den politischen Aktivismus an, selbst in unserem akademischen Refugium im Herzen eines der wohlhabendsten Vororte Philadelphias. Das auslösende Moment war die Wahl Felix Morleys, eines Anhängers der Bewegung »America First«, zum Präsidenten unseres Colleges. Diese Bewegung machte sich für die Neutralität der USA gegenüber den kriegsführenden Parteien stark und lehnte jegliche Unterstützungsleistungen für Großbritannien ab. Diese Einstellung weckte in mir den Antifaschisten, der seit meiner Ankunft in den Vereinigten Staaten im Tiefschlaf gelegen hatte. Im Verein mit vielen meiner Kommilitonen inszenierte ich Protestaktionen gegen den neuen Collegepräsidenten. Viele Mitglieder des Lehrkörpers erklärten sich solidarisch mit uns. Felix Morley war, wenn mich nicht alles täuscht, der einzige Mensch, an dessen symbolischer Verbrennung (in Gestalt einer Puppe) ich jemals mitgewirkt habe.

Diese Proteste fanden kurz vor der feierlichen Verleihung von Diplomen und akademischen Graden statt, dem sogenannten Commencement, und wir diskutierten ausführlich darüber, ob wir die Feier stören oder ihr fern bleiben sollten. Am Ende unternahmen wir gar nichts, und die Proteste verstummten mit dem Beginn der Sommerferien. Den Beginn des nächsten Semesters erlebte ich schon nicht mehr in Haverford, und kurze Zeit später traten die Vereinigten Staaten in den Krieg ein.

Der Mann, aus dessen Händen ich 1941 mein Bachelor-of-Science-Diplom erhielt und der bei diesem Commencement die Hauptrede hielt, war der ehemalige US-Präsident Herbert Hoover. Gerade als ich an der Reihe war und direkt vor dem Ex-Präsidenten stand, geriet unsere Prozession für einen Augenblick ins Stocken – ich blickte in die kältesten Augen, die ich bis dahin je gesehen hatte, wobei ich an Hoovers Amtsführung, über die ich wenig wusste, nichts Konkretes auszusetzen hatte.

Ich stand in diesem Augenblick vor einem ähnlichen Dilemma wie schon zuvor an den schwierigen Kreuzwegen meiner Ausbildung, nur ging es jetzt nicht mehr darum, was ich studieren, sondern wo ich meinen Doktor in Geschichte machen sollte, ein Ziel, das ich fest ins Auge gefasst hatte. Als beste Uni für englische Verfassungsgeschichte galt Yale, wo Wallace Notestein die führende Kapazität auf diesem Gebiet war. Bevor ich mich entschied, fuhr ich nach New Haven, um mir bei Theodor Mommsen Rat zu holen, der mir von einem meiner Vettern, der ihn gut kannte, empfohlen worden war. Als Enkel des berühmten Historikers der römischen Antike und selbst auf das Zeitalter der Renaissance spezialisiert, lehrte Mommsen damals in Yale. Er gab mir den Rat, meinen Magister in Harvard zu machen und anschließend zur Promotion nach Yale zu kommen; mit Abschlüssen an den beiden angesehensten amerikanischen Universitäten könnten sich, so meinte er, meine Aussichten auf eine akademische Position erhöhen. Ich hielt mich nur zur Hälfte an seine Empfehlung, und blieb in Harvard, anstatt nach Yale zu wechseln, was vielleicht umso besser war, als Notestein seine Doktoranden Parlamentsprotokolle der Tudor- und Stuart-Ära edieren ließ, eine Aufgabe, die meinen eher theoretischen und dramatischen Neigungen nicht entsprochen hätte. Mit Theodor Mommsen traf ich mich auch weiterhin von Zeit zu Zeit, bis er sich nach einem Besuch im Nachkriegsdeutschland das Leben nahm. Es war Notestein selbst, der mir von Mommsens Freitod erzählte, als wir einmal gemeinsam im Britischen Museum arbeiteten und eine Pause machten, um in einem gegenüberliegenden Pub etwas zu trinken. Die Nachricht versetzte mir einen tiefen Schock – es war der erste nicht-natürliche Tod eines Menschen, außerhalb der Kriegszeit, den ich gekannt hatte und der mir eine wichtige Stütze gewesen war.

Cambridge in Massachusetts hatte kaum Ähnlichkeit mit dem älteren Cambridge in England; das aufregende politische und geistige Klima, das die antifaschistische Bewegung dort mit sich gebracht hatte, fehlte hier. An seine Stelle war ein tiefes Sich-Versenken in die wissenschaftliche Arbeit getreten, ein Abtauchen in die vergangenen Jahrhunderte, mit denen ich mich beschäftigte. Das galt freilich nur mit gewissen Einschränkungen – mit der Zeit versuchte ich nämlich sehr wohl, mich auch wieder in die politische Diskussion einzuschalten, allerdings ohne dass daraus konkrete politische Taten gefolgt wären. Zwar bemühte sich die amerikanische Linke nach wie vor um die Aufrechterhaltung einer antifaschistischen Front, doch hatte ich das Interesse daran verloren. Der Kampf gegen den Faschismus lag jetzt in den Händen mächtiger Staaten, und der antifaschistische Kampf, den wir früher aus scheinbar aussichtsloser Position geführt hatten, schien mir irrelevant geworden zu sein. Dazu kam, dass bei den amerikanischen Antifaschisten die Agitation »gegen den Krieg« lauter war als die »gegen den Faschismus« und sie sogar den Hitler-Stalin-Pakt verteidigten. Was die Gesellschaftspolitik betraf, so hatte ich mir wohl nie konkrete Gedanken über gesellschaftsverändernde Maßnahmen gemacht, nicht einmal zu meinen alten Cambridge-Zeiten, sondern mich damit begnügt, mich in allgemeinen, romantisch angehauchten Vorstellungen von einer besseren Gesellschaft zu ergehen, in der »das Volk« anstelle eines reaktionären Establishments die Politik in die Hand nehmen würde.

Der Marxismus hatte mich interessiert, aber ich hatte ihn nie als eine Theorie oder Philosophie der Geschichte rezipiert und studiert und mir daher auch kein Urteil über seine Anwendbarkeit in der Zukunft gebildet. Vorlesungsreihen oder Seminare über den Marxismus, wie ich sie sehr viel später halten sollte, waren damals auf beiden Seiten des Atlantiks unbekannt und tauchten in meinem offiziellen Studienpensum nicht auf. Von meinem besten Freund, der zu der Zeit Kommunist war, erfuhr ich jedoch, dass der angesehene Mathematiker Dirk Struik am benachbarten Massachusetts Institute of Technology ein informelles Marxismus-Seminar abhielt. Ich beschloss, dieses mitzumachen.

Wie ich herausfand, hatten dasselbe vor mir schon viele junge Intellektuelle – darunter einige spätere Berühmtheiten – getan, die ebenfalls mehr über den Marxismus erfahren wollten, der schließlich in den meisten unserer Diskussionen über die Politik unserer Zeit eine recht zentrale Rolle spielte. Als sich zu Beginn des Kalten Krieges der Zeitgeist veränderte und der Antikommunismus zu einem Glaubensartikel wurde, schwärzte einer der Veteranen des Struik-Seminars alle Teilnehmer, an die er sich erinnerte, beim berüchtigten Ausschuss für »Unamerikanische Umtriebe« des US-Repräsentantenhauses an. Für mich war diese Denunziation nicht ungefährlich, und sie bescherte mir einige unruhige Monate, denn noch besaß ich nicht die Staatsbürgerschaft der Vereinigten Staaten und hatte meine Stellung an der Universität von Iowa, wo ich zu der Zeit lehrte, noch keineswegs sicher. Einige in den Ostküstenstaaten der USA lehrende Kollegen verloren in der Tat ihre Lehraufträge, doch Iowa war ein konservativer Staat, dessen Konservatismus dem Liberalismus alter Schule näher stand als dem modernen Populismus; hier betrachtete man die Umtriebe des Repräsentantenhaus-Ausschusses (ebenso wie später die des Senators McCarthy) als einen Eingriff in die Privatsphäre der Betroffenen.

Mein Interesse am Marxismus nahm indes eine unerwartete, eher originelle Wendung, indem ich ihn zu der christlichen Theologie in Bezug setzte, die ich im Rahmen meiner Beschäftigung mit dem 16. und 17. Jahrhundert eifrig studierte. Das Oratory of St. Mary and St. Michael in Cambridge war von Frederic Hastings Smyth ins Leben gerufen worden, basierend auf einer Bewegung in der anglikanischen Kirche, die ursprünglich von der englischen Industriestadt Coventry ausgegangen war. Ihr wichtigstes Manifest war ein Pamphlet über Kirche und Arbeiterschaft, das sich wiederum auf die Lehre von der Inkarnation stützte: dass in jedem menschlichen Wesen ein Stück von Christus stecke. Das war ein Bekenntnis zur grundsätzlichen Gleichheit aller Menschen, einer Gleichheit, die nur mit Hilfe des Sozialismus herbeigeführt werden konnte. In den christlichen Sakramenten wimmelte es von Symbolen der Gleichheit und der sozialen Gerechtigkeit, man brauchte nur an die Segnung des täglichen Brotes zu denken oder an die Agape, das gemeinschaftliche Mahl nach der Messe.

Dieses Interesse wirkte sich insofern aus, dass man sich etwa in eine Kette von Streikposten einreihte oder dabei war, wenn radikale Arbeiterführer aus dem benachbarten Boston in der schlichten Kapelle der Oratory-Gruppe die Sonntagsmesse besuchten. Mehrere meiner Freunde und ich wurden im Oratory aktiv, was so weit ging, dass wir uns am Aschermittwoch mit Asche bekreuzigten oder am Palmsonntag mit Palmwedeln herumliefen, sehr zum Erstaunen unserer Professoren. Noch wichtiger war jedoch, dass ich Messdiener wurde; auf meine Bitte hin praktizierte Pater Smyth jeden Sonntag eine andere Variante der Anglikanischen Liturgie. Auf diese Weise wurde ich nach und nach mit dem Kernbereich des katholischen Ritus' vertraut, was meiner wissenschaftlichen Arbeit sehr zugute kam.

Ich war zu der Zeit sehr überzeugt von dieser Kombination aus Theologie und einem sozialistischen Engagement, das nicht mehr nebulös war, sondern das Postulat der Gleichheit aller auf Grundlage der Marxschen Gesellschaftsanalyse einschloss und durch den Symbolismus der Messe eine sakrale Aura erhielt. Den letzten Bekehrungsschritt tat ich jedoch nie, und als ich die Bitte von Pater Smyth, mich für ein Oratory in Iowa City einzusetzen, abschlug, hatte ich auch mit diesem Erfahrungskapitel abgeschlossen. Die Triebkraft dafür war ohnehin nie eine tief empfundene Religiosität gewesen, sondern mehr eine Neugier auf die christliche Theologie und das Bemühen, ein tieferes Verständnis von ihr zu erlangen. Es kann kein Zweifel daran bestehen, dass diese Erfahrung auf mein Denken stimulierend wirkte. Die jüdische Religion hatte in meinem Leben nie eine Rolle gespielt, und so war dies das einzige Mal, dass ich vom Pfad meines üblichen und gewohnten Agnostizismus, wenn auch nur ein Stück weit, abwich.

In Cambridge und Haverford hatte ich wertvolle Einführungen in das Handwerk des Forschens und Lehrens gewonnen; in Harvard reifte ich zum Wissenschaftler. Der für mich wichtigste Professor, der Mediävist Charles Howard McIlwain, war nicht nur ein beeindruckender Gelehrter, sondern auch ein gewissenhafter Mensch. Er brachte zu seinen Vorlesungen keinerlei schriftliche Vorlage mit, und da er zu Beginn jeweils fragte, wie weit wir beim letzten Mal gekommen seien, konnte einer, der die letzte Vorlesung verpasst hatte, wenn er schnell genug das entsprechende Stichwort rief, eine Neuauflage des versäumten Vortrags bewirken. Ich verpasste jedoch keinen seiner Vorträge – sie waren wirkliche Lernerfahrungen.

Ein anderer Professor, dessen Vorlesungen ich regelmäßig besuchte, war Roger Bigelow Merriman, der Historiker Spaniens und des Spanischen Weltreichs. Er war ein kompetenter akademischer Lehrer und großartiger Erzähler. Obwohl seine mehrbändige Geschichte Spaniens weitgehend in Vergessenheit geraten ist, halte ich sie nach wie vor für eine wunderbare Lektüre, ein Paradebeispiel der politischen Geschichtsschreibung alten Stils, bei der das narrative Nachzeichnen des Geschehens im Mittelpunkt steht. Im persönlichen Umgang war Merriman oft provozierend und vorurteilsvoll; er mochte mich offenbar jedoch und forderte mich mehrmals auf, meinen Doktor bei ihm zu machen und nicht »bei diesem Trottel McIlwain«. Eine solche Bemerkung gegenüber einem Studenten zeugt sicher von einer fragwürdigen Berufsethik, aber Merriman war eben ein Mann von altem Bostoner Adel und fühlte sich über die meisten seiner Kollegen erhaben. Als wir Studenten uns nach dem Kriegseintritt der USA zur Wehrerfassung melden mussten, erklärte mir Merriman, ich sei zu schade, um als einfacher Soldat zu dienen (womit er mir aus dem Herzen sprach), und er werde sehen, was er tun könne. Dass ich dann bei einer Sonder-Ausbildungseinheit der Armee landete, hatte ich vielleicht in der Tat seiner Einflussnahme zu verdanken, denn er verfügte über sehr gute Beziehungen zur Regierung Roosevelt.

Meine größte Lernerfahrung in Harvard war jedoch David Owens Seminar über die neuzeitliche Geschichte Englands. Das Thema lag zwar weit ab von meinen eigentlichen akademischen Interessen, aber es war das einzige Seminar über europäische Geschichte, das ich zu dem Zeitpunkt belegen konnte. Auch diese Wahl entpuppte sich wieder als Glücksfall. David Owen war einer der wenigen Mitglieder der Fakultät für europäische Geschichte, die ihren Studenten ein persönliches Interesse entgegenbrachten und ihnen sogar bei der Jobsuche halfen – so fand ich meine erste Anstellung an einer Hochschule durch seine Vermittlung. Als Seminarleiter war er ein ausgezeichneter Didaktiker und verstand es, einen interessanten und lebhaften Kreis von Studenten anzuziehen. Ausgerichtet war sein Seminar auf die Erstellung wissenschaftlicher Arbeiten durch die Studenten, und so konnte ich hier endlich das tun, wozu ich mich berufen und befähigt fühlte. Die Arbeit, die ich schrieb, wurde zur Veröffentlichung in der angesehenen *English Economic History Review* angenommen, was meinem Selbstvertrauen einen großen Schub verlieh. Über die »Anti-League«, die das Thema des Aufsatzes war, werde ich in einem späteren, meiner Selbsteinschätzung als Historiker gewidmeten Kapitel einiges mehr sagen. An dieser Stelle gebührt der Arbeit Erwähnung, weil sie mein Debüt als publizierender Wissenschaftler markierte.

Die gute Vorstellung, die ich im Seminar von David Owen gab, vermittelte mir keine Vorahnung davon, wie schwer ich mich mit dem Ablegen der Vorprüfung für die Zulassung zum Promotionsstudium tun würde. Prüfungen waren nie meine Stärke gewesen; mir fehlte die Disziplin, Dinge zu lernen, die mich nicht interessierten, selbst wenn sie, wie in diesem Fall, notwendige Voraussetzung für die Promotion waren, die ich doch anstrebte. Diese Disziplinschwäche blieb mir erhalten. Sehr viel später fiel ich sieben Mal durch die schriftliche Führerscheinprüfung, weil ich es nicht über mich brachte, die Prüfungsfragen zu büffeln. Immerhin war ich jetzt so weit, dass ich nur noch Lehrveranstaltungen zu belegen brauchte, die innerhalb meines eigentlichen Interessenbereichs lagen, der europäischen Geschichte vor 1800 – eine Spezialisierung, wie sie nach meiner Zeit gar nicht mehr zugelassen wurde, weil man sie für zu eng hielt. Ich war nahe daran, bei der Vorprüfung durchzufallen, teilweise wegen meiner Wissenslücken, teilweise aber auch wegen des Zusammenpralls unterschiedlicher Persönlichkeiten in meinem Prüfungsgremium. Die Vorprüfung war eine mündliche Prüfung, und unter den Prüfern, die mich in die Mangel nahmen, waren einige der angesehensten und ranghöchsten Historiker Harvards, Männer, deren Lebensalter sich zu mindestens zweihundertundzwanzig Jahren addierten.

Die Zeichen standen von Anfang an schlecht. Als ich mich zögernd anschickte, das Prüfungszimmer zu betreten, forderte Merriman mich zum Hereinkommen auf, doch eine Sekunde später wies mich Giorgio La Piana, ebenfalls Mediävist, an, draußen zu warten, bis ich gerufen würde. Ich wusste, dass diese beiden Professoren einander nicht ausstehen konnten, und traf dennoch die falsche Entscheidung. Ich folgte der Aufforderung Merrimans, auf dessen Wohlwollen ich zählen zu können glaubte, wogegen ich von La Piana ohnehin unangenehmen Fragen erwartete, die ich dann auch gestellt bekam. McIlwain und Merriman waren auf meiner Seite; Sidney B. Fay, in Ehren ergrauter Historiker Deutschlands, hatte offenbar eine vage Vorstellung davon, dass ich etwas mit dem Verlagswesen zu tun gehabt hatte, und stellte – zweifellos in wohlwollender Absicht – ausschließlich Fragen zu diesem mir absolut nicht gegenwärtigen Thema. Giorgio La Piana hätte meine angehende Laufbahn als Historiker beinahe zunichte gemacht. Er war früher Abt in Sizilien gewesen, und ein Porträt, das ihn im vollen Ornat zeigte, hatte mich begrüßt, als ich ihn vor der Prüfung aufgesucht hatte, um mich ihm vorzustellen. An den Verlauf dieser Begegnung habe ich keine Erinnerung mehr, aber in der mündlichen Vorprüfung bestand er nicht nur darauf, einige Fragen auf lateinisch zu stellen (ganz und gar nicht meine Stärke), sondern konfrontierte mich auch mit Fragen, auf die ich keine Antwort wusste. Nach der Prüfung musste man auf dem Korridor warten, bis einem das Ergebnis mitgeteilt wurde, eine Folterpraxis, die inzwischen abgeschafft worden ist. Ich verbrachte dort die wahrscheinlich schlimmsten Minuten meines noch jungen Lebens. Schließlich kam Merriman heraus und ließ mich wissen, ich habe bestanden; die Entscheidung sei aber nur um ein Haar nicht gegen mich ausgefallen.

Jetzt hatte ich freie Bahn, meine Arbeit über den Kampf zwischen König und Parlament um die Herrschaft in England im frühen 17. Jahrhundert in Angriff zu nehmen. Ich ging zu Charles

Howard McIlwain und unterbreitete ihm mein Thema; er nickte
und sagte, ich solle wiederkommen, wenn das Buch fertig sei.
Man wurde als Doktorand nicht bemuttert, und auch nicht, wie
es später zur Regel wurde, an die Hand genommen – ich war bei
der Arbeit völlig auf mich allein gestellt. Aus meiner Sicht war das
genau das Richtige, ein ausgezeichnetes Training. Am Ende wurde
aus meiner Dissertation denn auch tatsächlich ein Buch.

Unterdessen hatte ich eine intensive Freundschaft zu einem
Kommilitonen geschlossen, der sich im selben Semester wie ich
befand; mein Leben in Harvard sollte ganz wesentlich im Zeichen
dieser Freundschaft stehen. Allan war ein entschieden hetero-
sexueller Charmeur, und ich weiß nicht, ob er jemals merkte, wie
sehr ich in ihn verliebt war. Er verkörperte für mich, den jüdischen Flüchtling aus Europa, ein aufregend neues Phänomen,
war er doch ein gut aussehender, sehr männlicher Jude, der stolz
auf seine Abstammung war, ohne sie sich als persönliches Verdienst oder Problem anzurechnen – er schaffte es, eine Identität,
die mir oft genug Schmerzen und Verlegenheit bereitet hatte, einfach als naturgegeben zu akzeptieren. In ihm sah ich den »neuen
Juden«, wie ich ihn mir ausgemalt hatte, leibhaftig vor mir, einen,
der das Klischeebild vom Juden, wie auch ich es als normal akzeptiert hatte, Lügen strafte. Aus heutiger Sicht, durch das Prisma
meiner geschichtswissenschaftlichen Arbeit, ist klar zu erkennen,
dass ich und so viele andere, mit denen ich zu tun hatte, ah-
nungslos in die Falle der antisemitischen Propaganda getappt waren. Dass eine Minderheit die Klischeevorstellung übernimmt,
die die Mehrheit über sie verbreitet, ist ein nur allzu vertrautes,
aber nichtsdestoweniger entwürdigendes Phänomen. Ich trug
das antijüdische Vorurteil, das sich tief in mich eingegraben
hatte, lange mit mir herum. Ich werde später in diesem Buch Anlass haben, auf das Thema zurückzukommen, wenn ich meine
Erfahrungen beim Leben und Lehren in Jerusalem schildere.

Allan war damals Kommunist und sah keinerlei Widerspruch

zwischen seiner politischen Überzeugung und seinem selbstbewussten Judentum. Er gestattete der Partei sogar, seine vielversprechende akademische Laufbahn abrupt zu beenden, indem sie ihn anwies, Harvard den Rücken zu kehren und an der Westküste die Organisation der Fabrikarbeiter voranzutreiben. Während unserer gemeinsamen Zeit in Cambridge waren wir unzertrennlich – »die Zwillinge« nannten uns der Philosoph Gurevitch und seine Frau, in deren Haus wir immer willkommen waren und mit denen wir endlose Diskussionen über Marxismus und die Zukunft Amerikas führten. Einmal verbrachte ich die Sommerferien mit Allan in Detroit und half ihm, den dortigen Buchladen der Gewerkschaft United Auto Workers zu organisieren. Ich begleitete ihn etliche Male nach Hause und lernte so das kleinbürgerlich-jüdische Viertel kennen, in dem seine Eltern lebten. Meine Freundschaft zu Allan zählt zu den wichtigsten Erfahrungen, die ich auf dem Weg zu meiner Integration in die amerikanische Gesellschaft gemacht habe.

Allan war mein engster, aber keineswegs mein einziger Freund. Als Doktorand konnte man sowohl in der Divinity Hall als auch in der Perkins Hall, in der ich wohnte, besonders aber im Anglikanisch-Theologischen Seminar, wo wir unsere Mahlzeiten einnahmen (weil das dort am preiswertesten war), in ein reichhaltiges geselliges Leben eintauchen. Ich war einer von vielen, die an diesem studentischen Leben teilnahmen. Wie so viele andere, hörte ich im Radio gerade die Übertragung eines Konzertes der New Yorker Philharmoniker, als das Programm unterbrochen und die Nachricht vom japanischen Überfall auf Pearl Harbor verlesen wurde. Ich rannte zur Wohnungstür eines sehr guten Freundes, der nebenan logierte, und rief: »Dein Land ist im Krieg!« Woraufhin er zurückrief: »Sag ›unser Land‹.« Offenbar fühlte ich mich noch nicht ganz als Amerikaner – tatsächlich sprach ich von den Vereinigten Staaten in dieser Phase noch oft genug in der dritten Person, so sehr ich inzwischen manche Züge des Landes und seiner Bewohner bewundern gelernt hatte. Was mir damals erfrischend erschien, war das Fehlen jenes erdrückenden Nationalismus, wie ich ihn in Europa kennen gelernt hatte – nicht zwangsläufig mit Aggressivität verbunden, hatte er sich doch immer durch die unausgesprochene Unterscheidung zwischen »wir« und »die anderen« hervorgetan.

In diesem Zusammenhang fiel mir ein deutlicher Kontrast zu den Erfahrungen auf, die ich als Student im britischen Cambridge gemacht hatte. Mit einem Freund war ich von dort aus regelmäßig nach London gefahren, um im Old Bailey, dem Londoner Justizpalast, Verhandlungen zu verfolgen. Jedes Mal, wenn jemand mit einem jüdischen Namen den Zeugenstand betrat, hatten die Richter dort unweigerlich die Frage gestellt: »Ist er Engländer? Versteht er die englische Sprache?« Und das in einem Land, das sich so viel auf seine Toleranz und seinen gedämpften Nationalismus zugute hielt.

Der Kriegseintritt der Vereinigten Staaten hatte zunächst eher bizarre Auswirkungen auf mein Leben. Das Feldgeistlichenkorps der US-Armee erhielt seine Ausbildung in Harvard und übte um die Divinity Hall herum das Ausheben von Gräbern. Die unmittelbare Konsequenz daraus war für mich ein gebrochenes Bein, das mich jedoch nicht davon abhielt, mich schon 1942 freiwillig beim Wehrerfassungsamt in Cambridge zu melden und damit meiner zu erwartenden Einziehung zuvorzukommen. Mein Vordrängen erwies sich freilich als nicht nur vergeblich, sondern geradezu kontraproduktiv. Ich bestand den körperlichen Test, konnte alle Fragen beantworten und wurde schließlich dem diensthabenden Oberst vorgeführt, der mir meine Wehrtauglichkeit bestätigen würde – so glaubte ich zuversichtlich. Er war Jude – diesen Eindruck hatte ich jedenfalls – und sagte nach einem Blick auf meinen deutschen Pass, das einzige dem Anlass genügende Ausweisdokument, das ich besaß, die Vereinigten Staaten hätten in ihrer Armee keinen Bedarf an Preußen. Ich bin sicher, dass der

Mann an meinem Aussehen oder an meinem Pass als solchem (mit dem aufgestempelten »J«) keinen Anstoß nahm. Die damaligen deutschen Pässe verkündeten jedoch an gut sichtbarer Stelle, aus welchem deutschen Land der Passinhaber stammte – in meinem Fall war das Preußen. Man hatte mich schon öfter diskriminiert, weil ich Jude war, jetzt aber diskriminiert zu werden, weil ich Preuße war, das war neu und unerwartet. Ich wurde der Kategorie 4 F zugeschlagen, das heißt, ich galt als nicht kriegsverwendungsfähig. Bis ich später einen Posten bei der Sonder-Ausbildungseinheit der Armee erhielt, konnte ich also keinen persönlichen Beitrag zu einem Feldzug leisten, den ich als Krönung meines antifaschistischen Engagements betrachtete.

Ich habe nie wirklich verstanden, warum ich die Klassifizierung 4 F erhielt. Die Tatsache meiner Herkunft aus Preußen konnte wohl kaum ein ausreichender Grund sein. Zweifelte man an meiner Loyalität, weil ich mich eines »vorzeitigen Antifaschismus« schuldig gemacht hatte, wie es in einer Anweisung der US-Armee für die Klassifizierungspraxis hieß? Wohl kaum – ich war nie ein öffentlich hervortretender Anführer der antifaschistischen Bewegung gewesen, noch hatte ich in Spanien gekämpft. War meine Homosexualität, die doch eigentlich mein Geheimnis war, der Grund? Wie konnten sie davon erfahren haben, hatte ich doch keinerlei Kontakte zur Schwulenszene oder zu ihren Organisationen gepflegt und, mehr noch, in völliger Keuschheit gelebt? Von meinen heimlichen Sehnsüchten und meinen Phantasien konnte die US-Regierung nichts wissen, und wenn sie durch irgendeinen Umstand davon Kenntnis erlangt hätte, so hätte es Hunderttausenden so ergehen müssen wie mir. Das Rätsel bleibt ungelöst.

Ich konnte damit vorerst weiterleben, denn mein Studium in Harvard nahm weitgehend seinen gewohnten Verlauf. Sicher, es gab Unterbrechungen – einmal wurde ich gebeten, mich als Begleiter einer sehr bemerkenswerten russischen Soldatin zur Verfügung zu stellen, die zur Belohnung für ihre Leistungen als Partisanin und Scharfschützin hinter der deutschen Front zu einem USA-Aufenthalt eingeladen worden war. Aber ich schlug mich zu dieser Zeit schon mit der herannahenden Zulassungsprüfung zur Promotion sowie mit der Suche nach einem adäquaten Job herum. Letzteres würde keine leichte Aufgabe sein. Arthur Schlesinger Sen., der berühmte Historiker, hatte den versammelten Doktoranden kurze Zeit zuvor eröffnet, Harvard sei nicht verpflichtet, ihnen bei der Suche nach Anstellungen zu helfen, sondern kümmere sich lediglich um ihre Ausbildung. Ich weiß, dass viele meiner Kommilitonen unserer Alma Mater diese arrogante und kaltschnäuzige Haltung lange nachtrugen. Viele Harvard-Professoren bemühten sich freilich individuell, ihren Studenten eine Anstellung zu verschaffen, und es gab durchaus Hochschulen – wie zum Beispiel die Universität von Wisconsin –, die promovierte Harvard-Absolventen mit Handkuss nahmen. Ich empfand nie einen derartigen Groll gegen Harvard, denn mir half David Owen, wenn auch zunächst nur kurzfristig. Er besorgte mir 1944 einen befristeten Lehrauftrag an der Universität von Michigan für einen Sommerkursus über das England der Tudor- und Stuart-Zeit. Das war sicherlich ein ausgezeichneter Anfang – meine Studentenzeit schien vorbei, auch wenn ich mit meiner Dissertation noch nicht sehr weit war.

Es bestand für mich eigentlich kein zwingender Grund, Harvard so schnell wie möglich zu verlassen, denn ich war dort gut aufgenommen. Von Beginn meines Doktorandenstudiums an war klar, dass bei den ganz und gar nicht makellosen akademischen Referenzen, die ich vorzuweisen hatte, kein Stipendium auf mich warten würde. Meine Eltern kamen zunächst einmal für meinen Unterhalt auf, doch dann stieß ich bei der Lektüre des Harvard-Katalogs unglaublicherweise auf ein Stipendium, das ausschließlich Studenten vorbehalten war, die in Berlin-Charlottenburg geboren waren. Ich vermutete zutreffenderweise, die Bewerberschar dafür könne nicht sehr groß sein. So wurde ich ein Holzer-Stipendiat, was mir nicht nur eine gewisse Geldsumme bescherte, sondern sich auch in meinem beruflichen Lebenslauf gut ausnahm, zumal niemand die Bedingungen für die Vergabe dieses Stipendiums kannte. Meine Mutter unterstützte mich ungeachtet dessen weiterhin mit einem kleinen Zuschuss. Sie finanzierte ihn aus dem 1939 getätigten Verkauf der Züricher Niederlassung der Annoncen-Expedition Rudolf Mosse, worauf die Nazis keinen Zugriff hatten. Dieses Geld sicherte der Familie bis auf weiteres die Existenz, wenn auch nicht annähernd auf dem früher gewohnten luxuriösen Niveau.

Ich war dennoch entschlossen, möglichst bald im Berufsleben Fuß zu fassen, nicht aus Liebe zu fleißiger Arbeit (die kam erst später) oder gar aus Abenteuerlust, sondern weil ich die vage Befürchtung hegte, ich könnte in meiner Harvard-Existenz stecken bleiben und den Absprung nicht schaffen, und wohl auch weil ich diejenigen (inner- und außerhalb meiner Familie) ins Unrecht setzen wollte, die meinten, ich würde als Historiker nie genug Geld zum Leben verdienen und sei zu verwöhnt, um mit den Anforderungen und Entbehrungen, die in der realen Welt auf mich warteten, zurechtzukommen. Mit einer lebenden Mahnung daran, was ein Hängenbleiben in Harvard bedeuten konnte, wurde ich konfrontiert, als ich nach Aufnahme meiner Lehrtätigkeit an der Universität von Iowa zu einem Kurzbesuch nach Cambridge zurückkehrte. Die Stufen der Widener-Bibliothek waren mir vertraut als ein Ort, an dem Studenten der höheren Semester sich trafen, wenn sie eine Arbeitspause machen und Luft schnappen wollten. Es gab einen Doktoranden im Fach Geschichte, der seit Jahren zum Inventar dieser Stufen gehörte, und als ich nach über einem Jahr Abwesenheit wieder auftauchte, fand ich ihn genau an der Stelle stehend, an der er schon immer gestanden hatte. Wir begrüßten uns, und er fragte mich: »Wo bist du in letzter Zeit gewesen?« – offenbar in der Annahme, dass auch ich niemals weg gewesen sei. Tatsächlich war ich eher so etwas wie ein Besucher von einem anderen Planeten, der aus neuen Erfahrungen schöpfen konnte. Der besagte Student erhielt später eine Anstellung an einer benachbarten Universität und verbrachte sein ganzes Leben mit der Arbeit an einem nicht sehr bedeutenden wissenschaftlichen Projekt. Er war offensichtlich das extreme Gegenstück zu meinem ungeduldigen und rastlosen Naturell.

Was meinen Vorsatz betraf, die Hypothek des schlechten Rufs abzutragen, den ich mir innerhalb der Familie durch meine aufsässige und sprunghafte Art erworben hatte, so bedurfte es dazu nicht mehr als der Ankunft meines ersten Gehaltsschecks und der Gewissheit, dass ich in meinem ersten richtigen Job keine Eintagsfliege war. Die Unkenrufe verstummten, auch wenn nur die wenigsten meiner Freunde und Angehörigen je etwas von der Universität von Iowa gehört hatten. Ich war (und bin bis heute) zufrieden damit, von Harvard weggegangen zu sein, sobald ich die Chance dazu hatte, und zwar noch vor Fertigstellung meiner Dissertation – trotz der in der Folge gewonnenen Erkenntnis, dass es ein hartes Stück Arbeit war, ein Buch zu schreiben, während man gleichzeitig sechzehn Wochenstunden im Hörsaal zubrachte.

Meine akademische Ausbildung war, formell gesehen, zu Ende. Ich hatte durch sie, fast zufällig, meine Berufung gefunden und einen Fundus an historischem Wissen akkumuliert, der sich, obwohl nicht auf die Neuzeit bezogen, als ausgezeichnetes Fundament für meine gesamte spätere Arbeit erwies. Nebenbei hatte ich auch noch einige intellektuell aufregende Dinge erlebt.

Ich stand jetzt an der Schwelle zu dem, was ich als die Iowa-Periode meines Lebens bezeichne und im Rückblick als eine der wichtigsten Stationen meines Lebensweges einstufe. Das war in keiner Weise vorauszusehen, als ich an einem frühen Morgen im Herbst 1944 am Bahnhof der Rock-Island-Linie in Iowa City aus dem Zug stieg. Das Taxi brachte mich zu einem Hotel an der

Hauptstraße. Als ich von dort meinen Blick die Straße entlang schweifen ließ, schienen die Häuserzeilen auf der einen Seite im Nichts zu beginnen und sich auf der anderen im Nichts zu verlieren – eine Furche irgendwo in der Mitte dessen, was ich als endlose Steppenlandschaft wahrnahm. Obwohl ich mich von den vielen Fesseln, die man mir zu Hause und in der Schule angelegt hatte, bereits frei gemacht und, bildlich gesprochen, die Besenkammer, in die ich als böses Kind eingesperrt worden war, verlassen hatte, war ich für das Leben in dieser räumlichen Unendlichkeit nicht gerüstet. Ich fühlte mich verloren und begann sogar zu weinen, vielleicht weil ich Angst hatte oder auch das bedrückende Gefühl, meine akademische Reise habe mich in ein neues, anderes Exil geführt, und dieses Mal vielleicht weg von der Zivilisation, wie sie mir vertraut gewesen war.

Ich lag mit dieser Befürchtung vollkommen daneben. Gewiss war Iowa City eine akademische und künstlerische Oase in einem durch und durch ländlich strukturierten Raum, aber eine, die erfüllt war von flirrenden kreativen und intellektuellen Energien. Eine so intensive und anregende Atmosphäre, wie ich sie in diesen Jahren im Herzen des amerikanischen Mittelwestens vorfand, erlebte ich später nie wieder.

Kapitel 8

Jahre in Iowa

Der Lehrkörper der Universität von Iowa präsentierte sich mir 1944 als eine eigenartige Kombination aus einer blitzgescheiten jungen Avantgarde und einer verbraucht wirkenden alten Garde. Die avantgardistischen Kräfte bildeten natürlich den herausragenden Aspekt, besonders für einen, der sich mit Kulturgeschichte beschäftigte. Die Abteilungen für Kunstgeschichte, Bildende Künste, Kreatives Schreiben und Theater standen zu der Zeit auf der Höhe ihrer Kreativität und Kompetenz, und man hätte sich schwer getan, anderswo Gleichwertiges zu finden. Der Kontrast zum Charakter des im ländlichen Abseits liegenden Iowa City, das inmitten sich scheinbar endlos dehnender Getreidefelder lag, hätte nicht größer sein können. Noch dazu fehlte der Kleinstadt, die damals ungefähr 25 000 Einwohner zählte, der Kontakt zu einem nahe gelegenen großstädtischen Ballungsraum. Zwar gab es in Gestalt von Cedar Rapids eine Nachbarstadt, die 60 000 Einwohner hatte und mit Iowa City durch eine altmodische Straßenbahn verbunden war, doch hatte diese »Großstadt« kein nennenswertes kulturelles Leben aufzuweisen, das auf die Bewohner Iowa Citys hätte anziehend wirken können; ich besuchte Cedar Rapids dann auch im Verlauf meiner Jahre in Iowa nur ganz wenige Male.

Woher kam diese Hochblüte der Kulturwissenschaften an diesem Ort und zu dieser Zeit? Sie war weitgehend das Werk eines begeisterungsfähigen Dekans der geisteswissenschaftlichen Fakultät, des gebürtigen Norwegers Carl Seashore, der sich in den 1930er Jahren vorgenommen hatte, die Universität von Iowa in einem Bereich, der neu und bezahlbar war und in dem andere Universitäten ein Defizit hatten, zu einem herausragenden Institut zu machen. Die Abteilung für Schöne Künste war sein Werk. Ich geriet, kaum angekommen, ins Magnetfeld dieser Abteilung und ihres Lehrkörpers, zu dem Maler wie Philip Guston und Lyriker wie Robert Lowell gehörten. In der Gesellschaft solcher künstlerischer Köpfe vollendete ich meine akademische Ausbildung, deren ernste Phase an der Universität Cambridge begonnen hatte.

In dieser Ausbildung waren die modernen Ausläufer der Schönen Künste bis dato nicht vorgekommen. Als Historiker verfügte ich über einen gewissen kunstgeschichtlichen Wissenshintergrund, beschränkt jedoch auf die anerkannten Klassiker. In meinem Elternhaus in Berlin, wo man die Wertschätzung für Musik und Kunst groß geschrieben und über zeitgenössische Musik zumindest diskutiert hatte, war von moderner Malerei fast nie die Rede gewesen. Der Kunstgeschmack meiner Eltern entsprach der gutbürgerlichen Konvention und akzeptierte neben den französischen Impressionisten allenfalls noch einige wenige expressionistische Maler und Komponisten der 1920er Jahre. Was Musik betrifft, so hat sich an meiner Abneigung gegen alles Zeitgenössische nie etwas geändert – bis heute habe ich kein Ohr für das neue musikalische Vokabular.

Anders verhielt es sich in Bezug auf das Theater; hier wurden die neuesten Stücke, wie Bertolt Brechts *Dreigroschenoper,* ungeduldig erwartet. Daher bedurfte ich in Iowa keiner großen »Umerziehung« in Sachen modernes Theater. Nicht nur hatte meine Familie die Avantgardisten des deutschen Theaters schon immer akzeptiert, sondern mein Bruder hatte darüber hinaus ein besonderes Interesse an neuen und experimentellen Spielformen, an dem ich ein Stück weit teilhaben konnte. Er fühlte sich stark zu Theater und Film hingezogen, doch die Familie hinderte ihn daran, diese Leidenschaft in berufliche Bahnen zu lenken. Ebenso wenig wie die Beschäftigung mit der Geschichte als etwas galt, mit dem man seinen Lebensunterhalt bestreiten konnte, wurden Theater und Film als ernstzunehmende Berufsfelder anerkannt, denen man sich fürs ganze Leben verschreiben und in denen man sinnvolle, produktive und mit Einkommen verbundene Arbeit leisten konnte. Mein Bruder war keineswegs der einzige Sohn einer erfolgreichen bürgerlichen Unternehmerfamilie, dessen Leben durch eine erzwungene Abkehr von ursprünglich vorrangigen künstlerischen Interessen zugunsten einer sogenannten ordentlichen Berufstätigkeit überschattet wurde. Als ich ein Jahrzehnt später begann, Studenten im Hinblick auf die Berufswahl zu beraten, kamen mehr als einmal ungehaltene Eltern in mein Büro und beklagten sich darüber, dass ihr Sohn im Hauptfach Geschichte studieren wolle, anstatt, wie vorgesehen, Arzt oder Anwalt zu werden.

Die Gebiete, in denen ich in Iowa City am meisten dazulernte, waren Literatur und Bildende Kunst. In diesen Abteilungen hatte ich die meisten Freunde, und aus ihnen kamen auch die meisten meiner Studenten. Besonders das, was ich über die moderne Kunst lernte, öffnete mir die Augen für eine ganz neue Welt, an die ich bis dahin keinen Gedanken verschwendet hatte. In den Jahren 1946 und 1947 hörte ich die Vorlesungen von Mary Anne Holmes, die Professorin für Kunstgeschichte war und uns die damals zeitgenössische Kunst auf eine Weise nahe zu bringen verstand, wie ich es in dieser Güte nie wieder erlebt habe. Auch Angehörige diverser anderer Fakultäten besuchten diese Vorlesungen, die nicht bloß weitere akademische Vorträge waren, sondern kulturelle Ereignisse. Frau Holmes veröffentlichte nicht sehr viel, war aber ein glänzendes Beispiel für jenen Typ des Lehrers, dem es gelingt, das Leben vieler Menschen zu bereichern. Sie verließ Iowa City bereits zwei Jahre, nachdem ich dort angekommen war, um einen Lehrauftrag an der Ohio State University zu übernehmen, doch zu diesem Zeitpunkt hatten ihre Vorlesungen und meine Freundschaft zu Künstlern, die ihrer Berufung mit vollem Einsatz nachgingen, ihre Wirkung getan.

Der Weg, den ich in Iowa City und danach persönlich zurücklegte, illustriert eine wichtige Dimension des universitären und geistigen Lebens, die damals vorhanden war, in späterer Zeit aber allzu oft zu fehlen schien. In Iowa City hatte man das Gefühl, Teil einer Gruppe zu sein, die sich durch gemeinschaftliche Interessen verbunden fühlte und in der es kaum eine Rolle spielte, zu welcher Abteilung einer gehörte, wobei diese Gemeinschaft fast ausschließlich die Vertreter der geisteswissenschaftlichen Fächer umfasste. Weil zu dieser Gruppe, die einen ganz und gar informellen Charakter hatte, die unterschiedlichsten Persönlichkeiten gehörten, darunter viele aus stark besetzten Fachabteilungen wie der Anglistik, war das bloße Dabeisein in dieser Gruppe ein Lernerlebnis. Unsere Gespräche hatten überwiegend ernsten Charakter: Wir waren alle jung, alle in wissenschaftliche und analytische Arbeiten vertieft, alle gewillt, in der akademischen Welt unseren Weg zu gehen. Wir waren engagiert und ehrgeizig, unser Leben lag noch vor uns. Dass ich meine in Iowa verbrachten Jahre in der Rückschau glorifiziere, glaube ich nicht. Es waren entscheidende Jahre für die Erweiterung meines Horizonts nicht nur in Bezug auf die Kunst, sondern, wie wir noch sehen werden, auch in Bezug auf meine Einstellung zum Dienst an der Allgemeinheit und zur Politik. Andererseits könnte es sein, dass mein Eindruck, einem so ausgeprägten Gemeinschaftsgefühl in späterer Zeit nicht wieder begegnet zu sein, etwas mit der nostalgischen Erinnerung an die Zeit des Jungseins zu tun hat, denn Tatsache ist, dass ich auch in den späteren Jahren meiner Laufbahn immer wieder akademische Freundschaften fand, darunter ein paar, die intensiv und einschneidend waren.

Die Tatsache, dass die Staatsuniversitäten, an denen sich meine akademische Karriere abspielte, ein schnelles Wachstum zeigten, erschwerte naturgemäß die Entwicklung solcher »ökumenischen«

Gemeinschaften. Aber auch die Abschaffung des sogenannten Kerncurriculums für Studienanfänger – eines Pensums aus obligatorischen Vorlesungen und Seminaren, das den Studenten nur geringfügige Auswahlmöglichkeiten ließ – trug zur Fragmentierung des Lehrkörpers bei. In Iowa waren diese Pflichtveranstaltungen des Grundstudiums Gegenstand ständiger Debatten und Diskussionen, nicht nur zwischen denen, die diese Vorlesungen und Seminare abhielten, sondern im Kreis des gesamten Lehrkörpers, der die Inhalte dieses Curriculums Jahr für Jahr verabschieden musste. Eine wichtige Rolle spielte auch die Tatsache, dass engagierte Abteilungen Veranstaltungen organisierten, bei denen Gelehrte aus anderen Abteilungen mitwirkten. Neben den schon erwähnten Holmes'schen Vorlesungen zur Kunstgeschichte verdienen es auch die gemeinsamen Lesungen und Erörterungen im Rahmen der Schreibwerkstatt, hier genannt zu werden. Es gab in Iowa eine »Salonkultur«, fast im europäischen Verständnis dieses Begriffes, eine Tradition informeller Begegnungen in gastlichen Häusern, die zu Zentren des geistigen und geselligen Lebens wurden. Meine Freunde Jean und Alex Kern, beide Koryphäen für amerikanische und englische Literatur, unterhielten in ihrem Haus einen solchen Salon. Man traf dort häufig interessante Besucher von auswärts, wie sie sicher auch heute noch an Universitäten auftauchen, nur dass heute niemand außerhalb der gastgebenden Abteilung selbst davon erfährt. Gerade die Abgelegenheit und Abgeschiedenheit von Iowa City sorgte für ein intensives intellektuelles Leben, so sehr sie andererseits auch persönliche Feindschaften förderte und persönliche Schrulligkeiten hervortreten ließ.

Die Geisteswissenschaftliche Gesellschaft verdient eine besonders ausführliche Erwähnung: Sie war ein Verein, der Vertreter aller geisteswissenschaftlichen Disziplinen als Mitglieder aufnahm und vornehmlich dafür sorgte, dass angesehene Wissenschaftler an die Universität eingeladen wurden. Um ein Beispiel zu geben: Im Jahr 1947–48, in dem ich zuerst Kassenwart und später Vorsitzender der Gesellschaft war, hatten wir den Dichter Stephen Spender, den Soziologen Louis Wirth, den Philosophen Raphael Demos und den englischen Literaturkritiker J. E. Morpurgo zu Gast. Sie wurden mit unseren eigenen Leuten als Diskussionsredner und Kommentatoren zusammengespannt. Ich erinnere mich lebhaft an einen Vortrag des englischen Mediävisten Sir F. M. Powicke in der Zeit, in der ich die Gesellschaft leitete. Beim Vorlesen aus seiner Autobiographie brach er in Tränen aus. Die Schönheit des Saals, in dem die Gesellschaft sich traf, erhöhte den Reiz ihrer Veranstaltungen: Das architektonische Schmuckstück des Campus war das alte Staatskapitol, in dessen Plenarsaal die Gesellschaft tagte.

Die Geisteswissenschaftliche Gesellschaft ist ein weiteres anschauliches Beispiel für den relativ großen Zusammenhalt unter den Mitgliedern des Lehrkörpers, der bewirkte, dass Neuankömmlinge schnell ins universitäre Leben integriert wurden und dass der Einzelne seinen Wissenshorizont erweitern konnte. Die Gesellschaft war ein Forum, in dem man Kollegen aus anderen Abteilungen treffen konnte, doch es gab daneben auch Generalversammlungen des Lehrkörpers, die die Akkulturation förderten, und zwar quer durch das gesamte Spektrum der Universität. Später sorgte das rasante Wachstum der Staatsuniversitäten dafür, dass solche Generalversammlungen unter Leitung des Universitätspräsidenten aus praktischen Gründen nicht mehr veranstaltet werden konnten; an ihre Stelle traten Sitzungen gewählter Repräsentanten des Lehrkörpers. Und auch diese wurden an der Universität von Wisconsin, wo ich als nächstes lehrte, abgeschafft, als die Zahl der Lehrenden in den 1960er Jahren explodierte. In Iowa gab es zu dieser Zeit nach wie vor die Vollversammlungen der gesamten Fakultät mit ihren lebhaft verlaufenden Debatten.

Ich beteiligte mich an diesen Debatten, besonders wenn es um Fragen des Kerncurriculums ging. Meinen vielleicht größten

Coup landete ich jedoch mit einem Antrag, den ich einbrachte, nachdem ich einige Jahre lang den großen, zum Kerncurriculum gehörenden Veranstaltungszyklus über Westliche Zivilisation geleitet hatte und immer wieder von der Sportabteilung gedrängt worden war, Mitglieder des Football-Teams, die entweder keine Befähigung besaßen oder nicht die Zeit hatten, ihr Lernpensum zu bewältigen, die Prüfung auf dem Gnadenweg bestehen zu lassen. Ich stellte den Antrag, den Football ganz aus dem Lehrangebot der Universität zu streichen und stattdessen die Mannschaft der Chicago Bears als »Gastkünstler«, analog zur Praxis der Abteilungen für Bildende Kunst und Musik, zu verpflichten. Der Antrag fand eine Mehrheit, was mir immerhin die Befriedigung verschaffte, den sonst durch nichts zu erschütternden Präsidenten der Uni, Virgil Hancher, erbleichen zu sehen. Obwohl nicht nur lokale, sondern auch nationale Zeitungen über meinen Antrag berichteten, blieb der Beschluss ein Muster ohne Wert. Der Präsident verstand es, ihn zu verwässern, und das einzige bleibende Ergebnis war, dass mir fortan der Ruf vorauseilte, der Quälgeist der Sportabteilung zu sein. Noch fünf Jahre danach, als ich mich um eine Anstellung an der Universität von Wisconsin bewarb und nach einem Vorstellungsgespräch mit Angehörigen der Abteilung für Geschichte beim Mittagessen saß, kam ein Fremder an den Tisch, schüttelte mir die Hand und sagte, er hoffe, wir würden miteinander auskommen. Es war der Football-Cheftrainer, und dass ich in seinen Augen eine so bedeutende Persönlichkeit war, kam zweifellos meiner Reputation zugute und sorgte für eine Menge Heiterkeit im Kreis meiner künftigen Kollegen. Wäre der von mir initiierte Beschluss durchgesetzt worden, so wäre eine der Hauptquellen für das Unwesen der akademischen Korruption an Football-begeisterten Universitäten wenigstens einmal ausgemerzt worden.

Dass ich mich ins universitäre Leben einbrachte und den Dialog suchte, brachte mich nicht nur persönlich weiter, sondern half mir auch, mich in meine neue Umgebung einzugewöhnen und in mir das Gefühl zu wecken, dass ich hier heimisch werden könnte. Auch die Geselligkeit kam nicht zu kurz. In den ersten Jahren meiner Lehrtätigkeit an der Universität von Iowa war der »Ball der Schönen Künste« das gesellschaftliche Ereignis des akademischen Jahres. Von der Abteilung für Bildende Kunst organisiert, war dieser Kostümball eine für die damalige Zeit recht unorthodoxe, um nicht zu sagen gewagte Veranstaltung. Indes sorgte der Präsident der Universität, dem jede Abweichung von der Tradition nicht geheuer war, dafür, dass bei dem Ball Zucht und Ordnung gewährleistet blieben. So erließ er eine Anweisung, wie lang der Rock oder das Kleid einer Frau mindestens sein musste, damit sie Zutritt zum Ballsaal erhielt; viele von uns taten unseren symbolischen Protest hiergegen kund, indem wir Maßbänder mitnahmen und zur allergrößten Erheiterung des Publikums die Rocklänge jeder neu hereinkommenden Frau nachmaßen. Weitere Bekleidungsvorschriften folgten bald nach, und wenige Jahre später beschloss der konservative Direktor der Abteilung für die Schönen Künste, den Ball nicht mehr zu veranstalten, um die Mitglieder des Stiftungsrats und die Universitätsverwaltung nicht zu verärgern. Der Mann war kein Künstler oder Kunsthistoriker, sondern war vom Präsidenten aus Gründen einer guten Öffentlichkeitsarbeit auf seinen Posten berufen worden. Man musste ohnehin damit rechnen, dass es im Verhältnis zwischen den unangepassten Avantgardisten der Fakultät und dem bürgerlichen Publikum in Iowa zu Spannungen kommen würde. Ich weiß noch, dass der Maler James Lechay mir erzählte, wie oft er von Leuten aus der ländlichen Umgebung gefragt wurde, warum er grüne Fische male, wo es doch in Wirklichkeit keinen Fisch mit dieser Farbe gebe.

Iowa City selbst erwies sich allerdings als ein unerwartet tolerantes Städtchen. Der Dichter John Berryman beschloss einmal, als er anlässlich einer Schreibwerkstatt an der Universität weilte, im Adamskostüm einen Strauß durch die Hauptstraße zu führen; er tat es, ohne dass irgendjemand sich weiter darüber aufregte. Auch in anderen Momenten schien Iowa City sich mit Montmartre messen zu wollen, so beispielsweise als derselbe Dichter einmal einem Studenten im Streit über ein Sonett einen Bierkrug an den Kopf warf. Natürlich waren nicht alle akademischen Gäste so schillernde Figuren, aber es waren viele dabei, die etwas zu sagen hatten oder Lebenseinstellungen mitbrachten, die in dem akademischen Milieu, das mir vertrauter war als jedes andere, recht exotisch wirkten.

Mehrere Jahre lang gehörten zu meinen Kollegen der Dichter Robert Lowell und seine Frau Elizabeth Hardwick. Einmal beschlossen Robert und ich, einigen der neunundvierzig fundamentalistischen evangelischen Gemeinden, die in und um Iowa City existierten (und von denen viele winzig klein waren), einen Besuch abzustatten. Wenn wir als Gäste aufgefordert wurden, das Wort zu ergreifen, wandte ich mich gewöhnlich Robert Lowell zu und sagte: »Mach du das, du bist der Dichter.« Und er machte es tatsächlich sehr gut. Anschließend kreuzten sich die Ansichten des Dichters und die des Historikers in einer fruchtbaren Diskussion.

Wie aber stand es um mein eigenes Fach, die Geschichte? Als ich in Iowa City anfing, war die historische Abteilung weit weniger interessant als die anderen in diesem Kapitel erwähnten. Die meisten meiner Kollegen waren schon lange in Iowa, hatten ihr akademisches Potential aber nicht realisieren können. Sie kompensierten dieses Scheitern mit pompösen Allüren. Der Leiter der Abteilung, Winfred T. Root, wusste wissenschaftliche Kompetenz zu schätzen und hatte einen ziemlich guten älteren, wenn auch trockenen, europäischen Historiker angeworben. Chester Clark war ein sehr freundlicher Mensch, der mir freilich einmal einen Vorwurf daraus machte, dass ich meine Quellenfibel für den Studienzyklus über Westliche Zivilisation in rotes Papier eingeschlagen hatte, ein Verhalten, das einiges über das politische

Klima schon vor dem eigentlichen Beginn des Kalten Krieges verrät. Clark blieb nach meiner Ankunft nur noch ein Semester in Iowa City und wechselte danach zur CIA. Ich selbst hatte Root überredet, einen meiner Freunde aus Harvard als Mediävisten zu berufen. Er war ein ausgezeichneter Historiker, aber von einem, wie sich herausstellte, maßlosen Ehrgeiz beseelt, was dazu führte, dass sich in der Abteilung der Wettstreit um einen Platz an der Sonne – will sagen um die Gunst und Aufmerksamkeit des Abteilungsdirektors, der sein Reich wie ein souveräner Monarch regieren konnte – erheblich verschärfte.

Winfred Root war einmal ein sehr vielversprechender Wissenschaftler gewesen; er war ein hochanständiger, aber leicht beeinflussbarer Mensch. Die Position des Abteilungsdirektors existiert heute nicht mehr, was man sicher als einen Fortschritt werten darf. Root war zwar ein wohlwollender Diktator, aber es gab andere, die sich als Westentaschen-Tyrannen aufspielten. Wenn Root morgens ins Büro kam, bestand seine erste Amtshandlung darin, sich in das nahe gelegene Café abzusetzen; dort musste man ihn aufsuchen, wenn man irgendetwas erledigt haben wollte. Seine beiden wichtigsten Kollegen im Direktorenrang waren aus ganz anderem Holz geschnitzt. Der eine war Louis Pelzer, anerkannter Historiker des amerikanischen Mittelwestens und Herausgeber der *Mississippi Valley Historical Review*, in welcher meine erste Veröffentlichung, eine Buchbesprechung, erschien. Pelzers Verhältnis zu Root war seit fast prähistorischen Zeiten krisengebeutelt; in der Abteilung spielte Pelzer jedoch keine Rolle. Der andere hingegen, ein in England geborener (daraus aber ein ziemliches Geheimnis machender) Amerikanist, verkörperte einen Gelehrtentyp, wie er inzwischen aus der akademischen Szene verschwunden zu sein scheint, eine Figur, die heute niemand mehr ernst nehmen würde. Harrison John Thornton hatte ein einziges Buch, eine Firmengeschichte, geschrieben und war gegenwärtig mit der Abfassung einer Geschichte der Universität von Iowa beschäftigt. In Wirklichkeit war jedoch das Kapitel seiner wissenschaftlichen Tätigkeit abgeschlossen. Eigentlich entsprach er dem Typus des Volksredners alter Schule, wie er früher im Mittleren Westen populär gewesen war, man denke etwa an die Wanderprediger, die einst, aufrüttelnde und erbauliche Ansprachen haltend, durch die Lande gezogen waren. Thornton hielt nach wie vor in ganz Iowa solche Reden. Seine rhetorische Passion färbte allerdings auf sein persönliches Auftreten ab und äußerte sich in Form einer gewissen Aufgeblasenheit: Er neigte zur großen Geste und gebrauchte viele große Worte, wo ein einziges schlichtes ausgereicht hätte.

Es ist nicht meine Absicht, die Kultur des Predigens herabzusetzen, die als Kommunikationsmittel sicherlich ihre Berechtigung hatte in einer Zeit, in der noch nicht so viele andere Medien die Menschen davon abhielten, Wanderrednern zu lauschen. Ich kann nicht ausschließen, dass ich selbst noch vom Nachglühen dieser Tradition profitiert habe, nachdem ich meinerseits mein Talent für die öffentliche Rede entdeckt hatte. Ich begann vor Zuhörerschaften aller Art zu reden, von Lions-Clubs und Rotkreuz-Versammlungen bis zu Commencement-Feiern an Schulen. Mit meinen Themen deckte ich ebenfalls ein breites Spektrum ab; während manche, wie zum Beispiel »Die Zukunft des Liberalismus«, noch einen Bezug zu meiner akademischen Tätigkeit aufwiesen (wenn auch nicht unbedingt zu meinen aktuellen Forschungsschwerpunkten), hatten andere, wie »Was kostet die Freiheit?« oder »Freiheit wofür?«, eher erbaulichen Charakter. Ich werde auf meine Aktivitäten in diesem Bereich später zurückkommen.

Es gab unter den Kollegen einen weiteren Angehörigen der Generation, die Winfred Root nach Iowa berufen hatte, nachdem er nach Ende des Ersten Weltkrieges zum Direktor der Abteilung berufen worden war. Dieser Professor hatte das Forschen und Lehren schon vor längerer Zeit aufgegeben, und von dem Potential als Wissenschaftler, das er einst gehabt haben mochte, war außer einer gewissen Großspurigkeit im Auftreten und in der Sprache nichts mehr übrig. Er war nicht der einzige Vertreter dieses Typs; auch in einer der anderen Abteilungen gab es einen Professor, der allem Anschein nach resigniert hatte und in der Garderobe eines gealterten Shakespeare-Darstellers herumlief, mit weißer Mähne und flatterndem Cape. Auf der einen Seite waren diese Männer sicherlich Exzentriker, auf der anderen verkörperten sie einen auffallenden und krassen Kontrast zu den voller Energie und Initiative steckenden jüngeren Fakultätsmitgliedern und waren auf diese Weise eine ständige Mahnung, sich selbst nie aufzugeben – was ich beherzige, indem ich zu Beginn meines neunten Lebensjahrzehnts diese Memoiren zu Papier bringe.

Nur wenige Jahre nach meiner Ankunft in Iowa City kam es zu einer drastischen Veränderung unserer akademischen Landschaft, als Winfred Root 1947 unvermittelt einem Herzanfall erlag. Harrison John Thornton stand Gewehr bei Fuß, seine Nachfolge anzutreten, was wir Jungtürken jedoch unbedingt verhindern wollten. Wir bildeten eine Fronde und gewannen dafür auch einen neuen Kollegen, der als Sohn des Präsidenten des Institute for Advanced Study in Princeton ein ausgezeichnetes Verhältnis zu unserem snobistischen Präsidenten hatte. Es gelang William Aydelotte denn auch, den Präsidenten zu überreden, den Direktor der Abteilung erstmals in der Geschichte der Universität wählen zu lassen. Die Wahl wurde alsbald und auf improvisierte Weise durchgeführt, wobei ein alter Hut von mir als Stimmzettelbehälter diente. Zum neuen Vorsitzenden (nicht mehr »Direktor«) wurde Bill Aydelotte gewählt, nicht nur, um es dem Präsidenten leichter zu machen, das Abstimmungsergebnis zu akzeptieren, sondern weil er sich allgemeinen Respekts erfreute. In der Folge zeigte sich, dass wir eine gute Wahl getroffen hatten, denn mit dem neuen Vorsitzenden begann ein herausragendes neues Kapitel in der Geschichte der Abteilung.

In der Folge wurden rasch neue Lehrkräfte berufen, und zwar in allen Fällen nach einem sehr gründlichen Auswahlprozess; fast alle diese neuen Kollegen entwickelten sich zu angesehenen Wissenschaftlern und wurden später an bedeutende Forschungseinrichtungen berufen. Ich sagte damals gerne, ein Historiker, der nicht durch die Schule von Iowa gegangen sei, sei sein Geld nicht wert. Hier wurde Pionierarbeit in der Entwicklung neuer geschichtswissenschaftlicher Disziplinen geleistet, beispielsweise durch die Anwendung statistischer Methoden in der Geschichtsforschung, wie wir uns überhaupt bemühten, zwischen der Geschichte und den anderen sozialwissenschaftlichen Fächern Brücken zu bauen. Das alte Regime war endgültig verschwunden.

Allerdings war ich wieder einmal der Außenseiter unter den Insidern: Ich mischte zwar in der Abteilungspolitik mit, gewann viele enge Freunde im Kreis der Neuankömmlinge, aber in dem Maß, wie Bill Aydelotte die Einführung statistischer Methoden in die Geschichtswissenschaft vorantrieb, sah ich mich zunehmend von der wissenschaftlichen Diskussion abgehängt. Ich hatte mich nie mit Mathematik beschäftigt und konnte mich für die statistischen Forschungsansätze nicht begeistern, zumal diejenigen, die damit arbeiteten, sich offensichtlich schwer taten, zu kohärenten, veröffentlichungsfähigen Analysen zu kommen. Ich hatte mich um diese Zeit von der Verfassungs- und Rechtsgeschichte, die ich studiert hatte, abgewandt und beschäftigte mich mit dem, was gelegentlich als Mentalitätsgeschichte bezeichnet worden ist, eine spezielle Variante der Kulturgeschichte, die ich nach meinen eigenen Vorstellungen zu entwickeln versuchte und die sich mit Wahrnehmungen, Mythen, Symbolen und deren Wirkung auf die Bevölkerung befasste. Die Gesprächspartner, mit denen ich mich über meine Forschungen unterhielt, waren in der Regel Philosophen, Literaturwissenschaftler oder Kunsthistoriker und nicht so sehr Historiker mit sozialwissenschaftlichem Hintergrund. Nur ganz selten schloss ich mich der mittäglichen Tischrunde an, zu der meine Kollegen sich fast jeden Tag im Restaurant Mad Hatter unmittelbar neben dem Unigelände trafen, um Probleme der historischen Forschung zu erörtern.

Es war nicht zuletzt die große Ernsthaftigkeit meiner Kollegen, die mich auf Distanz hielt. Bill Aydelotte hatte auf persönlicher Ebene durchaus Sinn für Humor, doch in der Öffentlichkeit gab er sich immer todernst und schätzte es wohl nicht sonderlich, wenn ich mich über ihn lustig machte oder den Anschein erweckte, als nähme ich die Wissenschaft auf die leichte Schulter. Er tadelte mich sicher häufig zu Recht, so zum Beispiel als ich einmal anfing, auf der komplizierten mechanischen Rechenmaschine, die die Abteilung für ihre statistischen Arbeiten angeschafft hatte, Stimmungslieder zu spielen. Ich war nun einmal, wie bereits erwähnt, zu keiner Zeit in der Lage, mich selbst allzu ernst zu nehmen, was vielleicht daran lag, dass ich mich in jungen Jahren die meiste Zeit als Person nicht ernst genommen gefühlt hatte. In kritischen Augenblicken hat mir diese Einstellung gute Dienste geleistet, und sie bewahrte mich vor ungebührlicher Arroganz, als mir im Lauf meines achten Lebensjahrzehnts eine ganze Reihe Ehrungen zuteil wurden. Immer wenn wieder einmal eine Laudatio über mich vorgetragen wurde, war mir zum Lachen zu Mute. »Was? Ich?« Es kann sein, dass die ironische Distanz zu meiner eigenen Person mir geholfen hat, die Geschichte unparteiischer zu betrachten. In Iowa hinderte sie mich aber letzten Endes daran, in den innersten Kreis einer Gemeinschaft von Gelehrten vorzustoßen, wie ich sie anderswo nie wieder angetroffen habe, mindestens nicht unter Historikern.

Dennoch konnte ich im Rahmen der Möglichkeiten, die dieses universitäre Umfeld mir bot, zügig meinen Weg machen, und zwar ohne dass ich allzu viel Zeit im Café hätte zubringen müssen. Als ich nach Iowa City kam, war der Weltkrieg noch in vollem Gang, und ich musste den größeren Teil meiner Zeit auf die Arbeit in der Sonder-Ausbildungseinheit der Armee verwenden, die amerikanische Soldaten auf Besatzungsaufgaben in Europa vorbereiten sollte. Die Teilnehmer des Lehrprogramms waren in zwei Gruppen aufgeteilt; die eine bestand aus Soldaten, die als Besatzungstruppen für einen Teil der Tschechoslowakei vorgesehen waren, die andere sollte in Frankreich stationiert werden. Seltsamerweise waren diese beiden Gruppen, obwohl sie aus Wehrpflichtigen zusammengestellt worden waren, jeweils weitgehend homogen. Diejenige, die für Besatzungsaufgaben in der Tschechoslowakei bestimmt war, bestand aus netten, höflichen jungen Männern aus dem Mittleren Westen, die für Frankreich hingegen überwiegend aus aggressiven, streitbaren Marxisten von der Ostküste. Die Letzteren stellten für mich, der ich hier immerhin meinen ersten richtigen Lehrauftrag durchzuführen hatte, eine große Herausforderung dar. Nichts, was ich über die Geschichte oder Ethnographie Frankreichs sagte, blieb unangefochten, und bald wünschte ich mir, ich hätte sehr viel mehr Zeit in Dirk Struiks Marxismus-Seminar zugebracht. Auf der anderen Seite war dieses Programm sicherlich eine ausgezeichnete Feuertaufe, und es war eine Erfahrung, die ich nie bedauert habe, es sei denn zur damaligen Zeit.

Das Geisteswissenschaftliche Kolleg hatte unterdessen einen Grundkurs zur Geschichte der Westlichen Zivilisation ins Kerncurriculum aufgenommen. Ich wurde diesem Kursprogramm zugeteilt, zunächst als Betreuer für Diskussionsgruppen. Dies erwies sich als ein weiteres Glied in der Kette der glücklichen Fügungen, mit denen ich offenbar gesegnet war. Der Krieg war zu Ende, als ich kurz davor war, mein erstes Jahr in Iowa zu beenden, und das Ausbildungsprogramm der Armee, an dem ich mitgewirkt hatte, wurde eingestellt. Die Soldaten, die ich in französischer oder tschechischer Geschichte fit gemacht hatte, auf dass sie bessere Besatzer wären, wurden übrigens allesamt auf die Schnelle nach Japan geschickt. So endete etwas, das eine der sinnloseren kriegsbezogenen Maßnahmen gewesen sein dürfte – keine ganz ungewöhnliche Erfahrung allerdings, denn viele, die einen nützlichen Beitrag zur Kriegsführung leisten wollten, mussten feststellen, dass zwischen Anspruch und Wirklichkeit eine große Lücke klaffte, namentlich bei denen, die sich ausgemalt hatten, auf eine Mission zur Rettung ihres Landes geschickt zu werden und dabei mannhafte Tugenden wie Tapferkeit unter Beweis stellen zu können.

Ich stand nun aber ohne Job da. Ich hatte im Sold einer Sondereinheit der Armee gestanden, und mein Lehrauftrag an der Abteilung für Geschichte hatte als nachrangig gegolten. Was mich in dieser Situation rettete, war die sogenannte GI Bill, das Gesetz, das den Staat verpflichtete, die Ausbildung der Kriegsveteranen zu finanzieren, die jetzt an die Universitäten strömten. In der Praxis bedeutete das für mich, dass ich meine Vorlesungen von nun an in überfüllten Hörsälen hielt und eine Zuhörerschaft vor mir hatte, die erwachsen und kritisch war. Das Kursprogramm zur Westlichen Zivilisation wuchs von knapp hundert auf über achthundert Teilnehmer im Herbstsemester 1949/50. Aus dem Abstand von fünfzig Jahren erscheinen diese Zahlen irreal, aber wir hatten sie damals tatsächlich, wobei viele Arbeitsgruppen von Assistenten betreut wurden. Ich machte inzwischen beides, hielt Vorlesungen und erteilte Gruppenunterricht, was nichts anderes bedeutete, als dass ich zum vollwertigen Mitglied der Abteilung für Geschichte geworden war. Nicht dass ich in Iowa jemals eine formelle Ernennungsprozedur durchlaufen hätte – ich rutschte einfach in meine neue Position hinein, zunächst auf Probe und mit einem skandalös niedrigen Gehalt. Das änderte sich, nachdem ich im Kursprogramm über Westliche Zivilisation meine Tauglichkeit unter Beweis gestellt hatte.

Ich war jetzt der Chef der Assistenten, die zugleich angehende Doktoranden waren. Ich brauchte nicht lange, um eine informelle Verabredung mit einem Kollegen vom Brooklyn College zu treffen, dessen Studenten zu den besten überhaupt gehörten, das aber keinen Promotions-Studiengang anbot: Er schickte uns Studenten, die bei uns ihren Doktor machen wollten, und wir verschafften ihnen ein Einkommen, indem wir sie als Assistenten im Kursprogramm über Westliche Zivilisation einsetzten. Dieses Kursprogramm wurde einerseits zu meinem Übungsfeld für die Vortragskunst und andererseits zum Vehikel für meinen akademischen Erfolg innerhalb des Geisteswissenschaftlichen Kollegs.

Über mehrere Jahre hinweg Vorlesungen vor so vielen Studenten zu halten und sich dabei einen Ruf als fesselnder Redner zu erarbeiten, war kein Kinderspiel. Ich musste mir dafür Fähigkeiten und Fertigkeiten aneignen, die mir nicht nur in Iowa gute Dienste leisteten, sondern vor allem auch später an der Universität von Wisconsin, wo ich es allerdings nie mit so großen Hörerzahlen zu tun hatte. Auf jeden Fall gelang es mir an beiden Universitäten, die Zahl der Teilnehmer am Einführungskurs Geschichte auf ungeahnte Höhen zu schrauben. Ich kann nicht mit Gewissheit sagen, was es war, das meine Vorlesungen so erfolgreich werden ließ; vielleicht ist die Vortragskunst eine Gabe, die man hat oder nicht hat und die schwer zu lehren ist. Doch selbst wenn es so wäre, gibt es doch Methoden und Kunstgriffe, die erlernbar sind und die einem helfen, wenn man vor einem voll besetzten Hörsaal steht. Mir brachte nie jemand bei, wie man Wissen vermittelt, und ich erhielt auch nie Ratschläge. Doch ich hatte in Cambridge und Harvard als Teilnehmer an zahlreichen Vorlesungen gelernt, dass Langeweile zu den schlimmsten Feinden der Bildung gehört. Ich musste meine eigenen Mittel und Wege finden, und irgendwie klappte das.

Die Persönlichkeit spielt ganz gewiss eine Rolle; je überzeugender einer auftritt, desto besser gelingt es ihm, die Aufmerksamkeit der Studenten wach zu halten. Ein Anliegen zu haben, ist aber genauso wichtig – es teilt sich den Studenten mit. Deutlich zu artikulieren und den Vorlesungen eine klare Struktur zu geben, ist ebenfalls unerlässlich. Ich empfand es zum Beispiel immer befremdlich, wieviele meiner akademischen Kollegen offenbar glauben, Laute wie »äh« oder »ahm« seien dazu bestimmt, Wörter oder Sätze zu verbinden. Eine Sache, die ich schnell lernte, war, dass ich meine Zuhörer gleichsam näher zu mir heranziehen konnte, wenn ich einige von ihnen immer wieder direkt ansprach und mit den Augen fixierte. Meine Vorlesungen abzulesen, kam mir nie in den Sinn, auch wenn ich sie immer vorher niederschrieb, um sie mir gut einprägen zu können. Meiner Meinung nach ist nichts geeigneter, Langeweile zu erzeugen, als wenn jemand vor einem großen (und oft vor sich hindämmernden) Publikum einen Text vorliest. Mir scheint, dass besonders deutsche Professoren ihre Vorlesungen vorzugsweise in einem gleichmäßigen, unmodulierten Tonfall zu Gehör bringen, was vielleicht auch mit erklärt, warum man in Deutschland »Vorlesung« sagt. Um es an einem extremen Beispiel zu verdeutlichen: In der Zeit, als ich in Jerusalem lehrte, präsentierte ich meinen Studenten einmal eine Vorlesung eines ausgezeichneten deutschen Gastgelehrten. Das dicke Redemanuskript, mit dem er ans Podium trat, ließ nichts Gutes ahnen, und tatsächlich gestaltete sich sein Vortrag ebenso monoton wie lang. Bald begann sich der Saal zu leeren, bis am Ende der Vorlesung nur noch zwei oder drei Zuhörer dasaßen, was den guten Mann jedoch nicht daran hinderte, bis zum bitteren Ende weiterzulesen.

Wenn man es nicht schafft, die Zuhörer bei der Stange zu halten und ihr Interesse an dem, was man zu sagen hat, zu wecken, kann man sich die Mühe, eine Vorlesung zu halten, eigentlich sparen. Manche meiner Kollegen waren schockiert, wenn ich das Halten eines Vortrags vor einem größeren studentischen Publikum mit einer Show verglich. Man muss Wissen weitergeben, aber nicht auf die Art und Weise, wie ich es am Gymnasium erfahren hatte, denn trockenes Tatsachenwissen gerät schnell in Vergessenheit. Man muss seine Stimme und selbst seine Körpersprache einsetzen, um die Aufmerksamkeit nachhaltig auf sich zu ziehen und den Zuhörern das zu vermitteln, was ich gerne den Rhythmus der Geschichte nenne. Das schließt durchaus eine gewisse Vereinfachung ein: Wenn die Studenten erst einmal eine Struktur erkennen und einen Weg finden, sich in das berichtete Geschehen hineinzufühlen und ihm einen Sinn abzugewinnen, können sie ergänzend eigene Gesichtspunkte einbringen oder auch vorgeschlagene Interpretationen zurückweisen und dem Geschehen eine Struktur eigener Wahl geben.

Nach meiner Erfahrung ist es am effektivsten, sich beim Lehren von Geschichte auf klar definierte Zeiträume und geographische Räume zu beschränken, um dem Thema seine gleichsam natürliche Kohärenz zu belassen. Unser Grundkurs über die Geschichte der Westlichen Zivilisation war in Wirklichkeit ein Zyklus über die Geschichte Europas in der Neuzeit, unter besonderer Berücksichtigung der Kulturgeschichte. Ursprünglich wollten wir darin die Geschichte sowohl der USA als auch Europas abhandeln, doch das funktionierte nicht sehr gut – nicht weil ich wenig über die Geschichte der USA gewusst hätte, sondern weil das Thema dadurch zu diffus wurde und die notwendige Kohärenz verloren ging.

All die Kämpfe um Lehrinhalte, die ich mit meinen Kollegen ausfocht, beruhten auf meiner Erkenntnis bzw. auf meinem beständigen Drängen, aus dem Grundkurs eine Revue »großer Bücher«, eine Safari durch die akademischen Wissensgebiete und die Kulturen der Welt zu machen. Was man heute als Multikulturalismus bezeichnet, ist in der Theorie schön und gut – in der Praxis birgt es aber die Gefahr, dass man den Studenten kein solides Fundament vermittelt, von dem aus sie ihr Wissen ausbauen können. Damals gewann ich meine Kämpfe nach Punkten, was vor allem dem Erfolg des Kursprogramms zu verdanken war. Heute würde ich sie sicherlich im Namen des Multikulturalismus verlieren. Gewiss sollten Studenten etwas über fremde Kulturen erfahren, aber es wird ihnen besser gelingen, sie zu verstehen, wenn sie eine feste Grundlage haben, von der sie ausgehen können.

Am Anfang hielten meine dienstälteren Kollegen reihum Vorlesungen im Rahmen des Grundkurses ab, doch es dauerte nicht lange, bis sie es mir überließen, mit der immer größer werdenden Zuhörerschaft fertig zu werden. Durch die Art und Weise wie ich den Grundkurs gestaltete, stieg ich auch in der Gunst des Dekans, und so fühlte ich mich nach rund drei Jahren in Iowa stark genug, um mein Schicksal in die eigene Hand zu nehmen und mich in einem ziemlich gewagten Schritt um eine ordentliche Professur zu bemühen. Ich hatte eine gewisse Furcht vor den Eifersüchteleien, die sich im Kreis meiner Kollegen gebildet hatten, doch vor allem war ich es müde, mich noch länger vor dieser Hürde anzustellen – ich beschloss vielmehr, sie offensiv anzugehen. (Ungeduld gehörte, wie bereits gesagt, schon immer zu meinem Markenzeichen.)

Ich wusste, dass der damalige Dekan, Earl McGrath, sehr stolz auf den Erfolg des Grundkurses war, und beschloss deshalb, einen Bluff zu riskieren. Eines Tages, als wir uns im Treppenhaus des Gebäudetrakts, in dem sich sowohl sein als auch mein Büro befand, trafen, erwähnte ich beiläufig, dass ich ernsthaft mit dem Gedanken spiele, aus Iowa wegzugehen und mich im Osten umzusehen. Ich sagte nichts von einem Angebot, denn das wäre eine regelrechte Lüge gewesen; aber meine kleine Bombe tat ihre Wirkung, und ich erhielt sogleich die Zusage einer Professur.

Der Erfolg des Kursprogramms zeitigte eine weitere Wirkung, die längerfristig noch wichtiger war als meine Beförderung zum Professor und sogar als meine Freundschaft mit diesem bemerkenswerten Dekan. Wie sich zeigte, war meine Beliebtheit eine wichtige Voraussetzung für das Angebot, das ich 1955 von der Universität von Wisconsin erhielt. Dabei spielte eine Episode, die mit dem Universitätssport zu tun hatte, eine entscheidende Rolle. Als der neue Trainer unseres Football-Teams vom Freundeskreis der Ehemaligen einen Cadillac als Antrittsgeschenk erhielt, beschlossen einige Studenten und Mitglieder des Lehrkörpers, symbolisch gegen die Überbewertung des Sports an unserer Universität zu protestieren. An einem Tag überraschte mich diese Gruppe, als ich das Podium bestieg, um meine Vorlesung zu halten (zu der inzwischen mehr als fünfhundert Studenten kamen), mit einer parodistischen Zeremonie, in der sie mir neue Schlüssel für meine verbeulte alte Dodge-Limousine überreichte. Die Presse stürzte sich sogleich auf diesen Vorgang, dem *Des Moines Register* war die Geschichte sogar eine Karikatur auf der Titelseite wert. Dies brachte meine künftigen Kollegen in Madison zu der Überzeugung, ich müsse wohl ein guter Hochschullehrer sein – und der richtige Mann für den Aufbau ihres eigenen Grundstudiums im Fach Geschichte.

Ich präsentierte nicht nur das Kursprogramm über Westliche Zivilisation, sondern las auch über europäische Geschichte der Frühen Neuzeit und hatte mit der Betreuung von Doktoranden begonnen. In meiner Anfangszeit in Iowa hatte ich pro Woche sechzehn Lehrstunden absolviert, einen großen Teil davon in Diskussionsgruppen, bei einem Verdienst von monatlich 1800 Dollar. Später verringerte sich dieses Pensum ein wenig, aber ich denke noch heute mit Ehrfurcht daran zurück – schließlich erwartete man von mir in dieser Zeit auch Veröffentlichungen, abgesehen davon, dass ich noch immer an meiner Doktorarbeit schrieb. Beseelt von einer Energie, die ich mir heute kaum noch vorstellen kann, arbeitete ich zwischen 1944 und 1946, dem Jahr meiner Promotion, halbe Nächte hindurch an der Fertigstellung meiner Dissertation, was nach eineinhalb Jahren der Fall war. (Ohne Promotion hätte ich keine Professorenstelle bekommen können.) Darüber hinaus veröffentlichte ich meine ersten beiden Aufsätze.

Hilfreich war sicherlich, dass ich mich auf die eine Sache konzentrierte – ich ordnete mein Leben völlig meinen akademischen

Mit den neuen Schlüsseln für das alte Auto, Iowa City, 1954

Aufgaben unter; das war meine kleine Welt, für den Rest musste die Phantasie sorgen. Natürlich spielte auch Ehrgeiz eine große Rolle – ich war entschlossen, mir in meinem Beruf einen Namen zu machen, mich sozusagen selbst zu rechtfertigen, eine Ambition, die ich nie ablegte. Lag das daran, dass ich als Jugendlicher eine so entgegengesetzte Lebensauffassung gehabt hatte? Oder an meiner Zugehörigkeit zu einer Minderheit, in der man immer wieder darauf hingewiesen worden war, dass man als Jude besser sein müsse als jeder andere? Meine Homosexualität konnte kein motivierender Faktor sein – der Gedanke, dass man als Schwuler einer »legitimen« Minderheit angehörte, lag damals noch weit in der Zukunft. Ich möchte hier keine gründliche Selbstanalyse betreiben – vielleicht war dieser Ehrgeiz einfach nur ein Zug meiner Persönlichkeit, vergleichbar mit meinem Bestreben, gestellte Aufgaben zu bewältigen, oder meiner Unduldsamkeit gegenüber allen langsamen Dingen oder Menschen. Mich anstellen zu müssen, empfinde ich als Folter, und ich habe nie aus freien Stücken in einem Restaurant auf einen Tisch gewartet. Glücklicherweise ist es mir gelungen, diese Persönlichkeitszüge zu unterdrücken, wenn es um meine Forschungs- und Lehrtätigkeit ging, wenngleich mir dies in späteren Jahren zunehmend schwerer fiel.

Meine wissenschaftliche Arbeit erforderte sicherlich Geduld und Konzentration, denn sie beruhte auf einer intensiven Lektüre und Interpretation der Quellen. Das galt für meine Dissertation ebenso wie für andere Bücher, die ich während meiner Zeit in Iowa schreiben konnte. Alle diese Bücher handelten von englischer Verfassungsgeschichte oder von der Entwicklung des politischen Denkens im 16. und 17. Jahrhundert. Das waren zu jener Zeit höchst respektable, ja zentrale Themen, an die mich meine Lehrer in Cambridge, Haverford und Harvard herangeführt hatten. Dass sie außerdem weit weg von meiner eigenen Herkunft und Lebensgeschichte lagen, könnte durchaus eine unbewusste Rolle gespielt haben, im Zusammenhang mit meinem Bemühen, möglichst tief in meine neue angelsächsische Umgebung einzutauchen.

Und doch richtete ich zu dieser Zeit meinen Blick schon nach vorne, auf die selbst erlebte Geschichte, und begann mich mit dem Nationalsozialismus zu beschäftigen, einem Gegenstand, dem ich bis dahin ausgewichen war, vielleicht weil er mich so unmittelbar berührte. Jetzt, da seit meiner Ankunft in den Verei-

nigten Staaten« schon fast ein Jahrzehnt vergangen war, hatte ich
es nicht mehr nötig, mich in ein respektables angelsächsisches
Thema zu vertiefen, um mich von meiner Außenseiter-Vergan-
genheit zu distanzieren. Ich habe keine überzeugende Erklärung
für mein unvermitteltes Umsteigen auf die Zeitgeschichte, das
sich im Übrigen schon vollzog, bevor meine Berufung an die
Universität von Wisconsin mich an einem Lehrstuhl für Neueste
Geschichte festhielt. Sicherlich war ein Interesse an der jüngsten
Vergangenheit bei mir stets vorhanden gewesen, obwohl in meinem akademischen Werdegang ausschließlich die weiter zurückliegenden Perioden der europäischen Geschichte eine Rolle gespielt hatten. Das Fach Geschichte war in zeitlich klar gegliederte
Forschungsgebiete aufgeteilt, deren Grenzen man nicht über-
schreiten durfte. Ich war der Mann für die Frühe Neuzeit und
hatte in Iowa keine Möglichkeit, aus dieser Spezialisierung aus-
zubrechen – außer im Rahmen des Grundkurses über die Westliche Zivilisation, in dem ich die Erfahrung des Faschismus bereits mit verarbeitete.

Hatte ich in Cambridge mein politisches Erwachen erlebt, so
vollzog sich in Iowa ein wichtiger Schritt meiner Persönlichkeits-
bildung: Erst hier wurde ich endgültig erwachsen und gab meinem Leben die Richtung, die es beibehalten sollte. Meine Familie
trat noch weiter in den Hintergrund als bisher, zumal ich nun
weitgehend auf eigenen Füßen stehen konnte: Ich verdiente meinen Lebensunterhalt und befand mich Tausende von Meilen von
der Ostküste entfernt, wo meine Angehörigen lebten.

Allerdings fand unser letztes Familientreffen in Iowa City statt,
wo sich 1948 meine Geschwister und meine Mutter aus Anlass
ihres sechzigsten Geburtstags einfanden. Ich war inzwischen
Hausbesitzer und konnte die entsprechenden Symbole der Selbständigkeit vorweisen. Ich vermeide es zu sagen, ich sei »stolzer
Hausbesitzer« gewesen, denn das Haus war eine ziemliche Bruch-
bude, wenn auch eine mit einem blühenden Kirschbaum davor –

und die »Ostküstler« brauchten schließlich nicht zu erfahren, dass ich im Winter zweimal in der Nacht aufstehen musste, um den Heizofen zu schüren. Sie zeigten sich gebührend beeindruckt, ohne Vergleiche mit Berlin oder Schenkendorf anzustellen. Es war das erste und letzte Mal, dass meine Mutter so weit ins Innere Amerikas eindrang. Ich erinnere mich, dass dies ein gelungenes Familientreffen war, allerdings das letzte, auf das dieses Attribut zutraf; danach war es uns vieren nie wieder vergönnt, eine ungetrübte Zeit zusammen zu verbringen. Auch in dieser Beziehung markierte Iowa City sowohl ein Ende als auch einen Anfang.

Iowa City markierte auch eine wichtige Etappe meiner persönlichen Amerikanisierung, die auf eine Weise verlief, wie es wenige Exilanten aus meiner Generation erlebt haben. Dass dem Lehrkörper relativ wenige Flüchtlinge aus Europa angehörten, war hilfreich. Kurt Lewin, der bekannte Psychologe, lehrte in meinem ersten Jahr noch dort, doch kannten wir uns nur flüchtig. Gustav Bergmann, der Philosophie lehrte, war der auffälligste Exilant auf dem Campus, ein angesehener logischer Positivist, aber ein schwieriger Mensch, vorurteilsvoll und kämpferisch. Vielleicht hätte er dasselbe über mich gesagt, doch Tatsache war, dass kaum einer seiner Kollegen mit ihm auskam. Er und ich kriegten uns sogleich wegen des Kurses über Westliche Zivilisation in die Haare und stritten auch über vieles andere. Kurt Schäfer hatte sich größtenteils im Selbststudium zum Geographen ausgebildet und war vor seinem Weggang aus Deutschland mit dem Berliner Ullstein-Verlag in Beziehung gestanden. Die Exilanten, mit denen ich mich anfreundete, waren jeweils nur wenige Jahre in Iowa: René Wellek, der Literaturkritiker, war, wie so viele Literaturwissenschaftler jener Zeit, auch Historiker, und zwar einer mit einem weiten Horizont, anders als Leslie Hotson, einer meiner Lehrer. Die engste Beziehung hatte ich zu Hans von Hentig, vielleicht weil ich mich von eigenwilligen, aber gebildeten und intelligenten Außenseitern mit schöpferischer Phantasie

Familienzusammenkunft zum sechzigsten Geburtstag von Felicia Mosse,
Iowa City, 1948

245

immer angezogen gefühlt habe. Er erfüllte alle diese Kriterien. Hans von Hentig war ein politischer Emigrant, der aus einer angesehenen Familie stammte und eine militärische Aura verbreitete, die so gar nicht zu seinen oft ziemlich radikalen Ansichten passte. Er hätte als Karikatur eines preußischen Offiziers, den es in die Maisfelder verschlagen hatte, dienen können, doch nichts wäre verfehlter gewesen. Er war studierter Kriminologe, hatte aber auch Bücher zu anderen Themen geschrieben, etwa darüber, wie Staaten es anstellen, Frieden zu schließen. In den beiden Jahren, in denen wir miteinander verkehrten, neigte er in seinen politischen Ansichten nach links und stand teilweise sogar anarchistischen Positionen nahe. Nach Kriegsende kehrten er und seine Frau nach Deutschland zurück, und ich verlor sie leider aus den Augen.

Klar war, dass ich mich von dem kleinen Kreis der Exilanten fern hielt, die der Generation meiner Eltern angehört hatten. Dazu kam aber noch ein Weiteres: Dank meiner Rednergabe konnte ich auch in Beziehung zu der Welt außerhalb der Universität treten. Diese ermunterte ausgewählte Mitglieder ihres Lehrkörpers, Vorträge auf Veranstaltungen der Rotarier, des Lions-Clubs und anderer Bürgervereinigungen zu halten sowie bei Schulabschlussfeiern zu sprechen. Zu diesem Zweck verschickte die Universitätsleitung Listen verfügbarer Redner und ihrer Themen. In der Liste, die 1949 verschickt wurde, war ich als Redner für Schulabschlussfeiern mit dem Thema »Der Staatsbürger und der Weltfriede« geführt; ansonsten war mein bevorzugtes Thema: »Was ist der Preis der Freiheit?« Einladungen kamen meist aus ländlichen Gebieten oder aus sehr kleinen Ortschaften. Die Abschlussklassen der dortigen Schulen waren sehr klein, manchmal hatten sie nur ein Dutzend Schüler. Da solche Redeauftritte aus Sicht der Universität der Image- und Beziehungspflege dienten, erhielt man dafür gewisse Richtlinien. So sollte man sich zum Beispiel bemühen, immer der Erste zu sein, der den Absolventen die Hand schüttelte. Ich setzte noch einen drauf, indem ich mir die Namen der wenigen Schüler der Abschlussklasse vorher einprägte und dann meinen Vortrag mit der Bemerkung eröffnete, das nun Folgende sei für John, LaVonne oder David bestimmt. Die Zeremonien selbst liefen nach einer Standardroutine ab: der Aufmarsch, ein Lied (gewöhnlich »Ah Sweet Mystery of Life«), mein Vortrag, eine Abschiedsrede und ein Segen, der entweder vor oder nach dem Vortrag deklamiert wurde (»Gott segne den Redner und seine Botschaft«). Fast immer schmückte die Jahrgangsblume mein Revers. Nur einmal erschrak ich durch eine abrupte Änderung im Ablauf, als nämlich in einer Kleinstadt namens Oskaloosa vor dem Podium plötzlich eine Kapelle aufmarschierte und mich mit ihrem »Jazz at the Philharmonic« fast vom Stuhl blies.

Mit meinen Erlebnissen als Redner bei Schulabschlussfeiern könnte ich viele Seiten füllen. Manchmal musste ich den staatlichen Schulinspektor oder den Direktor der Schule in einer Kneipe oder einem Lokal ausfindig machen und zum Ort des Geschehens bringen. Zu einem denkwürdigen Zwischenfall kam es einmal, als der örtliche Priester sich erhob, um seinen Segen zu sprechen, und nach wenigen Sekunden inmitten einer über das Podium wabernden Wolke aus Whiskyduft zu Boden sackte. »Ein Herzanfall«, erklärte der Präsident des Schulamts den erschrockenen Schülern und Eltern. Es war auch nicht immer so, dass das Publikum den Ausführungen des Redners mit verzückter Aufmerksamkeit lauschte. Ein Doktorand, der mich ein Jahr lang zu meinen Redeauftritten chauffierte, berichtete mir einmal, während ich meine rhetorische Lanze für die Freiheit gebrochen habe (man schrieb die McCarthy-Ära), hätten meine Zuhörer eifrig über die Preise für Mastschweine diskutiert. Immerhin lernte ich einen Teil Iowas und seiner Bevölkerung kennen, eine Erfahrung, die wohl nur wenigen jüdischen Flüchtlingen aus Deutschland zuteil geworden ist.

Ich hielt in dieser Zeit auch Reden vor vielen anderen Gruppen, zumeist Vereinen und Organisationen, die Bedarf an einem Festredner hatten. Zu den aktivsten Gruppen dieses Typs gehörten Frauenvereine. Oft handelte es sich um Lesezirkel, die den Wunsch hatten, wirkliche oder vermeintliche Fachleute einzuladen, um sich von ihnen in die Hintergründe dieses oder jenes Buches einweihen zu lassen, über das sie gerade miteinander fachsimpelten. In Iowa City bildeten diese Vereine eine deutlich sichtbare hierarchische Ordnung, die dem gesellschaftlichen Status ihrer Mitglieder entsprach. Ich weiß noch, dass ein Verein, der sich Nineteenth Century Club nannte, in Iowa City als der vornehmste galt, weil die Frau des Universitätspräsidenten ihm angehörte. Dementsprechend war es eine Ehre, von diesem Club als Redner eingeladen zu werden. Leider hatte ich den mein Thema betreffenden Teil der Einladung falsch verstanden und sprach über das 19. Jahrhundert im Allgemeinen, anstatt auf die gerade aktuelle Lektüre der Mitglieder einzugehen. Aus heutiger Sicht erscheinen solche Frauenvereine bestenfalls archaisch, doch die Rolle, die sie in ländlichen Gegenden und Kleinstädten spielten, verdient festgehalten zu werden.

Zu größerer Bekanntheit im Staat verhalf mir eine sonntägliche Radiosendung, für die ich als Moderator verpflichtet wurde. Das von der Anwaltsvereinigung von Iowa gesponserte Programm wurde in Des Moines, der Hauptstadt des Staates, aufgenommen und live ausgestrahlt. Auf den damals noch schmalen Landstraßen Iowas dauerte die Fahrt von Iowa City nach Des Moines mehrere Stunden. Ungefähr ein Jahr lang fuhr ich die Strecke an einem Abend pro Woche hin und zurück, nicht ohne gelegentliche Unbill: Einmal blieb mein alter Schlitten liegen, und ich musste die Nacht in einer Scheune zubringen, in hautnäherem Kontakt mit dem ländlichen Iowa, als ich es mir je gewünscht hätte. Die Sendung selbst bestand vorwiegend aus Gesprächen mit Persönlichkeiten des öffentlichen Lebens, meistens Politikern – zum Beispiel amtierenden oder früheren Gouverneuren des Staates Iowa.

Auch die Abgeordneten, die für Iowa im US-Kongress saßen, wurden hin und wieder interviewt, und dabei musste ich einmal eine Situation meistern, die eine gewisse Ähnlichkeit mit dem »Herzanfall« des Priesters bei der Schulabschlussfeier hatte – mit dem Unterschied, dass die Radiosendung von sehr viel mehr Leuten gehört wurde. Während eines Gesprächs, das ich mit dem jüngeren der beiden Senatoren des Staates führte, rutschte der Mann plötzlich von seinem Stuhl unter den Tisch. Der Dunst, den er ausgeströmt hatte, war mir vertraut, aber ich konnte wohl kaum den Hörern erklären, dass ihr Senator gerade im Vollrausch umgekippt war. Das wäre mir als eine politisch tendenziöse Äußerung ausgelegt worden. Mir fiel im Moment nichts Besseres ein, als eine Anleihe bei dem besagten früheren Erlebnis zu nehmen, und so sagte ich, es tue mir sehr leid, aber der Senator habe gerade einen leichten Herzanfall erlitten. Ich bildete mir ein, für so viel Geistesgegenwart ein Lob verdient zu haben, doch stattdessen sorgte der Präsident der Universität, ein früherer Wirtschaftsanwalt, der nicht gerade für Zivilcourage bekannt war, dafür, dass der Anwaltsverband mir die Mitwirkung an der Sendung aufkündigte. Vielleicht war diese Entscheidung sogar irgendwie gerechtfertigt – er fürchtete womöglich, ein junges und aus seiner Sicht radikales Mitglied des Lehrkörpers, das staatliche Amtsträger aller Art interviewte, könne sich als tickende Zeitbombe erweisen.

Ich war dankbar für alle diese Erfahrungen, auch wenn mehrere meiner Kollegen diese Aktivitäten als unwissenschaftlich empfanden und mich deswegen scheel ansahen – einer, der so viele öffentliche Reden hielt, musste zwangsläufig die wissenschaftliche Tätigkeit vernachlässigen. Es ist sicher nicht zu leugnen, dass bei den Anlässen, zu denen ich eingeladen wurde, sogenannte motivierende Reden gefragt waren, ein Genre, mit dem man sich in den USA bis zur Mitte des 20. Jahrhunderts durchaus Meriten erwerben konnte und das heute wieder zu einem lukrativen Metier geworden ist. Lukrativ waren meine Reden zu jener Zeit nicht unbedingt, aber sie waren ein ausgezeichnetes Training für wirkungsvolles Sprechen, will sagen für die Kunst, eine Zuhörerschaft zu fesseln, anstatt sie zu langweilen. Was den Kritikern entging, war, dass zum Handwerkszeug eines guten Redners ein persönlicher Stil gehört, eine bestimmte Art, Dinge zu tun und zu sagen. Zu meinem Stil gehörte es, dass meine Reden einen ernsthaften, oft wissenschaftlichen Kern hatten. Meine motivierenden Ansprachen zum Thema Freiheit hielt ich immerhin vor dem Hintergrund des McCarthyismus, der damals in voller Blüte stand; so gesehen hatten sie auch eine didaktische Zielrichtung.

Mit allen diesen Aktivitäten außerhalb der Universität nährte ich meinen Traum, eines Tages ein öffentliches Amt zu bekleiden, für ein politisches Mandat zu kandidieren oder es gar zu erringen. Erst einmal musste ich jedoch amerikanischer Staatsbürger werden – ich wurde es im April 1946 im Gerichtsgebäude des Johnson County. Ich war ein Mensch ohne Nationalität gewesen, seit mir vor dreizehn Jahren die deutsche Staatsbürgerschaft aberkannt worden war. Bei uns ging der halbwegs ernst gemeinte Scherz um, dass nur diejenigen, die westlich des Mississippi eingebürgert wurden, sich als echte Amerikaner fühlen könnten – ich qualifizierte mich ganz knapp, denn der Mississippi floss gerade einmal eine Autostunde östlich von Iowa City vorbei. In ein öffentliches Amt gewählt zu werden, war in meiner Vorstellung etwas, das meine Integration vollenden und mich zu einem akzeptierten Mitbürger machen würde; gleichzeitig war ich sicher, dass ich auch die Kandidatur und den Wahlkampf an sich genießen würde.

Zwischenzeitlich hielt ich Vorträge vor politischen Gruppen an der Universität. Darüber hinaus beteiligte ich mich 1948 auch aktiv am Präsidentschaftswahlkampf von Henry Wallace. Wallace, der aus Iowa stammte, ging als dritter Kandidat gegen Harry Truman und Thomas Dewey ins Rennen, und ich hielt nicht wenige Wahlreden für ihn und seinen Tandempartner, den für das Amt des Vizepräsidenten kandidierenden Senator Taylor aus Idaho, der auch als »singender Cowboy« bekannt war. Das Wahlergebnis war ein vollständiges Fiasko; Wallace erhielt in seinem Heimatstaat, wenn ich mich recht erinnere, gerade einmal um die 12 000 Stimmen. Warum unterstützte ich seinen Wahlkampf und nicht den von Truman oder Dewey? Ich war noch immer davon überzeugt, dass es möglich war, den Kalten Krieg abzuwenden; man musste kein kommunistischer Sympathisant sein, um Angst vor den Folgen eines neuen Krieges zu haben. Man brauchte aber auch eine gewisse Zeit, um eine pro-sowjetische Voreingenommenheit abzuschütteln, die man sich in den Zeiten der antifaschistischen Bewegung zugelegt hatte und die in den Kriegsjahren durch die Aufrufe, Russland zu helfen, immer wieder aufgefrischt worden war. Damals erschien mir Truman aggressiv und kriegerisch, heute weiß ich, dass seine Politik die richtige war, dass eine klare Trennungslinie gezogen werden musste. Ich muss in diesem Zusammenhang auch wieder auf meine Lust an der Rolle des Provokateurs verweisen, mein Bedürfnis, das Establishment immer wieder zu erschrecken und Tabuverstöße zu begehen, um meine Antworten auf bestehende Probleme zu finden. Diese Einstellung war auch ein wichtiges Element meiner Lehrtätigkeit: Geschichtsschreibung, wie ich sie verstand, musste versuchen, die Realität zu entmystifizieren, die Mythen, an denen die Menschen ihr Leben ausrichten, auf die Probe zu stellen und auseinander zu nehmen. Hier machte ich mir meine Außenseiterposition zu Nutze, anstatt die Anpassung zu suchen. Ich war und blieb zwischen diesen beiden Polen hin und her gerissen, ein Dilemma, auf das ich an anderer Stelle zurückkommen werde.

Versuchte ich, das Fiasko des Wallace-Wahlkampfs zu kompensieren, als ich mich vier Jahre später als Wahlredner für die Republikanische Partei zur Verfügung stellte? Tatsächlich imponierte mir Senator Taft, der sich damals in den Vorwahlen um die republikanische Präsidentschaftskandidatur bewarb; ich bewunderte sein Eintreten für staatsbürgerliche Freiheitsrechte, seinen liberalen Konservatismus. Ich hatte auch Grund, beeindruckt zu sein, weil Konservative wie Taft mir meine wiederholten kritischen Attacken auf den Ausschuss für Unamerikanische Umtriebe offenbar nicht verübelten, sondern sie im Gegenteil gutzuheißen schienen. Als ich einmal in der Zeit, in der der McCarthyismus seine schlimmsten Blüten trieb, in meiner Eigenschaft als Vorsitzender des Hochschullehrerverbandes von Iowa eine öffentliche Protestversammlung gegen die Hexenjäger im US-Kongress organisierte, war der Hauptredner bei dieser Anti-McCarthy-Kundgebung nicht etwa ein Linker oder ein Liberaler, sondern der Schatzmeister der Republikaner von Iowa. Leute wie er fanden den Radikalismus von rechts genauso abscheulich wie den von links. Indem ich in sozialen und wirtschaftlichen Fragen sehr viel weiter links als der Redner stand, vertrat ich gesellschaftspolitisch mit einiger Konsequenz linksliberale Positionen, die denen nicht unähnlich waren, für die einst der Mosse-Verlag in Deutschland gestanden hatte.

1948 gab es eine Situation, in der ich für einen flüchtigen Moment das Erlebnis des Kandidierens für ein öffentliches Amt auskosten durfte. Am späten Abend des Wahltages von irgendeinem auswärtigen Redeauftritt nach Hause zurückgekehrt, lag ich im Bett und hörte im Radio die Meldungen über die Auszählungsergebnisse. Truman lag in Führung, doch plötzlich hörte ich, dass bei der Wahl zum offiziellen Gerichtsmediziner des Johnson County der Kandidat Mosse soundsoviele Stimmen bekommen hatte. Ich wäre fast aus dem Bett gefallen. Was war passiert? Während meiner Abwesenheit von der Stadt hatten einige Kollegen unter Führung eines guten Freundes von mir, eines auf die Geschichte des Skeptizismus spezialisierten Philosophen, einen Lautsprecherwagen gemietet, hatten lauthals meine Kandidatur verkündet und eine Briefkampagne für meine Wahl gestartet. Die ganze, natürlich als Witz gedachte Aktion hatte größeren Anklang gefunden, als sie es erwartet hatten, und da sie die in Iowa geltenden Gesetze nicht gut genug kannten, waren sie sich der potentiellen Folgen ihres Streichs nicht bewusst. Hätte ich die Wahl gewonnen, so wäre ich gezwungen gewesen, für Tausend Dollar jährlich einen Arzt anzuheuern, der die amtlichen Untersuchungen für mich durchgeführt hätte. Wenn ich die Wahl nicht angenommen hätte, wäre etwa dieselbe Summe als Strafe fällig gewesen. Gewählt wurde schließlich ein anderer, aber während die Stimmenauszählung noch lief, fand der alljährlich vom Unipräsidenten veranstaltete Empfang für das Lehrpersonal statt, und zur allgemeinen Erheiterung wurde ich dort für diesen einen Abend als »der Herr Gerichtsmediziner« gefeiert.

Ich bewohnte zu der Zeit noch immer das etwas altersschwache Haus, das ich gekauft und dessen Erdgeschoss ich vermietet hatte. Der Geist der Pionierzeit, der mir so großen Schrecken eingejagt hatte, als ich zum ersten Mal die Hauptstraße von Iowa City entlanggegangen war, schien hier noch lebendig. Der Heizofen für das Haus musste mit Kohle befeuert werden und verfügte nicht über einen automatischen Schürmechanismus. So musste ich während der langen und kalten Winter von Iowa, wenn ich das Haus geheizt haben wollte, zweimal in der Nacht aufstehen und Kohle in den großen Brenner des Ofens schaufeln. Natürlich war ich im Umgang mit Heizgeräten aller Art völlig unerfahren, und als ein Kollege mir einmal den Tipp gab, Wasser in den Ofen zu tun, damit die Raumluft nicht zu trocken würde, beeilte ich mich, einen Schwall Wasser in die Mündung des Warmluftkanals zu schütten. Es lief direkt ins glühende Kohlenfeuer, mit zischenden und rauchenden Folgen, die man sich ausmalen kann.

Als Besitzer musste ich mich mit allen möglichen mir neuen Realitäten des täglichen Lebens befassen und mich beispielsweise auch mit Klempnern oder Zimmerleuten auseinandersetzen. Als ich bemerkte, dass das bereits erwähnte Eichhörnchen einen schadhaften Dachtrauf dafür genützt hatte, sich auf meinem Dachboden einzunisten, war ich ratlos. Ich borgte mir eine Jagdflinte und feuerte zum ersten und letzten Mal in meinem Leben einige Schüsse ab. Keiner davon traf das Eichhörnchen, doch einer riss eine Öffnung in den Dielenboden, durch die das Tierchen nach unten ins Haus entschlüpfte.

Das Haus stand an einer steil ansteigenden Straße, die Teil einer vielbefahrenen Transkontinentalstrecke war. Wie ich zu sagen pflegte, wohnte ich dort, wo die Lastwagenfahrer einen Gang zurückschalteten. Im Winter wurde ich oft mitten in der Nacht geweckt, wenn wieder einmal ein Lastwagen die vereiste Straße nicht hochkam und der Fahrer bei mir klingelte und fragte, ob er telefonieren könne. Ich verkaufte das Haus schließlich für 8 000 Dollar – derselbe Preis, für den ich es erworben hatte. Angesichts seines hinfälligen Zustandes konnte ich damit zufrieden sein.

Iowa bemühte sich wacker, mich zu halten, als ich im Herbst 1955 das Angebot der Universität von Wisconsin erhielt, doch ich war gewillt, mich zu verändern. Hinter mir lag eine Reise, die vor mehr als zwanzig Jahren auf einer Fähre vom deutschen zum Schweizer Ufer des Bodensees begonnen hatte und jetzt zu Ende war. Das Gefühl der Freiheit, das ich damals empfunden hatte, war voll und ganz gerechtfertigt gewesen; ich hatte in der Folge das getan, was ich tun wollte, und es hatte sich gut gefügt. Glückliche Umstände waren die ganze Zeit mit von der Partie gewesen – der ausgezeichnete Unterricht in Bootham, mein politisches Erwachen in Cambridge und schließlich meine Entdeckung des Haverford College. Auch wenn es mir so erschien, dass glückliche Umstände erheblich zu meinem Einstieg in die akademische

Laufbahn beigetragen hatten, so hatte doch auch ich mich von einem unartigen Kind zu einer Respektsperson entwickelt. Vorgegebene Charakterzüge wie mein ausgeprägter Ehrgeiz verfestigten sich, unterfüttert von der Selbstdisziplin, die das Internatsleben mir beigebracht hatte, und der durch das Exildasein erzwungenen Selbständigkeit. Dazu kam, dass ich inzwischen überzeugt war, so etwas wie eine Ader für die Vereinigten Staaten entwickelt zu haben – eine Art Zugehörigkeitsgefühl, wie ich es in Deutschland nie empfunden hatte, wohl weil ich damals noch zu jung und unbedarft gewesen war, und ebenso wenig in England, einem Land, das ich zwar sehr mochte, aber als Ausländer nicht zur Gänze verstand. Hier in Amerika gab es zwar Rassismus und Diskriminierung, aber man wurde nicht wie ein Fremder behandelt und konnte sogar als Gleicher unter Gleichen in die Politik eintreten.

Mit meiner Zeit in Iowa endete eine lange Periode des Suchens und der Unsicherheit. Ich hatte eine Heimat gefunden und hatte, ebenso wichtig, etwas entdeckt, das ich gut konnte – nicht ganz selbstverständlich für einen, der sich in der Vergangenheit auf dem akademischen Feld eher schlecht als recht geschlagen und sich für seinen Beruf eigentlich nur in Ermangelung einer besseren Idee entschieden hatte. Ich hatte mir und anderen bewiesen, dass ich unterrichten und Bücher schreiben konnte, Dinge, die mir niemand von denen, die mich in Deutschland oder England gekannt hatten, zugetraut hätte. Wie meine frühere Direktorin es ausdrückte, als ich sie nach dem Krieg in Deutschland besuchte: »Wie konnte es zugehen, dass Sie Professor sind, wo Sie doch so ein unmöglicher Schüler waren?« Ich will damit nicht sagen, dass meine intellektuelle Entwicklung damit zum Abschluss gekommen war oder dass ich nicht nach meinem Weggang aus Iowa noch viele neue Seiten Amerikas entdeckt hätte (obwohl ich mich im Mittelwesten fest verwurzelt fühlte und sich daran auch nichts mehr änderte). Meine wichtigsten Beiträge zu einem besseren Verständnis der Vergangenheit lagen zwar ebenso noch in der Zukunft wie meine wirksamsten Jahre als Hochschullehrer, aber alles, was jetzt noch kam, baute auf einem schon vorhandenen Fundament auf.

Kapitel 9

Endlich daheim

Als ich im Herbst 1956 nach Madison in Wisconsin kam, tat ich das keineswegs in dem klaren Empfinden, eine Epoche meines Lebens sei zu Ende gegangen und ich hätte meine Lehrzeit abgeschlossen. Während die Jahre in Iowa das Ende einer langen Periode des Suchens bedeutet und mir Selbstvertrauen und ein Gefühl der Zugehörigkeit gegeben hatten, hielt die Zeit in Madison keine so folgenschweren persönlichen Veränderungen bereit. Ich brachte hierhin schon eine Grundlage mit, auf der ich aufbauen konnte; mein Ortswechsel stellte dieses Mal keinen eigentlichen Bruch mit der Vergangenheit dar, und um so etwas wie meine »Amerikanisierung« oder das Erlangen von Ansehen ging es nicht mehr. In Madison stürzte ich mich mit voller Wucht ins akademische Leben, und die Intensität dieses Engagements ließ mich zugleich zu einem neuen Verständnis meiner Umwelt gelangen. Der breite Erfahrungshorizont, den ich in Iowa durch die Begegnung mit der modernen Kunst und dem literarischen Schreiben gewonnen hatte, war hier nicht mehr gegeben. Ich war auch kein Neuling im amerikanischen Mittelwesten mehr, sondern konnte auch in dieser Beziehung auf schon Vorhandenes aufbauen. So handelt meine Geschichte von jetzt an hauptsächlich von intellektuellen Reifeprozessen anstatt wie bisher von Anpassungsbemühungen oder dem Bedürfnis nach Selbstfindung als Lehrer, Wissenschaftler und Mitglied einer akademischen Gemeinschaft.

Die Entfernung zwischen Iowa City und Madison erschien mir damals erheblich größer als die sechs Autostunden, die die beiden Städte voneinander trennten. Dass ich mit einem niedrigeren Gehalt würde auskommen müssen, als Iowa es mir zuletzt angeboten hatte, wog nicht schwer. Meine Gleichgültigkeit in Gelddingen – die damit zu tun hatte, dass Geld stets irgendwo hergekommen war, wenn ich es gebraucht hatte, auch in Zeiten, in denen die Einkommensquellen der Familie nicht mehr üppig sprudelten – kam mir jetzt zugute sowie der Umstand, dass ich dank Salem und Bootham zur Not ohne jeden Komfort leben konnte, auch wenn ich dem Luxus durchaus nicht abgeneigt war. Ich fand es aufregend, in eine so lebendige und berühmte historische Fakultät einzutreten, an einer Universität, die so viel reicher und etablierter zu sein schien als die von Iowa. Auch eine um vieles größere Bibliothek wartete hier auf mich, die ungeahnte neue Forschungsmöglichkeiten verhieß, und dazu kam, dass ich alle zwei Jahre ein – wenn auch unbezahltes – Urlaubssemester nehmen durfte, um mehr Zeit für die wissenschaftliche Arbeit und das Schreiben zu haben. Wichtiger als das alles war jedoch, dass ich vom ersten Tag an in ein respekteinflößendes Ensemble eigenwilliger akademischer Charaktere aufgenommen wurde.

Als Stadt unterschied sich Madison damals nicht allzu sehr von Iowa City. Hier wie dort gab es nur ein passables Restaurant, was einem als Junggesellen das Leben nicht gerade leichter machte, weil man ansonsten nur die Wahl zwischen diversen Kaschemmen hatte. Die meisten besseren Restaurants waren draußen auf dem Land zu finden, zum Beispiel in den Amana Colonies, die gleich mehrere Restaurants aufwiesen, die sich auf eine ausgezeichnete deutsche Küche spezialisiert hatten. Von Madison aus war es auch nicht weit zu einer Schweizer Kolonie namens New Glarus oder zur Hochburg der Cornish – einer Einwanderergruppe aus Cornwall – in Mineral Point. Essen zu gehen war damals freilich noch nicht etwas so Alltägliches wie heute, wo man in jeder größeren Stadt eine große Auswahl an guten Restaurants findet, so dass das Ausgehen zum Dinner nicht mehr, wie früher, den Charakter einer Exkursion hat.

Beide Städte waren provinziell, Iowa City dabei noch weitaus kleiner als Madison. Ich erinnere mich noch an die Eröffnung des ersten Reisebüros in Iowa City – es bestand aus einem Schreibtisch im Foyer des einzigen Hotels am Platz, einem Foyer, dessen Deckenfries noch Szenen aus der Eroberung des Westens zeigte. Das eigentliche gesellschaftliche Leben fand bei den Leuten zu Hause statt, und nach meinem Eindruck waren Einladungen zum Abendessen zumindest in meinem Bekanntenkreis viel alltäglicher, als sie es heute sind.

Im Mittelpunkt von allem, was man tat, stand die akademische Tätigkeit. Die Fakultät für Geschichte war an der Universität von Wisconsin nicht viel anders strukturiert als in Iowa. Die Person, die den täglichen Studienbetrieb managte, war hier wie dort nicht der Fakultätssvorsitzende, sondern seine Sekretärin, und ich hatte sehr früh gelernt, dass es einem das Leben wesentlich erleichterte, sich mit ihr gut zu stellen. In Iowa war mir Miss Veva Cox, die die Abteilung mit eiserner Hand dirigierte, eine immense Hilfe gewesen, und dasselbe galt für die Abteilungssekretärinnen in Wisconsin. Wie dumm war es von einigen meiner Kollegen, diesen Cerberus wie einen Dienstboten zu behandeln.

Innerhalb des Lehrkörpers gab es ein reichhaltiges gesellschaftliches Leben, das allerdings im Verlauf der 1960er Jahre infolge des enormen Wachstums der Universität zunehmend verarmte. Die enge persönliche Vertrautheit innerhalb der Abteilung, die ich gerade noch kennen lernte, ging nach wenigen Jahren für immer verloren. Diese Vertrautheit herrschte nicht nur im Kollegenkreis, und so vollzog sich beispielsweise meine Beförderung vom Assistenz- zum ordentlichen Professor nicht lange nach meiner Ankunft in Madison auf eine Weise, die sich heute niemand mehr vorstellen könnte. Der Präsident der Universität, E. B. Fred, hatte die Angewohnheit, sich in den Pausenminuten, wenn die Studenten die Hörsäle und Seminarräume wechselten, im Eingangsfoyer der Bascom Hall, des Hauptgebäudes der Universität, unter die Studenten zu mischen und aufmerksam zuzuhören, wie sie untereinander über die gerade zu Ende gegangene Lehrveranstaltung sprachen. Offenbar hörte er Gutes über meine Vorlesungen, und alsbald wurde der Abteilung von ganz oben der Vorschlag unterbreitet, ich sei doch wohl reif für eine Beförderung.

Vielleicht kam das für mich nicht ganz unerwartet; ich hatte ja auf den Unipräsidenten schon vorher einen guten Eindruck gemacht. Bei meinem ersten Vorstellungsgespräch in Madison hatte mich der Vorsitzende der Geschichtsfakultät mit E. B. Fred bekannt gemacht, damit er einen Blick auf mich werfen konnte. Ich habe vor ihm gesessen, gefasst auf wichtige Fragen aller Art, doch dann hatte mir der Präsident nur eine einzige Frage gestellt: »Professor Mosse, was halten Sie von der künstlichen Besamung von Stuten?« Niemand hatte mir vorher gesagt, dass der Präsident einmal Dekan des Landwirtschafts-Colleges gewesen war, und so traf mich die Frage völlig unvorbereitet. Mir fiel nichts Besseres ein, als lauthals zu erklären, dass ich über dieses Thema noch nie nachgedacht hatte. Meine Aufrichtigkeit zahlte sich aus, denn das war die richtige Antwort. E. B. Fred hatte auf den sonst üblichen Smalltalk und auf Fragen zu Themen, über die er selbst wenig wusste, verzichtet und sich darauf beschränkt, meine Geistesgegenwart zu testen. Dieselbe unorthodoxe Vorgehensweise wandte er auch bei meiner Beförderung an. Im Grunde lief es hier nicht viel anders als bei meiner Beförderung in Iowa, die auch etwas unkonventionell zustande gekommen war, nämlich weil sich der dortige Dekan McGrath die Drohung, mich aus dem Grundkurs über die Westliche Zivilisation zurückzuziehen, zu Herzen genommen hatte. Beide Beförderungen verdankte ich mehr meinen Fähigkeiten als akademischer Lehrer denn meinen wissenschaftlichen Leistungen.

Die engen gesellschaftlichen Kontakte, die innerhalb des Lehrkörpers existierten, schlossen Spannungen oder Kontroversen nicht aus, im Gegenteil: Gerade zwischen den Spezialisten für amerikanische Geschichte, deren jeder eine anerkannte Kapazität auf seinem Gebiet war, kam es ständig zu Reibereien. Alle waren dominante Charaktere mit entschiedenen Ansichten, Vorlieben und Abneigungen. Meinungsverschiedenheiten entbrannten zwischen ihnen nicht nur im Hinblick auf die Besetzung vakanter Stellen, sondern auch über Unterschiede in ihrer Geschichtsauffassung. Diese Männer nahmen das Schreiben über die Geschichte sehr ernst – es war ihr Lebensinhalt – und lieferten einander geistige Duelle über Grundsatzfragen, wie ich sie seit damals kaum mehr erlebt habe. In meinen ersten Jahren in Madison stand ich im Schatten dieser bemerkenswerten Männer, die einen prägenden Einfluss auf meine Berufsauffassung ausübten, nicht zuletzt indem sie der Unsitte, die Vergangenheit durch die Brille der Gegenwart zu betrachten, konsequent den Zutritt zu unserer Abteilung verweigerten. Diese Gruppe verdient eine ehrenhafte Erwähnung, zumal ihre Zeit, so scheint es, lange vorbei ist.

Alles, was an der Universität von Wisconsin an amerikanischer Geschichte gelehrt wurde, hatte eine Anti-Establishment-Tendenz, und ich charakterisierte sie gerne als »Geschichte aus der Perspektive von South Dakota« (wo der Kolonialhistoriker Merrill Jensen herstammte), in Abgrenzung von den konventionellen, an den Universitäten in Neuengland gelehrten Ansätzen. Ich lebte jetzt schon länger als ein Jahrzehnt im amerikanischen Mittelwesten und hatte mich an die scheinbare Endlosigkeit seiner baumlosen Landschaften gewöhnt, die mir in meiner ersten Zeit in Iowa City so großes Unbehagen bereitet hatten. Ich hatte außerdem dank meiner Fahrten durch Iowa einiges vom Leben seiner Bewohner mitbekommen. Jetzt aber lernte ich das intellektuelle Gesicht des Mittelwestens kennen, und da die Geschichte gewöhnlich ein zentrales Element regionaler oder nationaler Identität ist, schien es nur logisch, dass die in Wisconsin verwurzelten Historiker einen ausgesprochen regionaltypischen Standpunkt entwickelten.

Der Schutzheilige der Fakultät war Frederick Jackson Turner, von dem ein Großporträt im zentralen Sekretariat hing und dessen Thesen über die Bedeutung der Pionierzeit in der Geschichte der Vereinigten Staaten, aufgestellt im späten 19. Jahrhundert, als er in Madison gelehrt hatte, bei meinen Historikerkollegen auf fruchtbaren Boden gefallen waren. Ihre Kritik an der amerikanischen Expansionspolitik wurzelte ebenso in den Arbeiten Turners wie ihr emphatisches Verhältnis zum Mittelwesten als dem Herzen Amerikas. Hier kam ein amerikanischer Nationalismus zum Vorschein, der sich aus Demokratie, Kraft, Rastlosigkeit und maskuliner Energie speiste. Die wehmütige Erinnerung an eine einfachere Vergangenheit war ein Teil dieses Nationalismus, ebenso wie es bei den meisten seiner modernen Spielarten der Fall ist. Die lückenlose Erschließung der einstigen Wildnis, deren Eroberung das Werk der Pioniere gewesen war, und das damit zusammenhängende Ende der offenen Landschaft würden, so prophezeite Turner, Amerika als ganzes zu einer dicht besiedelten, überentwickelten Nation machen, wie man sie an der Ostküste der USA bereits besichtigen könne. Die im Rückblick als Utopie wahrgenommene Vergangenheit lag noch nicht sehr lange zurück. Ich erinnere mich deutlich daran, wie hingerissen ich war, als Merrill Jensen mir erzählte, wie ihm ein belesener Farmer im tiefsten South Dakota die Liebe zu Büchern eingepflanzt hatte.

Die Kritik, die diese Historiker am US-amerikanischen Establishment und vor allem an der US-Außenpolitik übten, wies starke Bezüge zur Arbeit Frederick Jackson Turners über die Pionierzeit auf. Die nationale Expansion von Küste zu Küste hatte in ihren Augen demokratischen Charakter gehabt und wesentlich zur Prägung des amerikanischen Charakters beigetragen, doch jede weitere Expansion nach draußen, insbesondere in den asiatischen Bereich hinein, war aus ihrer Sicht ein imperialistisches und kapitalistisches Unterfangen, das einzig und allein wirtschaftlichen Gewinninteressen diente. Der Nationalismus dieser Männer ging Hand in Hand mit isolationistischen Dogmen.

Einen fast gleich wichtigen Beitrag zur Formung der Auffassungen in dieser Gruppe von Historikern hatte Charles Beard geleistet. Das Wenige, das ich in meiner Studienzeit im englischen Cambridge über amerikanische Geschichte gelernt hatte, verdankte ich einem Standardwerk von Beard, das vollgestopft war mit Analogien zur europäischen Geschichte. Der Isolationist Charles Beard, den ich früher als Spinner betrachtet hatte, und der Beard, der für die ökonomistische Interpretation der Geschichte stand, dienten meinen Kollegen als inspirierende Vorbilder. Der heutige Monopolkapitalismus war in ihren Augen ein aus Europa eingeschleppter, parasitärer Fremdkörper.

Die engste Beziehung hatte ich in diesen frühen Jahren zu William Hesseltine. Wie fast alle in dieser Gruppe, war er früher Sozialist gewesen. (Merrill Jensen hatte als junger Mann, in der aus kommunistischen Kassen mitfinanzierten Zeitschrift *Science and Society* publiziert.) Hesseltine hatte in den 1930er Jahren als politischer Aktivist in Wisconsin gewirkt, und der linke Flügel der kleinen Sozialistischen Partei der USA hatte 1948 sogar erwogen, ihn ins Rennen um das Amt des US-Präsidenten zu schicken. Seine sozialistischen Aktivitäten lagen bereits hinter ihm, als ich ihn kennen lernte, aber die libertären Neigungen, die ihn einst veranlasst hatten, beispielsweise die Abschaffung des Außenministeriums zu fordern, waren noch immer sehr präsent. Er war außerdem Pazifist und hatte zu den Financiers einer pazifistischen Zeitschrift gehört.

Hesseltine war ein sehr begabter und kreativer Historiker, der es in seinen Schriften allerdings nie schaffte, sein Potential auszuschöpfen. Als Lehrer war er jedoch großartig, einer der glänzendsten Doktorväter, die ich je kennen gelernt habe. Er bediente sich einer Methode, die ich als Schocktherapie bezeichnen möchte: Er konfrontierte die Studenten mit atemberaubenden, weit hergeholten Thesen und Zusammenhängen, indem er zum Beispiel über die Auswirkungen des amerikanischen Bürgerkriegs auf die Versicherungswirtschaft sprach. Er war ein kleiner Mann, der etwas Elfenhaftes an sich hatte; er hatte sich die Aura eines Menschen zugelegt, der gerne schockierte und Tabubrüche beging. So machte er zum Beispiel immer wieder Witze über Farbige und weidete sich an der schockierten Reaktion seiner liberalen Kollegen. Auf der anderen Seite war er einer der wenigen weißen Professoren an bedeutenderen US-Hochschulen, die farbige Studenten förderten und ihnen halfen, eine wissenschaftliche Laufbahn einzuschlagen. Er war ein Anhänger der politischen Geschichte und der Archivarbeit und machte keinen Hehl aus seiner Abneigung gegen Merle Curti und den kulturgeschichtlichen Ansatz, den er bei jeder Gelegenheit attackierte, wobei er mich als europäischen Kulturhistoriker offenbar davon ausnahm.

Der Mann, der den Zorn Hesseltines am stärksten zu spüren bekam, war Howard K. Beale, ein Spezialist für das Zeitalter Theodore Roosevelts, der im Brennpunkt der meisten Auseinandersetzungen stand, die innerhalb der Abteilung entbrannten. Beale war streitsüchtig, rechthaberisch und wechselte gelegentlich seine Überzeugungen. Einmal fing er mit Merle Curti, während er ihn zum Flughafen chauffierte, im Auto einen Streit an. Als dieser eskalierte, hielt Beale mitten auf einer der belebtesten Straßen von Madison an, sprang aus dem Wagen, riss die Griffe beider Türen ab und lief davon, den armen Curti eingesperrt im Wagen zurücklassend. Solche bizarren Vorfälle sollten nicht darüber hinwegtäuschen, dass alle diese Männer ernst zu nehmende Wissenschaftler waren. Wenn ich mir allerdings ein treffendes Porträt dieser Gruppe vorstelle, sehe ich einen großen Tisch vor mir, an dem sie alle beim Essen sitzen und jeder ostentativ in eine andere Richtung schaut, um den Blicken der Kollegen auszuweichen.

Merrill Jensen, der Kolonialhistoriker, hatte mich durch Vermittlung gemeinsamer Freunde in Iowa City »entdeckt« und sich für meine Berufung eingesetzt. Alle Mitglieder der Gruppe waren ungeachtet der zwischen ihnen herrschenden Spannungen stolz auf ihre Abteilung und ergriffen von sich aus Initiativen, um das Lehrangebot im Bereich der europäischen Geschichte zu verbessern, die nicht so glänzend besetzt war wie ihr amerikanisches Pendant. Zwar hatte Merrill Jensen mich entdeckt, aber Merle Curti war derjenige, der auf meine Berufung gedrängt hatte, weil er glaubte, der amerikanischen Geistesgeschichte nicht voll gerecht werden zu können, ohne einen europäischen Kulturhistoriker am Ort zu haben. Merle Curti war zwar ebenfalls ein Sohn des Mittelwestens und damit des Pioniergeistes – er stammte aus Nebraska –, unterschied sich aber von seinen Fachkollegen durch das breite Spektrum seiner Interessen und durch das Fehlen des bei den anderen so ausgeprägten Ressentiments gegen das Establishment.

Meine Freundschaft mit Merle Curti währte vierzig Jahre – von dem Moment, als er mich, den desorientierten Neuankömmling, vom Bahnhof abholte, bis zu seinem Tod im Alter von achtundneunzig Jahren. Ich meine, es sollte im Leben jedes Menschen einen weisen Mann oder eine weise Frau geben. Ich hatte das Glück, beide zu finden: Die weise Frau, meine Freundin Paula, werde ich in einem späteren Kapitel vorstellen, mein weiser Mann war zweifellos Merle Curti. Nicht, dass ich von ihm und seinen Kollegen Impulse bekommen hätte, die mir neue Wege wiesen. Das hätte vielleicht im Fall einer engen Ausrichtung meiner Arbeit auf Wirtschaftsgeschichte oder auf die Mechanismen der Machtpolitik geschehen können, wovon ich jedoch weit entfernt war. Diese Gelehrten waren jedoch ausgezeichnete Sparringspartner, die einem helfen konnten, die eigene Argumentation zu schärfen, oder die, wie Merle Curti, einen wunderbaren Fundus guter Ratschläge verkörperten.

Merle Curti sah ganz und gar nicht wie ein weiser Mann aus; er war schmal und unscheinbar, aber ein guter Zuhörer, von tadelloser Höflichkeit und mit einem bis zuletzt schneidenden Intellekt begabt. Immer wenn ich beim Schreiben nicht weiterkam, wandte ich mich an ihn, und ich erinnere mich an einen scheinbar simplen Rat, den er mir gab, als ich in einer besonders engen Sackgasse steckte: Setz dich einfach an deine Schreibmaschine und fang an zu tippen. Was er da sagte, war genau das, was ich brauchte.

Vielleicht rührten seine Weisheit, seine Geduld und sein Verständnis von seinen eigenen unheilvollen Erfahrungen her. Zwar wusste ich nicht viel über sein Familienleben, da er ein sehr diskreter Mensch war, doch war bekannt, dass er eine geistig schwer behinderte Tochter hatte, die sicherlich ihr ganzes Leben lang seine Unterstützung benötigte, und dass seine andere Tochter, die äußerst talentiert war, irgendwann in ein Nonnenkloster eintrat. Das muss für Merle Curti, einen Freidenker und Rationalisten, einen Mann der Aufklärung, ein schwerer Schlag gewesen sein, doch er respektierte ihre Entscheidung und war stolz auf alles, was sie zu Wege brachte. Nur das Individuum zählte.

Curti unterschied sich nach Naturell und Temperament sehr von den anderen Fakultätskoryphäen, die ich erwähnt habe. Anders als sie, vertrat er keine dezidierte Geschichtstheorie, auch wenn er einer der Letzten gewesen war, die ihren Doktor bei Frederick Jackson Turner gemacht hatten, zu einer Zeit, da Turner schon längst von Wisconsin nach Harvard gewechselt hatte. Es war gerade sein weiter Blickwinkel, der den Eindruck erwecken konnte, es fehle seinen Büchern an einer dezidierten Tendenz. Damit hatte es wohl zu tun, dass mich Curti, obwohl ein Pionier in der Erforschung der amerikanischen Geistesgeschichte, nicht durch seine Schriften, sondern durch seine Persönlichkeit beeinflusste. Der empfundene Mangel an Zielgerichtetheit, an einem theoretischen Gerüst, war sicher mit ein Grund für die lediglich lauwarme Aufnahme, die sein letztes und ihm wichtigstes Buch fand, eine Analyse der Konzepte über die Natur des Menschen in der amerikanischen Geistesgeschichte. Solange Merle Curti an der Universität lehrte, herrschte eine lebhafte Kommunikation zwischen seinen und meinen Doktoranden; unter seinen Nachfolgern entwickelten sich die Dinge zum Normalzustand zurück. Zwar redeten sie nicht dem ideologisch motivierten Isolationismus das Wort, von dem weiter oben die Rede war, praktizierten aber doch einen Rückzug in die Selbstgenügsamkeit der nationalen Geschichte.

Fred Harvey Harrington, Historiker der amerikanischen Außenpolitik, entsprach dem intellektuellen Profil der Amerikanisten. Er war der Begründer einer Denkschule zur amerikanischen Außenpolitik, die ihr analytisches Augenmerk auf den sogenannten amerikanischen Imperialismus richtete und der im Ausland gängigen Deutung des amerikanischen Expansionsdrangs als einer von gutartigen Motiven getragenen Politik eine deutlich andere Interpretation entgegenstellte. Harrington liebte es, in großen Zeiträumen und Entwürfen zu denken, und wurde später zu einem der kreativsten Präsidenten der Universität von Wisconsin.

Mit Ausnahme Merle Curtis waren diese Männer Isolationisten, deren Interesse einzig und allein den Vereinigten Staaten galt – eine Haltung, die ich nicht teilen konnte und gegen die ich schon am Haverford College opponiert hatte. Auf der anderen Seite war diese Spielart eines amerikanischen Populismus auch neu und erfrischend; immerhin war es ein sehr weiter Weg von Berlin nach South Dakota. Das Amerika dieser Männer erschien mir damals irgendwie authentisch, anders als die Nachahmungen Europas, die ich anderswo sah. Vielleicht empfand ich noch nostalgische Gefühle für die Romantik der wilden amerikanischen Prärien mit ihren Indianern und Trappern, von denen ich als Kind in den in Deutschland so überaus populären Romanen von Karl May gelesen hatte.

Ich war sehr viel jünger als diese Männer, war weniger ihr Gesprächspartner als ihr Zuhörer. Erst später konnte ich dank meiner Freundschaft zu William Appleman Williams, der 1957 in die Fakultät eintrat, einen anhaltenden Dialog aufnehmen, in dessen Verlauf ich ein tieferes Verständnis der Ideologie dieser Gruppe gewann. Als Schüler Harringtons hatte Williams dessen Deutung des sogenannten amerikanischen Imperialismus und der wirtschaftlichen Grundlagen der amerikanischen Außenpolitik nicht nur übernommen, sondern weiterentwickelt. Wie sein Lehrer, interessierte auch er sich für den Fernen Osten, der den Beweis dafür zu liefern schien, dass wirtschaftlicher Imperialismus das beherrschende Moment der Außenpolitik der Vereinigten Staaten war. Ich konnte mich des Eindrucks nicht erwehren, dass diese Männer, ebenso wie sie Frederick Jackson Turners These von der konstitutiven Rolle der Pionierzeit und der Eroberung des Westens für das amerikanische Selbstverständnis bejahten, jegliche Expansion über die angestammten Grenzen der Union hinaus für etwas hielten, das den amerikanischen Idealen zuwiderlief. Williams, der auch ein Bewunderer Turners und Beards war, hob sich von seinen Vorbildern und seinem akademischen Lehrer durch die strenge moralische Komponente ab, die seine Schriften aufwiesen, aber auch dadurch, dass er auf seine Deutung der amerikanischen Vergangenheit Konzepte anwandte, die aus der europäischen Geschichtsschreibung abgeleitet waren.

Viele Abende hindurch diskutierten wir darüber, ob Begriffe wie Merkantilismus sich einfach vom Europa des 17. auf das Amerika des 19. Jahrhunderts übertragen ließen, und obwohl ich in diesen Debatten eine Menge über die amerikanische Geschichte lernte, schaffte ich es nicht, Williams klar zu machen, dass man spezifische, im Hinblick auf eine bestimmte Epoche geprägte Begriffe nicht ohne weiteres auf eine andere Epoche und eine andere

Weltregion übertragen oder den amerikanischen Imperialismus nicht analysieren könne, ohne mit der Geschichte von Ländern wie Russland oder China, gegen die er sich angeblich richtete, vertraut zu sein. Der Isolationismus, jene Kombination aus Regionalismus und ausgeprägtem Patriotismus, wie er an unserer Universität gepflegt wurde, spielte hier eine Rolle, schürte den Argwohn dieser Männer gegen ihre Kollegen an der Ostküste – ein Argwohn, der sich manchmal auch gegen Studenten aus New York richtete. Ihr Patriotismus ließ diese Männer auch zu höchst kritischen Urteilen über die Rolle der USA in der Welt gelangen. Meiner Überzeugung nach trauerten diese Männer einem verloren gegangen Utopia nach, und diese Nostalgie – die Enttäuschung darüber, dass sich ihre am Mittelwesten orientierte Vision von Amerika nicht erfüllt hatte – bestimmte weitgehend ihre Interpretation der Vergangenheit.

Als es zur Zeit des Vietnamkriegs zu Studentenunruhen kam, hielt Bill Williams sich abseits, weil das, was er als studentische Aggressivität sah, seinem Ideal eines wohlüberlegten, geistig gründlich vorbereiteten Wandels widersprach. Eine Rolle spielte dabei auch der Umstand, dass er die Anführer der Studenten, die überwiegend aus den Ostküstenstaaten kamen und unter denen viele Juden waren, nicht mochte. Er war kein Antisemit im gewöhnlichen Sinn des Wortes, und seine Lehrer hätten ihn sicher gegen einen solchen Vorwurf in Schutz genommen. Aber er hielt, wie ich zu sagen pflegte, doch immer Ausschau nach dem idealen blonden, blauäugigen Sozialisten aus Iowa, nach einem politischen Gewächs, dessen Wurzeln ebenso tief in die Prärie von Iowa hinabreichten wie die seinen.

Wie passte ich da hinein, ein Jude und ehemaliger Flüchtling mit Wurzeln in Europa und Bindungen zur amerikanischen Ostküste? Natürlich hatte ich immer gemischte Gefühle gegenüber den antisemitischen Untertönen, die in dem amerikanischen Nationalismus, wie ich ihn gerade skizziert habe, stets mitschwan-

gen und die sich schon in den Schriften Turners fanden, in denen
er die mit der Einwanderung osteuropäischer Juden verbundenen Gefahren beschwor und vor ihren deformierenden Wirkungen auf den amerikanischen Nationalcharakter warnte. Hinter
antisemitischen Topoi verbarg sich hier eigentlich die Opposition
gegen das Ostküsten-Establishment. Ich war ganz und gar gegen
den Isolationismus dieser Historiker und sagte es ihnen oft genug. Gleichwohl erlebte ich meine Beziehung zu ihnen, von der
persönlichen Freundschaft einmal abgesehen, als Entdeckungsreise in eine andere, für meine Begriffe sehr »amerikanische« Gedankenwelt. Die Diskussionen über die Geschichte, die im Vordergrund unserer Gesprächsrunden standen, wandten sich nie
der sogenannten jüdischen Frage zu, und in der entschiedenen
Verurteilung des Nationalsozialismus und Faschismus waren sich
alle meine Kollegen einig. Es kann sein, dass hier ein psychologi-
sches Moment im Spiel war, eine gewisse Scheu, die ich immer
gegenüber Leuten an den Tag gelegt habe, die ich als im Rang
über mir stehend betrachtete. Ich führte diese Scheu hauptsächlich auf meine Erziehung in Deutschland zurück, wo ich gelernt
hatte, übergeordneten Autoritäten mit höchstem Respekt zu be-
gegnen. Im Übrigen bin ich immer halbwegs unbewusst davon
ausgegangen, dass ein bestimmter Sockel an Vorurteilen bei den
meisten Menschen latent vorhanden ist. Im vorliegenden Fall
musste ich mich aber zu keiner Zeit mit praktischen Konsequenzen dessen, was unter Umständen latent vorhanden war, auseinandersetzen.

Vielleicht spielte hier auch noch ein anderer psychologischer
Faktor eine Rolle. Als Jude war man gewöhnt, in einer häufig un-
freundlichen Umgebung ein gewisses Unbehagen über das eigene
Jüdischsein zu empfinden. Ich bildete darin keine Ausnahme,
auch wenn sich bei mir schon länger ein Umschwung in meiner
Grundhaltung anbahnte. Erst Mitte der sechziger Jahre war ich
so weit, dass ich mich an exponierter Stelle für jüdische Belange

an der Universität einsetzte. Mein zweiter Außenseiterstatus, meine Homosexualität, warf übrigens keine derartigen Probleme auf. Hier musste nach wie vor alles hermetisch unter der Decke bleiben, und ich konnte mich nicht einmal gegenüber den Mitgliedern dieser Gruppe offenbaren, obwohl ich wusste, dass einige von ihnen in ihrer Jugend homosexuelle Erlebnisse gehabt hatten. Rückblickend muss ich mir eingestehen, dass sich in mein Verhalten trotz aller freundschaftlicher Beziehungen zu den Historikern von Wisconsin manchmal ein aus Scheu und Unbehagen zusammengesetzter Kleinmut einschlich. Doch überwogen die geistigen Anregungen, die ich in dieser Gruppe erhielt, bei weitem alle Trübungen unseres Verhältnisses, die sich aufgrund von Vorurteilen oder weltanschaulichen Differenzen einstellen mochten.

Bill Williams und ich veranstalteten ein gemeinsames Seminar zum Thema Marxismus, aus dem Williams' Buch *The Great Evasion* (1963) hervorging. Der Titel bezog sich auf das Ausweichen der amerikanischen Öffentlichkeit vor dem philosophischen Vermächtnis von Karl Marx. Tatsächlich hatte das Buch herzlich wenig mit Marx zu tun; es war über weite Teile ein Manifest des christlichen Sozialismus, ein Plädoyer für den Aufbau einer neuen Gemeinschaftskultur im Sinne der von Williams propagierten dezentralisierten, ständischen Gesellschaft. Der strenge moralische Unterton, der das Buch ebenso durchzog wie alle anderen Schriften von Bill Williams, nährte sich aus einem spirituellen Impuls, der sich im Verlauf seiner Zeit in Madison so weit verdichtete, dass er einer christlichen Gemeinde beitrat. Zu einem guten Teil war ich für seine Hinwendung zur Episkopalkirche verantwortlich, hatte ich ihm doch von meinen Erfahrungen mit dem Oratory of St. Mary und St. Michael in Harvard erzählt und ihm Literatur zum Thema Kirche und Arbeiterschaft sowie über die Theologie der Inkarnation geliehen. Ich sollte diese Schriften nie wiedersehen; dafür hörte ich von völlig perplexen

Studenten, dass Williams, der Radikale, beim Herumreichen der Kollektenschale in der Episkopalkirche beobachtet worden sei. Er setzte damit ein weiteres Zeichen der Abgrenzung zu den radikalen Intellektuellen der 1960er Jahre.

Ich hätte eigentlich als Co-Autor an *The Great Evasion* mitwirken sollen, konnte jedoch an den amerikanischen Zukunftsstaat, den Williams darin ausmalte, nicht glauben. Seine Utopie beinhaltete einen bedingten Rückzug in eine »Festung Amerika«, der allerdings Hand in Hand ging mit einer vernichtenden Kritik an der herrschenden Klasse und ihrer Politik – eine Haltung, mit der man durchaus sympathisieren konnte. Ich erinnere mich an ein Mittagsessen in Madison mit Adolf Berle, an dem ich auf Einladung Bills teilnahm; Berle war Mitglied der »Denkfabrik« gewesen, die Roosevelts New Deal konzipiert hatte, und später hatte Präsident Kennedy ihm die Leitung der Arbeitsgruppe übertagen, aus deren Empfehlungen die Allianz für den Fortschritt hervorgegangen war. Berle interessierte sich für Bills Überlegungen zum Korporatismus und wollte ihn als Mitarbeiter und Berater gewinnen. Bill war geschmeichelt, bat sich Bedenkzeit aus und sagte schließlich ab. Er blieb bei seiner Opposition gegen das Establishment, vertrat aber ein eher reformistisches als revolutionäres Programm, das auf eine radikale Veränderung des Denkens abzielte, anstatt unmittelbar zur politischen Aktion aufzurufen. Im Unterschied zu den anderen Mitgliedern der Historikergruppe war er trotz seines Glaubens an die Autarkie der Vereinigten Staaten kein intellektueller Isolationist.

Zu einer Bemerkung, die ich einmal Bill Williams gegenüber machte, stehe ich bis heute: Wenn du Recht behältst, wirst du so berühmt werden wie Beard oder Turner; wenn nicht, wird man dich einfach als eine Art Zeiterscheinung abtun. Bei aller Kritik, die ich an seinen Vorstellungen übte, empfand ich eine tiefe Zuneigung zu ihm und blieb ihm in dauerhafter Freundschaft verbunden. Weil wir trotz aller Meinungsunterschiede unsere teilweise recht gegensätzlichen Standpunkte interessant und einer ernsthaften Diskussion würdig fanden, gewann unsere Beziehung zunehmend an Festigkeit, und wir lernten von einander. Ich habe seit jener Zeit kaum mehr eine so anhaltende und aufregende Diskussion über grundlegende Probleme der Geschichtsschreibung geführt. Es war ein Dialog, dessen Fruchtbarkeit sich gerade aus der Gegensätzlichkeit der individuellen Biographien, Persönlichkeiten und Denkweisen ergab.

Wieder einmal hatte ich das Gefühl, Glück gehabt zu haben. Durch meine Freundschaft zu Williams und den anderen Koryphäen der Abteilung schloss ich Bekanntschaft mit einem Amerika, das den meisten anderen Exilanten verborgen blieb, und auch wenn ich mich mit ihrer Interpretation der Geschichte nicht anfreunden konnte, vertiefte sie mein Verständnis der Geschichte Amerikas, ähnlich wie mein Aufenthalt in Iowa meiner Amerika-Erfahrung eine neue Dimension erschlossen hatte. Die ikonoklastischen Ideen dieser Männer sprachen mich nicht nur in meiner Eigenschaft als Außenseiter an, sondern mehr noch in meinem Selbstverständnis als Provokateur.

Diese Amerika-Historiker verliehen der Fachabteilung Geschichte ihr besonderes Gepräge, eine Aura, wie sie sonst an kaum einer historischen Fakultät zu finden war. Sie waren Außenseiter der Historikerzunft und stolz auf diesen Status; einzig Merle Curti war ein geachtetes Mitglied des wissenschaftlichen Establishments. Mit zunehmender Zeit drohte ihr Radikalismus freilich zu einem dogmatischen Gebilde zu erstarren. Das wurde mir klar, als in den frühen 1960er Jahren die Geschichte der Dritten Welt als neues Forschungsfeld hinzukam, und zwar in einer Form, die die herkömmlichen Ansätze der Eroberungs- und Kolonialgeschichte auf den Kopf stellte: Man betrachtete das Thema jetzt nicht mehr aus der Sicht der politischen Zentren wie Washington oder London, sondern aus der Warte der kolonisierten Länder, von denen jedes seine eigene Geschichte hatte.

Gegen diesen neuen Ansatz opponierten einige der radikalen Veteranen unter den Amerika-Historikern mit großer Heftigkeit und belegten sie mit verächtlichen Attributen wie »Sumpfgeschichte«. Fred Harvey Harrington, inzwischen zum Präsidenten der Universität aufgestiegen, unterstützte hingegen den Aufbau der neuen Fachrichtung innerhalb unserer Abteilung. Dass diejenigen, die den neuen Forschungsbereich befürworteten, mit brachialen Methoden arbeiteten, um ihr Vorhaben durchzusetzen, machte die Sache nicht leichter, obwohl solche Methoden vermutlich notwendig waren, um die neue Fachrichtung zu etablieren. Wie jede etablierte Gruppe, neigt auch die Professorenschaft dazu, sich konservativ zu verhalten, auch wenn sie in ihrem Fach noch so fortschrittliche Positionen vertritt – und die Geschichte gehört zu den Fächern mit dem ausgeprägtesten Traditionsbewusstsein.

Ich beteiligte mich an der Debatte – oder besser gesagt an der Polemik –, die dem Aufbau der neuen Fachrichtung vorausging. Ich war damals überzeugt (und bin es noch heute), dass Wisconsin die Reputation, die es hatte, seiner Pionierrolle verdankte, seinem Standort außerhalb des breiten Stroms, und dass dies etwas Bewahrenswertes war. Ich sah aber auch die Vorteile, die sich aus einer Erweiterung des Horizonts ergeben würden. Ich sagte meinen Kollegen von Zeit zu Zeit, die Qualität der Abteilung stehe in einem proportionalen Verhältnis zur Zahl der im Lehrkörper vorhandenen Spinner. Das war nur halb scherzhaft gemeint; Intellektuelle sollten vom Typ her anders sein als Buchhalter, Juristen oder sonstige Freiberufler, nämlich engagiert und experimentierfreudig. Über Geschichte zu schreiben und sie zu lehren muss für sie mehr sein als bloß ein Job. Vielleicht beseelte mich in diesem Punkt die nostalgische Erinnerung an die sogenannten frei schwebenden Intellektuellen der Weimarer Periode, doch auch für einige der amerikanischen Kollegen, die ich auf diesen Seiten vorgestellt habe, gilt, wie auch für viele jüngere Historiker, die ich später kennen lernte, dass sie sich, obzwar sie engagierte Wissenschaftler waren, nicht auf das einengen ließen, was nach den Maßstäben des akademischen Establishments als normal galt.

Der Radikalismus der älteren Kollegen hatte sicherlich für Wirbel und frischen Wind innerhalb einer normalerweise braven akademischen Disziplin gesorgt, hatte sich freilich in seiner Amerika-Zentriertheit als allzu starr erwiesen und damit womöglich auch einem gewissen sozialen Konservatismus Vorschub geleistet. Der Patriotismus dieser Veteranen hatte trotz seiner anti-imperialistischen Vorzeichen eben auch seine Schattenseite in Form eines ausgeprägten Isolationismus.

Ich habe mich mit dieser Gruppe von Historikern hier ausführlicher beschäftigt, weil sie sozusagen meine Welt war und mir wichtige Orientierung auf meinem Werdegang als Wissenschaftler, Lehrer und Autor bot in einer Zeit, die ich rückblickend als den Beginn meiner kreativsten Periode als Historiker betrachte. Das Lehren stand für mich dabei stets gleichwertig neben dem Forschen und Schreiben; immerhin hatte man mich, woran mich meine Historikerkollegen wiederholt erinnerten, nach Wisconsin geholt, weil man mir eine Aufwertung und Verlebendigung des Lehrangebots im Bereich der neuzeitlichen europäischen Geschichte zutraute.

Einige weitere neue Berufungen im Bereich europäische Geschichte folgten bald nach und verliehen der Abteilung zusätzliche Attraktivität. Besondere Erwähnung verdient in diesem Zusammenhang die Berufung Harvey Goldbergs als Dozent für französische Geschichte im Jahr 1963.

Harvey Goldberg war meinen Kollegen kein Unbekannter: Er hatte an der Universität von Wisconsin studiert und seinen Doktor gemacht und die Kollegen schon damals beeindruckt, besonders Harrington und Jensen, die nun auch seine Berufung in die Wege geleitet hatten. Er war – natürlich, möchte man fast sagen – ein radikaler Denker. Zusammen mit Williams – die beiden hatten in Madison derselben Doktorandengruppe angehört und anschließend gemeinsam an der Staatsuniversität von Ohio gelehrt – hatte er ein Buch mit den Biographien amerikanischer Radikaler herausgegeben. Der Radikalismus Goldbergs unterschied sich freilich stark von dem Bill Williams', und so kam es, dass die beiden ehemaligen Freunde sich schnell uneins wurden. Goldberg war ein Marxist der alten Schule, was aber vor allem in seinen Vorlesungen deutlich wurde, während sein einziges veröffentlichtes Buch, eine Biographie des französischen Parteiführers Jean Jaurès, eine Eloge auf einen sehr gemäßigten Helden der sozialistischen Bewegung war. Es waren vor allem seine Vorlesungen, mit denen er von sich reden machte; sie entwickelten sich zu aufrüttelnden Darbietungen vor großer Studentenkulisse. Goldberg war sicherlich eine charismatische Persönlichkeit, doch trug auch die stark politisierte Atmosphäre, die bei seinen Vorträgen herrschte, zu der enthusiastischen Resonanz bei, die er fand. Seine Veranstaltungen begannen gewöhnlich damit, dass die Studenten Termine für Versammlungen, Kundgebungen oder Demonstrationen bekannt gaben. In seinen Vorlesungen, die immer gut aufbereitet waren, sparte er nicht mit Anekdoten, deren gemeinsamer Nenner das allzeitige Streben des »Volkes« nach Befreiung und Selbstbestimmung war.

Goldberg war ein komplizierter, oft mit sich selbst in Widerspruch geratender Mensch; während er in Madison einen anspruchslosen, fast bohèmehaften Lebensstil pflegte, unterhielt er in Paris eine Wohnung, die, wenn nicht luxuriös, so doch mindestens gutbürgerlich eingerichtet war. Er rief seine Zuhörer zur Tat gegen das Establishment auf, mit der Folge, dass einmal eine Gruppe von Studenten ihn während einer seiner Vorlesungen per Sprechchor aufforderte, sie zur Revolution zu führen – das gestaltete sich freilich schwierig, und sei es nur wegen Goldbergs Loyalität zu Universitätspräsident Harrington. Im Allgemeinen galt für die Periode der Studentenunruhen in den späten sechziger Jahren, dass sich zwischen Rhetorik und Realität eine breite Kluft auftat. Goldberg sprach auf studentischen Versammlungen, rief zu Aktionen auf, war aber nie beteiligt, wenn die Fakultät konkrete Schritte zugunsten der Studentenschaft unternahm. Ich mochte ihn, nicht aber seine Politik und die Geschichtsauffassung, die er vertrat. Er wiederum sah in mir einen Reaktionär mit Häuschen im Grünen. Dennoch waren wir über viele Jahre hinweg gute Freunde. Harvey Goldberg war von grenzenloser Bewunderung für Europa, das er mit Paris gleichsetzte, erfüllt – nicht untypisch für einen Jungen aus der amerikanischen Provinz, und offenbar haftete in seinen Augen ein kleiner Abglanz der Herrlichkeit Europas an mir. Nicht nur weil Goldberg physisch mehr Ähnlichkeit mit einem lebenden Leichnam hatte als mit einem Menschen aus Fleisch und Blut, setzte er mich beständig in Erstaunen. Ich konnte nicht anders, als seinen großen, sehr spezialisierten Wissensfundus zu bewundern, der sich mit einem inbrünstigen Bekenntnis zu revolutionärer Politik verband, das ich als Historiker niemals teilen konnte. Praktisch alle seine Doktoranden schrieben ihre Dissertationen über linksradikale französische Gewerkschaften. Er war sicher das Musterbeispiel eines Historikers mit einem geradlinigen, gegenwartsorientierten Programm.

In meinen Augen verkörperte Harvey Goldberg eine politische Denkhaltung, deren Zeit lange abgelaufen war. Andererseits trug er mehr dazu bei, kritische Geister heranzuziehen, als die meisten meiner »unumstrittenen« Historikerkollegen. Es gab in Madison nicht wenige Studenten, die sowohl Mosse als auch Goldberg hören wollten, und ich freue mich sagen zu können, dass die klar zutage tretenden Gegensätze zwischen ihm und mir ihnen Stoff zum Nachdenken gegeben haben müssen.

Die Freundschaften zu Historikerkollegen wie Goldberg spielten sich auf geistiger Ebene ab und entsprachen fast dem Idealbild, das die Aufklärung gezeichnet hatte. Es waren keine auf persönliche Zuneigung gegründete Freundschaften, und so spielten sie auch kaum ins Privatleben hinein. Ich wusste tatsächlich kaum etwas über die Lebenssituation dieser Kollegen. Was ich bezeichnenderweise wusste, war, dass Harvey Goldberg meine homosexuelle Orientierung teilte, doch weder er noch ich erwähnten solche Dinge jemals. Zwar hatte die Schwulenbewegung große Schritte nach vorn gemacht, aber noch war das Tabu zu mächtig, um gebrochen werden zu können, und zwar sowohl für ihn als auch für mich. Harvey Goldberg trat aus dieser Anonymität nur einmal heraus, als er 1975 in dem im öffentlichen Fernsehen ausgestrahlten Film *The Gay Response,* der die Schwulenszene von Madison beleuchtete, als Präsentator auftrat. Das zeugte von einer größeren Courage, als ich sie zu jener Zeit besaß. Die Zeit des persönlichen Sich-Bekennens war noch nicht gekommen.

Was nun die Aufgabe betraf, den Bereich der europäischen Geschichte an unserer Universität zu erneuern, so waren Vorlesungen und Seminare aus meiner Sicht die wichtigsten Werkzeuge dafür. Meinem Einführungskurs für Studienanfänger, der immer mehr Zulauf gewann, kam hier sicherlich die führende Rolle zu. Ich war ja schon seit Iowa darin geübt, die Aufmerksamkeit einer großen Zuhörermenge zu fesseln, und so fiel es mir leicht, meine Hörerzahlen zu vergrößern, bis die Zahl der Teilnehmer an meinem Einführungskurs in europäischer Geschichte fast auf das Zehnfache angeschwollen war.

Ich hatte das Gefühl, diesen Teil der Abmachung, die meinem Wechsel nach Madison zugrunde gelegen hatte, eingehalten zu haben. So viel Freude hatte ich an meinen Lehrveranstaltungen, dass ich, als die Universität mir 1964 eine ihrer angesehensten Professuren anbot (als Antwort auf ein »Abwerbeangebot«, das ich von der New York University erhalten hatte), die Offerte ausschlug, weil ich als Inhaber der Professur nur noch einen Kurs pro Semester hätte abhalten dürfen.

Während einer Vorlesung an der University of Wisconsin, 1961

Zum Dank dafür ließ Fred Harvey Harrington mich die Bedingungen, zu denen ich bleiben würde, diktieren, und wir riefen gemeinsam eine Professur ins Leben, die zwar mit Forschungs-
mitteln ausgestattet war, aber keine Begrenzung der Lehrtätigkeit
vorschrieb – ihre Dotierung lag freilich deutlich niedriger als die
des Lehrstuhls, den ich ausgeschlagen hatte. Doch wie sollte diese
neue Professur heißen? Ich schlug als Name »Cartwright-Pro-
fessur« vor, zur Verwirrung des Uni-Präsidenten. Er wusste
nicht, dass ich ein Fan der TV-Serie *Bonanza* war und dass die
Übernahme des Namens Cartwright womöglich meine Amerikanisierung komplett gemacht hätte. Nachdem die Universität
diese Namensgebung abgelehnt hatte (nicht ohne Harringstons
Anmerkung, man hätte versuchen können, *Bonanza* zur Finan-
zierung des Lehrstuhls heranzuziehen), entschied ich mich für
den Namen des Philosophen John Bascom, nach dem schon das
Hauptgebäude der Universität benannt war. Wenn schon kein
Cowboy, dann wenigstens ein Moralphilosoph. Heute gibt es eine
ganze Reihe von Bascom-Professuren, alle dem Vorbild nachempfunden, das vor über dreißig Jahren nach meinen Wünschen
gestaltet wurde.

Natürlich gab es auch ein Leben jenseits von Akademien, wobei jedoch für meine Person das Universitätsleben mit seinen
Höhen und Tiefen immer Vorrang hatte. Zu Überschneidungen
zwischen dem gesellschaftlichen und dem akademischen Leben
kam es in den diversen Ausschüssen der Hochschule, denen ich
angehörte. Deren Sitzungen pflegten, besonders wenn sie sich in
die Länge zogen, den Charakter geselliger Veranstaltungen anzunehmen, bei denen man Freundschaften mit Leuten außerhalb
der eigenen Abteilung schließen konnte. Das war für mich besonders wichtig, weil ich mich nie einer Synagogengemeinde oder
einem Verein anschloss. Ich gehörte allerdings der Demokratischen Partei an, die für mich ebenfalls eine Quelle neuer Bekannt-
schaften war.

Es wäre dröge, alle die Ausschüsse zu beschreiben, in denen ich
mitarbeitete – das könnte fast so langweilig werden wie die meisten ihrer Sitzungen. Zwei Ausschüsse sind jedoch der Erwähnung
wert, weil sie mich weiterbrachten und auch wegen der Freunde,
die ich durch sie gewann. Nicht lange nach meiner Ankunft wurde
ich gebeten, einer informellen Gruppe von Wissenschaftlern bei-
zutreten, die die Gründung eines geisteswissenschaftlichen Insti-
tuts an der Universität von Wisconsin plante. Die Gruppe wurde
bald darauf offiziell anerkannt, doch hatten wir trotzdem nicht
viel Hoffnung, die Gründung eines solchen Institutes (das als Ge-
gengewicht gegen die, wie uns schien, ungebührliche Bevorzu-
gung der Naturwissenschaften gedacht war) zu erleben. Doch
weit gefehlt, es dauerte nicht lange, und wir hatten das Institut,
nicht zuletzt dank der Unterstützung durch einen neuen Präsidenten, der zwar selbst Naturwissenschaftler war, sich aber die
Unterstützung der Geisteswissenschaften sichern wollte. In seinen ersten, glückhaften Jahren lockte das Institut für Geisteswissenschaftliche Forschung Gelehrte an unsere Universität, die ansonsten nicht den Weg dorthin gefunden hätten und die gute
Freunde von mir wurden. Einen Abend mit dem Klassizisten
Friedrich Solmsen und seiner Frau Lieselotte zu verbringen – oder
mit Germaine Brée, einer profunden Kennerin der modernen
französischen Literatur –, bedeutete in eine Sphäre wirklicher Bildung einzutauchen, verstanden als beständiges Bemühen um die
Kultivierung des eigenen Denkens.

Das zweifellos wichtigste Gremium, in dem ich mitarbeitete,
trug den umständlichen Titel Ad-hoc-Ausschuss für die Rolle der
Studenten in der Selbstverwaltung der Universität. Er tat nichts
Geringeres, als das ganze Verhältnis zwischen Studenten und
Universität neu zu ordnen. Die Einrichtung dieses Ausschusses
war eine unmittelbare Konsequenz aus den Studentenunruhen
der sechziger Jahre, und seine größte Leistung war die Neufas-
sung des für die Studenten gültigen inneruniversitären »Straf-

rechts« in Gestalt eines völlig neu erarbeiteten Katalogs fairer und egalitärer Sanktionen für studentisches Fehlverhalten. Bis dahin hatte der Studentendekan fast diktatorische Befugnisse besessen, und ich hatte außerordentlich viel Zeit darauf verwenden müssen, mich als Verteidiger von Doktoranden zu betätigen, die sich wegen geringfügiger sexueller Missetaten vom Hinauswurf aus der Universität bedroht sahen. In der Tat war eine fast krankhafte Obsession mit der Ahndung verbotener sexueller Aktivitäten bis dahin ein Markenzeichen des Dekanats für studentische Angelegenheiten gewesen. Der Ausschuss sorgte dafür, dass sich all das gründlich änderte: Er führte ordentliche Sanktionsprozeduren ein und initiierte noch einen weiteren Bruch mit der Tradition, indem er gemischte Wohntrakte vorschlug, mit abwechselnd weiblich und männlich bewohnten Etagen. An diesem Vorschlag entzündeten sich heftige Auseinandersetzungen; die Kuratoren der Universität legten sich zunächst quer. Auf einer gemeinsamen Sitzung fragte ich sie in aller Öffentlichkeit, ob sie es lieber sähen, wenn die jungen Leute ihr Heil auf den Rücksitzen ihrer Autos suchten. Am Ende wurde die Reformmaßnahme gebilligt.

Durch die Mitarbeit in diesem Ausschuss lernte ich mehr über disziplinarische Maßnahmen, studentische Aktivitäten und studentische Wohnverhältnisse, als ich je hatte wissen wollen. Dennoch bereitete es mir eine gewisse Genugtuung, auf meiner ausgeleierten Schreibmaschine meinen kleinen Beitrag zur Abschaffung der alten Politik *in loco parentis* zugunsten einer Regelung, die die Studenten als erwachsene Menschen behandelt, geleistet zu haben. Während dieses ganzen Prozesses konnten wir uns auf die Unterstützung einer wunderbaren neuen Studentendekanin namens Martha Peterson verlassen, die schon ein Jahr vorher regelmäßige informelle Lunchrunden eingeführt hatte, bei denen interessierte Mitglieder des Lehrkörpers über wünschenswerte Neuerungen diskutieren konnten.

Puritanische Grundsätze wurden nicht nur gegenüber den Studenten herausgekehrt, sondern machten sich bis in die sechziger Jahre hinein in allen Bereichen des universitären Lebens breit. So hielten es, um nur ein krasses Beispiel zu nennen, die Ehefrauen der leitenden Herren der Universität für nötig, jüngere Mitglieder des Lehrkörpers darüber zu belehren, wie sie sich kleiden, benehmen und wo sie wohnen sollten. In Iowa hatte die Frau des früheren Universitätspräsidenten den Fakultätsnachwuchs regelmäßig über richtiges Benehmen und gute Umgangsformen aufgeklärt, und am Ende hatte sie sogar mich in ihre Belehrungen einbezogen, obwohl sie und ihr Mann zu dieser Zeit bereits ein Pensionärsdasein führten. Die Frau meines Abteilungsvorstands in Iowa hatte ähnliche Ambitionen gehabt, und einmal, als sie mir einen Vortrag über die notwendigen Manieren im gesellschaftlichen Umgang hielt, konnte ich mir nur knapp verkneifen, ihr zu erzählen, dass ich am Vorabend mit ihrem Mann mehrmals um den Block gelaufen war, um ihn so weit auszunüchtern, dass sie seine Alkholfahne nicht mehr riechen würde.

Ein solches »Bemuttern« wäre heute nicht mehr vorstellbar, aber wir lebten damals in einer Zeit, in der die universitäre Hierarchie eine absolute war, vom Präsidenten bis hinunter zu den Vorständen der Abteilungen. In Iowa durchlebte ich eine Periode des Übergangs zu einer weniger autokratischen Abteilungsstruktur, und im Zuge meiner Mitarbeit im Ad-hoc-Ausschuss in Wisconsin wurde ich Zeuge des Wandels zu einer permissiveren Gesellschaft. Einen Vorgeschmack auf den im Gang befindlichen Umschwung erhielt ich, als ich bald nach meiner Ankunft in Madison eine Wohnung in einem nicht schicken, aber preiswerten und günstig gelegenen Viertel der Stadt bezog. Der einzige Kommentar, den ich dazu zu hören bekam, stammte von der Frau eines ehemaligen Abteilungsvorsitzenden, und lautete: »Aber dort hat ja noch niemand gewohnt!« Heute würde man über eine solche Reaktion lachen, und auch damals konnte ich sie schon straflos ignorieren.

Diese Wohnung, die einen Ausblick auf einen der Seen Madisons bot, hatte einen Nachteil: Auf der Gasse, die hinter dem Gebäude vorbeiführte, herrschte spät nachts jede Menge lärmender Verkehr. Wie ich bald genug herausfand, waren unter meinen Nachbarinnen mehrere Callgirls, die Kunden aus dem in Madison befindlichen Luftwaffenstützpunkt bedienten. Wir einigten uns schließlich darauf, dass ihre Freier vorne auf der Straße parken sollten. Vielleicht hatte die Frau meines ehemaligen Abteilungsvorsitzenden in diesem Fall sogar gewusst, wovon sie sprach.

Nicht lange jedoch, und ich zog in das Haus um, das ich noch heute, einundvierzig Jahre später, bewohne und das sich in einem sicherlich nicht zu beanstandenden Stadtviertel befindet. Merrill Jensen und seine Frau entdeckten das moderne kleine Gebäude in ihrer Nachbarschaft. Der Immobilienmakler, über den ich es kaufte, war Pat Lucey, der später als Gouverneur eine wichtige Rolle auf der politischen Bühne Wisconsins spielen sollte. Das war für mich auch deshalb ein glücklicher Zufall, weil ich dadurch auf die Verflechtung der Fakultät mit der politischen Szene des Staates aufmerksam wurde, eine Situation, die Wisconsin zu einem Sonderfall stempelte und die nach meiner Ankunft in Madison noch ein oder zwei Jahrzehnte anhielt. Die Engmaschigkeit der wechselseitigen Beziehungen verlieh dem universitären Leben eine politische Dimension, die erst in den späten 1970er Jahren zu verschwinden begann – ein Opfer der zunehmenden Entpersönlichung, die mit dem explosiven Wachstum sowohl der Universität als auch der Staatsregierung von Wisconsin einherging. Der Wiedereinzug der Republikaner in den Gouverneurspalast war sicher mit ein Grund dafür, dass der vielgerühmte Schulterschluss zwischen Universität und Staat sich zu verflüchtigen begann.

So erscheinen mir die Dinge jedenfalls im Rückblick. Damals kannte ich fast überhaupt keine Republikaner, denn meine

Freunde fand ich unter denjenigen im Kreis meiner Kollegen, die mitgeholfen hatten, Wisconsin von einem republikanischen Ein-Parteien-Gemeinwesen in einen Zweiparteienstaat zu verwandeln. Ich hatte das Glück, in den 1960er Jahren dasselbe Hochgefühl der Teilhabe an der lokalen politischen Kultur zu empfinden, das ich schon einmal in Iowa, bei meinen Reisen quer durch den Staat zu Wahlkampfauftritten für den Kandidaten Wallace, erlebt hatte. Endlich konnte ich mich wieder einmal hautnah mit der Lebenswirklichkeit des eigentlichen Amerika verbunden fühlen, eine Erfahrung, die mir dasselbe Hochgefühl vermittelte wie, auf einer abstrakteren Ebene, die Auseinandersetzung mit dem sehr amerikanischen Denken der Historikergruppe, von der ich ein Teil geworden war. Ich konnte an einer Politik an und von der Basis mitwirken, die prinzipiell jedem die Möglichkeit gab, etwas zum Gemeinwesen beizutragen – ein Konzept, das in den europäischen Ländern mit ihren starren Parteistrukturen und verkrusteten politischen Hierarchien damals noch Zukunftsmusik war.

Zu einer aufschlussreichen Lektion in Sachen Demokratie von unten wurde für mich die politische Tätigkeit meiner »Leidensgenossin« Liesl Tarkow, einer Exilantin aus Wien. Sie entwickelte sich schnell zu einer festen Größe in der lokalen politischen Szene und »entdeckte« zum Beispiel einen jungen Anwalt namens Robert Kastenmeier, der mit ihrer Hilfe zum Kongressabgeordneten meines Wahlbezirks wurde und es über viele Jahre hinweg blieb. 1958 stellte ich mein Haus für eine Fundrasing-Veranstaltung zugunsten seines Wahlkampfs zur Verfügung, und noch heute sehe ich Liesl vor mir, wie sie in einem leuchtend roten Kleid in meinem Schlafzimmer saß und die Spenden in Empfang nahm – eine Szene, die gewiss nirgendwo in Europa denkbar gewesen wäre. Ich selbst wurde in den späten 1960er Jahren mehrmals zum Delegierten für Parteitage der Demokraten auf der Ebene des Staates Wisconsin gewählt und konnte dort reden und mich für Resolutionen gegen den Vietnamkrieg – die ich manchmal selbst mit eingebracht hatte – ins Zeug legen. Das war bestimmt keine großartige Leistung, aber wenn man sich vergegenwärtigt, dass ich als staatenloser Flüchtling in die USA gekommen war, kann man vielleicht verstehen, wie erhebend es für mich war, mich jetzt in politischen Zirkeln zu bewegen, auch wenn ich es nur für kurze Zeit tat; als Zuhörer an Gesprächen hinter verschlossenen Türen teilzunehmen, gab mir das Gefühl, endlich ganz dazuzugehören.

Das vielleicht fruchtbarste Ergebnis, das der Austausch zwischen Universität und Staat hervorbrachte, war die regelmäßige Übertragung von Vorlesungen aus den Hörsälen im öffentlichen Hörfunk und Fernsehen, die damals noch eine vorwiegend pädagogische Funktion erfüllten, anstatt, wie heute, vor allem PR-Zwecken zu dienen. In den letzten zwei Jahrzehnten haben sich nicht nur die Beziehungen zum Staat gelockert, sondern das Lehrpersonal hat sich auch, wie mir scheint, zunehmend von seiner früheren Rolle als Schnittstelle zwischen Universität und Außenwelt abgemeldet. Ich selbst freilich konnte mich – die Lehrtätigkeit war schließlich mein hauptsächliches Kommunikationsmedium – nie über einen Mangel an Reichweite beklagen, füllte ich doch mit meinen Vorlesungen während meiner gesamten akademischen Laufbahn die größten Hörsäle. Die tatsächliche Wirkung und der Erfolg dieser Vorlesungen waren damals natürlich nicht messbar, doch heute erlaubt mir die Rückschau auf mehrere Jahrzehnte eine bessere Einschätzung, nicht zuletzt dank der vielen Ehrungen und Danksagungen, die ich seit meiner Emeritierung erhalten habe. Auf diese Art kann man also die Ernte einer langen Laufbahn einfahren – allerdings nur, wenn man lange genug lebt.

Der unpersönliche Charakter einer Großvorlesung lässt sich nur schwer auflockern, wogegen ein Seminar seiner Natur nach kommunikativ und persönlich ist. Ich führte im Rahmen meines großen Einführungskurses für Studienanfänger ein »Einladungsseminar« ein, dessen Teilnehmer von meinen Assistenten nach der ersten Runde von Semesterprüfungen ausgewählt wurden. Ich schloss viele Freundschaften im Kreis meiner jungen Studenten und verfolgte ihren späteren Werdegang auch dann, wenn sie sich nicht für den Historikerberuf entschieden. Später setzte ich mich dafür ein, dass solche Seminare für Studienanfänger abteilungsweit angeboten wurden. Gewiss waren und blieben die Doktoranden die primäre Bezugsgruppe, zu der man eine Arbeitsbeziehung engerer Art unterhielt, doch nach meiner Überzeugung sollte man die jüngeren Semester ebenfalls in den Genuss jener persönlichen Interaktion kommen lassen, die ihr Lernen zu einem sinnvolleren Erlebnis machen kann. Ich ging irgendwann dazu über, die Seminare sowohl für die Doktoranden als auch für die Studienanfänger bei mir zu Hause abzuhalten, wodurch ein Gemeinschaftsgefühl aufkam, wie es in einem unpersönlichen Seminarrraum nur selten entsteht.

Die meisten Akademiker leben in der Erinnerung der Nachwelt durch den wissenschaftlichen Nachwuchs fort, den sie hervorbringen: durch ihre Schüler, deren Vorlesungen und Schriften. Wie unerhört gut es mir in dieser Beziehung ergangen ist, wird mir klar, wenn ich mir die Regale mit den Büchern derer anschaue, die einmal meine Schüler waren, und mir vergegenwärtige, wozu viele von ihnen es in ihrem Beruf gebracht haben. In Wisconsin investierten wir viel Zeit und Energie in das Bemühen, unsere Leute unterzubringen. Wir schrieben Briefe, telefonierten und aktivierten persönliche Kontakte. Bis zum Abtritt unserer großen Koryphäen waren wir in der akademischen Szene als »die große rote Maschine« bekannt, in Anspielung auf unsere Universitätsfarbe. Wir maßen unseren Erfolg als Doktorväter vor allem daran, wie viele promovierte Studenten wir in adäquaten Berufen unterbringen konnten, und halfen uns dabei auch gegenseitig.

Die Ausbildung professioneller Historiker war unsere Hauptaufgabe, und ich bin oft gefragt worden, wie ich es angestellt habe, dass fast jeder, der bei mir studierte, mindestens eine wissenschaftliche Buchveröffentlichung zustande brachte. Ich kopierte in dieser Beziehung die Methoden von Bill Hesseltine, der ein sehr erfolgreicher Doktorvater gewesen war. Das Wichtigste war, dass es kein Augenzudrücken gab, dass es nicht zulässig war, in der kritischen Auseinandersetzung mit Diskussionspapieren oder Examensarbeiten Rücksicht auf Gefühle zu nehmen. Ein Student aus einem der ersten Doktorandenjahrgänge, die ich in Wisconsin betreute, rannte einmal voller Verzweiflung aus dem Raum. Er wurde später einer der produktivsten und bedeutendsten aus meiner Schule hervorgegangenen Historiker. Das mag brutal klingen, besonders in einer Zeit, in der Sensibilisierungskurse Hochkonjunktur haben, aber es führte zu Ergebnissen – und es kostete mich nicht in einem einzigen Fall die Freundschaft eines davon Betroffenen. Hohe Anforderungen an Qualität und wissenschaftliche Disziplin müssen von Anfang an gestellt und gelehrt werden.

Vielleicht waren diese Grundsätze nicht zuletzt eine Frucht der Lektionen in Selbstdisziplin, die ich selbst in meiner Schulzeit gelernt hatte und die, wie schon angedeutet, zu den positiven Facetten meiner Erziehung auf dem Hermannsberg gehört hatten. Sehr viel hängt natürlich auch von den Studenten ab, die man als Doktoranden gewinnen kann. In dieser Beziehung hatte ich mit der Auswahl, die ich traf, in den meisten, wenn auch nicht in allen Fällen, Glück. Von denen, die es nicht packten, warfen die meisten schon vor Abschluss ihrer Doktorarbeit das Handtuch.

In den sechziger Jahren gab es eine Zeit, in der Geld fast im Überfluss vorhanden zu sein schien; unter diesen Voraussetzungen konnte man Gäste aus dem Ausland einladen, um den geistigen Erfahrungshorizont der Studenten zu verbreitern. Mir bot sich besonders oft die Gelegenheit, dies zu tun, weil ich nach jeweils zwei Semestern ein Urlaubssemester nehmen durfte. Als ich mich 1978 auf eine halbe Stelle zurückstufen ließ, sprudelten die Geldquellen der Universität leider nicht mehr so üppig. In den frühen 1960er Jahren, als ich neben Zeitgeschichte noch frühneuzeitliche Geschichte lehrte, wurde Giorgio Spini aus Florenz zu meinem ständigen Vertreter. Sein Buch über die *Libertini*, eine atheistische Gemeinschaft des 16. Jahrhunderts, hatte mich beeindruckt und fasziniert. Auch Spini war ein Außenseiter, ein führender Mann der Waldenserkirche im katholischen Italien. Vor allem aber teilte er mein Misstrauen gegen die Amtsführung Kennedys, über die er während seiner Zeit in Madison ein höchst hellsichtiges Buch schrieb.

Später wurde Georges Haupt so etwas wie mein ständiger Ersatzmann, bis er 1979 viel zu früh starb. Er hatte sich einen Namen als Historiker der Zweiten Internationale gemacht und war von Harvey Goldberg »entdeckt« worden, wobei er allerdings dessen altbackene marxistische Überzeugungen keineswegs teilte. Haupt besaß viel Charme und schlug, obwohl er bei seiner Ankunft kaum Englisch konnte, als Dozent von Anfang an ein, allerdings vorwiegend bei den höheren Semestern. Er war in Rumänien aufgewachsen und einige Zeit in einem nationalsozialistischen Konzentrationslager interniert gewesen. Letzteres hatte ihm wohl eine chronische Herzschwäche beschert, die ursächlich war für seinen plötzlichen Tod, der ihn auf dem Flughafen von Rom ereilte, kurz vor dem Besteigen eines Flugzeugs, das ihn von einer Konferenz zurück ins heimatliche Paris bringen sollte. Er war ein gutaussehender Bonvivant und zugleich immens belesen. Er wurde ein enger Freund, von dem ich eine Menge über den internationalen Marxismus und das linke akademische Establishment in Frankreich erfuhr.

Gastprofessoren wie Spini und Haupt sorgten dafür, dass Madison im Lauf der Zeit zu einer Anlaufstelle für einige bedeutende Europa-Historiker wurde. So konnte ich beispielsweise das Geisteswissenschaftliche Institut überreden, Roland Mousnier, den Historiker des frühneuzeitlichen Frankreich, für ein Gastsemester einzuladen, desgleichen Hubert Jedin, den man wohl zu den wichtigsten deutschen Historikern des Katholizismus zählen konnte. Einmal kam es auf dem winzigen Flughafen von Madison zu einer zufälligen Begegnung zwischen Jedin und Gershom Scholem, der in der Stadt einen Vortrag gehalten hatte. Sogleich entspann sich eine intensive Diskussion über theologische Fragen zwischen dem Historiker des Konzils von Trient und Papstberater und dem führenden Historiker des jüdischen Mystizismus. Ich wünschte, ich hätte eine Tonbandaufnahme von dieser Debatte machen können.

Es fehlte in Madison nie an intellektueller Stimulation, jedenfalls so weit es meine Bedürfnisse betraf. Neben den Kollegen von der Fachabteilung Geschichte, die bei meiner Ankunft bereits da waren, muss ich in diesem Zusammenhang einige aus der Germanistik-Abteilung erwähnen, die während der Präsidentschaft von Fred Harvey Harrington aus ihrem Dornröschenschlaf geweckt wurde – eine Umwälzung, an der ich selbst indirekt mitwirkte. Wiederholt bedrängte ich Harrington, diese Abteilung personell aufzustocken, sah ich doch die große Chance, auf diesem Feld aufregende und produktive Wissenschaftler zu gewinnen. Mein Freund Jost Hermand, der zu einem entscheidenden Motor dieser Wiederbelebung wurde, war bereits da, und mit seinem unerschöpflichen Wissen und seinen unkonventionellen Ideen stieß er Gespräche an, die so intensiv waren, dass sie mit der Zeit an die Stelle derer traten, die ich zuvor mit Bill Williams geführt hatte. Es war im Wesentlichen derselbe Zauber, der sich hier entfaltete: ein Gedankenaustausch, der durch unsere Meinungsverschiedenheiten eigentlich erst richtig fruchtbar wurde. Anders als Bill Williams war Jost Hermand ein Experte für die deutsche völkische Ideologie und die Geschichte des deutschen Judentums, wodurch unsere Gespräche zusätzlich an Tiefe ge-

Madison, 1979

wannen. Von ihm lernte ich eine Menge über Themen, an denen ich auch meinerseits arbeitete. Die gelungene Renaissance der Germanistik-Abteilung zog in der Folge weitere gute Leute an, etwa Reinhold Grimm, den Brecht-Spezialisten, David Bathrick, den Film- und Theaterhistoriker, und Klaus Berghahn, dessen Interessen ein breites Spektrum an deutscher Literatur umfasste. Im Zusammenwirken schufen diese Männer eine intellektuelle Atmosphäre, wie ich sie in meiner eigenen Abteilung bald kaum mehr zu kultivieren vermochte, nachdem diese zu einer unhandlichen Größe angewachsen war und die »Koryphäen« abgetreten waren.

Die alljährlichen Germanistik-Workshops, die 1970 ins Leben gerufen wurden, waren handfeste Demonstrationen einer wiedergefundenen Energie und wurden zu universitätsweit beachteten Ereignissen. Jeder dieser Workshops – an fünf von ihnen nahm ich teil – stand unter einem eigenen thematischen Motto, und eine Zeit lang wurden die dabei gehaltenen Referate in Deutschland publiziert. Diese Workshops waren wichtige intellektuelle Erlebnisse, an denen häufig Besucher aus Deutschland in maßgeblicher Weise mitwirkten. Es herrschte dabei eine Atmosphäre, in der ich mich sehr zu Hause fühlte. Die Germanistik-Abteilung der Universität von Wisconsin war im Grunde eine Abteilung für deutsche Kulturgeschichte und unterschied sich darin sehr von den gewohnten literaturlastigen Abteilungen, in denen Texte wichtiger waren als Kontexte. Solche Abteilungen liefen immer Gefahr, in höheren Sphären zu schweben und sich einzig und allein auf das psychologische Profil dieses oder jenes Autors zu kaprizieren – und das Ganze in einer Sprache, die außerhalb des Zirkels der Eingeweihten niemand verstand. Unsere Debatten waren demgegenüber solide geerdet und drehten sich um Probleme, die Gewicht hatten.

Um diese Zeit herum verflüchtigte sich der bei mir bis dahin vorhanden gewesene Widerwille gegen eine Veröffentlichung meiner Bücher in Deutschland, erst recht nachdem ein deutscher Verleger und seine Frau mich in London aufgesucht und mich sogar bis nach Jerusalem verfolgt hatten. Bis dahin hatte ich mich nicht um Übersetzungen meiner Werke ins Deutsche bemüht, nicht weil ich etwas gegen die Deutschen gehabt hätte, sondern aus Faulheit. Da Deutsch meine Muttersprache war, stellte ich mir vor, dass ich mit keiner Übersetzung je zufrieden sein würde und die Arbeit am Ende selbst machen müsste. Als meine Bücher ab 1976 schließlich übersetzt wurden, kam ich natürlich nicht umhin, die Übersetzungen sorgfältig zu lektorieren; nur sehr selten stieß ich dabei auf Stellen, die ich noch einmal neu übersetzen musste. Übersetzungen ins Italienische, die von allen meinen zeitgeschichtlichen Büchern erschienen, bereiteten mir im Gegensatz dazu keine

Kopfschmerzen, denn mein Italienisch war nicht so gut, dass ich Fehler hätte finden können.

Es war jedoch nicht allein meine Schuld, dass meine Bücher der deutschen Öffentlichkeit so lange vorenthalten blieben. Die Nachfrage nach Büchern zu NS-Themen hatte sich bis dahin in Grenzen gehalten, erst jetzt war die Zeit für deutsche Ausgaben meiner Werke reif. Ich weiß noch sehr gut, was mir der prominente deutsche Historiker Hans Rothfels, ein erklärter Konservativer, sagte, als ich mich 1962 anschickte, einen Artikel über die okkulten Ursprünge des Nationalsozialismus zu veröffentlichen: »Lassen Sie die Finger davon.«

Madison war in diesen Jahren nicht meine einzige Heimat. Seit 1950 hatte ich jedes Jahr einige Monate in London verbracht. Das waren zwar immer auch Forschungsaufenthalte gewesen, die jedoch letzten Endes der Befriedigung eines überragenden gesellschaftlichen und kulturellen Bedürfnisses gedient hatten: am Leben einer Großstadt teilzuhaben, als Kontrastprogramm zum Dasein in einer amerikanischen Universitätsstadt, die für mich nach wie vor ländlichen Charakter hatte. Zu Madison und London gesellte sich nach einiger Zeit ein dritter Fixpunkt meines Lebens: 1969 begann für mich eine intensive, über siebzehn Jahre anhaltende Verbindung mit der Hebräischen Universität in Jerusalem.

Bis zu diesem Punkt bin ich mehr oder weniger chronologisch vorangeschritten, nach dem Vorbild des deutschen Bildungsromans, der die geistige Entwicklung seines Protagonisten durch die Wechselfälle seines Lebensschicksals hindurch verfolgt. Weder meine geistige noch meine persönliche Entwicklung endete mit meinem Sesshaftwerden in Madison, wenn auch die Leitmotive meines Lebens zu diesem Zeitpunkt fixiert waren, der Sprung von Berlin in die Vereinigten Staaten erfolgreich vollzogen und meine Jugend als Flüchtling und Exilant weitgehend überwunden waren. Eine bestimmte Mentalität blieb mir jedoch erhalten:

die eines Europäers und Flüchtlings, wogegen sich mein Verhältnis zu meinem Jüdischsein und meiner Homosexualität im Lauf
der Jahre veränderte, was auch eine Folge meines zunehmenden
Selbstbewusstseins war. Freilich hatten sich auch die äußeren
Verhältnisse verändert, mit der Folge, dass manches, das zuvor
mit großen Risiken behaftet gewesen war, jetzt relativ gefahrlos
getan werden konnte.

Kapitel 10

Im Angesicht der Geschichte

Das Bemerkenswerte an der Abteilung für Geschichte an der Universität von Iowa war ihr Zukunftspotential; an der Universität von Wisconsin bestand die Fakultät der Historischen Abteilung überwiegend aus höchst etablierten, sogar renommierten Historikern. Es handelte sich um eine ziemlich eng geknüpfte Gruppe von Wissenschaftlern, die sich, wie immer sie zueinander standen, doch alle in ihrer Leidenschaft für die Geschichte einig wussten. Wie Bill Hesseltine, der diese Leidenschaft exemplarisch verkörperte und vor dem ich deshalb Hochachtung empfand, gerne sagte: Wir sollten die Geschichte essen, mit ihr schlafen und von ihr träumen. Dieses Klima erwies sich als fruchtbar für meine Arbeit. Obwohl ich mir sicher war, dass man mich weniger wegen meiner wissenschaftlichen Qualifikation als wegen meiner Fähigkeiten als Lehrer berufen hatte, gewann ich den Eindruck, dass meine Kollegen bei mir ein Potential vermuteten. Denn es waren die Amerika-Historiker, die für meine Berufung gestimmt hatten, und ihnen war es vor allem darum gegangen, das relativ schwache Bild aufzupolieren, das die Universität von Wisconsin im Bereich der modernen europäischen Geschichte bot. Da ich schon aus Iowa leidenschaftliche Diskussionen über die Geschichte gewohnt war, fühlte ich mich in der aufgeladenen Atmosphäre, die in Wisconsin herrschte, sogleich zu Hause. Seit meinem Weggang aus Harvard hatte ich mich fast ausschließlich im Kreis von Historikern bewegt, die mit Engagement bei der Sache waren. Das bestärkte mich in meinem eigenen Eifer, zu forschen und zu veröffentlichen, machte mich aber auch unduldsam gegenüber Historikern, bei denen ich den Eindruck hatte, sie betrachteten das Schreiben über Geschichte nur als eine Erwerbstätigkeit unter vielen. Mir schien, als kühlte sich bei meinen Kollegen in Wisconsin die Leidenschaft für die Geschichte in dem Maß ab, wie die Abteilung größer und heterogener wurde, und ich erklärte einige Male öffentlich – und sicher zu Unrecht – dass ich mir manche meiner Kollegen durchaus auch als Buchhalter vorstellen könne.

In mehreren meiner Bücher habe ich einen Satz von W. K. Ferguson, einem älteren Historiker, zitiert, der besagt: »Was der Mensch ist, verrät nur die Geschichte.« Dass ich die Geschichte für mich zu einer Konfession machte, mag verwunderlich erscheinen, wenn man bedenkt, dass ich sozusagen aus Zufall Historiker geworden bin. Wäre in Cambridge die Anglistik das Fach gewesen, das die über ihren Karrierewunsch noch Unschlüssigen üblicherweise studierten, hätte meine Wahl genauso gut darauf fallen können. Wenn ich jedoch heute auf meine damalige Wahl zurückblicke, drängt sich mir die Vermutung auf, dass es damals profundere, wenn auch eher unbewusste Motive gegeben haben muss, die mich dazu drängten, mich dem ernsthaften Studium der Geschichte zu verschreiben.

Zum einen war ich selbst ein Spielball geschichtlicher Wirkkräfte gewesen, die mich ins Exil getrieben und mich auch gezwungen hatten, mich mit dem Antisemitismus auseinander zu setzen. Wäre ich ein religiöser Mensch gewesen, so wäre ich als staatenloser Außenseiter vielleicht in Versuchung gekommen, meine Situation als vom Schicksal oder von einer höheren Macht gewollt zu betrachten. Tatsächlich war die Religion nur für ganz kurze Zeit ein bedeutsamer Bestandteil meines Lebens gewesen (trotz der aktiven Mitarbeit meines Vaters in der Jüdischen Reformgemeinde Berlins) und hatte auch in den Gesprächen zu Hause und in der Schule keine Rolle gespielt. Die Quäker-Versammlungen, an denen ich teilgenommen hatte und die meist in

Form von Schweigeandachten verlaufen waren, hatte ich als Gelegenheiten zum In-mich-gehen oder zur Tagträumerei betrachtet, anstatt sie zur spirituellen Läuterung zu nutzen. Erst als Doktorand schloss ich mich, wie erwähnt, für kurze Zeit einer religiösen Gemeinschaft an.

Obwohl die Tatsache, dass ich Jude war, bestimmend für mein Lebensschicksal wurde, erwuchs daraus keine intensive Beschäftigung mit dem Judentum. Aus der Sonntagsschule der Berliner Reformgemeinde war ich, wie geschildert, ausgeschlossen worden, und das geringschätzige Urteil meines Vaters, jede Religion sei Schwindel, war nicht ohne Wirkung auf mich geblieben. Meine Erfahrungen verleiteten mich zu dem Eindruck, dass eigentlich der Antisemitismus die Definitionsmacht für das, was jüdisch war, besaß. Über die Existenz und Intensität des Antisemitismus entschieden aber offensichtlich geschichtliche Faktoren. Jüdisch zu sein, bedeutete für mich in diesem Stadium meines Lebens, ein Produkt geschichtlicher Umstände zu sein. Dieser Überzeugung blieb ich auch dann noch treu, als mein Judentum aufgehört hatte, eine Last zu sein, und zu einer Chance geworden war, jene liberalen und humanistischen Werte, die in der Kultur des deutschen Judentums, der ich entstammte, besonders hochgehalten worden waren, zu vertiefen und zu verbreiten. Bei alledem blieb jedoch das Gefühl, mit den anderen Juden in einer Art Schicksalsgenossenschaft, die die Geschichte uns aufgezwungen hatte, verbunden zu sein.

Die Geschichte trat bei mir an die Stelle der Religion, und sie hatte gegenüber letzterer den Vorzug, nach vorne offen und nicht ausschließend zu sein, denn man kann seine eigene Geschichte oder die Geschichte seiner eigenen Volksgruppe nicht verstehen, ohne sich um ein Verständnis der Motive der anderen, seien sie Freunde oder Feinde, zu bemühen. Ein Historiker darf, wenn er die Geschichte richtig verstehen will, nicht engstirnig oder bigott sein. Ich bin auch heute noch überzeugt, dass Einfühlungsvermögen im Zentrum der Arbeit des Historikers steht, wobei dies nicht bedeutet, dass man sich eines Urteils enthält. Ich selbst habe mich überwiegend mit Personen und Bewegungen beschäftigt, über die ich ein strenges Urteil gefällt habe. Verständnis ist jedoch die Voraussetzung für ein begründetes und gültiges Urteil.

Auf meine maßgebliche Initiative hin wurde an der Universität von Wisconsin schließlich ein Studiengang für Jüdische Studien ins Leben gerufen, nachdem ich in den frühen 1970er Jahren mit Kursen über neuere jüdische Geschichte begonnen hatte, den ersten, die zu diesem Thema an dieser Universität jemals angeboten wurden. Neuere jüdische Geschichte zu lehren, bedeutete in meinen Augen die Bedingungen darzustellen, die das moderne Judentum geformt haben; den Juden selbst sollte ein Verständnis ihrer jüngeren Geschichte Rückhalt verschaffen und Würde zurückgeben, auch indem es ihnen hilft, ihren Platz und ihre Möglichkeiten in der Gesellschaft sehr viel klarer zu erkennen.

Ich spreche bewusst von der jüngeren Geschichte, weil die letzten drei Jahrhunderte entscheidend für den Weg des Judentums gewesen sind, und zwar nicht nur für die Geschicke der Juden im Zeitalter nach ihrer bürgerlichen Emanzipation, sondern für den Weg aller Europäer. Ich bin häufig darauf hingewiesen worden, dass diese und jene Ideen und Konzepte schon früheren Zeitaltern bekannt gewesen seien, und es ist in der Tat unbestreitbar, dass jedes Zeitalter eigene Bausteine zur Errichtung des Gebäudes beigetragen hat, das wir die Moderne nennen. Andererseits: Auch wenn wir gut daran tun, die Geschichte jener vergangenen Zeitalter zu kennen, erscheint es wichtiger, zu ergründen, wie der moderne Mensch diese Zeitalter wahrgenommen hat, als was sich in ihnen wirklich zugetragen hat. Wenn Menschen auf frühere Zeitalter zurückblicken, tun sie dies immer durch das Prisma ihrer eigenen Zeit. Der Historiker muss natürlich die Geschichte auch bis in die fernere Vergangenheit hinein kennen, um dieses Prisma und seine Bedeutung verstehen zu können, doch ich für meinen Teil habe es immer abgelehnt, direkte Verbindungslinien von der Vergangenheit in die Gegenwart zu ziehen, ohne die Wahrnehmungen der Menschen in Betracht zu ziehen.

Auch wenn mir mein erstes Buch, *The Struggle for Sovereignty in England,* das 1950 erschien, aus heutiger Sicht sehr altmodisch vorkommt, führte es doch damals durch die Art und Weise, wie es die Geschichte Kontinentaleuropas als Folie über das sehr englische Thema legte, ein neues Moment ein, das Ausdruck meines ganz persönlichen Hintergrundes war. Das Buch erwuchs aus meiner Dissertation, und ich tat mich bei der Suche nach einem Verleger sehr schwer, doch dann mauserte es sich doch zu einem bescheidenen Erfolg und tauchte einmal sogar in einer Liste empfohlener Literatur für die Eingangsprüfung zur Harvard University auf, bei der ich selbst so schlecht abgeschnitten hatte.

Es war ein dünnes Buch von kaum mehr als hundert Seiten, doch es half, meinen Namen etwas bekannter zu machen. Einer der Vertreter meines Verlegers, der zu der Zeit von Universität zu Universität reiste, fragte mich, ob ich nicht für eine damals sehr populäre Reihe kurzer Einführungen ein Buch über die Reformation schreiben könne. (Diese Verlagsvertreter waren nicht zuletzt deshalb hochwillkommen, weil sie rauschende Partys gaben und die neuesten Gerüchte im Gepäck hatten. Sie fungierten als eine Art inoffizielles Kommunikationsmedium zwischen den Hochschulen und Instituten der Region.)

Ich schrieb *The Reformation* (1953) in weniger als drei Monaten, in einer Phase zuvor nie erlebter Beseeltheit. Wie immer, überarbeitete ich den einmal niedergeschriebenen Text anschließend kaum mehr, zumal er mir in diesem Fall regelrecht aus der Feder floss. Die Besprechungen waren zwar durchwachsen, aber das Buch verkaufte sich so gut, dass es innerhalb der populären Berkshire-Serie zum Bestseller wurde. Dreißig Jahre lang wurde es immer wieder aufgelegt und machte Hunderte von Studenten, darunter auch einige künftige Kollegen von mir, mit dem Thema vertraut. Ich kann bis heute nicht erklären, was den Erfolg des Buches ausmachte, welchen Nerv ich damit traf. Nicht einmal eine höchst törichte Idee des Verlegers konnte dem Buch den Garaus machen. Er versuchte einmal, das dünne Buch in Form einer Zeitung, die der *New York Times* nachempfunden war und einen Dollar kostete, herauszubringen. Die studentischen Leser zogen jedoch die Buchausgabe vor, und das Projekt eines »Zeitungsbuchs« wurde ein kompletter Fehlschlag.

Mein nächstes Buch war eine Studie der puritanischen Kasuistik, also der anhand von Gleichnissen demonstrierten Lehre von dem, was falsch und richtig ist: *The Holy Pretence* erschien 1957 mit dem gewichtigen Untertitel *From William Perkins to the Petition of Rights*. Ich versuchte in dem Buch, die dünne Linie zwischen Wahrheit und Falschheit im Denken der Puritaner zu definieren, setzte dieses Motiv aber zugleich in Bezug zur Rezeption Machiavellis in England, womit ich eine Beziehung zwischen Renaissance und Reformation herstellte. Dieses Buch wurde zu einer großen Enttäuschung, denn kein Rezensent verstand das größere Anliegen, das ich damit verfolgte.

Auch wenn das eigentliche Ziel, das ich mit diesem Buch verfolgte, nach außen offenbar nicht deutlich wurde, führte eine Fehldeutung meiner Intention zumindest dazu, dass ich 1968 zu einem Vortrag in der damaligen DDR eingeladen wurde. Erst als ich in Berlin eintraf, um meine beiden Vorträge (über Thomas Hobbes) zu halten, wurde mir zu meinem eigenen Erstaunen klar, dass die DDR-Historiker mein Buch, weil es sich mit protestantischer Kasuistik befasste, als Abrechnung mit dem Christentum deuteten – und somit als Plädoyer für die bolschewistische Sichtweise von Religion. Ich fand diese Interpretation ziemlich amüsant. Ich glaube fast, dass es unter den Werken eines jeden Autors eines gibt, das seinem Gefühl nach missverstanden oder trotz seiner profunden Einsichten ungerechterweise nicht beachtet worden ist; in meinem Fall ist es dieses Buch.

The Holy Pretence stellte einen Versuch dar, ein historisches Problem zu lösen. Ich habe die Geschichte nie als eine Abfolge von Ereignissen aufgefasst, sondern immer als ein Kontinuum aus Fragen und möglichen Antworten. Das, was ich an erzählender Geschichtsschreibung verfasst habe, hat mir jedoch Freude bereitet, und ich bin zu der Überzeugung gelangt, dass man gut daran tut, mit erzählender Geschichtsdarstellung einen Rahmen bereitzustellen, innerhalb dessen sich die zu behandelnden Probleme aufzeigen lassen. Ich habe mir stets eine gewisse Dankbarkeit dafür bewahrt, dass sowohl meine Lehrer in England als auch die strengen Prüfungen, die ich absolvieren musste, mir einen solch klar konturierten Rahmen vorgaben. Wenn man theoretische Fragen von ihrem geschichtlichen Kontext ablöst, wird die Beschäftigung mit ihnen zum bloßen Spiel, zu einem intellektuellen Vergnügen ohne sonderliche Relevanz.

Die Entdeckung verschollener geschichtlicher Tatsachen verschafft dem Historiker besondere Genugtuung, und ich kann sagen, dass ich diese Art der Genugtuung in meiner Laufbahn zweimal erlebt habe. Beim ersten Mal war es die Folge eines reinen Zufalls. Ich habe schon mehrmals erwähnt, welch große Rolle reine Glückszufälle in meinem Leben gespielt haben, und einer dieser Glücksfälle stellte sich ein, als ich als Doktorand in Harvard Literaturrecherchen für eine Seminararbeit betrieb, die ich in David Owens Seminar über englische Geschichte der Neuzeit schreiben sollte. Ich war mir über das Thema unschlüssig und vertiefte mich erst einmal in die Lektüre englischer Zeitungen des mittleren 19. Jahrhunderts. Zu meiner Überraschung stellte ich fest, dass dort oft eine Organisation erwähnt wurde, von der ich noch nie gehört hatte: Die Anti-Liga war ein Verband, der gegen die Aufhebung der englischen Korngesetze agitierte. Die Liga gegen die Korngesetze, die die Abschaffung dieser protektionistischen Rechtsvorschriften forderte, war als eine der ersten politischen Bewegungen in der neueren englischen Geschichte, die erfolgreich die Massen mobilisierte, gründlich erforscht – im Gegensatz zu ihrer Gegenspielerin, der vom ländlichen Adel angeführten Anti-Liga, die die Historiker einfach nicht zur Kenntnis genommen hatten. Dabei verkörperte sie den ersten Versuch des Landadels, selbst eine Massenbewegung zu organisieren, um der Agitation seiner Widersacher etwas entgegenzusetzen, und damit einen wichtigen Versuch dieser Konservativen, mit einer der wesentlichen Folgen der Industriellen Revolution fertig zu werden. Als sie damit scheiterten, sprang Benjamin Disraeli in die Bresche und setzte sich an die Spitze des ländlichen Adels – ein Meilenstein in seiner politischen Karriere. Wie bereits einmal erwähnt, wurde diese Seminararbeit später sogar publiziert (1947 in der *Economic History Review*), und später bezog sich zu meinem großen Vergnügen George Kitson Clark, den ich als meinen Lehrer in Cambridge so bewundert hatte, in seinen weitergehenden Forschungen zur Anti-Liga darauf.

Mein zweiter, viel später (nämlich 1972) unternommener Versuch, vergessene Geschichte aus der Versenkung zu holen, war von so großem Erfolg gekrönt, dass mehrere Autoren, die in der Folge Beiträge über das von mir wiedergefundene Thema veröffentlichten, zu erwähnen vergaßen, wo sie zum ersten Mal etwas über *Les Jaunes* gelesen hatten, jene große französische Industriearbeiter-Gewerkschaft, die in dem Jahrzehnt vor dem Ersten Weltkrieg mit einem offen rassistischen und nationalistischen Programm auf den Plan trat. Die bloße Existenz einer so »reaktionären« Gewerkschaft lief der Überzeugung der Sozialisten vom wesensmäßig fortschrittlichen Charakter der Arbeiterschaft zuwider, einer Überzeugung, die ich in meinen Cambridger Tagen weitgehend geteilt hatte. Ob *Les Jaunes* in einem gewissen Sinn Vorläufer des Faschismus waren, wie behauptet worden ist, erscheint mir weit weniger interessant, als was sie uns über die Wankelmütigkeit der Arbeiterklasse verraten. Im benachbarten Deutschland hatten sich schließlich viele, die eindeutig dem Proletariat angehörten, für Bismarck begeistert. Über Hinweise auf *Les Jaunes* war ich – auch dieses Mal eher zufällig – gestolpert, als ich mich mit der Frage beschäftigt hatte, welchen Einfluss die französische Rechte auf Deutschland gehabt haben könnte.

Wenn ich mit meinen Schriften Einfluss ausgeübt haben sollte, dann gewiss nicht durch solche konkreten Funde, sondern eher durch neue Einsichten, die ich angestoßen zu haben hoffe und die vielleicht dazu beigetragen haben, unser Verständnis der Geschichte zu erweitern oder zu modifizieren, indem sie bestimmten Aspekten der jüngeren Vergangenheit neue Perspektiven und Dimensionen hinzugefügt haben.

In meinen Arbeiten im Bereich der Geschichte der Frühen Neuzeit formulierte ich eine Reihe von Leitgedanken, die ich in meinen späteren Schriften über Faschismus und Nationalsozialismus weiter ausführte und die die meisten meiner Arbeiten über ein breites Themenspektrum hinweg beeinflusst haben. Ich möchte mich bei der Darstellung dieser Leitgedanken auf meine späten Schriften beschränken, weil es die Geduld des Lesers überstrapazieren würde, wollte ich alles rekapitulieren, was ich geschrieben habe. Es ist mir wichtig, hier festzuhalten, wie sich meine Lebensarbeit nach meiner Einschätzung zu einem Ganzen zusammenfügt. Allerdings entwickeln Bücher, sobald sie ihr Autor in die Welt entlässt, ein Eigenleben, und somit kann ich mit meiner eigenen Interpretation nicht bestimmen, was andere Historiker oder die Leser meiner Bücher aus meinen Gedanken machen.

Die Geschicke des Liberalismus bilden ein konstantes Thema meiner Arbeit und stellen die Verbindung zwischen den Interessengebieten meiner frühen Schaffensphase und meiner späteren Beschäftigung mit der jüngeren Geschichte dar. Rezensenten meines Buches *The Struggle for Sovereignty* in England wiesen darauf hin, dass ich den Protagonisten, den Obersten Lordrichter Edward Coke, als einen Liberalen *avant la lettre* porträtierte (da er im 17. Jahrhundert lebte, lange bevor der Liberalismus als ausformulierte Weltanschauung existierte). Als ich ein Jahrzehnt später *The Culture of Western Europe* veröffentlichte, erkannten einige aufmerksame Rezensenten, dass es in diesem Abriss, der mit dem Ausbruch des Zweiten Weltkriegs endete, unterschwellig um den Triumph des Totalitarismus über den Liberalismus im Zeitalter der Moderne ging.

Dieses Leitmotiv lässt sich in vielen meiner den Entstehungsbedingungen des Faschismus gewidmeten Werke aufspüren, sogar in denen, die nominell einem ganz anderen Thema gewidmet sind, wie zum Beispiel *Fallen Soldiers* (1990), das der Frage nachgeht, wie die Menschen im Ersten Weltkrieg mit der für sie neuen Erfahrung des massenhaften Sterbens umgingen, oder *The Image of Man* (1996), einer Abhandlung über die historische Dimension des normativen Männlichkeitsklischees. Dass mein Interesse an der neueren Geschichte so stark um das Scheitern des Liberalismus und um den leider ebenfalls zu konstatierenden Versuch, das Vermächtnis der säkularen Aufklärung zu liquidieren, kreist, dürfte diejenigen nicht überraschen, die die bisherigen Kapitel dieses Buches gelesen haben. Auch Historiker sind Kinder ihrer Zeit, und ich habe bei allem Bemühen um Verständnis nie versucht, diese Tatsache zu verleugnen.

Wenn das Motto »Was der Mensch ist, verrät nur die Geschichte« meine wissenschaftliche Arbeit und meine Lehrtätigkeit dominiert hat, scheint auch die Frage angebracht, ob nicht der Satz »Was du bist, werden deine historischen Schriften dir verraten« ebenso zutrifft. Man kann dies sicherlich in Bezug auf mein Bekenntnis zum Liberalismus bejahen, auch wenn er sich an die Sozialdemokratie anlehnte, die in der deutschen Politik die liberalen Positionen besetzte. Mein Kulturbegriff, der Wahrnehmungen und Symbole mit einschließt, reflektiert sicherlich sowohl meine persönlichen Neigungen als auch eine europäische Tradition, in der ich mich zu Hause fühlte. Dass eines meiner

Lieblingsthemen die Spannungen zwischen Insidern und Außenseitern innerhalb einer Gesellschaft ist, hängt offenkundig mit meiner Homosexualität zusammen. Dass es mir trotz der vielen repressiven Kräfte, die auf mich einwirkten, gelang, meinen Platz in der Welt zu finden, trug sicher mit dazu bei, dass ich auf der einen Seite eine erhöhte Sensibilität für die Situation der Ausgeschlossenen entwickelte, auf der anderen aber auch ein Bewusstsein der Chancen, die unsere Gesellschaft bietet.

Das Bemühen, der Geschichte meines eigenen Jahrhunderts, das eine so unerhörte und weitgehend selbstverschuldete Entwertung des Individualismus erlebt hat, einen Sinn abzugewinnen, war zugleich ein Versuch, meine eigene Vergangenheit zu verstehen. Die Frage nach dem Wesen der Außenseiterrolle, die ebenfalls zu den ständig wiederkehrenden Themen meiner Arbeit gehörte, weist einen engen Bezug zu meiner Identität als Jude auf. Die jüngere Geschichte des Judentums fand in mein Schaffen erstmals in Gestalt der Geschichte des Antisemitismus Eingang. Schon damals interessierten mich Wahrnehmungen und Klischeebilder mehr als etwa die konkreten Details der Judenverfolgung, denn Wahrnehmungen scheinen die Menschen zu motivieren. Auf das 16. und 17. Jahrhundert hatte ich diesen Deutungsansatz nicht angewandt. Meinen ersten Schritt in diese Richtung tat ich erst 1957, zehn Jahre nach Erscheinen meiner Schrift über die Anti-Liga, in einem Beitrag über das Judenbild in den Romanen zweier nicht erstrangiger, aber sehr populärer deutscher Autoren des 19. Jahrhunderts, Felix Dahn und Gustav Freytag. Mir erschien dieser Artikel als ein ziemlich logischer Einstieg in das Thema, litt ich doch noch immer unter den Nachwirkungen des Schocks, den die Lektüre ihrer Romane mit ihren wenig schmeichelhaften Porträts von »Judenlümmeln« (eine Bezeichnung, die ich auf mich beziehen musste) mir in meiner Jugendzeit versetzt hatte. Zum Zeitpunkt der Veröffentlichung dieses Artikels bewegte ich mich im Wesentlichen noch in den Bahnen der konventionellen Verfassungs-, Theologie- und Politikgeschichte – es war das Jahr, in dem *The Holy Pretence* erschien.

Doch die Weichen für den methodischen Ansatz, den ich von nun an bis zum Ende verfolgen sollte, waren jetzt gestellt, wobei das 1961 erschienene, als Kompendium gedachte *The Culture of Western Europe* zwar im Großen und Ganzen noch traditionell aufgebaut war, aber bereits eine brauchbare Beschreibung meiner speziellen Methode der historischen Analyse lieferte: »Kultur definiert sich als ein Geisteszustand oder eine Geisteshaltung, die die Tendenz hat, sich mit einer eng mit den Herausforderungen und Dilemmata der zeitgenössischen Gesellschaft verbundenen Lebensweise zu verbinden.« Der Kontext, innerhalb dessen historisches Geschehen abläuft, ist von grundlegender Bedeutung, doch haben wir es hier mit dynamischen Faktoren zu tun, denn die Geisteshaltung eines Menschen ist eben nicht nur eine Funktion realer geschichtlicher Gegebenheiten, sondern wird auch von Wunschvorstellungen und Träumen beeinflusst, ein Aspekt, den der Faschismus und die Nazis nur allzu gut verstanden. Freilich lässt sich auch dasjenige meiner Bücher, dem es bestimmt war, zu meinem erfolgreichsten zu werden, *The Crisis of German Ideology: Intellectual Origins of the Third Reich* (1965), noch immer als Kapitel aus einer traditionellen Geschichte des politischen Denkens lesen, obwohl es die Analyse eines nationalistischen Glaubenssystems ist, nämlich der »deutschen Revolution«, wie die Nazis sie nannten.

Das Werk, mit dem ich nach meinem Dafürhalten erstmals meine eigene Variante einer kulturgeschichtlichen Analyse vorlegte, war *The Nationalization of the Masses*, das 1975 herauskam und die Sakralisierung der Politik zum Thema hatte, konkret die politische Liturgie der Nazis und ihre Konsequenzen. Das Buch war kein sofortiger Erfolg, fand aber schließlich Anerkennung als innovativer Ansatz, der die Nazi-Propaganda nicht mehr geringschätzig abtat, sondern von einer Selbstdarstellung der NS-Bewegung sprach, die die Hoffnungen und Träume großer Teile der Bevölkerung aufgriff. Das Buch stand nicht mehr in der Tradition jener Geschichte des politischen Denkens, wie ich sie in Harvard durch Charles Howard McIlwain kennen gelernt hatte; es bediente sich vielmehr der Definition von Kultur, die ich in meinem Buch *Culture of Western Europe* gegeben hatte: Kultur als Geschichte von Wahrnehmungen. *The Nationalization of the Masses* ebnete den Weg zu einer ernsthaften Analyse verschiedener Aspekte des NS-Kults und für das erste Buch, das die Sakralisierung der Politik im italienischen Faschismus thematisierte, Emilio Gentiles *Le origini dell'ideologia fascista*.

Mit der Niederschrift von *The Nationalization of the Masses* begann ich 1972 in Jerusalem, wo ich an der Hebräischen Universität lehrte und im Appartement des Historikers Jacob Talmon wohnte, umgeben von den Werken Rousseaus und der führenden Köpfe der Französischen Revolution. Die große Bedeutung von Mythen, Symbolen und der Zelebrierung politischer Liturgien wurde mir dort vor allem durch die Lektüre Rousseaus klar, der zunächst noch die Überzeugung vertrat, »das Volk« könne sich mittels Stadtversammlungen selbst regieren, dann aber der Regierung von Polen empfahl, öffentliche Zeremonien und Festspiele zu erfinden, um der Bevölkerung ein Gefühl der Zugehörigkeit und Loyalität zur Nation zu vermitteln. Obwohl ich mir den Titel meines Buches direkt aus Adolf Hitlers *Mein Kampf* ausgeborgt hatte, versuchte ich, den Nationalsozialismus als politische Religion in den breiteren und tieferen Kontext der jüngeren Ideengeschichte einzubetten.

Am erfolgreichsten wurde dieses Buch in Italien, wo der Faschismus nach wie vor Gegenstand lebhafter Debatten war und wo ich das Glück hatte, dass Renzo de Felice, Mussolini-Biograph und eine der großen Gestalten der italienischen Historikerzunft, meine Ideen brauchbar fand. Wir waren uns zuerst auf einer Konferenz zur Geschichte des Faschismus begegnet, die 1961 an der

Universität von Reading in England stattgefunden hatte, und waren danach ständig in enger Verbindung geblieben. Seine Frau Livia übersetzte *The Nationalization of the Masses* ins Italienische. Wahrscheinlich hatte ich es einer Empfehlung von Renzo de Felice zu verdanken, dass ich 1978 einen völlig unerwarteten Anruf aus Italien erhielt und gebeten wurde, die Einleitung zu einer Ausgabe der gesammelten Essays von Aldo Moro zu schreiben, des nach seiner Entführung ermordeten ehemaligen italienischen Premierministers, dessen Name damals in der westlichen Welt in aller Munde war. Vielleicht wünschte man sich einen neutralen Autor, jemanden, der mit den politischen Auseinandersetzungen innerhalb Italiens nichts zu tun hatte. Die Einleitung nahm die Gestalt eines ausführlichen Zwiegesprächs über die Krise des Parlamentarismus im 20. Jahrhundert an, das ich in der New Yorker Wohnung eines guten Freundes mit dem Herausgeber des Gedenkbandes führte, und offensichtlich trug diese Veröffentlichung dazu bei, meinen Namen in Italien bekannt zu machen. Da mich gleich bei meinem ersten Besuch in Italien (1936 mit meiner Mutter) eine fast leidenschaftliche Liebe zu diesem Land ergriffen hatte, gehörten die vielen Einladungen zu Vorträgen in Italien und die diversen Auszeichnungen, die ich dort in Empfang nehmen durfte, zu den köstlichsten Früchten, die ich für meine Lebensarbeit ernten konnte.

Auch wenn ich mich in meiner wissenschaftlichen Arbeit zunehmend auf die Analyse neuzeitlicher Glaubenssysteme konzentriert habe, ist es zweifellos gerechtfertigt, eine Kontinuität zwischen meinen Schriften über die Reformation und meinen zeitgeschichtlichen Werken zu sehen. Ich war mit theologischem Denken ebenso vertraut wie mit religiösen Praktiken und konnte das, was ich darüber wusste, in die Analyse säkularer politischer Bewegungen der jüngeren Vergangenheit und der Gegenwart einbringen. Es war gar kein so großer Schritt von christlichen Glaubenssystemen der Barockzeit hin zu modernen »bürgerlichen Religionen« wie dem Nationalismus in seinen diversen Spielarten (vor allem dem Faschismus), die mich über Jahrzehnte hinweg beschäftigt haben. Vielleicht habe ich die Welt zu sehr durch die Brille solcher Glaubenssysteme betrachtet, die jedoch während meiner Lebenszeit nun einmal das Weltgeschehen beherrscht haben, und ich kann nicht viele glaubhafte Anzeichen dafür erkennen, dass die fast fanatische Unterwerfung unter jene »bürgerlichen Religionen«, jene säkularen Glaubensbekenntnisse, nachlassen wird.

Auch wenn historische Analysen, die sich aus diesen Prämissen ergaben, die Struktur meiner Arbeit bestimmten, spielte darin doch weiterhin die Beschäftigung mit Außenseitern eine maßgebliche inhaltliche Rolle, in den letzten Jahrzehnten noch mehr als zuvor. Das Persönliche geriet dabei sehr viel entschiedener ins Blickfeld, denn neben dem Außenseitertum als solchem und im Allgemeinen befasste ich mich auch mit den Minderheiten, denen ich selbst angehörte. Auch dieses Thema stellte ich jedoch wie gewohnt in einen breiteren Zusammenhang. Ich versuchte aufzuzeigen, dass und wie das Los von Außenseitern zu den grundlegenden Mechanismen gehört, die das Funktionieren unserer Gesellschaft regeln, und umgekehrt, wie die Gesellschaft selbst das Bild des Außenseiters regelrecht erzeugt, das sich sodann in den Köpfen der Menschen festsetzt. In *The Crisis of German Ideology* hatte ich bereits skizziert, wie die sogenannte deutsche Revolution zu einer antijüdischen Revolution mutiert war, und hatte den Rassismus als normativen Bestandteil der westeuropäischen Kultur (neben Liberalismus, Konservatismus und Marxismus) identifiziert. Ich schrieb in der Folge eine Geschichte des Rassismus in Europa, der ich den Titel *Toward the Final Solution* gab. Das 1979 erschienene Werk wurde zu einem beachtlichen Erfolg, vor allem in Deutschland, wo es inzwischen mehrere Auflagen erlebt hat. Wie ich in dem Buch zu zeigen versuchte, hatte sich der europäische Rassismus zunächst gegen die Schwarzen gerichtet, sich dann aber die Juden als Hassobjekt auserkoren, die als die unversöhnlichsten Feinde der europäischen Herrenrasse galten.

Die Juden waren sicherlich in den meisten europäischen Ländern die auffälligsten Außenseiter, obwohl neben ihnen auch andere Minderheiten wie Zigeuner oder Homosexuelle zur Zielscheibe von Vorurteilen wurden. Ich hatte keine wirkliche Vorstellung vom Los der Zigeuner, bis ich in den 1990er Jahren ins Kuratorium des Holocaust Memorial Museums in Washington D. C. berufen wurde. Von der Verfolgung der Homosexuellen hatte ich dagegen schon sehr viel früher gewusst. Dass ich in meinen frühen Arbeiten zum Nationalsozialismus die Homosexuellen nicht erwähnte, hatte weniger wissenschaftliche als tiefreichende psychologische Gründe. Ich war mir zu der Zeit meiner eigenen Homosexualität voll bewusst, aber noch galt, dass man dieses Thema nicht erwähnen konnte – und sich erst recht nicht als Schwuler bekennen konnte – ohne dafür einen hohen Preis in Kauf nehmen zu müssen: das Verbot der Berufsausübung – namentlich der Lehrtätigkeit – und die Verbannung aus der »guten Gesellschaft«. Alle errungenen Erfolge, alle Bemühungen um Anpassung und Zugehörigkeit, um Überwindung von Exil und Staatenlosigkeit wären vergeblich gewesen. Während man sich schwer tut, jungen Juden von heute die damals wirksamen Mechanismen der Diskriminierung zu erklären, die ich weiter oben dargestellt habe, ist es ein wenig einfacher, jungen Homosexuellen zu erläutern, mit welchen Beeinträchtigungen Schwule in einer Zeit leben mussten, in der es ihnen nicht einmal möglich war, ihrer Sexualität einen Namen zu geben, sei es gegenüber der Öffentlichkeit oder auch nur in ihrem Freundeskreis.

Indirekt kamen Homosexuelle jedoch in meinem Buch *The Culture of Western Europe* vor, indem ich darin etwa den deutschen Dichter Stephan George porträtierte, dessen politisches Denken und Handeln stark von seiner Bewunderung für die männliche

Schönheit durchdrungen war, die für ihn das Ideal des Germanentums symbolisierte. Ich sprach das Offenkundige nicht aus, nämlich dass diese Lichtgestalt der deutschen Rechten ganz sicher ein Schwuler mit pädophilen Neigungen gewesen war, auch wenn es keinerlei Belege dafür gibt, dass er seine Sexualität tatsächlich auslebte. Expliziter wurde ich 1964 in *The Crisis of German Ideology*, wo ich als meines Wissens Erster einen Zusammenhang zwischen dem männlichen Eros, der deutschen Jugendbewegung und dem völkischen Denken demonstrierte. Mich mit der Politisierung der männlichen Schönheit zu beschäftigen, schien mir eine Konsequenz zu sein, die sich aus der Natur und Logik des Themas ergab. Allerdings war die Erörterung der Homosexualität für mich kein Selbstzweck, denn man betrachtete sie damals noch nicht als etwas, das eine eigene Geschichte hatte und es wert gewesen wäre, als Teilelement in die allgemeine Geschichte, die ich behandelte, eingefügt zu werden.

Das hatte sich geändert, als ich *Nationalism and Sexuality: Respectability and Abnormal Sexuality in Modern Europe* (1985) schrieb, das Buch, das mein Freund Jim Steakley, selbst ein altgedienter Historiker der Homosexualität, zu Recht als mein Bekenntnis zum Schwulsein bezeichnete. Es enthielt ein Kapitel über Männlichkeit und Homosexualität und ausführliche Überlegungen darüber, welche Rolle der Nationalismus in dem Bemühen homosexueller Zirkel um Wahrung der Respektabilität, d. h. der bürgerlichen Moral, spielte. Die treibenden Motive für mein großes Interesse an der Geschichte der bürgerlichen Moral, mit der ich mich schon in mehreren Artikeln beschäftigt hatte, waren eine Art Entdeckerfreude und die Erfahrungen, die ich als doppelter Außenseiter gesammelt hatte. Ich sah im Streben nach einem respektablen Schein einen immens wichtigen geschichtlichen Faktor, den die Historiker irgendwie als selbstverständlich vorausgesetzt hatten. Jude zu sein hatte in der Vergangenheit eben nicht als respektabel gegolten, und die Homosexualität hat sich bis heute allenfalls einen Platz am Rande der Respektabilität gesichert und läuft jederzeit Gefahr, von dort wieder herunterzufallen.

Das Buch fand eine sehr wohlwollende Aufnahme, besonders in Deutschland, aus dessen Geschichte die meisten im Text verwendeten Beispiele stammten. Alle Rezensenten hoben das Neue des thematischen Ansatzes hervor, waren sich aber nicht sicher, in welches Unterfach der Geschichtswissenschaft sie mich damit einsortieren sollten. Das Vorurteil als verschärfte Spielart des Nationalismus spielte auch in dieser Analyse wieder eine wichtige Rolle. Es gab Rezensenten, die es offenbar irritierend fanden, welche Bedeutung ich dem Mechanismus der Verdrängung im Bemühen um die Wahrung der eigenen Moralvorstellungen beimaß. In der Tat könnte es sein, dass ich diesen Aspekt des Nationalismus und der Respektabilität überbewertet habe, weil ich meinen Unmut über die Fesseln, die das Ringen um einen respektablen Anschein meinem eigenen Leben über weite Strecken angelegt hatte, nicht wirksam genug unterdrücken konnte.

Andererseits schrieb der Historiker Steven Aschheim, ein Freund und früherer Student, im Hinblick auf mein Werk als Ganzes: »Das Europa von George Mosse war immer von seltsamen und mächtigen Kräften bevölkert, die sein kostbares, aber zerbrechliches humanistisches Erbe bedrohten.« Seltsam waren diese Kräfte in meinen Augen eigentlich nicht: Der Nationalismus, der oft einen rassistischen Kern enthielt, war die bedrohlichste Kraft in der jüngeren Geschichte. Auf den ersten Blick schien auch der bürgerliche Moralkodex zu diesen Kräften zu gehören. Zu ihm hatte ich freilich ein gespaltenes Verhältnis: Einerseits erkannte ich seine repressiven Aspekte, ihr Funktionieren auf einer eher vernunftgestützten anstatt emotionalen Ebene, andererseits war mir klar, dass Respektabilität im Sinne eines Sich-Orientierens an normativen Gepflogenheiten und Grundsätzen für den Zusammenhalt und das Funktionieren der Gesellschaft unverzichtbar ist. Mein Gefühl und mein Verstand gerieten hier in einen Gegensatz zueinander, eine Konstellation, die mich wieder einmal bestens für die Rolle des Provokateurs qualifizierte. Wie bereits mehrmals betont, hat es mir immer Lust bereitet, zu provozieren, gegen Tabus zu verstoßen, allerdings nur auf theoretischer Ebene, als Zerstörer von Mythen und mit dem Ziel, die Menschen zum Nachdenken zu bringen. Im Alltag führe ich mich durchaus nicht als Provokateur auf. In *Nationalism and Sexuality* vertraute ich meine grundlegende Überzeugung, dass der bürgerliche Moralkodex eine unabdingbare Funktion erfüllt, erst dem allerletzten Absatz des Buches an; davor hatte ich meine Kritik sowohl am Nationalismus als auch an der Respektabilität klar und deutlich geäußert.

Die Arbeit an dem Buch half mir auch, Zug um Zug zu einer weiteren Erkenntnis zu gelangen: dass die Dialektik zwischen dem Ringen einer Gesellschaft um die Wahrung eines respektablen Scheins und dem Andrängen derer, die ihr den Kampf ansagen, nicht eine Dialektik des absoluten Gegensatzes zwischen der Revolte und ihrer Unterdrückung ist. Es war in der Geschichte vielmehr stets so, dass die normative Gesellschaft das, was den Kern der Revolte ausmachte, in sich zu integrieren verstand – das war ihre große Stärke und der wichtigste Grund dafür, dass sich die Norm der bürgerlichen Moral so lange halten konnte. Diese Erkenntnis dämmerte mir, als ich mich mit den Avantgardisten des ausgehenden 19. Jahrhunderts beschäftigte, denn was war aus diesen Bilderstürmern später geworden? Für ihre einstmals Anstoß erregenden Gemälde wurden jetzt Millionenbeträge bezahlt. Ihrer sogenannten Wiederentdeckung des nackten menschlichen Körpers kam die Erotik abhanden, und sie wurde in die gesellschaftliche Normalität eingebaut, sei es als Gegenstand künstlerischen Schaffens oder als Gesundheitssymbol.

Außenseiter wollten Insider werden, und vielen von ihnen gelang das nur zu gut. Ich war nur mit dem wenigsten von dem einverstanden, was der von vielen Studenten verehrte Philosoph Herbert Marcuse über die Studenten als Vorhut der Revolution zu sagen hatte – die Vereinigten Staaten waren schließlich kein Land der Dritten Welt –, aber sein Theorem von der »repressiven Toleranz« leuchtete mir ein, weil Toleranz, wie ich sie verstand, immer Hand in Hand ging mit einem Bekenntnis zur bürgerlichen Moral und daher sexuelle Freiheit ebenso ausschloss wie die Freiheit, einen grundlegenden Wandel der Konventionen und der Moral herbeizuführen.

Respektabilität und Nationalismus brauchten identifizierbare und sichtbare Gegner, um sich selbst in Abgrenzung gegen sie definieren zu können. Ich gelangte zu der Überzeugung, dass für moderne Gesellschaften das Vorhandensein von Außenseitern zu einer gleichsam eingebauten Vorbedingung für ihren Fortbestand und für das Selbstbewusstsein ihrer Insider geworden war. Es besteht eine Interdependenz zwischen dem Insider und dem Außenseiter – der eine kann ohne den anderen nicht bestehen, ebenso wenig wie ein Idealtypus ohne sein Gegenbild bestehen kann. Das Bild, das eine Gesellschaft sich von Juden oder Homosexuellen macht, kann man nicht ausreichend verstehen, ohne das Stereotyp des blonden Germanen oder des All-American Boy zu kennen. Typus und Antitypus sind Bestandteile der neuen Politik, lebende und vertraute Symbole von Nationalismus und Respektabilität sowie von deren Antipoden. Weil der Nationalismus in so hohem Maß vom Klischee des »Mannsbildes« dominiert war – einem Klischee, das viele als naturgegeben hinzunehmen schienen –, beschloss ich, in *The Image of Man: The Creation of Modern Masculinity* (1996), die Geschichte dieses konkreten Klischees zu rekonstruieren. Obwohl mein Thema die Männlichkeit war, säumten Frauen durchgehend den Weg meiner Analyse. Frauen spielten zum Beispiel auch dort, wo sie vom öffentlichen Leben ausgeschlossen waren, eine wichtige und durchaus offizielle Rolle als nationale Symbole. Sie wurden oft als passive Wesen dargestellt, während man ihnen gleichzeitig doch eine große Bedeutung als Hüterinnen der bürgerlichen Moral beimaß, die sozusagen die Grenzlinien zwischen den achtbaren Gruppen der Gesellschaft und dem Proletariat bewachten. Die Frau stand für das verbindende, strukturierende Element in Nation und Gesellschaft.

Die zuletzt erwähnten thematischen Aspekte meiner Analyse wie die »neue Politik« oder die Charakteristik des Außenseiters gehörten für mich zum Arsenal des modernen Nationalismus, eines Glaubenssystems, das gelegentlich rassistische Überzeugungen mit einschloss und das Erscheinungsbild des Außenseiters ebenso definierte wie seine seelische Verfassung. Ich hoffte, mit meinen jüngsten Büchern die Geschichte des Nationalismus um eine neue Dimension bereichert zu haben, jenseits der Fixiertheit einer älteren Historikergeneration auf die schriftlichen Quellen, und ich hoffte gezeigt zu haben, dass der Faschismus als ein auf die Spitze getriebener Nationalismus verstanden werden muss. Mir ist der nicht völlig unbegründete Vorwurf gemacht worden, meine Geschichtsschreibung sei teleologisch, also von der Kenntnis eines Endzustandes her – und auf diesen zu – geschrieben, in diesem Fall der totalen Herrschaft des Faschismus und Nazismus. Tatsächlich lieferte der Faschismus die denkbar höchste Übersteigerung vieler der Entwicklungstrends, mit denen ich mich befasst habe. Wenn es mir zu zeigen gelungen ist, wie etliches von dem, was dem Nationalismus oder einer auf die Diskriminierung von Außenseitern gerichteten Denkhaltung latent innegewohnt hatte, habe ich damit eine zuvor unbeachtet gebliebene Facette der Geschichte, die auch für unsere Gegenwart noch relevant ist, zutage gefördert.

Die Anziehungskraft, die Faschismus und Nationalismus als Themen auf mich ausübten, brauche ich denen, die die bisherigen Kapitel dieses Buches gelesen haben, nicht zu erklären, und ich denke, dass ich mit meinen Beiträgen zu einem besseren Verständnis dieser Bewegungen meine größte Wirkung als Historiker erzielt habe. Allerdings sind in dieser Darstellung bislang vor allem die »dunklen« Seiten meines historischen Schaffens zur Sprache gekommen: die Beschäftigung mit den finsteren und mächtigen Kräften, die das humanistische Erbe Europas in die Zange zu nehmen drohen und es vor nicht allzu langer Zeit in schwere Bedrängnis gebracht haben. Ich habe mich auf der anderen Seite aber auch immer für das interessiert, was man die erlösenden Lichtblicke des menschlichen Geistes nennen könnte, auch wenn ich nicht in vielen meiner Artikel und Bücher über sie gesprochen habe. Ich habe zum Beispiel stets der Versuchung widerstanden, über das Judentum in einer Weise zu schreiben, aus der sich etwa ergeben hätte, dass die Geschichte der deutschen Juden zwangsläufig in ihre Vertreibung und Vernichtung mündete. Vielmehr habe ich mich bemüht, vor allem den liberalen und aufklärerischen Geist in Erinnerung zu rufen, der es dem deutschen Judentum ermöglichte, innerhalb eines sich immer weiter verengenden nationalistischen Universums eine positive Rolle zu spielen. Gleichzeitig versuchte ich auch aufzuzeigen, dass der europäische Nationalismus in seinen Anfängen versucht hatte, Patriotismus, Menschenrechte, Weltbürgertum und Toleranz zu einem weltanschaulichen Bündel zu schnüren, bevor Deutschland und Frankreich jeweils für sich zu der Überzeugung gelangten, ein nationales Tugendmonopol zu besitzen.

Dass ich zu dieser Einsicht gelangte, hatte ich zu großen Teilen einer neuen deutschen Historikerschule zu verdanken, die unter Federführung von Rudolf Vierhaus die Anfänge des Nationalismus erforscht hatte, zurückreichend in die Zeit, bevor die sogenannten Väter der deutschen Nation wie Johann Gottlieb Fichte oder Ernst Moritz Arndt unter den Einfluss von Überlegenheitsphantasien und imperialen Ideen geraten waren. Ein aggressiver Nationalismus hatte in der Tat die reifen Jahre dieser Denker geprägt, keineswegs jedoch ihr Denken als junge Leute, das ganz im

Zeichen der Französischen Revolution gestanden hatte. Als ich im Licht dieser patriotischen Tradition die frühen Zionisten unter die Lupe nahm, fand ich auch hier Facetten der Hoffnung vor, wohingegen später, im israelischen Staat, ein moderner Nationalismus sehr konventioneller Prägung das zu verdrängen versuchte, was einst ein interessantes Experiment in Sachen liberaler Nationalismus zu werden versprochen hatte. Dass solche Forschungen nicht nur gute Geschichtsschreibung sein wollten, sondern auch Bezüge zur aktuellen politischen Entwicklung aufwiesen, liegt auf der Hand.

Man konnte nicht im 20. Jahrhundert leben, ohne sich neben dem Faschismus auch für den Marxismus zu interessieren – für mich galt das nicht nur wegen meines Engagements in der antifaschistischen Bewegung während meiner Zeit in Cambridge, sondern auch weil nach dem Zweiten Weltkrieg einige der brillantesten jungen Akademiker sich als Marxisten verstanden. Im Verlauf meiner Lehrtätigkeit im Rahmen der Ausbildungs-Sondereinheit der Armee in Iowa war ich mit marxistischen Argumenten konfrontiert worden. Der Marxismus als solcher hatte viel zu bieten, solange er nicht mit dem Bolschewismus gleichgesetzt wurde. Sieht man von meinem kurzen Gastspiel in dem von Dirk Struik gehaltenen Seminar ab, so beruhte meine Kenntnis marxistischer Literatur auf Selbststudium. Meine eigentlichen Lehrjahre in Sachen marxistischen Denkens erlebte ich erst viel später durch meine langjährige Freundschaft zu George Lichtheim, dessen Buch über den Marxismus nach wie vor die beste Einführung in das Thema darstellt, obwohl es inzwischen über dreißig Jahre alt ist. Ich verband meine Marxismus-Lektüre mit eigenen Forschungen, so dass ich mich in mehreren Artikeln mit bestimmten älteren Versuchen einer Fusion marxistischer mit humanistischen Positionen auseinandersetzen konnte.

In gewisser Weise knüpfte ich damit an meinen alten Traum einer Koppelung von Sozialismus und Liberalismus an. Der marxistische Humanismus ersetzte die Gewalt des Klassenkampfs durch die Macht der Vernunft und stellte die Autonomie des Menschen ins Zentrum der sozialistischen Vision – der Mensch war der Zweck und durfte nie zum Mittel werden. Der Marxsche Humanismus berief sich auf die Aufklärung und ging zugleich davon aus, die Überwindung des Kapitalismus sei die Vorbedingung für die Schaffung einer neuen Gesellschaft. Das Interesse an dieser Spielart des Humanismus erwachte in den 1960er Jahren neu, im Ergebnis der Lektüre Erich Fromms und der Wiederentdeckung der Schriften unkonventioneller Sozialisten wie Gustav Landauer. Hier kam ein humanistischer Marx zum Vorschein, ganz und gar kein Bolschewist, ein Marx, der eher auf den Schultern Kants stand als auf denen Hegels.

In den 1960er Jahren suchten die Studenten nach einem dritten Weg zwischen dem marxistischen Materialismus auf der einen und dem Kapitalismus auf der anderen Seite; der humanistische Marxismus kam da wie gerufen. An den Universitäten wurden mittlerweile ein oder zwei Kurse angeboten, in denen die Studenten sich mit dem Denken von Karl Marx vertraut machen konnten. In den meisten Fällen standen diejenigen, die diese Kurse abhielten, dem Marxismus jedoch feindselig gegenüber. Ich bemühte mich in meinen Vorlesungen über die Kultur Europas, Erklärungen zu geben, anstatt Urteile zu fällen. Das galt besonders für die Teile meines Kurses, in denen ich über den Sozialismus sprach – sie schienen auf das größte Interesse zu stoßen. Es war nicht einfach, die Studenten, die an polemische Urteile über den Marxismus gewöhnt waren, an das Denken von Karl Marx heranzuführen, und ich erklärte ihnen oft – und das nur halb im Scherz –, sie hätten, wenn sie nicht Deutsch lernten, eigentlich keine Chance, Karl Marx zu verstehen oder sich als Marxisten zu betrachten.

Mein spezifischer Beitrag zu dieser Wiedererweckung des sozialistischen Humanismus bestand, von meinen Vorlesungen abgesehen, aus mehreren Artikeln, in denen ich mit dem Ausdruck »Marxisten des Herzens« operierte, den der innerhalb der studentischen Linken hoch geachtete C. Wright Mills als meine Wortschöpfung popularisierte. Ich stand dieser Wiedererweckung allerdings nicht unkritisch gegenüber, denn mir schien, dass sie auf einer getrübten Realitätswahrnehmung beruhte. Ich übte daran dieselbe Kritik, die ich auch schon gegen jene Liberalen vorgebrachte hatte, die die neuen Massenbewegungen unseres Jahrhunderts nicht verstanden hatten. So sehr ich die Vergangenheit absuchte, nie fand ich in ihr eine tragfähige Brücke zwischen den Idealen, zu denen auch ich mich bekannte, und den realen Gegebenheiten der Politik, wie ich sie kennen gelernt hatte. Ich konnte jedoch das Unvermögen von Sozialisten und Liberalen, den Nationalsozialismus zu verstehen, nicht mit einem bloßen Schulterzucken quittieren, zumal ich dieses Unvermögen eben auch dem Verlagsimperium meiner eigenen Familie attestieren musste, weshalb es mir beständig vor Augen stand.

Es war mir nie vergönnt, die Kluft zwischen Ideal und Realität zu schließen, und so lernte ich aus eigener Erfahrung das, was ich meinen Studenten später oft und gerne sagte: man gelangt zu wahrer Reife erst dann, wenn man anerkennt, dass es unlösbare Probleme gibt. Ich fand allerdings spät in meinem Leben doch noch ein Konzept, das mir verheißungsvoll erschien und erscheint und das überdies Bestandteil meines deutsch-jüdischen Erbteils war, auch wenn es im Lauf der Zeit noch so viele Dellen abbekommen hatte. Unter »Bildung« hatte ich lange Zeit nur den Fundus an konventionellem humanistischen Wissen verstanden, der in Deutschland als Gradmesser für den sozialen Status gegolten hatte. Als ich jedoch die Entstehung dieses Konzepts studierte, stellte ich fest, dass es von dem sturen Büffeln und dem strikten Befolgen von Regeln, wie ich es während meiner kurzen Schulzeit auf dem humanistischen Mommsen-Gymnasium in Berlin kennen gelernt hatte, weit entfernt war.

Wilhelm von Humboldt hatte zu Anfang des 19. Jahrhunderts definiert, was er unter Bildung verstand. Er hatte das Individuum in den Mittelpunkt des Erziehungsprozesses gestellt und ihm die Fähigkeit zugesprochen, durch ständige Selbst-Bildung dem Ideal der eigenen Vollkommenheit, das nach seiner Überzeugung jeder Mensch in sich trägt, nahe zu kommen. So gesehen erschien Bildung als ein unbegrenzter Prozess ohne vorgegebene Ziele, abgesehen vom Bestreben jedes Einzelnen, sich selbst zu vervollkommnen. Ich stützte mein Buch *German Jews beyond Judaism* (1985) auf diesen idealen Bildungsbegriff und versuchte darin aufzuzeigen, dass er in seiner ursprünglichen, liberalen Form für die meisten deutschen Juden zu einem Glaubensartikel geworden war, der bei ihnen noch kraftvoll fortlebte, als die meisten ihrer nichtjüdischen Landsleute ihr Bildungsideal bereits dem einen oder anderen Glaubenssystem untergeordnet und damit seinen auf Individualismus und Unabgeschlossenheit ausgerichteten Impetus ausgeschaltet hatten.

Das besagte Werk, eine Sammlung von Vorträgen, die ich am Jewish Institute of Religion des Hebrew Union College gehalten hatte, war sicherlich mein persönlichstes Buch und fast so etwas wie ein Glaubensbekenntnis. Ich spürte darin liberalen und humanistischen Idealen nach und bekam es, indem ich dies tat, gewiss mit einem Glaubenssystem zu tun, diesmal aber mit einem, das von sich behauptete, nicht auf festgelegten Dogmen zu beruhen. Trotz seiner Offenheit und Unabgeschlossenheit krankte dieses Bildungsideal von Anfang an daran, dass man es mit den als selbstredend vorausgesetzten Werten der bürgerlichen Moral und der Bürgertugend befrachtete und ihm damit den Keim seiner eigenen Negierung einpflanzte.

Das Buch wurde allgemein sehr gut aufgenommen, abgesehen von der jüdischen Presse in Amerika und von denen, die als religiöse oder rechtslastige Zionisten die von mir propagierten Ideale als Verrat am wahren Judentum empfanden. Die meisten Men-

schen brauchen eine fester gefügte und traditioneller definierte
Identität, als ein solches Bildungsideal ihnen vorgeben konnte,
obwohl gerade dieses Ideal mit seiner Toleranz und Offenheit
mitgeholfen hatte, die bürgerliche Emanzipation der Juden möglich zu machen. Ich bin sicher, dass die Idee der Bildung, wie ich
sie verstand, den Provokateur in mir ansprach, den allen konventionellen Glaubenssystemen feindlich gegenüberstehenden
Zerstörer von Mythen.

Ich war jedoch in dieser Beziehung alles andere als konsequent.
Dass ich mich persönlich in und für Israel engagierte, zeugte von
einem Bedürfnis nach konkreterer Umsetzung meiner jüdischen
Identität; dass mir das Herz höher schlug, als ich die Vereidigung
israelischer Fallschirmjäger auf der Massada-Festung, Israels »Hei-
ligem Berg«, miterlebte, verrät, welche Faszination ein solches
emotionales Erlebnis selbst auf einen Menschen ausüben konnte,
der sich damit brüstet, vernunftgeleitet zu sein. Vielleicht beruhte
diese Reaktion auf der Erfahrung und dem Studium des Antisemitismus und seiner ständig wiederkehrenden Unterstel-
lung, den Juden fehle es an Männlichkeit; auf jeden Fall klaffen
Ideal und Wirklichkeit auch innerhalb meiner Person auseinander.

Für die meisten Leute gilt wohl, wie auch für mich, dass sie nicht
das Bedürfnis haben, ziellos umherzutreiben, sondern lieber im
sicheren Hafen eines Glaubenssystems oder einer konkreten
Identität unterschlüpfen, auch wenn daraus noch so viel Gewalt
oder Blutvergießen resultieren mag. Der Vorwurf, liberale, un-
abgeschlossene Überzeugungen hätten sich in der Konfrontation
mit der deutschen Katastrophe als hilflos erwiesen, war ernst zu
nehmen, und ich selbst hatte mich aus just diesem Grund zu
einer kritischen Überprüfung meiner eigenen Ideale entschlossen. Im Großen und Ganzen war es wesentlich leichter, die gut
organisierten, mächtigen finsteren Kräfte abzuhandeln, mit denen ich mich im größten Teil meines Lebens als Autor beschäf-

tigt habe, als die Lichtblicke zu analysieren, die es auch gab und die es bis heute gibt.

Man muss Kultur und Katastrophe nicht unbedingt in einem Atemzug nennen, auch wenn sie in der neueren Geschichte immer wieder als Partner aufgetreten sind. Der Holocaust ist im Denken eines jeden Juden, der über die europäische Geschichte der Neuzeit schreibt, ständig präsent, und erst recht gilt das für jemanden wie mich, der aus dem Völkergefängnis des Dritten Reiches mit seinen Gaskammern gerade noch entkommen konnte. Auch wenn nur eines der Bücher, die ich geschrieben habe, den Holocaust selbst behandelt, ist er in vielen meiner anderen Schriften latent gegenwärtig. Eine solche Katastrophe spiegelt wichtige Trends der modernen kulturellen Entwicklung wider. Man kann sie mit einem Prisma vergleichen, besser noch mit einem Zerrspiegel, der vieles von dem, was die Menschen bewegt, fratzenhaft sichtbar macht. Der Historiker Norman Cohn, der mein Buch *Culture of Western Europe* rezensierte, erkannte, dass ich mit der Thematisierung gesellschaftlicher Mythen meine Antwort auf den Niedergang des Liberalismus und auf die Erinnerung an die Schrecken des Dritten Reiches gab. Er konstatierte, dass das Buch sich zwar mit sämtlichen relevanten Trends im Denken der Moderne befasste, dass sein eigentliches Hauptthema aber das Vordringen des Totalitarismus war. Das ist eine scharfsinnige Erkenntnis, die sich sicher auf einige meiner anderen Schriften übertragen ließe. Vielleicht hat mein wichtigster Beitrag zur Geschichtsschreibung darin bestanden, dass ich der Frage nachgegangen bin, warum sich zur Kultur tatsächlich so oft die Katastrophe gesellt hat.

Natürlich bin ich mir der Tatsache bewusst, dass die Menschen sehr selten aus der Geschichte lernen. Ein besonders krasses Beispiel hierfür, das mir während der Arbeit an *Fallen Soldiers* zu schaffen machte, war, dass der Erste Weltkrieg mit seinen schrecklichen Menschenopfern nicht etwa die Verbreitung einer pazifistischen Bewegung, sondern viel eher einen Prozess der Brutalisierung nach sich zog. »Nie wieder Krieg« erwies sich als kurzlebige Parole. Die in diesem Buch geschilderte Überhöhung des massenhaften Sterbens durch Mythologisierung des Kriegserlebnisses in den Jahren nach dem Krieg – und damit auch die Säuberung des Krieges von seinen Schrecken – half sicher mit, diesen Effekt hervorzurufen.

So sehr ich mich in meinen wissenschaftlichen Forschungen von den Erfahrungen meines eigenen Lebens habe leiten lassen – von einem Gegenwartsbezug, den ich freilich immer zu kontrollieren versucht habe –, so wichtig ist es zu betonen, dass auch andere Faktoren eine Rolle spielten. So beflügelte mich zuweilen die pure Neugier – die Frage, warum und wie das alles passieren konnte – und immer die schlichte Liebe zur Geschichte, die nach meinem Dafürhalten keiner Erklärung bedarf.

Dieses Kapitel könnte sicherlich ein würdiger Abschluss meiner Autobiographie sein, auch wenn sich in meinem Leben noch einiges tun sollte. Es gab jedoch noch einen weiteren Meilenstein meiner persönlichen und intellektuellen Entwicklung, der nicht unter den Tisch fallen darf – meine Begegnung mit Jerusalem.

KAPITEL 11

REISE NACH JERUSALEM

Ich erinnere mich nicht an viele Spiele, die wir als Kinder spielten, wohl aber an eines, das wir »die Reise nach Jerusalem« nannten. Wir Kinder rannten dabei um den Esstisch, während jemand auf dem Klavier eine Melodie spielte. Immer wenn der Klavierspieler abrupt innehielt, musste man sich schnellstens auf den nächst erreichbaren Stuhl setzen. In jeder Runde schied einer der Mitspieler aus, da immer ein Stuhl zu wenig da war. Meine wirkliche Reise nach Jerusalem begann 1951, als ich mich während eines London-Aufenthalts spontan entschloss, dem neuen jüdischen Staat einen mehrwöchigen Besuch abzustatten. Die Neugier, die mich hierzu bewog, war bei einem, der einmal ein jüdischer Flüchtling gewesen war, wohl kaum verwunderlich. Verwandte hatte ich in Israel nicht. Zudem hatte ich in den Kriegsjahren mehrere anti-zionistische Reden gehalten, deren Tenor lautete, es dürfe nichts geschehen, das die Chancen der Alliierten, den Krieg zu gewinnen, mindern konnte – das gelte auch für den Kampf um ein Land für die Juden. Ich war ohnehin kein Zionist; in Palästina eine jüdische Kolonie zu errichten, bedeutete in meinen Augen, Wind zu säen. Auf Bitten meiner Schwester schrieb ich sogar einen Leserbrief an die *New York Times,* in dem ich mich für die Ansiedlung jüdischer Flüchtlinge in Äthiopien stark machte.

Jetzt lernte ich das Land als Tourist kennen, doch sehr bald wuchs ich über diese Rolle hinaus, weil der Zufall es so wollte. Ich hatte mich bei meinen Ausgaben schwer verrechnet, und nach einer mit mehreren Tagesreisen ausgefüllten Woche wurde mir das Geld knapp. Ich behalf mir, indem ich mich in einen Kibbuz begab und mich gegen freie Unterkunft als Stallhelfer verdingte. Es war mein erster Kontakt mit der Landwirtschaft, seit ich als Schüler in Deutschland Kartoffeln ausgebuddelt hatte, und die Freude an der Arbeit war jetzt keinen Deut größer als damals. Doch das Leben in der Kibbuz-Gemeinschaft, wo die kleinen Wohnhäuschen der Mitglieder den einzigen Privatbesitz darstellten, war beeindruckend.

Dieses Erlebnis währte, soweit ich mich erinnere, zwar nur ungefähr eine Woche, aber dank eines verblüffenden Zufalls fand meine erste Israelreise einen interessanten Abschluss. Ich hatte fast überhaupt kein Geld mehr und beschloss, den kümmerlichen Rest für einen Drink im Luxushotel King David auszugeben. Einen so großen Leichtsinn erlaubte ich mir übrigens nie wieder in meinem Leben. Von da an stattete ich mich selbst für Kurzreisen immer mit einem irrsinnig großen Bargeldbetrag aus und war mindestens so vorsichtig wie am besagten Tag im King David tollkühn. Der letzte Drink, den ich dort bestellte, entpuppte sich dann jedoch als eine einzigartig glückliche Investition. Ich traf in der Bar nämlich meinen Retter, Earl McGrath, der in Iowa mein Dekan gewesen war und im King David wohnte. Er ernannte mich unverzüglich zum Mitglied seines Stabes, weilte er doch in offizieller Mission in Israel, als US-Kommissar für das Bildungswesen. In den paar Tagen, die bis zu meiner Abreise verblieben, besichtigte ich in seinem Schlepptau Gymnasien, darunter die Herzlia-Schule in Tel Aviv, deren fortschrittliche Rektorin Toni Halle mich mit ihrer Persönlichkeit tief beeindruckte. Ansonsten habe ich nicht mehr viele Erinnerungen an meine erste Begegnung mit Israel, abgesehen davon, dass mir die noch ziemlich primitive Verfassung der Pension, die ich in Jerusalem bewohnte, und die eintätowierten Häftlingsnummern mehrerer Auschwitz-Überlebender, denen ich begegnete, im Gedächtnis geblieben sind. Ich verließ das Land sehr beeindruckt und, ungeachtet meiner früheren Zweifel, froh darüber, dass ein solches Refugium existierte – denn wer wusste schon, was die Zukunft bringen mochte? Solche Gedanken waren symptomatisch für eine tief eingegrabene Flüchtlingsmentalität.

Nichts auf dieser ersten Reise hatte mir eine Vorahnung davon vermittelt, was später folgen sollte. Meine eigentliche, richtige Beziehung zu Israel baute sich sehr langsam auf, von 1961 an und mit einer mehrere Jahre währenden Unterbrechung. Mein kurzer Israel-Aufenthalt 1961 war wichtig, weil ich bei der Gelegenheit Mitglieder der deutsch-jüdischen Gemeinde in Jerusalem kennen lernte. Ich hatte noch nicht den Vorsatz gefasst, über das deutsche Judentum und den deutschen Zionismus zu schreiben, sondern hoffte einfach, ihr Wissen über die politische Rechte in Deutschland und über den deutschen Nationalismus könne mir für das Buch über das völkische Denken, das ich zu der Zeit schrieb, zupass kommen. George Lichtheim, mit dem ich mich in London angefreundet und der eine Zeitlang in Palästina gelebt hatte, bahnte die für mich wichtigste Begegnung an, nämlich die mit Gershom Scholem und seiner Frau Fania. Meine Pension lag direkt neben dem Gebäude, in dem sich ihr Appartement befand, und die beiden statteten mir einen Begrüßungsbesuch ab, eine Geste der Höflichkeit, die mich stark beeindruckte.

Warum legte Scholem vom ersten Tag an ein so starkes und freundschaftliches Interesse für mich an den Tag? Vielleicht empfand er, der den Atem der Geschichte so tief inhalierte, es als einen besonderen Triumph, dass ein Sprössling aus einer der führenden anti-zionistischen Familien Europas den Weg nach Jerusalem gefunden hatte. Theodor Herzl hatte einige unfreundliche Dinge über meinen Großvater Rudolf Mosse gesagt, und meine nächsten Angehörigen waren stets anti-zionistisch eingestellt gewesen und blieben es auch, nachdem ich angefangen hatte, in Jerusalem zu lehren. Durch die Scholems schloss ich Bekanntschaft mit anderen Mitgliedern ihrer Gruppe, doch war mein Jerusalem-Aufenthalt damals ein bloßes Intermezzo, und ich dachte eigentlich nicht daran, noch einmal wiederzukommen.

Meine »Arbeitsbeziehung« zu Israel, konkret zur Hebräischen Universität, begann mit einer Einladung, an der Universität sowie vor der Hillel-Stiftung einige Vorträge zu halten. Ich begann mit einer Analyse des Begriffs »Volk« bei Martin Buber und verwickelte mich dabei in einen langwierigen öffentlichen Disput mit Gershom Scholem. Dabei ging es hauptsächlich, wenn ich mich richtig entsinne, um die germanischen Quellen des Buberschen Denkens, die Scholem trotz seiner sehr kritischen Haltung zu Buber nur sehr widerwillig zur Kenntnis nahm. Meinem Gefühl nach war die Haltung, die er in der Frage der angeblich nicht gelungenen Integration der Juden in die deutsche Gesellschaft einnahm, 1961 viel dogmatischer als später, auch wenn er nie von der Überzeugung abging, eine deutsch-jüdische Symbiose habe nicht stattgefunden. Zwanzig Jahre später, nach seinem Tod, veröffentlichte ich einen Artikel mit der Überschrift »Scholem als deutscher Jude«. Ich bin sicher, dass dieser Artikel, hätte er ihn noch lesen können, seinen Widerwillen gegen die germanischen Wurzeln der jüdischen Kultur in Deutschland abgemildert hätte, auch wenn er nach wie vor skeptisch geblieben wäre.

Es war im übrigen nicht Scholem, sondern der Historiker Yehoshua Arieli gewesen, der mich, mit Billigung Jacob Talmons, zu der kleinen Vortragsreihe eingeladen hatte. Bei einem meiner Auftritte lernte ich Zeev Mankowitz kennen, der damals Assistent bei Talmon war. Unsere Begegnung mündete in eine lebenslange Freundschaft und brachte mich auch in Kontakt mit einer Gruppe südafrikanischer Habonim (Mitglieder einer zionistischen Jugendbewegung), die ebenfalls gute Freunde wurden und mich mit einem Zionismus konfrontierten, dessen ausgeprägter und noch unbefleckter Idealismus eine starke Anziehung auf mich ausübte.

Ich muss wohl ganz gut angekommen sein, denn bald war ich

wieder in Jerusalem, dieses Mal für die Dauer eines Semesters, als Gastprofessor am Institut für Zeitgenössisches Judentum. Hier hatten die meisten wissenschaftlichen Disziplinen, die sich mit dem Judentum im 20. Jahrhundert befassten, eine akademische Heimat gefunden. Das Institut war nach amerikanischem Vorbild strukturiert und ausgestattet, mit Sekretariaten und leichtem Zugang auf diverse Hilfsmittel wie Fotokopiergeräte, was in den älteren Abteilungen der Hebräischen Universität durchaus nicht selbstverständlich war. Dazu kam, dass eine sehr kollegiale Atmosphäre herrschte und es sogar mehrmals vorkam, dass Kollegen meinen Vorlesungen beiwohnten. Zehn Jahre lang lehrte ich an dem Institut über die Geschichte des Antisemitismus und Rassismus, bis man mich 1979 auf den neu geschaffenen Koebner-Lehrstuhl für deutsche Geschichte berief und ich damit Vollmitglied der Fakultät wurde. Ich fungierte an der Hebräischen Universität zunächst als Fachmann für die Geschichte des Antisemitismus und gehörte viele Jahre lang in diesem Themenbereich zu den Schwergewichten der Fakultät. In der Folge entwickelte ich mich auch zum führenden Experten für deutsche Geschichte und holte regelmäßig deutsche Gastprofessoren an die Hochschule. So gelang es mir, zwei meiner Hauptinteressen, die den Inhalt so vieler meiner Bücher ausmachten, miteinander zu kombinieren. In den zehn Jahren, die ich dem Institut für Zeitgenössisches Judentum angehörte, lehrte ich nur jedes zweite Semester dort. Yehoshua Arieli sagte mir einmal, mein Kommen und Verschwinden erinnerte ihn, wie überhaupt mein Verhältnis zu Israel, an eine auf wechselseitige Unabhängigkeit und Freiheit aufgebaute Liebesbeziehung, in der die Partner zwar die Fähigkeit besitzen, zu lieben und absolut loyal zu sein, zugleich aber Herren ihrer eigenen Seele, ihres Verstandes und ihres Schicksals bleiben.

Das war eine ausgezeichnete Charakterisierung meines Verhältnisses zu Israel, das sich nicht auf religiöse Überzeugungen gründete und erst recht nicht auf irgendeine geheimnisvolle Liebe zu dem Land – was schon deshalb nicht in Frage kam, weil mein ganzes Leben über die süddeutsche Landschaft um Salem »meine Landschaft« geblieben ist. Es war vielmehr eine entschieden weltliche Zurkenntnisnahme dessen, was den Juden in unserem Jahrhundert widerfahren war, die meine Grundeinstellung zu Israel definierte, darüber hinaus aber auch meine tiefe Zuneigung zu den »neuen Juden« und zu dem, was sie zu Wege gebracht hatten. Diese Zuneigung war eine Reaktion auf die unschönen Klischees, die den Juden seit Anbruch der Neuzeit immer wieder angeheftet worden sind und die die meisten in der Diaspora lebenden Juden (ich selbst eingeschlossen) verinnerlicht hatten. Die Zionisten hatten sich vorgenommen, diese Klischees Lügen zu strafen.

Ich erinnere mich lebhaft an die Freude, die es mir bereitete, als ich bei meinem ersten Israel-Besuch kräftig gebaute, selbstbewusste Juden erblickte, und auch wenn diese Reaktion natürlich ebenfalls nur der Widerschein des besagten Klischees war. Ich erfreute mich einfach am Kontrast zwischen der Gegenwart und der als demütigend wahrgenommenen Vergangenheit. Ich wusste nur zu gut, dass dieser »neue Jude« eine Normalisierung verkörperte, eine Annäherung an verbreitete Mittelschichtsideale und -klischees, von denen ich sonst immer behauptete, sie abzulehnen. Allein, ich konnte nicht anders: mit diesen Verkörperungen des zionistischen Ideals konfrontiert, traten mein Verstand und meine Geschichtskenntnisse zurück.

Als ich nach meinem ersten Israel-Aufenthalt wieder einmal nach Deutschland kam und dort erzählte, was ich gesehen hatte, begegnete ich einer allgemeinen Skepsis gegenüber dem »neuen Juden«, und manche äußerten gar die Vermutung, die Juden müssten eine Legionärstruppe angeheuert haben, um ihren Kampf um die staatliche Unabhängigkeit so erfolgreich führen zu können. Stereotypen sind schwer, wenn überhaupt, auszurotten, nicht einmal im Angesicht unbezweifelbarer Tatsachen.

An meiner Überzeugung, dass der schlimmste Feind der Juden seit jeher der europäische Nationalismus gewesen ist, änderte sich zu keinem Zeitpunkt etwas. Dennoch spürte ich, wie beim Anblick der neuen israelischen Armee oder bei der Teilnahme an der Vereidigung israelischer Fallschirmspringer in Massada mein Herz schneller klopfte. Ich war mir der Gefahr bewusst, die von Bildern und liturgischen Inszenierungen ausgeht, und hatte oft genug über den Einsatz solcher Mittel der Massenverführung zu manipulativen Zwecken geschrieben. Ich muss jedoch gestehen, dass ich selbst gegen die irrationalen Kräfte, deren Wirken ich als Historiker beklagte – besonders wenn sie sich gegen die Gruppe richteten, der ich mich zugehörig fühlte –, keineswegs gefeit war.

Gershom Scholem warf mir einmal vor, »das jüdische Volk nicht genug zu lieben«. Als Lehrer war und blieb ich in der Tat ein passionierter Mythenzerstörer, was einer meiner Studenten zum Anlass nahm, sich bei Scholem über meinen angeblichen Mangel an Respekt vor zionistischen Werten zu beschweren. Meine Antwort an Scholem lautete damals, mir sei nicht klar, wie man ein ganzes Volk lieben könne – ich könne mir das nur bei einzelnen Personen vorstellen. Ein rundes Jahrzehnt zuvor hatte Scholem genau denselben Vorwurf schon einmal erhoben, damals gegen Hannah Arendt. Ihre Entgegnung war damals dieselbe gewesen wie meine – eine logische Antwort für Leute, die sich dem Geist der Aufklärung verpflichtet fühlen. Auf der anderen Seite war meine Antwort doch auch unausgegoren gewesen, denn tatsächlich empfand ich ein intensives Gefühl der Zugehörigkeit, das nicht sehr weit von Liebe entfernt war, während ich zugleich in meinen Vorlesungen die bleibende Bedeutung des Rationalismus und der Aufklärung beschwor. Gewiss propagierte ich ein Judentum jenseits des jüdischen Glaubens, um den Titel meines 1984 erschienenen einschlägigen Buches *German Jews Beyond Judaism* zu paraphrasieren, in dem ich Nationalismus als patriotische Solidarität definierte, in Abgrenzung gegen ein Sich-

Identifizieren mit einem durch geographische Grenzen definierten Land. Später veröffentlichte ich meine Überlegungen zu einer binationalen Lösung des jüdisch-arabischen Problems und begab mich damit etwas verspätet in eine Tradition, der schon viele deutsche Juden, darunter auch Scholem, angehört hatten. Dabei empfand ich aber immer einen starken Drang, auf dem Boden der Realität zu bleiben, resultierend aus dem Gefühl, mir könne, wenn ich nicht die Zugehörigkeit zu einer starken Nation beibehielt, jederzeit der Rückfall in die Staatenlosigkeit drohen, die ich aus eigener Erfahrung kannte. Dieses Gefühlsmoment stellte eine beständige Bedrohung für den Liberalismus dar, dem ich treu zu bleiben versuchte.

Persönliche Widersprüchlichkeiten dieser Art ließen sich, wie sich zeigte, leichter überbrücken, nachdem ich erst einmal dem Unterschied zwischen Patriotismus und Nationalismus auf die Spur gekommen war: Während sich Patriotismus ohne weiteres mit Weltbürgertum und konsequenter Absage an Aggression und Vorherrschaft vertrug, hinterließ der Nationalismus gewöhnlich eine Spur des Todes und der Zerstörung.

Meine sich vertiefende Beziehung zu Israel schlug sich in einem regelrechten Vortragsmarathon nieder, den ich zu Beginn der 1970er Jahre an mehreren der israelischen Bildungseinrichtungen absolvierte, in denen der zionistische Führungsnachwuchs ausgebildet wurde. Zu den Veranstaltern und Förderern dieser Vortragsserie gehörten Organisationen wie die Habonim, Young Judaea oder der World Union of Jewish Students. Steve Aschheim, einer der führenden pädagogischen Köpfe der Habonim, begleitete mich zu den diversen Gruppen. Dabei kam es oft vor, dass ich den Enthusiasmus und die Einsatzbereitschaft dieser jungen Leute so ansteckend fand, dass ich mit ihnen stundenlang und ohne Pause diskutierte. Nach wie vor liebte ich es zu lehren, und das konnte ich hier nach Herzenslust tun. Ich betrieb in diesen Vorträgen keine zionistische Propaganda – meine Zuhörer waren ja bereits überzeugte Zionisten – sondern verfolgte das Ziel, ihrem Engagement mehr geschichtlichen Tiefgang zu verleihen. Ich sollte vielleicht erwähnen, dass ich mich in meiner Forschungstätigkeit in jenen Jahren mit Antisemitismus, Rassismus und Nationalsozialismus befasste, was mir zweifellos half, mein heftiges Engagement aufrechtzuerhalten.

An der Hebräischen Universität zu lehren, war etwas, das Belohnungen eigener Art bereithielt. Zunächst einmal war es ein absolutes Kontrastprogramm zu Wisconsin, was für einen rastlosen Menschen wie mich schon einen Wert an sich verkörperte. Es brachte mir aber auch berufliches Ansehen, und das war etwas, das mir nie gleichgültig gewesen ist. Das hat sicherlich etwas mit persönlichem Ehrgeiz zu tun, aber auch mit der Zugehörigkeit zu einer akademischen Welt, in der, wie wir sarkastisch zu sagen pflegten, alle sich jeden Morgen zum Gebet nach Osten verneigten – gemeint war Harvard. Diese Zeiten sind Gott sei Dank lange vorbei, aber für die Akademiker meiner Generation – und ich schließe mich selbst keineswegs aus – gehörte ein gewisser Snobismus noch ein ganze Weile zur Grundausstattung.

Die Hebräische Universität hatte ein anregendes geistiges Klima zu bieten, wie man es in Wisconsin normalerweise nicht antraf: eine heterogene, im Durchschnitt reifere Studentenschaft und, wichtiger noch, in den Reihen der deutschstämmigen Juden im Lehrkörper, Anklänge an die intellektuelle Treibhausatmosphäre der Weimarer Republik, die ich, weil damals noch zu jung, nicht erlebt hatte.

Die Studenten kamen aus vielen Ländern, und die meisten waren für das Studium besser gerüstet als diejenigen, die ihre Schulbildung in den Vereinigten Staaten erhalten hatten. Sie konnten nicht nur besser schreiben, sondern hatten auch gewisse Geschichtskenntnisse. Um ihre Motivation brauchte man sich keine Sorgen zu machen, denn viele von ihnen waren als selbstbewusste Juden nach Jerusalem gekommen, und ein Interesse an der Ge-

Auf der Terrasse der Hebräischen Universität, Jerusalem, 1989

schichte des Antisemitismus und Rassismus (den viele von ihnen am eigenen Leib erfahren hatten) konnte bei ihnen allen vorausgesetzt werden. Die Kurse in deutscher Geschichte, die ich später abhielt, lockten einen ausgewählten Teilnehmerkreis an, erst recht da an vielen Teilen dieser Universität die von ihren aus Deutschland stammenden Gründern geprägte geistige Atmosphäre noch sehr lebendig war. Dass die Lehrtätigkeit in Jerusalem auch ihre negativen Seiten hatte, soll nicht verschwiegen werden: Unter den Studenten fanden sich immer wieder solche, die alles besser zu wissen glaubten als alle anderen, der Professor eingeschlossen. Weil die Jerusalemer Studenten in einem politisch aufgeladenen Klima lebten, in dem politische Debatten ständig in der Luft lagen, machten sie auf mich einen fortgeschritteneren Eindruck als die meisten Studienanfänger in Wisconsin; zugleich fehlte es ihnen aber auch an deren erfrischender Wissbegier und Offenheit. Meine Kollegen von der Hebräischen Universität ermahnten mich zu Recht, die Studenten nicht zu überschätzen, zumal diejenigen, die zu mir kamen, zu den Besten gehörten. Sie stellten schon deshalb eine Auswahl dar, weil ich nicht auf Hebräisch, sondern auf Englisch unterrichtete.

Meine Unkenntnis der hebräischen Sprache war sicherlich ein Handicap, und ich war auch nicht in der Lage, es aus der Welt zu schaffen. Diese Sprache nicht zu erlernen, war für mich ein Mittel, um mich vor dem völligen Aufgehen in meiner neuen Umgebung zu bewahren, um auf Distanz zum Zionismus zu bleiben und die Vernunft gegen den heftigen Andrang der Emotionen zu wappnen. Ich war einer von nur sehr wenigen Fakultätsangehörigen, denen es gestattet wurde, so viele Jahre lang auf Englisch zu unterrichten – zehn Jahre lang gewährte man mir den Status eines permanenten Gastprofessors. Das änderte sich jedoch, als ich 1979 auf den Lehrstuhl für deutsche Geschichte berufen wurde, dessen Namensgeber Richard Koebner die Abteilung gegründet hatte. In meinem Ernennungsschreiben hieß es, ich würde in absehbarer Zeit die israelische Staatsbürgerschaft annehmen, eine Ankündigung, die nie in die Tat umgesetzt wurde. Von Sprache war nicht die Rede, und so hielt ich meine Lehrveranstaltungen bis zu meiner Emeritierung auf Englisch.

»Weimar in Jerusalem« faszinierte mich weiterhin, auch wenn ich viele Freunde außerhalb des Kreises der älteren deutsch-jüdischen Intellektuellen hatte. Mein erster Kontakt zu dieser Gruppe kam, wie bereits erwähnt, 1961 durch Gershom Scholem zustande, und durch ihn lernte ich in der Folge weitere wichtige Mitglieder dieses akademischen Zirkels kennen. 1961 führte ich für mein Buch *The Crisis of German Ideology*, an dem ich damals arbeitete, mehrere Gespräche mit Martin Buber. Er war mit seinem weißen Vollbart, den er oft streichelte, und seiner volltönenden Stimme eine beeindruckende Persönlichkeit. Doch er erging sich immer wieder in allgemeinen Aussagen über Jerusalem und den Berg Zion, während ich gerne Einzelheiten über den Einfluss des völkischen deutschen Nationalismus auf sein eigenes Denken gehört und seinen Erinnerungen an die Vordenker des deutschen Konservatismus gelauscht hätte, von denen er einige persönlich gekannt hatte.

Als ich Scholem von meiner Enttäuschung erzählte, erklärte er mir, Buber werde in letzter Zeit hauptsächlich von christlichen Theologen aufgesucht; ich solle ihm beim nächsten Mal zu verstehen geben, dass ich Jude sei. Als ich diesen Rat befolgte, hatte dies in der Tat die Wirkung eines Sesam-öffne-dich: Buber erzählte mir jetzt vieles von dem, was ich wissen wollte. Ich stand ihm, wie ich zugeben muss, zu jener Zeit sehr kritisch gegenüber, vor allem wegen seiner Selbstinszenierung und seiner Anflüge von Irrationalität. Dazu kam, dass er den jungen Israelis offenbar wenig zu sagen hatte, wogegen ich zumindest mit einigen von ihnen emotional und mental in Kontakt und im Gespräch war. Meine Skepsis verflog, als ich mich etwas später gründlicher mit Bubers Zionismus beschäftigte und in ihm einen Pionier der Vermenschlichung des Nationalismus erkannte. Seine Reden zum Judentum, 1911 in Prag gehalten, in denen er seine Glaubensbrüder zu einer vollständigen inneren Erneuerung aufrief, waren für viele der späteren zionistischen Pioniere die überzeugendsten und zugleich menschlichsten Manifeste des Zionismus. Zwar verstarb Martin Buber kurz nach meinen Gesprächen mit ihm, aber sein Nachlass, der sich in den Beständen der Jewish National Library and University befindet, sollte mir noch für viele Jahre als ergiebige Fundstätte für meine Forschungen dienen.

Aus meiner Sicht standen Gershon Scholem und seine Frau im Mittelpunkt des deutsch-jüdischen Geisteslebens in Jerusalem. An ihren »Samstagen« und bei den Abendessen, die sie veranstalteten, kam man mit vielen anderen Mitgliedern ihres Zirkels zusammen, zumeist überzeugten Zionisten, die in den 1920er Jahren nach Palästina gekommen waren. Diese Personengruppe ähnelte einem fluktuierenden Debattierklub; während jederzeit todernst über theoretische Fragen diskutiert wurde, frönte man weiterhin dem aus Deutschland vertrauten Lebensstil. Dieser Aspekt des Lebens der Gruppe faszinierte mich genauso wie die intellektuelle Seite, zumal mir sowohl in meiner Internatszeit als auch in meinem zwar luxuriösen, aber fragmentarischen Familienleben die gemütlichen Seiten des Lebens des deutschen Bildungsbürgertums weitgehend vorenthalten geblieben waren. Die Geburtstagsfeiern zum Beispiel mit ihren Gedichtrezitationen sind mir besonders lebhaft in Erinnerung geblieben, aber auch die Liebe zum Deklamieren im Allgemeinen, die sich mit ehrfürchtigem Respekt vor den deutschen Klassikern verband. Hier begegnete man einem regelrechten Kulturhunger, wie er sonst in der israelischen Gesellschaft kaum anzutreffen war.

Wenn ich diese Gruppe von Akademikern derjenigen gegenüberstelle, der ich mich nach meinem Wechsel an die Universität von Wisconsin angeschlossen hatte, konstatiere ich einen deutlichen Unterschied, der etwas über den Prozess der Bildung verrät, jenes humanistische Ideal, das in das Bewusstsein deutscher Intellektueller so tief eingegraben ist. Die »Koryphäen« von Wisconsin konzentrierten sich auf ihren Historikerberuf. Sie hatten, abgesehen einmal von Merle Curti, keinen breiten geistigen Interessenhorizont. In Jerusalem dagegen drehten sich die Gespräche in weiten Bögen um Geschichte, Literatur und Theologie. Ihrer politischen Einstellung nach waren diese Veteranen der Hebräischen Universität Liberale ohne jene radikale Vorgeschichte oder jenes unorthodoxe Engagement in sozialen Bewegungen, die den Werdegang so vieler meiner Historikerkollegen in Wisconsin säumten. Sie neigten allerdings einem linken Liberalismus zu, so dass zum Beispiel Scholem in der einen Wahl, bei der ich ihn zur Stimmabgabe begleitete, für eine dissidente und proisraelische kommunistische Gruppierung stimmte. Dieses Wahlverhalten war aber wohl eine Ausnahme, vielleicht ein Nachklang seines früheren Eintretens für ein binationales Palästina, für das sich meines Wissens fast alle Mitglieder dieses Kreises stark gemacht hatten.

Die Einstellung dieser Männer zu Deutschland war unterschiedlich: Während manche schlecht auf die Deutschen zu sprechen blieben, bemühten sich andere um Versöhnung. Scholems Haltung war in sich konsequent: Viele Jahre lang besuchte er Deutschland nur widerstrebend, um Bücher für die Bibliothek der Hebräischen Universität zu beschaffen. Eine seiner ständig wiederholten Behauptungen lautete, die deutsch-jüdische Symbiose habe niemals stattgefunden. Ich war damals verblüfft über den Widerspruch zwischen dem deutschen Lebensstil und der deutschen Kultur, die die Scholems ebenso wie viele ihrer Freunde pflegten, und ihrer entschiedenen Absage an Deutschland, ja, soweit es Scholem betraf, an das gesamte Experiment des deutsch-jüdischen Zusammenlebens. Die deutsche Kultur und ein großer Teil der deutschen Geistestradition wurde in diesem Fall gleichsam vom Deutschtum als Ganzem abgetrennt. Die deutsche Wissenschaft und ihre Methoden galten als unverzichtbar, und man bewunderte das Denken der Weimarer Zeit, soweit es nicht direkt antizionistisch ausgerichtet gewesen war. Im Hause Scholems lernte ich zum Beispiel Herbert Marcuse kennen, und wie sehr Scholem Adorno schätzte, ist bestens dokumentiert.

Es gab in Palästina keine Kultur, an die diese Intellektuellen sich hätten assimilieren können; die der orthodoxen Juden war ihnen fremd, und der Zionismus hatte keine eigene Kultur hervorgebracht. Es existierte kein beherrschender zionistischer Lebensstil, der ihnen als Ersatz für den, den sie in Deutschland gekannt hatten, hätte dienen können.

Mit der Art und Weise, wie Scholem das Verhältnis zwischen Deutschen und Juden in der Vergangenheit sah, war ich ganz und gar nicht einverstanden. Ich behielt meine abweichende Meinung jedoch für mich, auch weil Scholems beeindruckende Persönlichkeit mich immer wieder in Ehrfurcht erstarren ließ und weil seine enorme Belesenheit mich einschüchterte. Er trieb die Gelehrsamkeit fast bis zum Exzess und war ein lebendes Denkmal der deutschen Bildungstradition des vorangegangenen Jahrhunderts, deren Idealen die zeitgenössische Generation nicht gerecht zu werden vermochte. Diese Art der Gelehrsamkeit ging bei ihm und anderen Hand in Hand mit einer Ichstärke und einer Zielgerichtetheit, wie sie heute, im Zeichen der vielen Verlockungen, die die Gegenwart zu bieten hat, allem Anschein nach verloren gegangen sind. Scholems nie ins Wanken geratener Glaube an die Sache des Zionismus und die Existenzberechtigung eines jüdischen Volkes verlieh seinem Denken und seiner Persönlichkeit eine feste, in Stein gemeißelte Grundlage. Er konnte charmant und leutselig sein, wich aber um keinen Zentimeter zurück, wenn es um das ging, was er die Liebe zum jüdischen Volk nannte.

Scholem muss meine Skepsis und meine Vorbehalte gegen sein öffentlich geäußertes Verdikt vom Scheitern der deutsch-jüdischen Symbiose gespürt haben. Das erklärt seine der Form nach höflichen, aber inhaltlich scharfen Kommentare nach meiner weiter oben schon erwähnten Vorlesung über den Einfluss des deutschvölkischen Denkens auf Buber. Als ich Scholem in der Folge näher kennen lernte, stellte ich fest, dass er den Einfluss der deutschen Kultur auf das deutsche Judentum nicht grundsätzlich in Frage stellte, diesen Aspekt aber zu transzendieren versuchte, indem er einen allumfassenden Zionismus als übergeordnete Perspektive postulierte und die deutsch-jüdische Symbiose, die in seinen Augen keinerlei spezifisch jüdischen Gehalt gehabt hatte, verurteilte, weil sie den deutschen Juden den Blick auf ihren wirklichen Status in Deutschland verstellt habe. Ich war mit seiner Analyse nicht unbedingt uneins, sah aber in der besagten Symbiose, die sich auf dem Fundament des Liberalismus und der Aufklärung vollzogen hatte (welch letztere Scholem verabscheute), eine vertane Chance und zugleich eine Hoffnung für die Zukunft. Von der deutschen Kultur wurde Scholem gleichsam gegen seinen Willen vereinnahmt. Er ist inzwischen zu einer prägenden Figur dieser Kultur geworden, fast auf einer Stufe mit

Martin Buber; dank seiner umfassenden Bildung wuchs er jedoch, anders als Buber, auch in Israel in eine tragende kulturelle Rolle hinein.

Es gab freilich Momente, in denen diese deutsche Kultur meine Geschmacksnerven überforderte, namentlich dann, wenn sie mit einem dicken Zuckerguss aus deutscher Romantik überzogen war. Ich war unempfänglich für all jene Aspekte des deutschen Kulturerbes, die auf das Spiel mit Gefühlen abzielten und sich in meinen Augen durch einen Mangel an wissenschaftlicher Strenge und Genauigkeit auszeichneten. Immer wieder kritisierte ich Martin Buber dafür, dass er sich ein solches Vermächtnis zu eigen gemacht hatte. Dabei war eigentlich Ernst Simon, eine der imposantesten Figuren der deutsch-jüdischen Immigrantengemeinde in Israel, derjenige, der diesen Aspekt der deutschen Kultur mehr als jeder andere verkörperte. Heute tut es mir Leid, dass ich mich nie darum bemüht habe, ihn näher kennen zu lernen; er gehörte schließlich zu den Wortführern einer arabisch-jüdischen Versöhnung und war ein verdienstvoller Philosoph. Sein ausgeprägter Neoromantizismus schreckte mich jedoch ab.

Die Gruppe der aus Deutschland zugewanderten Juden war natürlich nicht die einzige, in der ich akademische Freunde fand. Jacob Talmon war zum Beispiel einer, der diesem Kreis nicht angehörte. Er war der bekannteste Zeitgeschichtler der Hebräischen Universität. Es scheint freilich, als hätten seine Bücher, einschließlich seines bekanntesten über die Ursprünge der totalitären Demokratie, den Test der Zeit nicht allzu gut überstanden. Das ist schade, denn es liegt viel Wahrheit in seiner Erkenntnis, dass die Ursprünge der totalitären, populistischen Demokratie sich bis zur Französischen Revolution zurückverfolgen lassen. Auch was er in seinen später erschienen Werken zum Thema des politischen Messianismus über Gestalten wie Rosa Luxemburg geschrieben hat, ist bis heute lesenswert. Er war ein lebhafter, zappeliger kleiner Mann und als Dozent großartig. In Polen geboren, hatte er die höhere Schul- und Universitätslaufbahn in England absolviert; in seinen Anschauungen und seinem Schreibstil unterschied er sich daher ganz erheblich von den deutschstämmigen Juden.

Talmon war ein glänzender Redner, aber im Gegensatz zu Scholem kein so guter Zuhörer. Wir unternahmen regelmäßig Spaziergänge, auf denen er mir von seinen Forschungsvorhaben erzählte – und manchmal auch von seiner großen Angst vor einer bevorstehenden Invasion der Araber. Er bediente sich dabei einer äußerst lebhaften Sprache und Gestik, so dass ich einige Male nahe daran war, eine arabische Streitmacht die Tschernokowsky-Straße heraufmarschieren zu sehen. Jacob Talmon war trotz des hohen Ansehens, das er genoss, innerlich sehr unsicher und hatte häufig das Bedürfnis nach Zuspruch. Er lieferte einen guten Kontrapunkt zu den sehr dezidierten und konzentrierten Diskussionen im Freundeskreis Scholems. In seinem Verständnis der Geistesgeschichte stützte er sich nicht so sehr auf die Exegese von Texten als auf eine aus persönlichen Einsichten gewonnene Synthese – ein geistesgeschichtlicher Ansatz, der große Ähnlichkeit mit meinem Bild von der Kulturgeschichte hatte.

Yehoshua Arieli hatte maßgeblich an meiner Berufung an die Hebräische Universität mitgewirkt; seine Stimme war von entscheidendem Gewicht bei Beschlussfassungen innerhalb der Abteilung für Geschichte, jedenfalls soweit sie die neuere Geschichte betrafen. Die Rolle, die er in der Abteilung spielte, war einzig und allein eine Funktion seiner persönlichen Ausstrahlung, die in seinem Fall überhaupt nichts mit einem übertriebenen Geltungsbedürfnis oder mit einer Fixiertheit auf das eigene Ego zu tun hatte. Arieli war ungeheuer gebildet und zugleich ein wirklich freundlicher, gutherziger Mensch. Sein eigentliches Fachgebiet war die amerikanische Geschichte, er hatte aber auch europäische Geschichte der Frühen Neuzeit gelehrt. Die persönliche Bekanntschaft mit ihm erleichterte mir die Integration ins akademische

Leben Israels erheblich. Hoch gewachsen und hager, übte er stets einen beruhigenden Einfluss aus, ohne jemals einen Hehl aus seinem eigenen Standpunkt zu machen – wie Talmon, warb auch er energisch für einen Frieden zwischen Arabern und Juden.

Yehoshua Arieli stand deutlich auf der linken Seite des politischen Spektrums in Israel. Im Rückblick erscheint es mir regelrecht paradox, dass ich in all meinen Jerusalemer Jahren kaum Freunde hatte, die der rechtsgerichteten Likud-Partei nahe standen. Andererseits: Wie viele Republikaner kannte ich in Wisconsin? In meiner wissenschaftlichen Beschäftigung mit rechtsgerichteten Bewegungen kam ich natürlich zwangsläufig in papierene Bekanntschaft mit Rassisten, und später hatte ich auch einige gute Freunde, die man als Neokonservative bezeichnen konnte. Doch obwohl ich mich selbst als linksliberal einstufe, empfinde ich es als erstaunlich, dass ich fast mein ganzes akademisches Leben in relativer Isolation von den politischen und gesellschaftlichen Kräften zugebracht habe, die sich mit der Zeit als bedeutsam für das nationale Leben in Israel und Amerika entpuppten.

Auch wenn die Studenten die Hebräische Universität nicht ganz zu Unrecht »die letzte deutsche Universität« nannten, nahm sie mit der Zeit zunehmend amerikanische Charakterzüge an. Die deutsche Tradition der akademischen Autokratie wurde Stück für Stück abgebaut. Noch zum Zeitpunkt meiner Ankunft war man als Professor, genau wie ein deutscher Ordinarius, unumschränkter Herrscher über den eigenen Bereich. Ich weiß noch, wie ich erschrak, als der Dekan mir eröffnete, dass ich als Inhaber des Koebner-Lehrstuhls für Deutsche Geschichte ganz allein über das weitere Schicksal eines jungen Assistenten im Bereich der deutschen Geschichte entscheiden konnte, indem ich seine Promotion entweder zuließ oder blockierte.

Die Themen für meine Lehrveranstaltungen wählte ich mit Bedacht aus; mir kam es darauf an, Interesse zu erwecken. Zu den Dingen, die die Tätigkeit an der Hebräischen Universität für mich reizvoll machten, gehörte nicht zuletzt das Gefühl, eine wichtige gesellschaftliche Rolle zu spielen, etwas, das in Wisconsin sehr viel schwerer zu erlangen war, zumal nachdem die studentischen Unruhen der 1960er Jahre und die mit ihnen verbundenen intellektuellen Erschütterungen wieder einem Zustand der »Normalität« gewichen waren. Das Schielen nach unmittelbarer politischer Wirkung wird von den Historikern oft und zu Recht als »Aktualismus« kritisiert, doch ich war mir ziemlich sicher, dass es, so sehr es mich einerseits stimulierte, auf meine Lehrtätigkeit einen allenfalls indirekten Einfluss ausübte, lehrte ich doch in Jerusalem nach genau demselben Konzept wie in Madison, wo dieser unmittelbare Bezug zum gesellschaftlichen Geschehen nicht vorhanden war. Immerhin war ich stets der Überzeugung gewesen, dass Geschichtsschreibung nur dann auf fruchtbaren Boden fällt, wenn man den Menschen – und im engeren Sinn den Studenten – deutlich machen kann, dass sie eine Relevanz für ihr Leben besitzt und mehr ist als eine Ansammlung guter Geschichten über Kriege, Abenteuer und Könige.

Während dieser israelischen Jahre nahm mein persönliches Leben eine positive Wendung. Ich fand nicht nur Zugang zu einem Personenkreis, der mir mit seinem Lebensstil und seiner intellektuell stimulierenden Kommunikationskultur die Wiederkehr einer verpassten und seinerzeit schmerzlich vermissten Vergangenheit zu bescheren schien, sondern schloss auch Freundschaft mit einer Gruppe junger Menschen, die intensiv mit dem zionistischen Projekt befasst waren und mein eher zwiespältiges Verhältnis zum jüdischen Staat gleichsam mit einem nachsichtigen Lächeln tolerierten. Sie halfen mir, mit gewissen weltlichen Problemen fertig zu werden, wie etwa dem, für jeden meiner aufeinanderfolgenden Jerusalem-Aufenthalte eine neue Wohnung zu finden. Dies hatte zur Folge, dass ich gleichsam schon überall in Jerusalem gewohnt habe. Dass ich nicht Hebräisch konnte, war im Alltag kein wirkliches Handicap. Zum einen konnten die meisten Geschäftsleute, bei denen ich verkehrte, ein wenig Englisch, zum anderen machte ich viele Jahre lang guten Gebrauch von meinen Französischkenntnissen, wenn es galt, mit denen zu reden, die vor nicht allzu langer Zeit aus den französischsprachigen Ländern Nordafrikas nach Israel gekommen waren.

Die Erfahrungen, die ich in Jerusalem machte, waren wichtig für die Kompensierung meiner Außenseiterrolle als Jude in der westlichen Gesellschaft. Doch wie verhielt es sich mit meiner Homosexualität? Dass ich von ihr bis jetzt nicht allzu oft gesprochen habe, hat natürlich etwas mit der erzwungenen Verheimlichung dieses Aspekts meiner Persönlichkeit zu tun, mit ihrer Sublimierung durch geistige Arbeit und ein reges Phantasieleben. Vor mir selbst hatte ich schon seit Paris keine Geheimnisse mehr, und in Jerusalem bekannte ich mich nicht mehr nur vor mir selbst, sondern auch vor einem kleinen Kreis israelischer Freunde, Folge einer Liebesbeziehung, die in den frühen siebziger Jahren begann und rund zwanzig Jahre andauern sollte. Wir lebten nie richtig zusammen, aber bei meinen Aufenthalten in Jerusalem verbrachten wir viel Zeit miteinander, und es gelang uns darüber hinaus, uns mehrere Male jährlich im Ausland zu treffen. David war über dreißig Jahre jünger als ich, wie überhaupt meine intensivsten persönlichen Beziehungen meistens zu Personen zustande kamen, die erheblich jünger waren. David war für mich insofern ein Glücksfall, als er mir half, selbst jung zu bleiben – vielleicht eine Prämie in einer so weitgehend vom Ideal der Jugendlichkeit beherrschten Gesellschaft. Ich kannte David von einem Seminar, das er bei mir gemacht hatte, doch der eigentliche Stifter unserer Partnerschaft war ein junger Doktorand an der Hebräischen Universität, dessen Homosexualität ganz und gar kein Geheimnis war und zu dessen wissenschaftlichen Mentoren ich gehörte.

In einer Zeit, in der das alte Klischee vom schwulen Lehrer, der seine Schüler verführt, noch immer in den Köpfen spukt, erscheint es mir wichtig klarzustellen, dass es sich hier von Anfang an um eine auf gegenseitige Zuneigung gegründete Beziehung handelte. David war der erste schwule Mann, dem ich meine Zuneigung zu gestehen wagte und der sie voll und ganz erwiderte, und das zu einer Zeit, als ich meine mittleren Jahre bereits hinter mir hatte. Trotzdem mussten wir Diskretion walten lassen – die allerdings nicht so hermetisch funktionierte, wie ich es mir einredete, denn zwanzig Jahre später erzählte mir der oben erwähnte Doktorand bei einem Mittagessen in New York, ich sei für die Homosexuellen von Jerusalem die ganze Zeit über ein Rollenvorbild gewesen. Zum Zeitpunkt dieses Mittagessens hatte ich mich längst geoutet, und so bereiteten mir die Eröffnungen des Doktoranden große Genugtuung, während sie mir zwanzig Jahre früher sehr unangenehm gewesen wären. Wie ich seitdem erfahren habe, wussten überraschend viele Menschen über meine Homosexualität Bescheid, trotz meiner sorgfältigen Bemühungen, mein doppeltes Außenseitertum nicht publik werden zu lassen. In Jerusalem besuchte ich regelmäßig das einzige türkische Bad mit Sauna im jüdischen Teil der Stadt, das Ha'Am, das noch aus den Anfängen des Jahrhunderts stammte, als Palästina unter osmanischer Besatzung gestanden hatte. Die anderen Stammgäste dieses Bades kannten meine Veranlagung. Ich begegnete dort einem ganzen Spektrum interessanter Menschen, ohne dass je etwas Unziemliches passiert wäre. Im Lauf der Zeit wurde das sogenannte Bucharin-Viertel, in dem sich das türkische Bad befand, zu einer Hochburg der orthodoxen Juden, die in den achtziger Jahren die Schließung des Bades erzwangen. Wieviel Heuchelei dabei im Spiel war, konnte ich gut beurteilen, hatte ich doch viele orthodoxe Juden das Bad besuchen sehen.

David, der als Kind aus England nach Israel gekommen war, war ein israelischer Patriot und zugleich aktiv in der Friedensbewegung engagiert. Sein Patriotismus kollidierte manchmal mit dem, was er zu Recht als meinen ambivalenten Zionismus empfand. Auch in diesem Zusammenhang spielte mein Judentum eine wichtige Rolle. Ich habe an anderer Stelle beschrieben, wie gesellschaftliche Außenseiter sich die von ihren Gegnern über sie verbreiteten Klischees zu Eigen machen, und habe auch offenbart, dass ich hier keine Ausnahme machte. Ich kann darin nichts anderes sehen als eine der Hinterlassenschaften meiner in Deutschland verbrachten Jugend, in der ich von Menschen umgeben war – meine eigene Familie eingeschossen –, die trotz ihres bewussten Jüdischseins das Klischeebild des schwächlichen, feigen und hässlichen Juden verinnerlicht hatten. Ich selbst sehe in der Tat sehr »jüdisch« aus, und meine Mutter war, wie bereits berichtet, während eines ihrer Besuche in Salem, als sie einen Bummel durch die Straßen einer benachbarten Ortschaft unternommen hatte, lauthals als »alte Judenhure« beschimpft worden.

Vor dem Hintergrund dieser stereotypen Vorstellungswelt, die man auch in den Vereinigten Staaten bis weit nach dem Zweiten Weltkrieg antraf, bewunderte ich den »neuen Juden«, den man nicht nur in Israel, sondern auch in den Vereinigten Staaten antreffen konnte, verkörpert insbesondere durch meinen Freund Allan in Harvard. Jetzt sah ich in David ein Modell eines solchen Juden. Er war einer dieser vielen gut gebauten jungen Juden, die ihre »Rassenzugehörigkeit« offen und stolz zur Schau trugen, ohne all jene psychischen Verformungen, die für mich zur jüdischen Normalität gehört hatten. Ihr Aussehen und die Selbstverständlichkeit, mit der sie agierten, standen in einem mich verblüffenden Kontrast zu allem, was ich vom europäischen Judentum gewöhnt war. Sicherlich besteht eine Beziehung zwischen diesen Wahrnehmungen und meiner wissenschaftlichen Arbeit, in der ich mich, wenn auch viel später, im historischen Kontext mit dem »neuen Juden« beschäftigte. Eine gewisse Ambivalenz konnte ich mir freilich nicht verkneifen, denn für mich war Intelligenz ein entscheidend wichtiges Attribut. Zum zionistischen Idealbild des »neuen Juden« hatte die Intelligenz nicht vorrangig gehört – eine Reaktion auf das Bild vom intellektuellen Ghettojuden. Ein körperlich robuster Jude zu sein, war sicher beeindruckend, für mich aber nicht ausreichend.

Zusätzlich zu der Zeit, die wir in Israel gemeinsam verbrachten, trafen David und ich uns oft auf Reisen, in Städten wie London oder Berlin, aber auch einmal auf einer Nilkreuzfahrt. Uns beide verband eine große Reiselust, die bei David aber nicht von einer inneren Rastlosigkeit angefacht wurde. Er machte einen stabilen, in sich ruhenden Eindruck, zumindest im Vergleich mit mir, auch wenn er zum Zeitpunkt unserer ersten Begegnung noch auf der Suche nach sich selbst war und gerade erst anfing, sich auf eine Berufswahl und eine Laufbahn einzustellen. Im Rahmen einer unsicheren Gesamtsituation Sicherheit auszustrahlen, war etwas, das paradox anmutete, aber vielleicht ruft eine nationale Unsicherheit eine scharfe persönliche Reaktion hervor, analog dem Phänomen, dass viele Menschen (ich selbst eingeschlossen), die im täglichen Leben Nervenbündel sind, die Ruhe selbst werden, wenn sie in eine kritische Lage geraten.

Anders als viele seiner israelischen Landsleute, hatte David englische Umgangsformen und ebensolches Taktgefühl. Im persönlichen Umgang mit Israelis erlebte man häufig eine verletzende Offenheit und Unmittelbarkeit; es mangelte ihnen an vielen jener kommunikativen Fertigkeiten, die ein reibungsloses Funktionieren des gesellschaftlichen Lebens ermöglichen. Der Gegensatz zwischen den Gepflogenheiten der deutsch-jüdischen Intellektuellen und Davids britisch geprägten Grundsätzen und Manieren war schlagend.

Auf der anderen Seite erlebte ich Jerusalem anfangs als einen Ort, der sich durch eine erfrischende Einfachheit des Lebens auszeichnete; zu prunken, galt damals noch als schlechter Stil. Ich bekam das vorgeführt, als ich 1972 den damaligen israelischen Staatspräsidenten Zalman Shazar mehrmals in seiner offiziellen Residenz besuchte, die, in einer obskuren Jerusalemer Nebenstraße gelegen, eher wie eine Kaserne als ein Palast aussah. Sein

Mit dem israelischen Präsidenten Schneur Zalman Shazar, 1970.
Rechts im Bild: Gershom Scholem

Amtszimmer hatte die Anmutung eines Provisoriums, und der Präsident empfing mich wie einen Verwandten, mit unkomplizierter Herzlichkeit. Von den gewohnten Insignien eines Präsidentenamtes war nichts zu sehen. Als Israel heranwuchs und sich zu einem modernen wohlhabenden Land entwickelte, ging zwangsläufig viel von der Schlichtheit und Bescheidenheit der frühen Jahre verloren, wenngleich sich etwas davon bis zum heutigen Tag erhalten hat, insbesondere im Milieu der politischen Elite. Es waren der Lebensstil und die Persönlichkeit des Präsidenten, die mich bei jener Begegnung am stärksten beeindruckten; worüber wir uns unterhielten, weiß ich hingegen nicht mehr.

Auch nach dem Ende meiner offiziellen Lehrtätigkeit im Jahr 1986 stattete ich Israel einmal im Jahr einen Besuch ab, zum einen um Vorträge zu speziellen Themen zu halten, hauptsächlich aber, um meine Freunde wiederzusehen. In dieser eng vernetzten Gemeinschaft, in der Freundschaft so viel bedeutete, gewann ich mit der Zeit ebenso viele enge Freunde wie in Madison. In Jerusalem war das Leben dank der bunten Vielfalt der Menschen, die für das Lokalkolorit sorgten, unglaublich reichhaltig. Mein Freundeskreis bestand überwiegend aus Akademikern, die aus unterschiedlichsten deutschen, englischen oder französischen Verhältnissen stammten. Ich lernte aber auch viele Nichtakademiker kennen, etwa die Kunstmalerinnen Anna Ticho und Lillian Klapich oder den Fotografen Tim Gidal. Die Gespräche, die in diesem Kreis geführt wurden, waren für gewöhnlich intensiv und anspruchsvoll, nur selten hörte man den etwa für amerikanische Cocktailpartys typischen Smalltalk. Es konnte natürlich vorkommen, dass man ernste Diskussionen dieser Art als anstrengend empfand, doch in den meisten Fällen fand ich sie erfrischend, auch weil die intellektuelle Neugier, durch die ich mich schon als »unbändiges Kind« in Berlin ausgezeichnet hatte, mich nie verlassen hat. Im Übrigen habe ich es mir zum Grundsatz gemacht, in möglichst jeder Situation das Gespräch auf die Interessen und das Leben meines Gegenübers zu lenken, um etwas über seine Lebensphilosophie zu erfahren. Vielleicht habe ich von meinem Vater das Gebot übernommen, nie über die eigene Person zu reden (während ich seine anderen Regeln, nie über andere Leute zu tratschen und nie von eigenen Krankheiten zu erzählen, geflissentlich ignoriert habe). Jedenfalls hat es mir immer Unbehagen bereitet, über mich selbst zu sprechen, und ich habe auch nie aufgehört, die oft zu vollmundigen Einführungen vor einem Vortrag oder wenn ich eine Auszeichnung überreicht bekam, peinlich zu finden. So sehr ich mich über das Lob freue, das mir bei solchen Gelegenheiten zuteil wird, so sehr fühle ich mich gleichzeitig unwohl dabei.

Meine Reise nach Jerusalem begann sozusagen in Zeitlupe, nahm dann langsam Tempo auf und entwickelte sich schließlich zu einem der bedeutsamsten Engagements, die ich in meinem Leben einging. Das bedeutet nicht, dass ich mit der israelischen

Regierung und ihrer Politik einverstanden gewesen wäre; ich war vielmehr von Anfang an ein Anhänger der Bewegung »Frieden jetzt!«. Wenn dem Staat Israel jedoch Gefahr drohte, reihte ich mich in die Schar seiner Verteidiger ein. Von einigen meiner früheren Studenten aus Wisconsin habe ich später erfahren, wie verblüfft sie waren, als ich, der doch als »peacenik« bekannt war, vor einer Menge, die sich zu Beginn des Sechstagekriegs vor dem Hillel House auf dem Campus der Universität versammelt hatte, eine leidenschaftlich patriotische Rede hielt. Eine kriegerische Situation erfordert nun einmal eine andere Reaktion als eine friedliche Lage der Nation.

Das Nachdenken über das »Israel-Problem« im Zusammenhang mit der Frage des Nationalismus war für einen, der die Frühphase seines Lebens als Opfer eines übersteigerten Nationalismus erlebt und später viel Zeit auf die Erforschung des Nationalismus und auf das Schreiben über ihn verwandt hatte, nur logisch und folgerichtig. Die Beschäftigung mit Israel versetzte mich am Ende in die Lage, die Faszination, die der israelische Nationalismus auf mich ausübte, mit der Angst, die ich zugleich vor ihm hatte, in Einklang zu bringen, indem ich mir die von den frühen Zionisten, darunter Theodor Herzl und Martin Buber, vorgenommene Unterscheidung zwischen einem guten und einem schlechten Nationalismus vergegenwärtigte. Auch ihnen war die Paradoxie sicherlich nicht entgangen: Ausgerechnet jene, die zu den größten Leidtragenden des Nationalismus gehört hatten, stellten sich die Aufgabe, einen eigenen Nationalismus zu formulieren. Zu der Zeit, als Herzl in seinem Roman *Altneuland* so etwas wie ein Phantombild des künftigen jüdischen Staates zeichnete, war der nationalistische Chauvinismus der erklärte Erzfeind. Ich glaube übrigens nicht, dass der Nationalismus als Glaubenssystem in absehbarer Zeit verschwinden wird. Er besitzt heute noch, wie mir scheint, mehr Macht als die meisten traditionellen Religionen und weist in der Tat in seinen extremsten Ausprägungen alle

Merkmale einer Religion auf. »Ist der Nationalismus noch zu retten? Zionismus, guter und schlechter Nationalismus«, so lautete der Titel eines Vortrags, den ich vor wenigen Jahren in Tel Aviv hielt. Er brachte mein eigenes Credo zum Ausdruck, einen verhaltenen Optimismus in Sachen Nationalismus, den viele meiner Freunde – selbst solche, die nationalistischen Einstellungen nicht abgeneigt waren – unangebracht fanden.

In einer bis dahin nicht erlebten Weise führte Jerusalem meine wissenschaftlichen Interessen mit meinem Lebensumfeld zusammen. Das hätte in einer früheren Phase nicht geschehen können, in der ich mich noch mit dem Europa der Frühen Neuzeit, mit englischer Verfassungsgeschichte und christlicher Theologie befasste, abgesehen davon, dass meine theologischen Studien im Zusammenwirken mit meinen Erfahrungen am Oratory of St. Mary and St. Michael während meines Studiums in Harvard letztlich unvorhergesehene praktische Folgen zeitigten. Während meines ersten Aufenthalts in Jerusalem als Gastprofessor wurde ich gebeten, ein Seminar zum Thema Reformation zu veranstalten; in der Folge wurde mir bald klar, dass meine Studenten nichts über die christliche Liturgie wussten. Ich besuchte mit ihnen den Gottesdienst eines christlichen Ordens, dem ein alter Bekannter von mir aus England angehörte, so dass sie sehen und hören konnten, wie eine katholische Messe abläuft.

Aber es war natürlich meine Arbeit auf dem Gebiet der Kulturgeschichte der Neuzeit, die den bedeutsamsten praktischen Bezug zu meinem Leben in Israel entfaltete. Der Aufenthalt in Jerusalem war für mich ein »Praktikum«, insofern als ich hier miterleben konnte, wie die schwierigen Fragen des Nationalismus und der jüdischen Identität einen aktuellen und unmittelbaren praktischen Niederschlag fanden. Ich habe Wahrheit für mich immer als das definiert, was die Geschichte uns lehrt, und es mir zur Gewohnheit gemacht, allem, was ich an gegenwärtigen Zuständen und Entwicklungen erlebe, sofort eine historische Dimension beizulegen. Es war sicher ein Zeichen meines bekennenden Engagements, dass ich mich, gleichsam gegen meine Natur, so stark mit Israel identifizierte und wie die frühen Zionisten den Wunsch hatte, an das Verhalten des jüdischen Staates strengere Maßstäbe anzulegen als an das anderer Nationen.

Ich konnte es mir inzwischen leisten, meine Zeit zwischen Madison und Jerusalem aufzuteilen, weil ich ein Junggeselle mit ansehnlichen Einkünften und Rücklagen war und mir über mein Gehalt und meine Pension keine großen Gedanken mehr machen musste. Für einen Mann mit Familie wäre es nicht ganz so einfach gewesen, zwei akademische Positionen auf zwei Kontinenten zu bekleiden. Notfalls hätte ich meinen Lebensunterhalt auch von meinem Jerusalemer Gehalt allein bestreiten können, wenn auch nicht von der Pension, die die Hebräische Universität mir später gewährte. Dass ich mir meinen Traum vom Leben in zwei Welten erfüllen konnte und in beiden so großartige intellektuelle Anregung erfuhr, stimmt mich sehr zufrieden. Ich habe tatsächlich das Gefühl, dass mein Leben mit sehr viel Glück gesegnet war, und stelle beim Niederschreiben dieser Autobiographie auch fest, dass sie viel mehr Licht als Schatten enthält, was möglicherweise der Spannung, die sie dem Leser bereitet, Abbruch tut, nicht aber meinem Lebensglück.

Kapitel 12

Zweite Heimat London

Unter den vielen Städten und Erfahrungen, die ich in diesen Erinnerungen erwähnt habe, fehlt London ganz einfach deshalb, weil es mir so vertraut ist, und zwar seit meiner Zeit in Bootham. Von den Kriegsjahren abgesehen, gab es in meinem Leben kein Jahr ohne mindestens einen längeren Aufenthalt in London. Die grundlegenden Literaturrecherchen für die meisten meiner Bücher unternahm ich dort, zu Anfang im Britischen Museum (unweit vom Geist eines Karl Marx und Charles Darwin), später in der Wiener Library, einer Spezialbibliothek für die Geschichte des Nationalsozialismus.

Die Wiener Library verdient eine besondere Erwähnung, weil sie in fast jeder Hinsicht zum zentralen Ankerplatz meiner London-Erfahrung wurde, zu einer Erweiterung meiner eigenen Bibliothek, und dies so sehr, dass ich mein Buch über die kulturellen Ursprünge des Nationalsozialismus nicht einem Freund widmete, sondern der Bibliothek und der dort über viele Jahre als Bibliothekarin tätigen Ilse Wolff. Die Wiener Library war eine private Bibliothek, die Alfred Wiener gegründet hatte, der ehemalige Syndikus des Centralvereins deutscher Staatsbürger jüdischen Glaubens, der wichtigsten Vereinigung der deutschen Juden. In seinen Exiljahren hatte Wiener begonnen, gedruckte Zeugnisse des Nationalsozialismus zu sammeln, darunter viel ephemeres Material, das man bis dahin als bloße Propaganda abgetan und in den Müll geworfen hatte. Ich hatte in den 1950er Jahren mit den stetig anwachsenden Beständen der Bibliothek zu arbeiten begonnen und saß später insgesamt achtzehn Jahre lang in ihrem Verwaltungsrat. Das buntscheckige und exzentrische Personal der Wiener Library, bestehend aus jüdischen Flüchtlingen aus den Ländern Mitteleuropas – allesamt wunderbar hilfsbereite Bibliothekare –, hätte den Stoff für Romane liefern können.

Bibliotheken sind die zentralen Anlaufstellen im Leben eines jeden Gelehrten – daher verknüpfen sich für mich Erinnerungen an fremde Städte zumeist mit den Bibliotheken, in denen ich jeweils einen großen Teil meines Aufenthalts verbrachte. Paris kannte ich seit meinen dortigen Aufenthalten in den 1930er Jahren ausnehmend gut, aber vertrauter als alles andere dort war mir die Bibliothèque Nationale mit ihrem Band-Katalog, den tückischen Treppenstufen im Lesesaal und dem anmutigen Interieur. Der Spazierweg zur Bibliothek durch die Gärten des Palais Royal war für mich der Inbegriff des dieser Stadt eigenen Zaubers.

In den frühen 1960er Jahren arbeitete ich aber auch häufig in einer anderen, kleineren Pariser Bibliothek, der des Centre de Documentation Juive Contemporaine, die auf Literatur zur jüngeren jüdischen Geschichte spezialisiert war. Es war die Zeit des Algerienkrieges, und die ältere Dame, die den Bibliotheksbetrieb leitete, hatte nebenher eine Aufgabe zu erfüllen, die höchst ausgefallen war und auch etwas mit Kreativität zu tun hatte: Sie klapperte regelmäßig die Toiletten mehrerer Pariser Metrobahnhöfe ab und notierte die an die Wände gekritzelten Sprüche, um eine Sammlung sprachlicher Schöpfungen des Volksmundes zusammenzutragen. Ich half ihr dabei hin und wieder. Heute befindet sich diese Sammlung von Zeugnissen politischer Ressentiments, wenn ich mich recht erinnere, in der Bibliothek der Universität von Paris in Vincennes und steht als Rohstoff für Arbeiten über Rassismus zur Verfügung. Mein vielleicht unheimlichster Studienort war jedoch die Bibliothek der Pariser Polizeipräfektur, in deren oberstem Stockwerk man inmitten einer Kollektion von Folterwerkzeugen und anderen einschlägigen Instrumenten saß, die die Pariser Polizei in der Vergangenheit für Aufklärungs- und Einschüchterungszwecke eingesetzt hatte. Vielleicht kein ganz unpassender Ort für Recherchen über *Les Jaunes,* die rechtsradikale und rassistische französische Gewerkschaftsbewegung des 19. Jahrhunderts, deren Geschichte ich damals erforschte.

Für mündlich überlieferte Geschichte gab es die Librairie Hébert, einen der rechten Szene zugehörigen Buchladen, wo man in den 1960er Jahren, wenn man sich in die traute Runde der um den dickbauchigen Ofen versammelten Stammkunden einreihte, noch Anekdoten und Legenden aus der Zeit des französischen Faschismus aufschnappen konnte. Erstaunlicherweise teilte sich der Buchladen einen Eingang mit der jüdischen Hillel-Stiftung, sicherlich eine bizarre Zufallsnachbarschaft. Damals geriet ich im Zuge meiner Studien zur Geschichte des Faschismus und Nationalsozialismus in der Tat auf Nebengleise, man denke nur an meine Recherchen in U-Bahn-Toiletten und meinen Eifer, so viele Nazis und Faschisten zu treffen, wie ich nur finden konnte. Ich frequentierte Buchhandlungen wie die Librairie Hébert, die zu den Lieblings-Anlaufstellen abgehalfterter faschistischer Intellektuellen, gehörten, denen hier, außer sonst noch in Rom, die Möglichkeit geboten wurde, weiterhin ihre Propaganda unters Volk zu bringen. Die Buchhandlung, die als Spezialgeschäft für faschistische und loyalistische Literatur die Nachfolge der Librairie Hébert antrat, wurde von einem schöngeistigen Altfaschisten namens Maurice Bardèche betrieben und erstellte regelmäßig eine Empfehlungsliste von »zu lesenden und nicht zu lesenden Büchern«, die ich bis heute wie einen Schatz hüte. Diese Buchhandlungen, soweit ich sie kannte, existieren inzwischen alle nicht mehr; sie wurden nach dem Tod ihrer in der Regel betagten Eigentümer geschlossen. Ich kam gerade noch zur rechten Zeit.

Die Zeit, die ich in diesen Buchhandlungen verbrachte, gehörte zu den Investitionen, die ich tätigte, um in Ergänzung zu meinen Literaturrecherchen das Denken und Fühlen ehemaliger Nazis und Faschisten direkt auszuloten, um ihre Motive und Ziele noch besser zu verstehen. Am ausgiebigsten beschäftigte ich mich mit diesen Leuten während der Vorarbeiten für mein Buch *The Crisis of German Ideology* zwischen 1960 und 1963. In diese Zeit fiel auch meine Teilnahme an einer Zusammenkunft ehemaliger NS-Autoren, bei der ein einstiger Kulturreferent der SA Regie führte. Um keinen Argwohn zu erregen, meldete ich mich zu der Veranstaltung unter dem Namen eines adligen Freundes an. Im Zuge meiner Arbeit an *The Nationalization of the Masses* in den 1970er Jahren schloss ich Bekanntschaft mit Albert Speer, einem der maßgeblichen Schöpfer nicht nur der Architektur und Stadtplanung der Nazis, sondern auch ihrer politischen Liturgie. Als Historiker betrachtete ich es als ein Glück, solche überzeugten Nationalsozialisten persönlich kennen lernen zu können; meine Neugier, herauszufinden, wes Geistes Kind sie waren, überwog bei weitem das Unbehagen, das ich in ihrer Gesellschaft empfinden mochte.

In der Hauptsache ging es mir darum, konkrete Informationen zu erhalten. So erklärte ich zum Beispiel Albert Speer von Anfang an, dass ich nicht versuchen würde, ihn mit seiner Vergangenheit zu konfrontieren, sondern dass es mir darum gehe, den Nationalsozialismus in möglichst vielen seiner Facetten zu erfassen. Ich hatte die Hoffnung, meine aus dieser Arbeit resultierenden Bücher könnten zu einem vertieften Verständnis des Nationalsozialismus und Faschismus beitragen. Nach meiner Überzeugung verkörpern Bücher heute die wahre Stimme des Antifaschismus, da die unmittelbare Bedrohung, die den Anlass zu meinem frühen antifaschistischen Engagement geliefert hatte, längst nicht mehr gegeben ist. Häufig konfrontierten mich Freunde mit der Frage, wie ich es fertig bringe, in persönliche Beziehung zu früheren Nazis zu treten, zumal viele von ihnen dem untergegangenen Regime innerlich treu geblieben waren. Tatsächlich war es genau diese noch immer vorhandene Loyalität, die sie zu wertvollen

Zeitzeugen machte. So war es für mich durchaus aufschlussreich, zu sehen, wie die Augen von Albert Speer, der sich doch längst vom Nationalsozialismus distanziert hatte, jedes Mal aufleuchteten, wenn der Name Adolf Hitlers fiel.

Meine Studien zu den teilweise sehr unterschiedlichen Themen, die meine Aufmerksamkeit fesselten, führten mich weit herum. So verbrachte ich 1959 einige Zeit in der Bibliothek des Vatikan, die damals noch ein sehr intimer Ort war, ein kongenialer Platz für meine Arbeit über das religiöse Denken im 17. Jahrhundert. Einige Monate lang arbeitete ich auch in der ausgezeichneten Bibliothek des Australian War Memorial, dieses Mal umgeben von einigen Gerätschaften des Zweiten Weltkrieges. Später, in den siebziger Jahren, wurde die Bayerische Staatsbibliothek in München für mich jahrelang zu einer Heimat fern der Heimat, beherbergte sie doch die beste Sammlung deutschen Schriftgutes, das den alliierten Bombenkrieg überstanden hatte. »Durch Kriegseinwirkung vernichtet« fungierte gleichwohl als wohlfeile Begründung für die Nichtbeschaffbarkeit mancher Bücher, die ich gerne gehabt hätte. Und bei der Literaturrecherche für mein Buch über Nationalismus und Sexualität musste ich für jedes einzelne Buch, das mit dem Thema Sexualität zu tun hatte und das ich anschauen wollte, eine Benutzungserlaubnis beantragen – respektabler Schein auch hier.

Im Verlauf der siebziger Jahre fand ich in München gute Freunde; einer von ihnen, Thomas Nipperdey, unter allen deutschen Historikern derjenige, den ich am meisten bewunderte, lud mich 1983 ein, die neu geschaffene Gastprofessur für Jüdische Geschichte an der Universität München für ein Semester wahrzunehmen. In der Folge wurde ich mit der Stadt so vertraut, dass ich eine Zeitlang ernsthaft darüber nachdachte, in ihr meinen Lebensabend zu verbringen. München war eine Großstadt mit überragenden kulturellen Einrichtungen, in der man trotzdem gemütlich leben konnte. In den späteren achtziger Jahren gesellte sich

Mit Freunden in Amsterdam, in den achtziger Jahren

zu München auch noch Amsterdam als eine Stadt, die mich als
Altersruhesitz gereizt hätte. Zwar gab es dort keine meinen Interessen gemäße Bibliothek, aber dafür eine lebendige und intellektuelle Schwulenszene mit Vorträgen, Diskussionen und großen Konferenzen, wie ich sie bis dahin nirgendwo erlebt hatte
und an denen ich mich begeistert beteiligte, wann immer ich in
der Stadt war.

Die eine große Konstante war und blieb jedoch London, nicht nur wegen seiner Bibliotheken, sondern auch dank inniger persönlicher Beziehungen, die mich mit Menschen in dieser Stadt verbanden. Meine engste und grundlegendste Freundschaftsbeziehung hatte ihre Wurzeln in Deutschland, war aber in England herangereift. Paula war die Tochter August Webers, des früheren Vorsitzenden der liberalen Staatspartei, der meine Eltern angehört hatten; Weber hatte ein Landgut bei Schenkendorf unweit von unserem besessen. Damals hatte ich mit Paula nur flüchtige Bekanntschaft geschlossen, mich dagegen mit ihren beiden Schwestern, die Zwillinge und auf dem Hermannsberg meine Klassenkameradinnen waren, sehr eng angefreundet. Von meinen ersten London-Aufenthalten an war ich dann jedoch ein ständiger Gast im Hause Paulas und ihres Mannes Roger Quirk geworden, eines höheren britischen Beamten, der viel zu jung starb; seit dieser Zeit waren Paula und ich enge Freunde und Gefährten. Immer wenn ich in London war, wohnte ich bei ihr, sie besuchte mich in Madison, und oft gingen wir auch gemeinsam in Urlaub. Paula, hochgewachsen und voller Vitalität, war ein wenig älter als ich. Sie hatte auch das Internat Salem durchlaufen, war jedoch nicht mit mir zusammen auf dem Hermannsberg gewesen. Ihre Schwestern, die Zwillinge, waren wie ich in die Vereinigten Staaten ausgewandert, doch hatte ich nach und nach den Kontakt zu ihnen verloren – sie ließen sich in Teilen der USA nieder, wo ich kaum einmal hinkam, wogegen ich in London regelmäßig Station machte.

Paula hatte sich in England vollständig eingelebt, ohne allerdings jemals den bequemen Weg zu suchen. Ich wage zu bezweifeln, dass irgendjemand, der nicht in England geboren ist, jemals ein Engländer oder eine Engländerin werden kann. Die englische Gesellschaft ist (oder war zumindest) ungeachtet ihrer politischen Liberalität in Wirklichkeit eine geschlossene Gesellschaft mit ihren ganz eigenen althergebrachten Bräuchen und Ritualen – und mit Spielregeln, die zu erlernen für jeden, der von draußen kam, schwierig war. Das hatte auch etwas mit der Sprache zu tun, bis hin zu einem speziellen Oberschicht-Idiom. Was ich an anderer Stelle über die festgefügten Rituale an den Colleges von Cambridge geschrieben habe, galt in abgewandelter Form für das Standesbewusstsein der oberen Mittelschicht Englands.

Paula und ihre drei Töchter wurden für mich zur Familie; sie lernten auch meine männlichen Gefährten kennen und freundeten sich mit ihnen an. Paula war eine unabhängige Frau, die ihren eigenen Kopf hatte und ziemlich bestimmend sein konnte, aber schließlich habe ich mich schon immer zu willensstarken, selbständig denkenden Frauen hingezogen gefühlt. Sie boten mir im Dialog auf jene scharfe und kritische Weise Paroli, die ich immer geschätzt habe. Seit ich zurückdenken kann, habe ich alles verabscheut, was breiig war, ob es nun menschliche Verhaltensweisen, schlappe Körper oder überreife Früchte waren. Das bedeutet nicht, dass ich etwa Kompromisse und Anpassung grundsätzlich ablehnen würde – ich betrachte mich immerhin als einen Liberalen. Ich hatte und habe einfach nur eine Vorliebe für starke Persönlichkeiten, die für ihren Standpunkt einstehen können, auch wenn mir die Meinung, an der sie eigensinnig festhalten, noch so sehr gegen den Strich geht. Ich nehme an, dass ich selbst auf andere ziemlich rechthaberisch und eigenwillig wirke; dennoch bin ich stets am besten mit Leuten ausgekommen, die ähnlich waren wie ich, Leuten, in die ich mich hineinversetzen und deren Gesellschaft ich genießen konnte.

Während Merle Curti mir in der akademischen Welt von Madison als »weiser Freund« zur Seite stand, spielte Paula in London eine ähnliche Rolle, allerdings auf einer intimeren, persönlichen Ebene. Unsere Freundschaft, die fast zeitgleich mit meiner Berufung nach Wisconsin begann, war so etwas wie die ständige Begleitmusik zu vielem von dem, was ich in den vorausgegangenen Kapiteln geschildert habe.

In Europa geht man regelmäßig zu Weihnachten, zu Ostern und im Sommer in Urlaub; diese Ferien dienen dazu, den Rhythmus des Jahres zu definieren. Amerikaner haben offenbar nicht das Bedürfnis, regelmäßig Urlaub zu machen, d. h. sich eine arbeitsfreie Zeit in neuer, ungewohnter Umgebung zu gönnen. Ich wuchs mit einem regelmäßigen Ferienrhythmus auf: Weihnachten bedeutete Skiurlaub in St. Moritz oder Davos, Sommer Bergsteigen in den Alpen, in Chamonix am Fuß des Montblanc.

Nachdem ich Amerikaner geworden war, war es für mich mit diesen Urlauben zu Ende – das war nicht die Folge einer bewussten Entscheidung, sondern ergab sich fast unmerklich. In den Zeiten, die früher für Urlaubsreisen zur Verfügung gestanden hatten, unternahm ich jetzt Forschungsreisen. Dass die fieberhafte Betriebsamkeit, die ich hierbei entfaltete (so erscheint es mir wenigstens im Rückblick) keine notwendige Voraussetzung für wissenschaftliche Produktivität war, hätte mir allein schon am Beispiel meines Freundes und entfernten Verwandten Francis Carstens klar werden müssen, der in London lebte. Er unternahm regelmäßig lange Ferienreisen mit seiner Familie und war als Historiker dennoch produktiver als ich.

Ich blieb meinem neuen urlaubslosen Lebensstil jedoch nicht konsequent treu. Um die Mitte der sechziger Jahre herum führte ich wieder einen, wenn auch verkürzten, Sommerurlaub ein, den ich manchmal in der Gesellschaft meiner Stiefmutter, gewöhnlich jedoch mit Paula verbrachte. Schon damals war Italien mein liebstes Urlaubsland – lange vor Beginn meiner engen akademischen und wissenschaftlichen Verbindungen mit dem Land. Wir erkundeten zum Beispiel Mitte der sechziger Jahre Sardinien. Im Großen und Ganzen zog ich jedoch die Dolomiten vor, die mir als eine wunderbare Kombination aus schönem Hochgebirge und italienischer Küche erschienen. Solche Ferienaufenthalte hatten jedoch rein episodischen Charakter, und nach einigen Jahren kehrte ich zur ganzjährigen wissenschaftlichen Betätigung zurück, die zwar an wechselnden Schauplätzen wie London, Rom oder Paris stattfand, deren Fixpunkte aber immer Bibliotheken waren. In dem Maß, wie ich bekannter wurde, waren es immer öfter Einladungen zu Vorträgen und Gastdozenturen, die meinen Reisekalender bestimmten. Das Reisen um seiner selbst willen, nur zum Genießen, hatte ausgedient.

Das war sicher ein Teil meiner Amerikanisierung. (Allerdings haben viele meiner amerikanischen Freunde in letzter Zeit begonnen, Kurzurlaube am Meer oder in den Bergen einzulegen.) War dieser Abschied von einem regelmäßigen Ferienturnus Ausdruck einer überzogenen Arbeitsethik oder einer verschärften Ambition, in einer Gesellschaft, in der ein furchteinflößender Wettbewerb herrschte, Erfolg zu haben? Handelte es sich hier gar um ein Paradebeispiel dafür, was ein fast außer Kontrolle geratener Kapitalismus bewirken kann? Tatsächlich statuierte ich ein Exempel dessen, was mein verstorbener Kollege Bill Hesseltine als das Bedürfnis, Geschichte zu essen, zu schlafen und zu träumen, bezeichnet hat. Ich verbiss mich in die Geschichte nicht nur durch all das, was ich in Deutschland, England und den Vereinigten Staaten erlebte, sondern auch durch meine beständige Beschäftigung mit der Vergangenheit; sie wurde zu einem integralen Bestandteil meiner Lebensführung. Das Leben ist für mich immer ein fortlaufender Prozess des Lernens und der Weiterbildung gewesen, ein Betätigungsfeld meiner ungezügelten Neugierde.

Auch wenn ich nie ein ordentliches Mitglied der intellektuellen Szene Londons wurde, fand ich dort eine Reihe guter Freunde, in der Mehrzahl Historiker. Es erscheint logisch, anzunehmen, dass die Wurzeln dieses Freundeskreises in meine englische Vergangenheit zurückreichten, doch wie schon erläutert, hatte der Krieg hier für einen tiefen Schnitt gesorgt. Auch als der Kreis sich von London nach Cambridge ausdehnte, bestand er, von wenigen Ausnahmen abgesehen, vor allem aus Kollegen, die ich erst in den sechziger oder gar erst in den neunziger Jahren kennen gelernt hatte, als ich einige Semester lang in Cambridge lehrte.

Helli Königsberger, den ich seit unserer gemeinsamen Zeit als Studienanfänger in Cambridge kannte, war eine der Ausnahmen. Als ich 1965, fast zehn Jahre nachdem ich meine Forschungen zur europäischen Geschichte der frühen Neuzeit beendet hatte, gebeten wurde, ein Buch über Europa im 16. Jahrhundert zu schreiben, das in England im Rahmen der angesehenen Schriftenreihe Longman's History of Europe herauskommen sollte, bat ich Helli, an diesem Projekt als Koautor mitzuwirken. Den Auftrag erhielt ich übrigens dadurch, dass ein anderer Freund von mir, Jack Hexter, der in Edinburgh offenbar todkrank daniederlag, mich bat, für ihn einzuspringen. (Zum Glück blieb Jack Hexter dann doch noch viele Jahre an Leben.) Helli Königsberger übernahm es, die von der wirtschaftlichen Entwicklung Europas handelnden Kapitel zu schreiben, während ich zu dem Buch die theologischen und religiösen Teile beisteuerte – wobei jeder von uns auch Beiträge zu den Kapiteln des anderen leistete. Wir verkrachten uns kein einziges Mal und hatten nicht einmal viele kontroverse Diskussionen, womit wir möglicherweise ein einsames Glanzlicht in der Geschichte akademischer Gemeinschaftsprojekte setzten.

Das Schreiben dieses Buches war eine höchst befriedigende Erfahrung, denn es ging leicht und flott von der Hand, im Gegensatz zu meinen zeitgeschichtlichen Büchern, die das Resultat anstrengender Arbeit waren. Lag das daran, dass ich in meinen Anfängen als Historiker über religiöse und theologische Themen geschrieben hatte? Ein derartiges Gefühl, inspiriert und aus einem Guss zu schreiben, hatte ich außer in diesem Fall nur noch bei meinem kleinen Buch über die Reformation, das ich 1952 innerhalb von nur wenigen Monaten in einer unmittelbar veröffentlichungsfähigen Fassung niederschrieb. Beide Bücher waren sehr erfolgreich, was ganz sicher etwas mit der Mühelosigkeit und Flüssigkeit zu tun hat, mit der sie mir von der Hand gingen.

In London hatten meine Freunde Francis Carstens und seine
Frau Ruth ein offenes Haus. Er war ein hochgewachsener und
ernster Mann, während seine aus Süddeutschland stammende
Frau lebenslustig und ebenfalls sehr gebildet war. Beide waren
auf ihre jeweils eigene Weise bedeutende und engagierte Historiker, Francis als Autor grundlegender Bücher über Themen, die
die gesamte Neuzeit vom 16. Jahrhundert bis zur Gegenwart über-
spannten. Als einer, der virtuos mit den Quellen umzugehen verstand, war Francis Carstens ein anderer Typ von Historiker als
ich mit meinem Faible für Theorie und Analyse, und er übte häufig wohlbegründete Kritik an meiner Arbeit. Würde er einen Me-
moirenband wie diesen schreiben, so wäre darin viel von dramatischen politischen Verwicklungen die Rede, denn Francis war in
seinen jungen Jahren eine Zeit lang ein bekennender und aktiver
Sozialist und Mitglied einer im deutschen Untergrund tätigen
antifaschistischen Bewegung gewesen. In seinem Haus lernte ich
George Lichtheim und den Soziologen Norbert Elias kennen (der
bei den Weihnachtsfeiern der Carstens' den Weihnachtsmann
spielte).

Elias war damals noch recht unbekannt, obwohl sein später
berühmt gewordenes Buch *Über den Prozess der Zivilisation* schon
1939 erschienen war, allerdings in einem obskuren Schweizer
Kleinverlag. Er bekleidete später akademische Stellungen in Kenia
und an der Universität von Leicester in England, um sich schließlich in Holland zur Ruhe zu setzen und seinen sehr spät gekom-
menen Ruhm zu genießen. (Sein Beispiel machte uns allen Hoffnung.) Obwohl ich später oft nach Amsterdam kam, stattete ich
ihm nie einen Besuch ab, denn ich hatte ihm in der Vergangenheit in den Streitgesprächen, in die wir bei jeder unserer Begegnungen geraten waren, sehr zugesetzt und ihn zudem mit einer
nicht sehr freundlichen Besprechung der Neuausgabe seines Buches geärgert, die ohne Veränderungen und Zusätze, die den
neuesten Stand der Forschung referiert hätten, erschienen war.

Norbert Elias war zweifellos kein unkomplizierter Mensch; er war empfindlich und dogmatisch. In der Zeit, in der ich *The Crisis of German Ideology* schrieb, stritten wir uns ständig, insbesondere über die Frage, wie die Deutsch-Nationale Volkspartei einzuordnen sei, die er vor dem Vorwurf des Rassismus in Schutz zu nehmen versuchte, obwohl der rassistische und antijüdische Charakter ihrer Propaganda nicht zu leugnen war. Ich behauptete ebenso halsstarrig meinen Standpunkt, zumal ich stolz darauf war, die Janusköpfigkeit dieser deutschen Konservativen enthüllt zu haben: Im öffentlichen Diskurs vornehme Zurückhaltung übend, ließen sie auf der Straße den Rassismus heraus. Unglücklicherweise nahmen meine Meinungsverschiedenheiten mit Elias niemals die Form jenes aus unterschiedlichen Standpunkten resultierenden fruchtbaren Dialogs an, von dem ich in meinem Leben so oft und so viel profitiert habe. Auf der anderen Seite waren später einige meiner Studenten maßgeblich daran beteiligt, in New York ein Symposium zu Ehren von Norbert Elias zu organisieren, nachdem eine englische Neuausgabe seines epochemachenden Buches erschienen war. Elias war ein einsamer Pionier gewesen, als er die Geschichte der bürgerlichen Moral geschrieben hatte, eine Geschichte, an der ich selbst in den achtziger Jahren Interesse gewann. Hätte ich mich eher damit beschäftigt, wäre ich vielleicht früher zu einer adäquateren Würdigung der Person Norbert Elias' gelangt, und es hätte zwischen uns eine fruchtbarere Beziehung entstehen können. Der Zivilisationsprozess, den er analysiert hatte, war eine entscheidende Voraussetzung für die Entstehung der Verhaltensregeln, die konstitutiv für unsere Gesellschaft geworden sind – Regeln und Normen, die sich ihrerseits zu einem integralen Bestandteil jener Verhaltensmuster entwickelt haben, die in ihrer Gesamtheit das ausmachen, was wir als bürgerliche Moral bezeichnen. Diese Moralvorstellung ist der Mörtel, der unsere Gesellschaft zusammenhält und als solcher einen ebenso bedeutsamen Zweck

erfüllt wie jede unternehmerische und wirtschaftliche Betätigung.

Die Leidenschaft für die Geschichte war ein wichtiges Element
aller dieser Freundschaften wie auch der Bedeutung, die meine
zweite Heimat London und, Jahrzehnte später, München und
Amsterdam für mich besaßen. Oft kam ich vor lauter Geschichte
kaum zum Luft holen, und es konnte sogar passieren, dass ich für
kurze Zeit das aktuelle Vorhaben, an dem ich gerade arbeitete,
vergaß. Was mich zur Beschäftigung mit der Geschichte trieb,
war mehr als ein bloß akademisches Interesse. Meiner Überzeugung nach können wir aus der Geschichte keine Lehren ziehen,
wenn wir uns nicht zuvor durch die wissenschaftliche Aufarbei-
tung der Vergangenheit den Maßstab für die Deutung des Geschehens geschaffen haben.

Kapitel 13

Die Vergangenheit als Gegenwart

Mein Leben wäre anders verlaufen, hätten die Umstände es mir gestattet, in Deutschland zu bleiben und ein Leben in materiell gesicherten Verhältnissen zu führen. Ich bin mir ziemlich sicher, dass ich dann keine Passion für das Studium der Geschichte entwickelt hätte. Doch die Welt meiner Kindheit hatte keinen Bestand. Alles, was mein Großvater gegründet und aufgebaut hatte, schien auf immer verloren. Tatsächlich erstand keine seiner Zeitungen nach dem Krieg wieder auf, obwohl mein Vater mir vor seinem Tod im Jahr 1944 sagte, dass er fest vorhatte, sie neu auf die Beine zu stellen – er hatte sogar schon einen Chefredakteur für das *Berliner Tageblatt* im Auge. Es hätte nicht funktioniert, nicht nur weil es meinem Vater an Realitätssinn mangelte, sondern auch weil keiner, der aus dem Exil zurückkehrte und eine Zeitung aus der Zeit vor den Nazis wiedergründen wollte, damit hätte erfolgreich sein können.

Andererseits ist mir, während ich viele tausend Kilometer von Berlin entfernt diese Zeilen niederschreibe, bewusst, dass mein Großvater es fertig gebracht hat, uns, den Nazis und dem Zweiten Weltkrieg zum Trotz, noch einmal zu einer vermögenden Familie zu machen. Die deutsche Nachkriegsregierung setzte ein Verfahren in Gang, an dessen Ende die während des Dritten Reiches beschlagnahmten Vermögenswerte wieder ihren rechtmäßigen Eigentümern zurückerstattet wurden. Während in der Bundesrepublik dieses Verfahren kurz nach Kriegsende anrollte, folgte Ostdeutschland erst nach dem Zusammenbruch des dortigen kommunistischen Regimes. Dass es zu einer solchen historischen

Wiedergutmachung kommen konnte, erscheint mir wie ein Wunder, eine vollkommen unvorhersehbare Ironie der Geschichte. Nichts Vergleichbares hat in den vergangenen zwei Jahrhunderten nach einem Machtwechsel oder einer Revolution stattgefunden. Die ehemals wohlhabenden Russen, die vor der bolschewistischen Revolution ins Ausland flohen, blieben zumeist für den Rest ihres Lebens arme Teufel, ebenso wie die Flüchtlinge aus anderen faschistischen Ländern Europas. Unser Vermögen wurde uns hingegen Stück für Stück zurückerstattet – nicht unsere bewegliche Habe, aber die Immobilien, die mein Großvater Mosse erworben hatte. Nach dem Zusammenbruch der DDR hätte ich meinen Wohnsitz wieder in Schenkendorf nehmen können, oder auch in dem Haus in der Maaßenstraße, in dem ich geboren bin.

Ich habe jedoch eine solche Rückkehr zu keinem Zeitpunkt in Erwägung gezogen und auch, wie bereits einmal erwähnt, beim Wiedersehen mit den Orten, an denen ich einen großen Teil meiner Kindheit verbracht hatte, keine Wehmut empfunden. Ich war ein anderer Mensch geworden und hielt kritische Distanz zu meiner Herkunft. Ich wollte nur an meinen eigenen Leistungen gemessen werden, die nun einmal die Frucht meines Exildaseins waren, und nicht an der Bedeutung meines Familiennamens. Es bereitet mir auch heute noch Unbehagen, wenn ich nach Berlin komme und einem Auditorium als »der Enkel von Rudolf Mosse« vorgestellt werde.

Die im Namen unserer Familie erhobenen Wiedergutmachungsforderungen waren sehr umfangreich, wenngleich sie sich zunächst nur auf die Bundesrepublik und West-Berlin bezogen – der größere Teil unseres Immobilienbesitzes lag unerreichbar auf der anderen Seite von Mauer und Stacheldraht. Mit der Geltendmachung unserer Ansprüche hatten wir zunächst einen früheren Anwalt der Firma Mosse beauftragt, der uns aber, wie bereits erwähnt, durch betrügerische Machenschaften um einige unserer Besitztümer brachte.

Daraufhin sicherten wir uns, vermittelt durch Freunde meiner Stiefmutter in Berkeley, die Dienste eines erstklassigen deutschen Anwalts namens Carl Hermann, der erreichte, dass uns nicht nur unsere Berliner Villa wieder zugesprochen wurde, sondern auch, der große, von Erich Mendelsohn entworfene Komplex aus Luxuswohnungen, Läden und einem Theater im Herzen West-Berlins. Man hatte dieses Projekt seinerzeit als eine finanzielle Fehlentscheidung meines Vaters betrachtet. Wie so viele andere Investitionen im Berlin jener Jahre, war auch diese mit Hilfe kurzfristiger Kredite aus den USA finanziert worden, deren Rückzahlung sich in den Jahren der Weltwirtschaftskrise äußerst schwierig gestaltete. Das Vorhaben war damals mit eher zu großen Risiken verbunden gewesen, und niemand hatte voraussehen können, dass dieser Komplex am Kurfürstendamm meiner Mutter bis ans Ende ihrer Tage den Lebensunterhalt sichern würde. Heute gehört er zu den Oasen in der städtebaulichen Wüste des wiederaufgebauten Berlin.

Nach dem Tod meines Bruders 1958 engagierte ich mich verstärkt in dem Rückerstattungsverfahren, machte mehrere Male im Jahr in Köln Station, wo unser Anwalt lebte, und stattete bei diesen Gelegenheiten oft auch Berlin einen Besuch ab. Gleichwohl kann ich für mich keinerlei Verdienst am erfolgreichen Ausgang dieses oder eines späteren Wiedergutmachungsverfahrens erheben. Ich lernte allerdings etwas über das deutsche Bodenrecht und – als dem in dem Komplex befindlichen Theater sein Pächter abhanden kam – darüber, was man an einem solchen Ort der öffentlichen Unterhaltung, der sich neben Luxuswohnungen befindet, noch akzeptieren kann und was nicht mehr. Ich leistete einen kleinen Beitrag dazu, dass sich der amtliche deutsche Denkmalschutz mit dem Komplex befasste, was zur Folge hatte, dass das Vorhaben eines Immobilienspekulanten, über den zu dem Anwesen gehörenden Tennisplätzen einen Wolkenkratzer zu errichten, mit knapper Not abgewendet werden konnte.

Die rekonstruierte Mendelsohn-Fassade des Mossehauses,
heute bekannt als Mosse-Zentrum, Berlin, 1995

Wenn wir mit unserem Kölner Anwalt einen Glücksgriff getan
hatten, so galt das zweifellos in noch stärkerem Maße für unseren
West-Berliner Rechtsvertreter, der sich nach dem Untergang der
DDR um die Rückübertragung unserer auf Ost-Berliner Gebiet
gelegenen Immobilien kümmerte. Ich weiß in der Tat von keinem anderen Fall, in dem die Rückerstattung enteigneter Immobilien, deren Vorbesitzer ins Exil geflüchtet waren, so zügig und
reibungslos vonstatten ging. Dabei handelte es sich in unserem
Fall um ziemlich große Objekte, darunter unser früheres Verlagsgebäude und das Stadtpalais meiner Großeltern. Um die außerhalb Berlins gelegenen Immobilien kümmerte sich ein anderer
fähiger Jurist, der hier eine außerordentlich schwierige Aufgabe
zu bewältigen hatte. Mein Großvater hatte mehrere große Güter
in der Provinz Brandenburg erworben. Sie waren in den Jahren
der kommunistischen Herrschaft in zahlreiche kleine Parzellen
aufgeteilt und einzeln verkauft worden. Noch dazu verfügten wir

369

über keine amtlichen Dokumente, mit denen wir die genaue Lage und Größe dieser Anwesen hätten nachweisen können.

In einem der wichtigsten dieser Fälle kam mir mein Gedächtnis zu Hilfe. Als ich eines Morgens im Dämmerschlaf lag, fiel mir plötzlich ein, dass meine Eltern mir, als ich noch sehr klein gewesen war, ein Landgut gezeigt und mir erzählt hatten, dass es uns ebenso gehörte wie Schenkendorf und dass die umliegenden Bauernhöfe ebenfalls ein Teil davon waren. Dann fiel mir sogar der Name wieder ein – Dyrotz –, was angesichts meines gewöhnlich so lückenhaften Gedächtnisses ein schieres Wunder war. An solche trivialen Dinge erinnert man sich oft leichter als an das, worauf es wirklich ankommt; dieses Mal kam dabei jedoch etwas höchst Nützliches heraus. Der Anwalt und ich fuhren in das Dorf Dyrotz hinaus und baten ein Mädchen, uns zu den ältesten Einwohnern zu führen, die es kannte. Wir hatten Glück, denn eine redselige alte Dame erzählte uns treuherzig, dass dieses und jenes Stück Land, ebenso wie das Herrenhaus, den Mosses gehört habe. Das Gespräch endete abrupt, als ihr Mann nach Hause kam – er war wütend auf seine Frau, fürchtete er doch, wir wollten ihm sein Haus wegnehmen. Wir wussten jetzt genug, um unter Heranziehung der örtlichen Grundbücher unser verloren geglaubtes Eigentum wieder zu beanspruchen.

Am Ende verkauften wir alle diese Anwesen und Gründstücke. Am schwierigsten loszuschlagen war Schenkendorf, denn es gab inzwischen sehr viele leerstehende Landhäuser dieser Art. Dazu kam, dass das Herrenhaus in der DDR-Zeit als Offizierskaserne gedient hatte und sich in entsprechend heruntergekommenem Zustand befand. Am Ende verkauften wir das Anwesen an einen charmanten deutschen Herrn, den ein rumänischer Adliger namens Graf Dracula adoptiert hatte – ein Name, der schon lange bevor man ihn mit einem blutsaugenden Edelmann verbinden konnte, existiert hatte. Der Mann ließ das Haus prachtvoll restaurieren, und als er mich danach durch die Foyers und Zimmer

Vor dem Tor zu Schloss Schenkendorf,
in den frühen neunziger Jahren

führte, an die ich mich so gut erinnerte, war ich höchst beeindruckt. Ich hatte nichts dagegen, dass er in dem Teil des Parks, der noch übrig war, einen Biergarten einrichtete, und dass der Ort, an dem ich einen Teil meiner Kindheit verbracht hatte, in einen Dracula-Themenpark verwandelt wurde. Der geglückte Verkauf des Anwesens schlug in der örtlichen Presse höhere emotionale Wellen als in meinem Inneren. Der einzige Schauplatz meines Lebens vor dem Exil, der bis heute tiefe Gefühle in mir wachruft, ist die oberschwäbische Landschaft um Salem und den Hermannsberg.

Mein Leben war, so schien es, zu seinem Ausgangspunkt zurückgekehrt; allein, die Rückerstattung hatte, so einzigartig und spektakulär sie als Erfahrung sein mochte, keine großen Auswirkungen auf den Fortgang meines Lebens. Gewiss, das Geld kam mir zupass, ebenso wie die erneuerten Bindungen an Berlin – wenngleich ich es vorzog, zu glauben, letztere seien das Ergebnis meiner eigenen Leistungen, denn schließlich waren meine Bücher ins Deutsche übersetzt worden, und ich hielt nun auch häufig Vorträge in dieser Stadt.

Die Kluft, die mich von meiner eigenen Vergangenheit trennte, war zum einen eine Folge meiner geglückten Eingliederung in eine neue Welt, zum anderen in einem fast ebenso starken Maße die Folge meiner neuen Sicht der Welt und meines Platzes in ihr, gewonnen aus meiner intensiven Beschäftigung mit der Geschichte. Es ist schwierig, diesen Persönlichkeitswandel in Worte zu fassen – er hat, kurz gesagt, etwas mit den Maßstäben zu tun, nach denen man die Wirklichkeit und das eigene Leben sieht und nach denen man alle Phänomene gemäß ihrer vergangenen und gegenwärtigen Auswirkungen einordnet. Dieses Denken führt zu einer anderen Sicht der Dinge; es gewährt dem eigenen Ich eine gewisse Stabilität, und in meinem Fall hatte es entscheidenden Einfluss auf die Art und Weise, wie die Erfahrungen meiner Vergangenheit meine Auseinandersetzung mit der Gegenwart geprägt haben.

Wenn ich auf mein Leben zurückblicke, kommt es mir vor, als hätte meine Herkunft mir zwar viele Chancen eröffnet, mir aber auch viele Hindernisse in den Weg gestellt, die ich überwinden musste. Der nicht zu bändigende, ungezogene Knabe, den man zur Strafe in die Besenkammer sperrte, schaffte es im Lauf der Zeit, sich in einen respektablen Bürger zu verwandeln. Das war kein einfacher Wandlungsrozess und ich habe dabei entscheidende Hilfe erfahren. Die Disziplinierung im Internat und die Disziplin, die die wissenschaftliche Arbeit verlangte, waren grundlegend wichtig, desgleichen aber auch mein Ehrgeiz, mich in die neuen Welten, die sich mir auftaten, einzugliedern und in ihnen eine Spur zu hinterlassen. Ich brachte mich in diese neuen Welten ein, nicht nur auf dem akademischen Feld, sondern auch, wie etwa in Iowa, im öffentlichen Leben. Mein öffentliches Wirken erschöpfte sich dort im Wesentlichen in Vortragsreisen, wogegen ich in Wisconsin als Delegierter an Parteitagen der Demokraten auf Bundesstaatsebene teilnahm und die führenden Leute der Partei kennen lernte. Zur Oppositionsbewegung gegen den Vietnamkrieg hatte ich Kontakte, aber worum es mir vor allem ging, war zu erfahren, wie das politische Leben an der Basis in den USA wirklich funktionierte. Vielleicht hätte ich meine politische Betätigung im lokalen und regionalen Rahmen fortgesetzt, doch dann kam meine Lehrtätigkeit in Jerusalem dazwischen, die dies unmöglich machte, weil sie lange Zeiten der Abwesenheit aus Madison mit sich brachte. Wie auch immer, vom staatenlosen Einwanderer hatte ich es zum verantwortungsbewussten Bürger gebracht. Irgendetwas an dieser Feststellung klingt für mich jedoch unecht.

Ein Erbstück meiner Vergangenheit, das mich nie verließ, war meine Rastlosigkeit, die sich regelmäßig zum »Reisefieber« steigerte. Die Wurzeln dafür lagen zweifellos in der Erfahrung der Staatenlosigkeit, die ich in einem prägenden Lebensalter machte, doch spielte sicher auch die anhaltende Faszination eine Rolle, die das Bild vom »freischwebenden Intellektuellen« der Weimarer Jahre auf mich ausübte. Auch ich wollte ein Intellektueller sein, der nicht an Zeit und Ort gefesselt ist, sondern sich einzig und allein von seinem analytischen Verstand leiten lässt – so etwas wie der ewige Reisende, der analysierend und beobachtend über den Ereignissen schwebt. Mein Geschichtsbild bestärkte mich in dieser Vorstellung, beinhaltete es doch die Notwendigkeit, sich sogar in diejenigen hineinzuversetzen, die man als böse und gefährlich einstufte. Aber natürlich kam man mit diesem Ideal in der Praxis nicht weit, wie meine diversen politischen Parteinahmen deutlich zeigten – etwa mein Eintreten für die Politik des New Deal in den USA oder mein kompliziertes Verhältnis zum Zionismus. Jedenfalls blieb trotz einer respektablen Karriere diese

Rastlosigkeit bestehen, und am Ende wurde in meinen Schriften so etwas wie eine leise Kritik an genau jener bürgerlichen Moral sichtbar, die zu erreichen ich aus ganzem Herzen angestrebt hatte.

Und wie verhielt es sich mit meinem doppelten Außenseiterstatus? Meinem Judentum hatte ich mich gestellt und hatte mich mit ihm versöhnt. Das war angesichts des Gegensatzes zwischen dem Antisemitismus, dem ich früher begegnet war, und der vollständigen Akzeptanz, die man als Jude ab Ende der sechziger Jahre erfuhr, eine eher leichte Übung gewesen. Ich konnte zu diesem Zeitpunkt an meiner Universität maßgeblich an der Entwicklung eines Studiengangs zur jüdischen Geschichte mitwirken, etwas, das in einer früheren Phase meiner akademischen Laufbahn ziemlich gewagt gewesen wäre.

Aus der eigenen Homosexualität ein Geheimnis zu machen, ein verstecktes (und sicherlich nicht respektables) Sexualleben zu führen, war nach den sechziger Jahren auch nicht mehr unbedingt nötig, obwohl es nach wie vor eine riskante Sache war, sich zu outen, besonders für Leute, die beruflich noch nicht fest etabliert waren. Ich hatte in Europa eingehende Erfahrungen mit einem abgeschotteten schwulen Sexualleben gesammelt; erst im Verlauf der siebziger Jahre hatte ich mich allmählich aus der Deckung gewagt. Ich war zu diesem Zeitpunkt ein anerkannter, ordentlich bestallter Professor, und solange ich meine Homosexualität nicht an die große Glocke hängte, konnte mir kaum etwas passieren. Alte Vorurteile sterben jedoch nur langsam, und während ich selbst nun auch mit meinem sexuellen Außenseitertum ins Reine kam, war der Schritt zum öffentlichen Sich-Bekennen angesichts einer noch immer von Hass und Ressentiments erfüllten Atmosphäre ungleich schwieriger. Ich rang mich schließlich dazu durch, offen in einer Partnerschaft mit einem Mann zu leben, die alle meine akademischen Freunde akzeptierten.

Beim Besuch des Familiengrabes im Jüdischen Friedhof
Berlin-Weissensee, 1995. Hier ruhen Emilie und Rudolf Mosse
sowie dessen Bruder Wolfgang und Mutter Ulrike

Auch hier kam die Wissenschaft mir zu Hilfe, in Gestalt meiner weitergeführten Forschungen zum Verhältnis zwischen Insidern und Außenseitern in der Gesellschaft, aus denen sich letztlich ein Buch über die Geschichte der Homosexualität ergab. Es war erst zwei Jahrzehnte her, dass ich einem meiner Doktoranden geraten hatte, einige eindeutig sexuelle Ausdrücke aus seiner Dissertation zu entfernen, da sie möglicherweise seine Karrierechancen gemindert hätten. Dass es mir möglich wurde, mich offen zu meinem zweifachen Außenseitertum zu bekennen, hatte ich eher dem gesellschaftlichen Fortschritt zu verdanken als meiner eigenen inneren Stärke. Auch in dieser Beziehung hatte ich keinen Anlass, der Welt, die ich verloren hatte, nachzutrauern.

Mein Ins-Reine-Kommen mit mir selbst ging freilich stets einher mit der bewussten Erinnerung an eine Vergangenheit, die einfach nicht weggehen wollte – ich machte nicht einmal den Versuch, das virulente Gefühl, ein Überlebender zu sein, zu überwinden oder umzubiegen. Der Holocaust war nie weitab von meinem Denken – ich hätte seinerzeit ohne weiteres mit meinen jüdischen Leidensgenossen der Vernichtung anheim fallen können. Es ist wohl einfach so, dass ich als einer, der der Holocaust-Generation angehört, beständig versucht habe, ein Geschehen zu verstehen, das eigentlich zu ungeheuerlich ist, um der rationalen Betrachtung zugänglich zu sein. Mit allen meinen Untersuchungen zur Geschichte des Rassismus und des völkischen Denkens, sogar auch mit meinen Schriften über Außenseitertum und Klischees, habe ich mich, selbst wenn manche davon keinen direkten Bezug zum Holocaust hatten, um Antworten auf die Frage bemüht, wie es passieren konnte. Eine Erklärung zu finden, war wichtig, nicht nur für ein besseres Verständnis der jüngsten Geschichte, sondern auch für meinen eigenen Seelenfrieden. Das ist eine Frage, mit der meine Generation sich auseinandersetzen musste, und ich hatte am Ende das Gefühl, einem Verständnis des Holocaust als eines historischen Phänomens näher gekommen zu sein. Wir müssen wohl weiterhin mit einem fernen Donnergrollen des Schreckens leben, trotz der gesellschaftlichen Fortschritte, die es mir um so viel leichter gemacht haben, mich zu dem, was ich bin, zu bekennen.

Die Rückerstattung der früheren Besitztümer unserer Familie an uns Nachkommen könnte auf den ersten Blick den Eindruck erwecken, hier habe sich ein Kreis meines Lebens geschlossen; eigentlich aber war das unwichtig. Die Verbrechen des Dritten Reiches sind tief in mein Bewusstsein eingegraben, Teil der persönlichen Wandlung, die ich seit meinen Zeiten als unverantwortlicher junger Mann durchgemacht habe, Teil einer Vergangenheit, der man sich stellen musste. Ich hatte die Welt, die hinter mir lag, verurteilt und von mir weggestoßen und hatte versucht, mich selbst zu wandeln – doch in meinen Ängsten, meinen Phobien und meiner Rastlosigkeit war und blieb ich ein Kind meines Jahrhunderts.

ANMERKUNGEN

1 Hier lässt den Autor sein Gedächtnis im Stich, denn Felicia Mosse war die Alleinerbin des gesamten Geschäfts- und Privatvermögens. Wohl aber trat Hans Lachmann-Mosse 1910 als persönlich haftender Gesellschafter in das Unternehmen seines Schwiegervaters ein. Vgl. hierzu Kraus, Elisabeth: *Die Familie Mosse. Deutsch-Jüdisches Bürgertum im 19. und 20. Jahrhundert*, München 1999, S. 493.

2 Dichtung und Wahrheit liegen bei diesen Bemerkungen eng beieinander. Tatsächlich war die Ehe von Ulrike und Markus Mosse 1844 in eine Krise geraten, ohne dass definitiv feststünde, was im Einzelnen dazu geführt hat. Ulrike Mosse war zu diesem Zeitpunkt bereits sechsfache Mutter. Die Krise war offenbar dann beendet, als sie ein von ihrem Ehemann entworfenes und von einem Rabbiner gebilligtes Schreiben unterzeichnet hatte. Einen Ehevertrag kann man dies nicht nennen. Sie durfte danach zwar in der Tat bei Abwesenheit des Ehemannes vom Wohnort keine Besuche machen, von einem »Sprechverbot« ist darin allerdings nicht die Rede. Dass Ulrike Mosse eine wortkarge Frau gewesen ist, ist eher unwahrscheinlich, eine persönliche Erinnerung Felicia Mosses an ihre Großmutter ist ausgeschlossen. Sie wurde erst 1888, im Todesjahr von Ulrike Mosse, geboren. Näheres dazu siehe Kraus, Elisabeth: *Familie Mosse,* S. 81 ff.

3 In der Tat handelt es sich dabei um eine pathetische Überhöhung der Ereignisse. Rudolf Mosse starb überraschend und von niemandem bemerkt in seiner Kutsche auf der Heimfahrt von der Jagd in der Umgebung seines Guts Schenkendorf.

4 Die Aufklärung Felicias über ihre Adoption erfolgte nicht durch ihre (Adoptiv-)Eltern, sondern offenbar unmittelbar bei der standesamtlichen Eheschließung durch den Standesbeamten, der sich Rudolf Mosses Bestechungsversuchen widersetzt und den Ge-

burtsort Felicias – korrekt – mit Köln anstelle von Berlin angegeben hatte.

5 Wenn es auch nicht auszuschließen ist, dass Hans Lachmann-
Mosse Rosa Luxemburg kennen gelernt hatte, ist es denkbar unwahrscheinlich, dass dies in jener Nacht geschehen ist. Davon,
dass sich Rosa Luxemburg in der Kommandozentrale des von
den Spartakisten geleiteten Aufstands im Mosse-Haus aufgehalten habe, ist kein Quellenbeleg überliefert. Im Übrigen konnte
auch das *Berliner Tageblatt,* wie die anderen Berliner Blätter, vom
5. bis zum 11. Januar 1919 nicht erscheinen. Bei Hans Lachmann-
Mosses »Heldentat« dürfte es sich um eine (Familien-)Legende
handeln.

6 Im September 1932 beantragte Hans Lachmann-Mosse beim
Amtsgericht Berlin-Charlottenburg die Einleitung eines Konkursverfahrens. Zur finanziellen und personalpolitischen Situation
des Verlagshauses vor der nationalsozialistischen Machtergreifung und zur Abwicklung des Konkurses in den Jahren danach
vgl. ausführlich Kraus, Elisabeth: *Familie Mosse,* S. 508 ff.

7 Diese Schilderung entspricht im Großen und Ganzen dem historischen Verlauf, nicht jedoch im Detail. Tatsächlich stellte das
Berliner Tageblatt erst zum 31. Januar 1939 sein Erscheinen ein.
Zu den Etappen des Zusammenbruchs der Rudolf Mosse OHG,
zur Abwicklung im Rahmen des Vergleichsverfahrens und zur
Übernahme der Mosse-OHG durch Max Winklers Cautio GmbH
vgl. ausführlich Kraus, Elisabeth: *Familie Mosse,* S. 492 ff.

8 Es handelte sich dabei um Cäcilie Lachmann, die Schwester seines Großvaters väterlicherseits, Georg Lachmann. George L. Mosse
war somit der Großneffe von Felix Liebermanns Frau.

9 Nach Lage der Dinge kann George L. Mosse hier nur den Pharmakologen Hermann Blaschko gemeint haben, der allerdings erst
ab 1944 in Oxford lehrte. Hermann Blaschko, Sohn des Sozialhygienikers Alfred Blaschko, war der Enkelsohn von Therese Litthauer, geb. Mosse, der ältesten Schwester von Rudolf Mosse, und
damit ein Cousin zweiten Grades von George L. Mosse.

10 Siehe Anm. 8.

11 Werner Mosse war George L. Mosses Cousin zweiten Grades.
Ihre Großväter Rudolf und Emil waren Brüder, und der jüngere
Emil war als Verlagsbuchhändler jahrzehntelang an führender
Stelle im Unternehmen seines Bruders Rudolf tätig. Werner Mosse

wurde in der Tat, ähnlich wie sein Cousin George, seit den sechziger Jahren des 20. Jahrhunderts zu einem der führenden Historiker in England und weit darüber hinaus, und avancierte zu einem der profiliertesten Historiker des Judentums weltweit. Er starb Ende April 2001 in Gloucester. Zu Emil und Werner Mosses Lebenswegen vgl. Kraus, Elisabeth: *Familie Mosse*, S. 262 f. und S. 269–277.

Literaturverzeichnis

Selbständige Veröffentlichungen
George Mosses

The Idea of Sovereignty in England, from Sir Thomas Smith to Sir Edward Coke, Dissertation, Harvard, 1946

The Struggle for Sovereignty in England, from the Reign of Queen Elizabeth to the Petition of Right, East Lansing, Michigan State College Press, 1950

The Reformation, New York, Henry Holt & Co., 1953

The Holy Pretence: A Study in Christianity and Reason of State from William Perkins to John Winthrop, Oxford, Basil Blackwell, 1957

The Crisis of German Ideology: Intellectual Origins of the Third Reich, New York, Grosset & Dunlap, 1964 (dt.: *Ein Volk, ein Reich, ein Führer. Die völkischen Ursprünge des Nationalsozialismus*, Königstein/Ts., Athenäum Verlag, 1979)

Nazi Culture: Intellectual, Cultural, and Social Life in the Third Reich, herausgegeben von George L. Mosse, übersetzt von Salvatore Attanasio u. a., New York, Grosset & Dunlap, 1966 (dt.: *Der nationalsozialistische Alltag. So lebte man unter Hitler*, Königstein/Ts., Athenäum Verlag, 1978)

International Fascism, 1920–1945, herausgegeben von Walter Laqueur und George L. Mosse, New York, Harper & Row, 1966 (dt.: *Internationaler Faschismus, 1920–1945*, München, Nymphenburger Verlagshandlung, 1966)

Left Wing Intellectuals between the Wars, herausgegeben von Walter Laqueur und George L. Mosse, London, Weidenfeld & Nicolson, 1966 (dt.: *Linksintellektuelle zwischen den beiden Weltkriegen*, München, Nymphenburger Verlagshandlung, 1969)

Kriegsausbruch 1914, Deutsche Buchausgabe des *Journal of Contemporary History*, herausgegeben von Walter Laqueur und George L. Mosse, München, Nymphenburger Verlagshandlung, 1967

The New History: Trends in Historical Research and Writing since World

War II, herausgegeben von Walter Laqueur und George L. Mosse, New York, Harper & Row, 1967

Europe in the Sixteenth Century, [mit Helmut Georg Koenigsberger], London, Longmans, 1968

Germans and Jews: The Right, the Left, and the Search for a »Third Force« in Pre-Nazi Germany, New York, Howard Fertig, 1970

Historians in Politics, Herausgegeben von Walter Laqueur und George L. Mosse, London-Beverly Hills (Calif.), Sage Publications, 1974

Jews and Non-Jews in Eastern Europe 1918–1945, herausgegeben von Bela Vago und George L. Mosse, [Based on papers presented at the International Symposium on the Interaction between Jews and the Peoples of East-Central Europe, 1918–1945, held at the University of Haifa, 1–4 May 1972], New York, John Wiley/Tel Aviv, Israel Universities Press, 1974

The Nationalization of the Masses: Political Symbolism and Mass Movements in Germany from the Napoleonic Wars through the Third Reich, New York, Howard Fertig, 1975 (dt.: *Die Nationalisierung der Massen. Die politische Symbolik und Massenbewegung in Deutschland von den Napoleonischen Kriegen bis zum Dritten Reich*, Berlin, Ullstein, 1976)

Police Forces in History, herausgegeben von George L. Mosse, London-Beverly Hills (Calif.), Sage Publications, 1975

The Jews and the German War Experience, 1914–1918, Leo Baeck Memorial Lecture: 21, New York, Leo Baeck Institute, 1977

Toward the Final Solution: A History of European Racism, New York, Howard Fertig, 1978 (dt.: *Rassismus. Ein Krankheitssymptom in der europäischen Geschichte des 19. und 20. Jahrhunderts*, Königstein/Ts., Athenäum Verlag, 1978)

International Fascism: New Thoughts and New Approaches, herausgegeben von George L. Mosse, London-Beverly Hills (Calif.), Sage Publications, 1979

Masses and Man: Nationalist and Fascist Perceptions of Reality, New York, Howard Fertig, 1980

German Jews beyond Judaism, [Based on the author's Efroymson Lectures at the Hebrew Union College], Bloomington (Ind.), Indiana University Press/ Cincinnati (Ohio), Hebrew Union College Press, 1985 (dt.: *Jüdische Intellektuelle in Deutschland. Zwischen Religion und Nationalismus*, mit einer Einleitung von Aleida Assmann, Frankfurt/Main, Campus Verlag, 1992)

Nationalism and Sexuality: Respectability and Abnormal Sexuality in Modern Europe, New York, Howard Fertig, 1985 (dt.: *Nationalismus und Sexualität. Bürgerliche Moral und sexuelle Normen*, München, Hanser Verlag, 1985)

The Impact of Western Nationalisms: Essays Dedicated to Walter Z. Laqueur on the Occasion of his 70th Birthday, herausgegeben von Jehuda Reinharz und George L. Mosse, London/Newbury Park (Calif.), Sage Publications, 1992

Confronting the Nation: Jewish and Western Nationalism, Hanover (N. H.) und London, University Press of New England, 1993

Fallen Soldiers: Reshaping the Memory of the World Wars, New York, Oxford University Press, 1990 (dt.: *Gefallen für das Vaterland. Nationales Heldentum und namenloses Sterben*, Stuttgart, Klett-Cotta, 1993)

»Ich bleibe Emigrant.« Gespräche mit George L. Mosse, herausgegeben von Irene Runge und Uwe Stelbrink, Berlin, Dietz, 1991

Can Nationalism Be Saved? About Zionism Rightful and Unjust Nationalism, The Weizman Lecture in the Humanities, Weizman Institute, Jerusalem, Nov. 5, 1995

The Image of Man: The Creation of Modern Masculinity, New York, Oxford University Press, 1996 (dt.: *Das Bild des Mannes. Zur Konstruktion der modernen Männlichkeit*, Frankfurt/Main, Fischer Verlag, 1997)

The Fascist Revolution, Toward a General Theory of Fascism, New York, Howard Fertig, 1999

II. Wichtige Aufsätze George Mosses

»The Anti-League: 1844–1846«, in: *Economic History Review*, XVII, 2, 1947, 134–142

»The Assimilation of Machiavelli in English Thought: The Casuistry of William Perkins and William Ames«, in: *Huntington Library Quarterly*, XVII, 4, August 1954, 315–326

»The Image of the Jew in German Popular Culture: Felix Dahn and Gustav Freytag«, in: *Leo Baeck Institute. Year Book II*, London, Secker & Warburg, 1957, 218–227

»Puritan Radicalism and the Enlightenment«, in: *Church History*, XXIX, 4, December 1960, 424–439

»Die deutsche Rechte und die Juden«, in: *Entscheidungsjahr 1932. Zur Judenfrage in der Endphase der Weimarer Republik. Ein Sammelband*, herausgegeben von Werner Eugen Mosse unter Mitwirkung von Arnold Paucker, Tübingen, Mohr, 1965, 183–246

»The Influence of the Völkisch Idea on German Jewry«, in: *Studies of the Leo Baeck Institute*, herausgegeben von Max Kreutzberger, New York, Frederik Unger, 1967, 81–115

»Fascism and the Intellectuals«, in: *The Nature of Fascism: Proceedings of a Conference Held by the Reading University Graduate School of Contemporary European Studies*, herausgegeben von Stuart J. Woolf, London, Weidenfeld & Nicolson, 1968, 205–226

»History, Anthropology and Mass Movements«, in: *American Historical Review*, LXXV, 2, December 1969, 447–452

»Changes in Religious Thought«, in: *The New Cambridge Modern History, Vol. IV, The Decline of Spain and the Thirty Years War, 1609–48/59*, herausgegeben von J. P. Cooper, Cambridge, Cambridge University Press, 1970, 169–201

»The Heritage of Socialist Humanism«, in: *The Legacy of German Refugee Intellectuals in Salmagundi*, Fall 1969 – Winter 1970, 123 bis 139

»Cesarism, Circuses and Monuments«, in: *Journal of Contemporary History*, VI, 2, April 1971, 167–182

»German Socialists and the Jewish Question in the Weimar Republic«, in: *Leo Baeck Institute. Year Book XVI*, London, Secker & Warburg, 1971, 123–151

»The Youth Movement«, in: *Forces of Order and Movement in Europe since 1815*, herausgegeben von Robert J. Scally, Boston, Houghton Mifflin, 1971, 50–70

»Literature and Society in Germany«, in: *Literature and Western Civilization*, Edited by David Daiches and Anthony Thorlby, Vol. II, London, Aldus Books, 1972, 267–299

»The French Right and the Working Classes: Les Jaunes«, in: *Journal of Contemporary History*, VII, 3–4, July-October 1972, 185–208

»Mass Politics and the Political Liturgy of Nationalism«, in: *Nationalism: The Nature and Evolution of an Idea*, herausgegeben von Eugene Kamenka, Canberra, Australian National University Press, 1973, 38–54

»Left Wing Intellectuals and the Jewish Problem in the ›Thirties‹ and in the ›Sixties‹«, in: *Dispersion and Unity*, XVII-XVIII, 1973, 106–116

»The Poet and the Exercise of Political Power: Gabriele D'Annunzio«, in: *Yearbook of Comparative and General Literature*, XXII, 1973, 32–41

»Tod, Zeit, und Geschichte: Die völkische Utopie der Überwindung«, in: *Deutsches utopisches Denken im 20. Jahrhundert*, herausgegeben von Reinhold Grimm und Jost Hermand, Stuttgart, Kohlhammer, 1974, 50–69

»Was sie wirklich lasen: Marlitt, Ganghofer, May«, in: *Popularität und Trivialität. 4. Wisconsin Workshop*, herausgegeben von Reinhold Grimm und Jost Hermand, Frankfurt/M., Athenäum-Verlag, 1974, 101–120

»Faschismus und Avantgarde«, in: *Faschismus und Avantgarde*, herausgegeben von Reinhold Grimm und Jost Hermand, Königstein/Ts., Athenäum Verlag, 1980, 133–148.

»Deutsche Juden und der Liberalismus. Ein Rückblick«, in: *Das deutsche Judentum und der Liberalismus/German Jewry and Liberalism*. Dokumentation eines internationalen Seminars der Friedrich-Naumann-Stiftung in Zusammenarbeit mit dem Leo Baeck Institut, London, St. Augustin, Comdok-Verlagsabteilung, 1986, 173–191

»Der Erste Weltkrieg und die Brutalisierung der Politik. Betrachtungen über die politische Rechte, den Rassismus und den deutschen Sonderweg«, in: *Demokratie und Diktatur. Geist und Gestalt politischer Herrschaft in Deutschland und Europa. Festschrift für Karl Dietrich Bracher*, herausgegeben von Manfred Funke, Hans-Adolf Jacobsen, Hans-Helmuth Knütter, Hans-Peter Schwarz, Düsseldorf, Droste, 1987, 127–139

»Zu Hause in der Maaßenstraße«, in: *750 Jahre Berlin. Ammerkungen, Erinnerungen, Betrachtungen*, herausgegeben von Eberhard Diepgen, Berlin, Nicolai, 1987, 226–230

»The End Is Not Yet: A Personal Memoir of the German-Jewish Legacy in America«, in: *American Jewish Archives*, XL, 2, November 1988, 177–201

»Fascism and the French Revolution«, in: *Journal of Contemporary History*, XXIV, 1, January 1989, 5–26

»Das deutsch-jüdische Bildungsbürgertum im 19. Jahrhundert«, in: *Bildungsbürgertum im 19. Jahrhundert*, herausgegeben von Werner Conze und Jürgen Kocka, Teil 2, *Bildungsgüter und Bildungswissen*, herausgegeben von Reinhart Koselleck, Stuttgart, Klett-Cotta, 1990, 168–180

»The Political Culture of Italian Futurism: A General Perspective«, in: *Journal of Contemporary History*, XXV, 2–3, April-July 1990, 253–268

»Max Nordau, Liberalism and the New Jew«, in: *Journal of Contemporary History*, XXVII, 4, October 1992, 565–581

»Deutscher Patriotismus und jüdischer Nationalismus«, in: *Deutschlands Weg in die Moderne. Politik, Gesellschaft und Kultur im 19. Jahrhundert. In memoriam Thomas Nipperdey,* herausgegeben von Wolfgang Hardtwig und Harm-Hinrich Brandt, München, C. H. Beck, 1993, 161–170

Nachwort

Aus einem schlechten Mathematik-Schüler muss nicht zwangsläufig auch ein schlechter Historiker werden, obgleich auch dieser mit Zahlen umgehen können sollte. George Mosse hat sich gelegentlich, allerdings nur in des Wortes buchstäblicher Bedeutung, verrechnet. Als er sich für den Erhalt der Ehrendoktorwürde der Universität Siegen im Herbst 1998 bedankte, lag seine überstürzte Ausreise aus Deutschland im Frühjahr 1933 nicht, wie er meinte, beinahe fünfzig, sondern gut fünfundsechzig Jahre zurück. Auch konnte seine im Januar 1912 geborene, selbstbewusste und eigensinnige Schwester Hilde beim besten Willen nicht bereits 1928 durch ihre Stimme für die SPD mit der liberalen Familientradition gebrochen haben, sondern bei einem Wahlalter von seinerzeit zwanzig Jahren frühestens bei der Landtagswahl bzw. der Reichstagswahl 1932.

George Mosse aber war nie ein Daten- und Faktenhuber, und vermutlich hätte er diesbezügliche kritische Hinweise mit einer selbstironischen Bemerkung und einem entwaffnenden Schmunzeln zur Kenntnis genommen und sich umgehend wichtigeren Dingen zugewandt. Schließlich galt und gilt er als Visionär unter den Historikern. Einer seiner zahlreichen Schüler nannte ihn zutreffenderweise eher einen Künstler mit einer Vision als einen Architekten mit einem säuberlich ausgearbeiteten Plan. Freilich verband er den intuitiven Wurf mit sorgfältiger Recherche. Kalte Steine und Archive sprachen ihn als Historiker aber nicht primär an, sie lieferten bestenfalls das Material, um eine Idee zu belegen oder zu widerlegen.

Selbstverständlich beherrschte Mosse das Handwerk des Historikers, und mit einer beachtlichen Energie, die der Hingabe an seine Vision entsprang, grub er eine beeindruckende Vielfalt neuer relevanter Quellen aus. Dies machte ihn zu einem eifrigen Benutzer der großen Archive und Bibliotheken der Welt. Aus dem in Cambridge eher zufällig zum Geschichtsstudium geratenen George Mosse wurde kein bieder-trockener Historiker. Stattdessen betrieb er seinen Beruf in dessen wichtigsten Facetten, als wissenschaftlicher Autor wie als Hochschullehrer, aus Berufung und betrachtete seine Profession stets als Passion.

In George Mosses (Berufs-)Leben gab es keine voraussehbare, eindimensionale Entwicklung, keinen Ursache-Folge-Automatismus. Der mit allem denkbaren Luxus, doch mit umso weniger menschlicher Nähe aufgewachsene Junge aus der jüdischen Großbourgeoisie Berlins ist am Leben im Exil weder verzweifelt noch gescheitert. Ganz im Gegenteil: George Mosse selbst hat das Exil als die große Herausforderung beschrieben. Er sah in ihr eine Chance und er hat sie auf beeindruckende Weise genutzt: »Endlich daheim« in einer kleinen Universitätsstadt des amerikanischen Mittleren Westens, versehen mit zahlreichen internationalen Preisen und Auszeichnungen, Gastprofessuren und Ehrendoktorwürden, war er einer der originellsten, produktivsten und auch renommiertesten Historiker des 20. Jahrhunderts geworden.

Ausschlaggebend waren hierfür neben Faktoren wie Fleiß, Ehrgeiz, Leistungsbereitschaft und eine große intellektuelle Begabung auch die vergleichsweise günstigen Rahmenbedingungen von George Mosses familiärer und auch generationeller Existenz: die relative und trotz der Einbußen nach 1933 noch vorhandene Wohlhabenheit, die nie eine ernstliche Gefährdung der Lebenshaltung bedrohlich nahe rücken ließ, sowie das bildungsbürgerliche Ambiente der Herkunft mit einer Erziehung durch fremdsprachige Gouvernanten und inmitten weitläufiger sozialer Kontakte; nicht zuletzt aber auch der manche Türen öffnende und deshalb im Exil nicht nur weitergeführte, sondern auf ihn reduzierte, gute Name eines Verlagshauses, der noch bis zum Ende der Weimarer Republik für wirtschaftliche Solidität und politische Liberalität stand. George Mosses Großvater bildete zusammen mit den ebenfalls jüdischen Verlegerpersönlichkeiten Leopold Sonnemann und Leopold Ullstein – mit letzterem verband ihn geschäftliche Konkurrenz, aber auch eine verwandtschaftliche Beziehung – das Dreigestirn der liberalen »Pressezaren« des Kaiserreichs.

Auch die anfängliche Aus- oder zumindest Abgrenzung in den Exilstaaten dürfte für einen aufgeschlossenen jungen Mann wie George Mosse ein Ansporn gewesen sein, Anpassungschwierigkeiten rasch zu überwinden. Außerdem provozierte der in die Phase der Emigration fallende Ablösungsprozess vom Elternhaus ein überdurchschnittlich hohes, für das weitere berufliche Fortkommen hilfreiches, eigenverantwortliches Orientierungs- und Entscheidungsvermögen. Dies hat sicherlich dazu beigetragen, dass die Verlust-Erfahrung des Exils, wie sie von den meisten jüdischen Emigranten aus Deutschland in der erinnernden, die verlorene Heimat nostalgisch verklärenden Rückschau empfunden wurde, bei Mosse vergleichsweise rasch der positiven Erfahrung des Neuanfangs wich.

Die These von der mächtigen Anziehungskraft, die die Wissenschaften speziell auf die Kinder beruflich und materiell erfolgreicher Juden – im Sinne eines mehr oder minder bruchlosen Übergangs vom Wirtschafts- zum Bildungsbürgertum – ausgeübt haben soll, scheint im Fall Mosses fragwürdig: Weder der vierzehnjährige, über den Bodensee ausreisende, noch der in seiner Studienwahl schwankende achtzehnjährige George Mosse in Cambridge war beseelt vom Glauben an das Ethos der Wissenschaft und dessen Betonung von Verdienst und Talent unabhängig von Herkunft und Überzeugung, was ihn dazu hätte ermutigen können, gleichsam die letzte Bastion der Nicht-Juden zu nehmen. Ohnehin wurde George Mosse, wie so viele nicht sonderlich gläubige deutsche Juden, frühestens mit der Machtergreifung der Nationalsozialisten und deren ersten judenfeindlichen Maßnahmen seines Jüdischseins überhaupt erst gewahr.

In lebenspraktischer Hinsicht erfolgte diese Bewusstwerdung angesichts der einschneidenden Konsequenzen umgehend, ein erstes Außenseitertum wurde hautnah erfahren. Auf lange Sicht prägten diese persönlichen Lebensumstände in hohem Maße die Fragestellungen und Themenschwerpunkte des Historikers. Wie sehr sich seine historischen Interessen und bevorzugten Sujets seiner eigenen Biographie verdanken, erwähnt und betont George Mosse in seinen Erinnerungen mehrfach. Schließlich kommt es ihm darin weniger darauf an, sein Bild der Weimarer Republik, des Nationalsozialismus oder des Exils weiterzugeben, sondern er will, gleichsam in Nachahmung des deutschen Bildungsromans, nachvollziehbar machen, wie er wurde, was er war. Er will zeigen, welche seiner Erfahrungen und Erlebnisse auf welchem Wege, sei es per Kompensation, Sublimierung oder auch Konfrontation, sei es über kurz oder – mitunter Jahrzehnte – lang seine Persönlichkeit als Mensch und als Historiker formten. Er folgt darin seinem Wahlspruch: »What man is, only history can tell«.

Mosse kam immer mehr zu der Überzeugung, dass die Standortgebundenheit des Historikers, seine Prägungen und Interessen, nicht nur kein zu eliminierendes Element geschichtswissenschaftlicher Erkenntnis ist, sondern diese im Gegenteil fördert, ja erst ermöglicht. Das Schreiben über historische Probleme, die auf das eigene Leben gewirkt haben, erschwert somit nicht das Verstehen der jeweiligen historischen Realität, sondern fördert dieses: ein klares Bekenntnis also zur Legitimität eines in der Biographie gründenden Leitmotivs seines wie jedes historischen Forschens.

Seine jüdische Herkunft, zumal aus einem weltweit bekannten Verlagsunternehmen, evozierte bei dem jungen deutschen Exilanten George Mosse in seinen beiden Aufnahmeländern Großbritannien und USA ein Außenseitertum, das er in zweifacher Weise zu überwinden suchte: durch ein ordentliches Studium anstelle einer vermeintlich vorprogrammierten Journalisten-Karriere und durch die Wahl eines hochgradig »einheimischen«, seit langem etablierten Themas als erstes geschichtswissenschaftliches Forschungsfeld. Als Ergebnis seiner entsprechenden Studien in Cambridge, Haverford und Harvard entstanden drei Schriften: die Dissertation über englische Verfassungsgeschichte von Elisabeth I. bis zur Petition of Rights, ein (Standard-)Werk über die Reformation und ein Buch über den christlichen, vor allem puritanischen Einfluss auf das englische Staatsdenken der Frühen Neuzeit.

Ein weiterer, späterer Reflex auf sein persönliches (Flüchtlings-)Schicksal war die Beschäftigung mit völkischer Ideologie und Rassismus, mit europäischem Nationalismus und deutschem Nationalsozialismus sowie mit den die Massen bewegenden Mythen und Symbolen, Zeremonien und Ritualen, Festen und Feiern, die Partizipation, Identität und Loyalität anzubieten schienen. Sie geriet zu einer mit geistes-, mentalitäts- und kulturgeschichtlichen Methoden geführten Auseinandersetzung mit der Suggestivkraft dieser antiliberalen Strömungen, die er selbst in den wenigen Großveranstaltungen und Massendemonstrationen, in die er als junger Mensch in England und Frankreich hineingeraten war, auf irritierende Weise erlebt hatte.

Einen dritten, im Zusammenhang mit seinem Coming-Out als Homosexueller – seinem zweiten Außenseitertum – in den frühen achtziger Jahren erschlossenen Forschungsschwerpunkt, bildeten Geschichte, Erscheinungsformen und Auswirkungen des schon lange vorher in Europa gepflegten, im nationalsozialistischen Deutschland auf die Spitze getriebenen Männlichkeits-

kults, sowie einer restriktiven, eher kleinbürgerlichen Sexual-
moral, zu der auch die aus dem Internat Salem erinnerte Feti-
schisierung einer kraft- und muskelbetonten Körperlichkeit gehörte. Alle Forschungsgebiete durchzieht wie ein roter Faden die
Analyse neuzeitlicher Glaubenssysteme im weitesten Sinne, seien
es Theorie und Praxis theologischer Konzepte des Reformations-
zeitalters oder die modernen säkularen (Volks-)Religionen des
19. und 20. Jahrhunderts. Darin wurzelt auch sein starkes und
anhaltendes Interesse an kulturellen Symbolen, die in seinen
Augen abstrakte Glaubenssätze mit einer Volksfrömmigkeit verbinden, welche trotz der Veränderungen ideologischer Systeme
mit ihren Riten und Ritualen im Kern bestehen blieb.

In all seinen Arbeiten galt George Mosses besondere Aufmerksamkeit den Regeln, nach denen Mehrheit und Minderheit, Insider und Outsider, Konformität und Non-Konformität definiert
und erzeugt werden. Er versuchte stets aufzuzeigen, wie dieses
Regelwerk in den einzelnen Epochen und europäischen Staaten
funktionierte, wie Mehrheiten suggeriert und Minderheiten geschaffen, wie Außenseiter gebildet und Stereotypen, beispielsweise jenes des verarmten und verwahrlosten Ghetto-Juden, durch
entsprechendes politisches Handeln zur Realität wurden.

Bei der Untersuchung derartiger Ausschlussideologien und
-praktiken wie etwa des Rassismus ging es ihm weniger um eine
Verurteilung, sondern um den Nachweis, dass sie normativer Bestandteil der (west-)europäischen Kultur, kein von ihr zu trennendes, sondern notwendigerweise zu ihr gehöriges Phänomen waren und sind. Er stellte sie auch nicht als folgenreichen
Endpunkt bürgerlicher Moralvorstellungen dar, sondern als deren Pendant, deren Gegenstück, vor allem aber als deren Exis-
tenzgrund, da kein Idealtypus, zu dessen Unabdingbarkeit für
das Funktionieren einer Gesellschaft sich der Mensch George
Mosse sehr wohl bekannt hat, ohne sein Gegenbild bestehen
könne.

393

Weil er sich so eingehend mit dieser Thematik befasst hat, möglicherweise aber auch, weil er in erster Linie von seiner jeweiligen Idee getragen war und zu diesem Zweck eine Vielzahl historiographischer Fragestellungen und Methoden benutzte, konnte er partout nicht von seinen diesbezüglich recht eifrigen deutschen Kollegen »einsortiert« werden, was ihn selbst offenbar sehr amüsiert hat. Vielleicht war genau dieser Mangel an eindeutiger Zuordnung der Grund dafür, dass George Mosses Arbeiten zwar von der publizistischen Öffentlichkeit in Deutschland seit Mitte der 1970er Jahre mit großem Interesse, von der Historiker-Gilde hierzulande aber weitgehend und lange Zeit nur mit großer Zurückhaltung zur Kenntnis genommen wurden. Der traditionellen Politik- und Diplomatiegeschichtsschreibung waren seine Themen, Thesen und Methoden ohnehin zu fremd, und die moderne Sozialgeschichtsschreibung kämpfte zunächst um die Akzeptanz ihres Ansatzes und zeigte sich über diesbezügliche Konkurrenz nicht sehr erfreut.

George Mosse gehörte keiner spezifischen historiographischen Schule an, obwohl er mit Fug und Recht ein »Pionier der Kulturgeschichte« (Jürgen Kocka) genannt, aber nicht darauf reduziert werden kann, freilich mit einem sehr breiten, sich auf alle Lebensbereiche erstreckenden, alles andere als eindimensionalen Kulturbegriff. Er hat sich nie etikettieren lassen, und über eine Bezeichnung als Kultur-, Mentalitäts- oder Alltagshistoriker wäre er vermutlich nicht sonderlich glücklich gewesen, denn jegliche Klassifizierung hätte den Perspektivenreichtum seines Ansatzes, die Methodenvielfalt wie auch Gehalt und Güte seiner Forschungsergebnisse sehr verkürzt charakterisiert.

Weit davon entfernt, das Wirken mächtiger, »dunkler« Kräfte und Bewegungen in der neueren europäischen Geschichte als naturnotwendig und womöglich auf dem Nährboden eines entsprechend disponierten deutschen Volkscharakters in die – deutsche – Katastrophe mündend zu schildern, hat sich George Mosse, wie er es selbst schreibt, auch mit den »erlösenden Lichtblicken des menschlichen Geistes« beschäftigt. Diese meinte er überwiegend in der europäischen Geschichte zu erkennen, insbesondere im Konzept der Aufklärung mit ihren Idealen der Menschlichkeit und Weltoffenheit, der Autonomie und Vernunft. Die von Wilhelm von Humboldt systematisierte Bildungsidee und der Geist der Liberalität waren gleichsam das vor allem von den deutschen Juden ergriffene Seil zur Überwindung der Ghetto-Mauern. Es übte seine Anziehungskraft selbst noch zu einer Zeit aus, in der die nicht-jüdischen Deutschen sich bereits vehement daran machten, es zu kappen.

George Mosses Buch *German Jews beyond Judaism* (1985, dt.: *Jüdische Intellektuelle in Deutschland. Zwischen Religion und Nationalismus*, 1992) ist den Ursachen und Varianten, den Hoffnungen und Enttäuschungen dieser Huldigung des Bildungsgedankens bei den deutschen Juden, allen voran den Intellektuellen unter ihnen, gewidmet. Er nennt es sein persönlichstes Buch, weil es auf den wohl wichtigsten Teil seines deutsch-jüdischen Erbes eingeht und damit einer Welt der Konformität und Vermassung, der Materialisierung und Brutalisierung ein Gegenbild vor Augen hält, das für ihn, einen gebürtigen Juden und berufsmäßigen Aufklärer, vor dem Hintergrund seiner drei geistig-kulturellen Identitäten, der jüdischen, der deutschen und der angelsächsischen, von den Idealen der Aufklärung, vor allem dem Liberalismus, der Humanität, der Toleranz und der Bildung, eingerahmt ist.

Der jüdische Geschichtsprofessor Mosse hat diese Interdependenz von Judentum und Bildung, auch die Begeisterung für Wissenschaft, Judentum und (Links-)Liberalismus nicht nur thematisiert, sondern wie kaum ein anderer auch verkörpert. In seinen Augen wurde das Bildungs- und Aufklärungsideal zum Wesenskern des Judentums. Der als Anzeichen eines Säkularisierungsprozesses zu sehende Glaube an Bildung geriet, wenn nicht zur Ersatzreligion, so doch wenigstens zu einem komplementären Bekenntnis; eine ähnliche Funktion wuchs dem Liberalismus im politischen Bereich zu. Auch dies zeigte sich in seiner Person: Von Kollegen, Freunden und Schülern wird er übereinstimmend als ein Liberaler beschrieben, der sich auf die humanen Traditionen des deutsch-jüdischen Sozialismus berief, als einer, der den politischen Konkretisierungen des Sozialismus allerdings kritisch gegenüberstand, politisch interessiert und aktiv, nicht in der Linken, wohl aber im ständigen Streit und Kontakt mit ihr. Er war ein Sympathisant der von ihm so genannten »Marxisten des Herzens« wie Jean Jaurès, Ernst Toller oder Gustav Landauer und, wohl am meisten, ein kosmopolitisch gesinnter Bildungsbürger mit humanistischer Vision.

George Mosses Erinnerungen glätten die Brüche, Unebenheiten und Unvernünftigkeiten seines Lebens nicht. Als Geschichtswissenschaftler reflektiert er eingangs das in modernen Theoriediskussionen wieder im Mittelpunkt stehende Verhältnis von Vergangenheit und Gegenwart, von Erlebtem und Erinnertem sowie die Frage nach der Subjektivität in der Geschichtsschreibung – dies alles, wie auch die Erinnerungen selbst, in einer griffigen Sprache, die leichtfüßig und humorvoll daherkommt und nicht von fachlichem oder methodischem Jargon überfrachtet ist.

George Mosses »Bildungsroman« zeigt deutlich sein mehrfaches Außenseitertum und seine zwar nicht gebrochene, doch ungemein vielschichtige, facettenreiche Identität:

ALS DEUTSCHER per Geburt und teilweise auch aus Überzeugung, zumindest in der idealtypisch verklärten Existenz als »freischwebender Intellektueller« der Weimarer Zeit, mit einer lebenslangen Liebe für süddeutschen Barock und die anmutige Landschaft um Salem und den Bodensee;

ALS JUDE, der nie orthodox, auch nicht zionistisch, noch nicht einmal sonderlich gläubig war, diese Identität als eine eher von außen an ihn herangetragene Bestimmung empfand, deren Konsequenzen zu tragen er erst lernen musste, und zu der er sich allerdings – je später, desto bewusster – bekannte, entwurzelt gewiss, aber doch im besten Erbe des deutschen Judentums, der Bildung, beheimatet;

ALS AMERIKANER, der die inneramerikanischen Vorurteile kennen-, aber nicht teilen gelernt hat, per Zufall zum echten, weil westlich des Mississippi lebenden American Boy wurde und die Distanz zur Ostküste nicht nur als eine geographische empfand;

ALS (LINKS-)LIBERALER, unorthodox denkender und handelnder, mit dem Marxismus vertrauter, dessen Bolschewisierung ablehnender Antifaschist und – im US-parteipolitischen Sinne – Demokrat;

ALS HOMOSEXUELLER, der bürgerliche Moral mit ihren Vorurteilen und Dogmen einerseits während großer Teile seines Historiker-Lebens scharfsinnig sezierte, sich ihr doch andererseits jahrzehntelang unterwarf, damit einen Teil seines Selbst verleugnete und sich obendrein dieses Widerspruchs stets bewusst war;

ALS HOCHSCHULLEHRER, der noch den uninformiertesten und passivsten Zuhörer erreichen, ihm hochkomplizierte Gedankengänge durch eindringliche Beschreibungen nahebringen konnte und damit ganze Studentengenerationen für das Fach ebenso wie für seinen Vertreter faszinierte;

ALS HISTORIKER, der, selbst ein Humanist, sich vorwiegend der Erforschung des Inhumanen widmete, der die Geschichte als Dialektik von politischen und religiösen, wissenschaftlichen und ästhetischen, rationalen und mythologischen Elementen auffasste, der die Wirkungsmacht von Symbolen und Ritualen aufdeckte und schilderte und der seine Aufgabe nicht nur darin sah, Mythen zu demaskieren und zu zertrümmern, sondern auf diese Weise der Konfrontation mit der Geschichte auch die Konfrontation mit der Realität zu ermutigen und zu befruchten.

Zweifellos war George L. Mosse einer der unkonventionellsten Historiker des 20. Jahrhunderts in des Wortes doppelter Bedeu-

tung: ein Kind seines Saeculums, aber auch ein Historiker der
dieses Jahrhundert prägenden Bewegungen, Denkweisen und
Kulturen.

München, im Juni 2003   *Elisabeth Kraus*

Die Originalausgabe erschien 2000 unter dem Titel *Confronting History.
A Memoir* bei The University of Wisconsin Press, Madison Copyright
© 2000 by The Board of Regents of the University of Wisconsin System

Ullstein Verlag
Ullstein ist ein Verlag des Verlagshauses Ullstein Heyne List GmbH & Co. KG
ISBN 3-550-07583-9
Copyright der deutschsprachigen Ausgabe
© 2003 by Ullstein Heyne List GmbH & Co. KG, München

Die deutschsprachige Ausgabe wurde von Elisabeth Kraus kritisch
durchgesehen und kommentiert. Hierbei wurden offenkundige Fehler
und Irrtümer der Originalausgabe korrigiert.

Alle Rechte vorbehalten. Printed in Germany
Satz: LVD GmbH, Berlin
Druck und Bindung: Druckerei Pustet, Regensburg